New Wun Ching Developmental Publishing Co., Ltd.

New Age · New Choice · The Best Selected Educational Publications — NEW WCDP

QR Code
免費下載補充資料

第5版

民法概要

INTRODUCTION TO CIVIL LAW

徐憶茹 編著

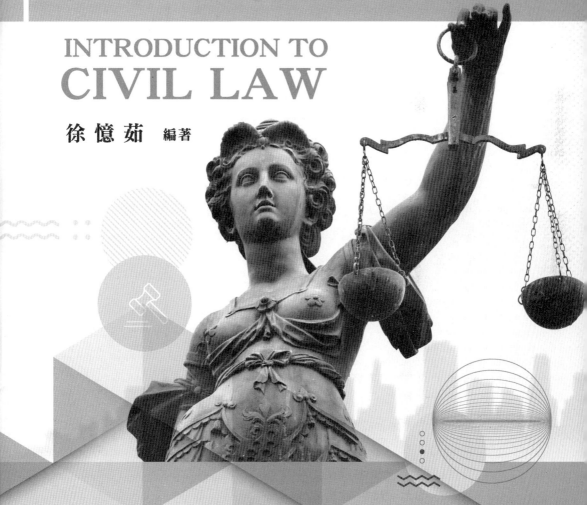

FIFTH EDITION

國家圖書館出版品預行編目資料

民法概要 / 徐憶茹編著. – 五版. -- 新北市 :
新文京開發出版股份有限公司, 2021.06
　　面 ；　公分

　ISBN　978-986-430-723-4（平裝）

　1.民法

584　　　　　　　　　　　　　　110006459

民法概要（第五版）　　　　　　（書號：**E405e5**）

編　著　者	徐憶茹	
出　版　者	新文京開發出版股份有限公司	
地　　　址	新北市中和區中山路二段 362 號 9 樓	
電　　　話	(02) 2244-8188（代表號）	
Ｆ　Ａ　Ｘ	(02) 2244-8189	
郵　　　撥	1958730-2	
初　　　版	西元 2014 年 03 月 10 日	
二　　　版	西元 2014 年 08 月 15 日	
三　　　版	西元 2016 年 08 月 01 日	
四　　　版	西元 2018 年 08 月 10 日	
五　　　版	西元 2021 年 07 月 01 日	

法律顧問：蕭雄淋律師
ISBN　978-986-430-723-4

🔘 自序
Preface

　　民法為現代人從出生到死亡終其一生不停反覆適用的法律，堪稱為現代人最常適用、最需學習也最饒富意味的課程。然而對於非法律領域的讀者或欲參加國家考試的學子而言，或常有艱澀難以親近理解之感受。筆者常想若有一書能以淺顯易懂之案例並輔以圖說及歸納整理之資料，應有助於讀者學習民法，故而興起編著本書之想法。本次改版主要為部分試題調整、更新及內容勘誤更正。而本書編輯之特色：

一、解釋與圖說

　　對初學者而言，民法有許多重要之基本觀念與法律名詞，望其文字似懂非懂，對於看似相似者，因不明白其差異性而經常誤用，本書對於文中第一次出現難以理解之法律概念或名詞，以「NOTE」說明並特別標示於該段文字側邊；對於易於混淆誤用之觀念，則以「觀念釐清」加以比較分析，希望有助於讀者閱讀理解。除此之外，民法既然規範自然人實體法上之權利義務，當事人之間權利義務之釐清，自然是民法運用上甚至考試上之重點，然而當事人間之法律關係時而複雜，令人反覆思索不得其解，時而涉及先後而為之法律行為造成不同結果，本書配合文中實例搭配當事人關係之圖說，以及以時間為軸之各種圖形，希望透過圖形與文字之說明，以加速理解及加強記憶。

二、實例與習題

　　為使讀者充分理解法律之抽象規定，本書除舉例說明外，並以近幾年國家考試之實例題為案例，藉由問與答的方式使讀者熟悉考試作答之方向；章末或節末則收錄近幾年國家考試之題目及詳解，讓讀者可以小試身手一番，並同時檢視自己的學習成果。

三、延伸閱讀

民法並非枯燥乏味生硬死板的一門學科，而是與日常生活息息相關互相結合，本書於「延伸閱讀」中補充民法實際運用之內容，以期提升讀者對於民法學習之興趣。

四、補充資料

本次改版將書中詳細補充資料放置雲端，讀者可掃描目錄頁 QR Code 下載檔案，相信讀者於閱讀後對民法能有更全面認知與應用。

本書能順利出版，首先要感謝新文京開發出版股份有公司及所有參與本書編輯出版之成員，亦要感謝在這一段時光中家人均平安健康、亦充分體諒及配合，故而能無後顧之憂專心致力於本書之編著。

筆者才學有限，仍祈各界前輩先進以及讀者能不吝惠賜指正。

徐憶茹　謹識

編 者 簡 介
About the Author

徐憶茹

學歷：國立成功大學法學碩士
經歷：郭厚村不動產估價師事務所　法務主任
　　　　長榮大學　講師
　　　　台南應用科技大學　講師
　　　　興國大學　講師
　　　　立德大學　講師

目錄
Contents

請掃描下載補充資料及補充習題

第一編　總　則

第三編　物　權

總　則

CHAPTER 01

法　例

壹 民法之法源（民 §1）

民法之法源乃規範民事事件適用法規之順序，民法第 1 條：「民事，法律所未規定者，依習慣；無習慣者，依法理。」可知其適用順序為：

一、法律

指廣義的法律，除經立法院三讀通過，總統公布之法律外，包括行政規章、自治法規、條約等。例如：民法、公司法、票據法、保險法……等成文法。

二、習慣

專指有法之效力與價值之慣行而言，即「習慣法」、「習慣法則」，而非事實上或單純的習慣。適用習慣法應具備之要件為：

（一）客觀上多數人於同一時間內，就同一事項，反覆繼續實施。

（二）主觀上具有法之確信，人人信其具有法律拘束力，而必須遵守。

（三）須為成文法未規定之事項。

（四）須不背於公共秩序或善良風俗（民 §2[1]）。

在適用順序，原則上「習慣法」居於補充的地位，僅有在例外情形時優先適用習慣法，例如關於管線安設權，民法第 786 條第 3 項：「前項變更設置之費用，由土地所有人負擔。但法令另有規定或另有習慣者，從其規定或習慣。」

三、法理

法理指法律之自然道理、法律之一般原則。法理之範疇包含具體之參考資料及抽象之衡量原則。

（一）具體之參考資料如：外國之立法例、中外之學術論著、立法沿革、司法判解……等。

（二）抽象之衡量原則：公平正義、公序良俗、誠實信用、當事人利益衡量、法安定性、交易安全……等。

---

[1] 民法第 2 條：民事所適用之習慣，以不背於公共秩序或善良風俗者為限。

貳 使用文字之準則（民§3）

法律行為有使用文字之必要者為要式行為，例如：人事保證[2]、不動產物權之移轉或設定[3]、兩願離婚[4]、合會之會單[5]……等。要式行為之使用文字有出於法律之規定或契約之約定。依法律之規定，有使用文字之必要者，得不由本人自寫，但必須親自簽名。此外，如有用印章代簽名者，其蓋章與簽名生同等之效力。如以指印、十字或其他符號代簽名者，在文件上，經2人簽名證明，亦與簽名生同等之效力。

一、簽名

所簽之姓名，不以本名為必要，簽其字或號，或雅號、藝名，均無不可。

二、蓋章

（一）原則：與簽名具有同等效力[6]。

（二）例外：不得以蓋章代替簽名。

1. 自書遺囑：自書遺囑者，應自書遺囑全文，記明年月日，並親自簽名（民§1190[7]）。

2. 代筆遺囑：代筆遺囑，由遺囑人指定3人以上之見證人，由遺囑人口述遺囑意旨，使見證人中之一人筆記、宣讀、講解，經遺囑人認可後，記明年月日，及代筆人之姓名，由見證人全體及遺囑人同行簽名，遺囑人不能簽名者，應按指印代之（民§1194）。

---

[2] 民法第756之1條：「稱人事保證者，謂當事人約定，一方於他方之受僱人將來因職務上之行為而應對他方為損害賠償時，由其代負賠償責任之契約。前項約定應以書面為之。」

[3] 民法第758條第2項：「不動產物權之移轉或設定，應以書面為之。」

[4] 民法第1050條：「兩願離婚，應以書面為之，有二人以上證人之簽名並應向戶政機關為離婚之登記。」

[5] 民法第709-3條。

[6] 緣由：因有些人不識字無法簽名及我國傳統習慣上較重視印章。

[7] 28年上字第2293號判例（民法第1190條係民法第3條第2項之特別規定）遺囑應依法定方式為之，自書遺囑，依民法第1190條之規定，應自書遺囑全文，記明年月日，並親自簽名。其非依此方式為之者，不生效力。

確定數量之標準

一、以文字為準（民 §4）

關於一定之數量，同時以文字及號碼表示者，其文字與號碼有不符合時，如法院不能決定何者為當事人之原意，應以文字為準。

例如：借據中記載「甲向乙借款三千五百四十元整（3450 元）。」文字與號碼不符合，此時應先探究當事人的真意，問明當事人究竟欲記載之金額多寡，若甲、乙對此已遺忘無法得知其真意時，應以文字為準，即以三千五百四十元整為準。

二、以最低額為準（民 §5）

關於一定之數量，以文字或號碼為數次之表示者，其表示有不符合時，如法院不能決定何者為當事人之原意，應以最低額為準。

習題 | REVIEW ACTIVITIS 🖊

(A) 1. 甲乙訂立汽車買賣契約，契約書上記載：「甲應交付汽車 1 輛，乙應給付
新臺幣伍拾萬元整 (NT$600,000) 之價金」，若甲主張乙應給付 60 萬元價
金，乙主張價金為 50 萬元，而法院無法確定何者為當事人之原意時，應以
何者為準？　(A)50 萬元　(B)55 萬元　(C)60 萬元　(D) 法院依市價訂之。

【104 年稅務特考】

> **詳解** 民法第 4 條：「關於一定之數量，同時以文字及號碼表示者，其文字與號碼有不
> 符合時，如法院不能決定何者為當時人之原意，應以文字為準」。

(B) 2. 有關民法的法源，民法第 1 條規定「民事，法律所未規定者，依習慣；無
習慣者，依法理。」下列敘述何者正確？　(A) 民間「洗門風」的習慣，
即是該條所稱之「習慣」　(B) 此之「習慣」，係專指習慣法而言　(C) 憲
法關於人民之權利義務的規定，是該條所稱之法律　(D) 條約是規範國家
間權利義務之協定，絕非是民法法源之一。　　　【105 年不動產經紀人】

> **詳解** (A) 「洗門風」並非民法第 1 條所稱之「習慣」，其乃民間的制裁手段，目的
> 乃懲罰破壞婚姻或名譽的人。加害人到被害人家裡清洗門楣（門風），稱
> 之為洗門風。後來演變成各種公開賠罪的儀式，例如辦流水席、請全村的
> 人飲茶、抽菸、喫檳榔，甚至在公共場合下跪等。
> 民法第 1 條所稱之「習慣」必須是成文法未規定之事項，對於侵害婚姻或
> 名譽之行為，民法已有填補被害人之損害或是回復名譽之相關規定，並非
> 「法律所未規定者」。此外被害人氣憤之下採取之懲罰手段甚或漠視加害
> 人之名譽及自由權而涉強制或公然侮辱，亦有背於公共秩序或善良風俗之
> 虞，故而非本條所稱之「習慣」。
>
> (C) 本條所稱之法律指廣義的法律，指立法院三讀通過總統公布之法律以及行
> 政規章、自治法規、條約等但不包含憲法。憲法乃國民大會所制訂，憲法
> 之修改須經立法院立法委員提議、決議，提出憲法修正案，並於公告半年
> 後，經中華民國自由地區選舉人投票複決（憲法增修條文第 12 條）。
>
> (D) 本條所稱之法律指廣義的法律，包含條約。

（C） 3. 依民法之規定，法定要式行為有使用文字之必要時，下述情形何者錯誤？
(A) 不動產物權之移轉或設定，當事人得以蓋章代替簽名　(B) 兩願離婚之協議書，夫妻雙方得以蓋章代替簽名　(C) 在代筆遺囑之情形，遺囑人得以蓋章代替簽名　(D) 應以書面方式訂立之人事保證契約，雙方得以蓋章代替簽名。　　　　　　　　　　　　　　　　　【106 年不動產經紀人】

詳解 民法第 3 條：「依法律之規定，有使用文字之必要者，得不由本人自寫，但必須親自簽名。如有用印章代簽名者，其蓋章與簽名生同等之效力…」
民法第 1194 條：「代筆遺囑，由遺囑人指定三人以上之見證人，由遺囑人口述遺囑意旨，使見證人中之一人筆記…，遺囑人不能簽名者，應按指印代之。

人

INTRODUCTION TO CIVIL LAW

　　只要是法律關係，均涉及權利義務之主體與客體，權利義務的主體以具有法律上人格的「人」為權利義務的主體，在民法的規定中有「自然人」及「法人」。

第一節　自然人

題目

　　人的權利能力始於何時？終於何時？法人與外國人的權利能力有何限制？　　　　　　　　　　　　　　　　　　　　　　　　　　　　　【63 基特】

壹　自然人的權利能力

一、權利能力之意義

（一）指在法律上可以享受權利、負擔義務的資格或地位。

（二）權利主體才有權利能力。

（三）又稱為人格。

（四）凡是具有權利能力者，就具有法律上的人格，而可以享受權利、負擔義務[1]。

（五）權利能力及行為能力，不得拋棄[2]。

二、權利能力的開始[3]

（一）一般人：始於出生。

1. 民法第 6 條：「人之權利能力，始於出生，終於死亡。」

---

[1] 也就是說：只要是人，都有權利能力。在實例題中，經常出現植物人、智能障礙、精神疾病……等等的人物，問：可否繼承遺產？可否請求損害賠償？有無權利能力……？讀者只要思考案例中的人物，是否是個活生生的人，就可以了，權利能力是平等的，無分貴賤，也不論殘缺與否，只要還是個活人，就有權利能力。

[2] 民法第 16 條。權利能力不可拋棄，是為了維護人格完整性；行為能力不可拋棄，則是為了保護交易安全。

[3] 原則：始於出生。例外：胎兒。

2. 胎兒只要一出生，不論是否健全，也不管存活時間的久暫，就享有權利能力。也因此會發生親屬及繼承的問題。

3. 所謂「出生」：指既「出」且「生」[4]。我國學說通說採「獨立呼吸說」，指胎兒脫離母體後開始獨立呼吸，即為出生。

（二）胎兒：視為已出生[5]。

　　民法第 7 條：「胎兒以將來非死產者為限，關於其個人利益之保護，視為[6] 既已出生。」

1. 視為既已出生之要件：

 (1) 非死產。

 (2) 關於其利益之保護[7]。

2. 視為既已出生的效果[8]：

 (1) 胎兒於出生前即已取得權利能力，例如認領請求權、繼承權[9]、損害賠償請求權……等。

 (2) 若是胎兒死產，則經由法律擬制所取得之權利能力溯及消滅。

 (3) 若胎兒出生後死亡，縱使生命短暫，由於已經出生，就應適用自然人死亡的規定，其已取得之權利，依民法第 1138 條之規定，由其繼承人繼承。

---

[4] 出：指脫離母體。生：指自主呼吸。

[5] 「胎兒」是尚未出生，而存活於母體內的子女。依民法第 6 條的規定，尚未具備權利能力，原本必須等待其出生，才能主張親屬、繼承……等等權利，但考慮到這些權利等到胎兒出生可能已無法主張，或是主張有極大困難。所以民法必須做特別的例外規定，以期保障胎兒的權利。不過，胎兒是否會成為死胎，以及到足月臨盆時，是否能順利出生，都是未知之數。所以，在適用民法第 7 條之規定時，必須符合要件才能例外「視為已出生」。若是胎兒死產，則經由法律擬制所取得之權利能力：溯及消滅。

[6] 視為：指事務及其性質雖不相同，但就一定的法律關係，法律規定以「同一之法律」處理。例如，偶像明星張東西未婚生子張西西，恐未婚生子的事實影響演藝事業，故未認領張西西，但每月均按時支付生活費，此時張東西雖然未有認領之意思表示，但就張東西撫育張西西的法律關係，法律規定以認領的法律處理之。依民法第 1065 條規定—「視為認領」，「視為」的法律關係既是限於依法律之規定處理，自然不能舉證推翻。

[7] 將胎兒視為既已出生而使其提早有權利能力，目的是為了保護胎兒的權利，所以自然人之義務，諸如扶養、負擔債務……等，胎兒不需負擔。凡是對胎兒不利的事項，都不能適用第 7 條的規定。

[8] 以下採解除條件說。

[9] 民法第 1166 條：「胎兒為繼承人時，非保留其應繼分，他繼承人不得分割遺產。胎兒關於遺產之分割，以其母為代理人。」

三、權利能力的消滅 [10]：

（一）自然人之死亡

1. 權利能力因自然人死亡而消滅。

2. 民法第 6 條：「人之權利能力，始於出生，終於死亡。」

3. 死亡之時期：傳統見解以「呼吸停止、心臟停止跳動、瞳孔放大」之時，人體器官移植條例則以「腦波完全停止（腦死）[11]」為死亡之時期。

4. 自然人死亡就會發生繼承關係，由繼承人繼承死者財產上一切權利義務。除此之外，亦因此發生遺囑效力、保險金請求權、撫卹金請求權、生存配偶再婚……等。

（二）死亡宣告 [12]

1. 意義：

    (1) 自然人失蹤一段期間後，法院因特定人之聲請，宣告失蹤人為死亡的制度 [13]。

    (2) 目的是為了結束失蹤人住居所為中心之法律關係。

    (3) 死亡宣告之「死亡」乃法律之**推定** [14]，若能證明受宣告人仍生存，則可向法院聲請撤銷死亡宣告。

NOTE

推定
(1) 法律關係事實不明時，法律將之以一定之事實狀態作為判斷該法律事實之存在者為推定。
(2) 當事人如另有相反之證據則得舉反證推翻之。

---

[10] 權利能力的消滅：原則：自然人死亡。例外：死亡宣告（推定死亡）。

[11] 人體器官移植條例第 4 條：「醫師自屍體摘取器官施行移植手術，必須在器官捐贈者經其診治醫師判定病人死亡後為之。前項死亡以腦死判定者，應依中央衛生主管機關規定之程序為之。」

[12] 自然人之生死，原本是再清楚不過，「活」可見人、「死」可見屍，但如果自然人行蹤不明、生死未卜，就會使得諸多法律關係處於不確定的狀態。非但有害利害關係人的利益，對於公益亦可能產生危害，於是需要一套因應之規定，用以結束失蹤人住居所為中心的法律關係。例如老王失蹤多年，王太太的身分究竟是未亡人還是有夫之婦？老王投保多年的人壽保險，可否請領保險金？老王的債權人應該向何人主張權利？老王的債務人應向何人清償債務？經由死亡宣告制度，推定老王死亡，即可結束不確定狀態。死亡宣告制度的目的是在盡早確定失蹤人住所地懸而未決的法律關係，並非剝奪失蹤人的權利能力。

[13] 民法第 8 條：「失蹤人失蹤滿 7 年後，法院得因利害關係人或檢察官之聲請，為死亡之宣告。失蹤人為 80 歲以上者，得於失蹤滿 3 年後，為死亡之宣告。失蹤人為遭遇特別災難者，得於特別災難終了滿 1 年後，為死亡之宣告。」

[14] 民法第 9 條：「受死亡宣告者，以判決內所確定死亡之時，推定其為死亡。前項死亡之時，應為前條各項所定期間最後日終止之時。但有反證者，不在此限。」

2. 死亡宣告之要件

要點檢索

- 1. 須人已失蹤
- 2. 須失蹤達法定期間
- 3. 須特定人聲請
- 4. 須經法院公示催告

(1) 須人已失蹤

　　失蹤：指自然人離去其住居所[15]、生死不明[16]。

(2) 須失蹤達法定期間

① 普通期間：未滿 80 歲者，失蹤滿 7 年。滿 80 歲者，失蹤滿 3 年。

② 特別期間：失蹤人係因遭遇特別災難，失蹤滿 1 年。「特別災難」指戰爭、海難、天災等不可抗力所造成之災難，若是日月潭划船遊湖失足落水，則屬於一般意外（適用普通期間），而非特別災難。

(3) 須特定人聲請[17]

① 利害關係人

　　指因為失蹤人之生死而有法律上的利害關係之人[18]，若只是事實上的利害關係人，則不得提出聲請。

② 檢察官

　　檢察官代表國家行使職權，不論有無利害關係人，均得單獨提出聲請。有利害關係人時，檢察官宜徵詢其意見；惟死亡宣告制度的目的是在盡早確定失蹤人住所地懸而未決的法律關係，事關公共利益，若失蹤人無利害關係人或利害關係人不願提出聲請時，為維護社會公益，檢察官亦得主動提出聲請。

(4) 須經法院公示催告

　　法院准許宣告死亡之聲請者，應公示催告[19]。公示催告，應記載下列各款事項：

① 失蹤人應於期間內陳報其生存，如不陳報，即應受死亡之宣告。

---

[15] 住所：指主觀上有久住的意思，客觀上也有久住的事實之處所。居所：暫時居住之處所。

[16] 必須排除生或死可以確定的情況，如果死亡可以確定，例如礦坑災變、飛機空中爆炸……，縱然未發現屍體，亦可以認定為死亡，而非失蹤。

[17] 家事法第 155 條：「宣告死亡或撤銷、變更宣告死亡之裁定，利害關係人或檢察官得聲請之。」

[18] 例如失蹤人之配偶、繼承人、債權人、受遺贈人、不動產共有人以及人壽保險之受益人等。

[19] 家事法第 156 條。

② 凡知失蹤人之生死者，應於期間內將其所知陳報法院。前項公示催告，準用第 130 條第 3 項至第 5 項之規定。但失蹤人滿百歲者，其陳報期間，得定為自揭示之日起 2 個月以上。

3. 死亡宣告之效力：

(1) 死亡的推定：經死亡宣告裁定，失蹤之自然人推定為死亡。

(2) 死亡時間的推定：死亡宣告裁定所定死亡之時，推定為失蹤之自然人死亡之時間。

(3) 死亡宣告的效力範圍：

① 人的範圍：有絕對效力，對任何人均生效力。失蹤人生還時，死亡宣告並不當然失效，必須經撤銷死亡宣告之裁定 [20] 撤銷之。

② 物的範圍：及於失蹤人之財產及身分關係。

③ 時的範圍：僅至失蹤人「推定死亡的時期」之前，終結其法律關係 [21]。

④ 地的範圍：限失蹤人住所地為中心，不及於他地 [22]。

⑤ 法律的範圍：限私法上關係，不及於公法及刑法 [23]。

---

[20] 家事法第 163 條：「I. 撤銷或變更宣告死亡裁定之裁定，不問對於何人均有效力。但裁定確定前之善意行為，不受影響。II. 因宣告死亡取得財產者，如因前項裁定失其權利，僅於現受利益之限度內，負歸還財產之責。III. 第 159 條第 2 項及第 3 項之規定，於第 1 項裁定準用之。」

[21] 也就是說：被宣告人在死亡宣告之後，若實際上仍生存時，新發生的法律關係之效力，不會因為死亡宣告而受影響。

[22] 受宣告人在住所地以外所發生的法律關係，不受死亡宣告而影響其效力。如果受宣告人在住所地以外經商、買屋、置產甚至於結婚……等，只要具備生效要件，都可發生效力，並不會因為死亡宣告而導致在住所地以外所為之法律行為無效。

[23] 若是及於私法以外之法律關係，試想一種情形，受死亡宣告人殺人放火，卻主張自己已是法律上的死人，因此而不應受刑事之追訴……，豈不怪哉？

4. 以時間軸來表示：

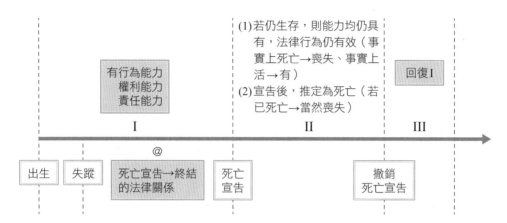

(1) 若仍生存，則能力均仍具有，法律行為仍有效（事實上死亡→喪失、事實上活→有）
(2) 宣告後，推定為死亡（若已死亡→當然喪失）

回復 I

有行為能力
權利能力
責任能力

I   II   III

出生　失蹤　死亡宣告→終結的法律關係　死亡宣告　　撤銷死亡宣告

(1) 時段 I（自出生至死亡宣告前）：

① 有權利能力。

② 有行為能力（若已成年）。

③ 有**責任能力**（若有識別能力）。

(2) 時段 II（自受死亡宣告至撤銷死亡宣告前）：宣告後推定為死亡，以上能力均喪失。若仍生存，則以上能力均仍具有，法律行為有效。

(3) 時段 III（撤銷死亡宣告後）：

① 能力與時段 I 同。

② 宣告死亡裁定確定後，發現受宣告死亡之人尚生存或確定死亡之時不當者，得聲請撤銷或變更宣告死亡之裁定（家事法 §160 條）。死亡宣告裁定經撤銷後，受宣告人財產上及身分上之法律關係溯及回復。

③ 撤銷死亡宣告前的善意行為不受影響。在現受利益限度內，負返還責任 [24]。

(4) 時段 @（自失蹤後至死亡宣告前）：

① 死亡宣告制度就是要終結這一段時期懸而未決之法律關係。

> **NOTE**
>
> 責任能力：指權利主體能否對其違反法律上義務之行為（含侵權行為、債務不履行……等）負損害賠償責任之能力。責任能力以權利主體具有識別能力為前提。

---

[24] 家事法第 163 條。

② 失蹤人失蹤後，未受死亡宣告前，其財產之管理，依家事事件法之規定。

（三）同時死亡：民法第 11 條：「2 人以上同時遇難，不能證明其死亡之先後時，推定其為同時死亡。」

四、外國人的權利能力：

（一）外國人：指無中華民國國籍者。

（二）國際間一般採「平等主義」→即外國人與本國人應享有相同的權利能力。

（三）民法總則施行法第 2 條「外國人於法令限制範圍內，有權利能力。」採限制的平等主義。

（四）外國人在中華民國境內原則上享有權利能力，但我國得以法令限制外國人之權利能力。例如：土地法第 17~24 條限制外國人享有土地所有權。

貳 自然人的行為能力

一、行為能力之意義：

（一）能獨立為「有效法律行為」[25] 之能力。

（二）以**意思能力**為前提，欠缺意思能力的人無行為能力（目的：保護欠缺意思能力之人）。

二、行為能力之類型：

判斷之標準：年齡、精神狀態。

（一）財產上行為能力

1. 有完全行為能力人：

(1) 有完全行為能力人指能獨立為有效法律行為之人。凡能以獨立意思，為有效法律行為者。

NOTE

意思能力
(1) 指判斷自己之行為在法律上效果之精神能力。
(2) 含正常之認識力與預期能力。
(3) 為行為能力之基礎。

---

[25] 「有效法律行為」的意涵是：行為人必須為自己的「有效法律行為」負責。也就是說有完全行為能力人必須為自己的法律行為負完全的責任；無行為能力人毋庸為自己的法律行為負責；而限制行為能力人是否須負責任，法律有特別之限制。

① 原則：年滿 18 歲之成年人 [26]。

② 民國 109 年 12 月 25 日修正之民法第 12 條，成年年齡由 20 歲降為 18 歲，乃涉及社會重要制度之變革，對人民或政府機關均有影響，故設有緩衝期間 [27]。

A. 施行期定為 112 年 1 月 1 日。

B. 於中華民國 112 年 1 月 1 日前滿 18 歲而於同日未滿 20 歲者，自同日起為成年。

C. 於中華民國 112 年 1 月 1 日未滿 20 歲者，於同日前依法令、行政處分、法院裁判或契約已得享有至 20 歲或成年之權利或利益，自同日起，除法律另有規定外，仍得繼續享有該權利或利益至 20 歲。例如：

(A) 夫妻兩願離婚或經裁判離婚時，有關扶養費之約定或裁判，應按月支付至子女成年時，於法院裁判或約定時民法成年年齡為 20 歲，因本次修正調降為 18 歲，其子女之權利仍不受影響，即仍得受領扶養費至 20 歲。

(B) 於新法施行前依公務人員退休資遣撫卹法、軍人撫卹條例及公立學校教職員退休資遣撫卹條例等規定，已取得撫卹請領資格或其他給付行政事項之未成年子女，其於新法施行前已依法令取得之權利或利益均不受影響，仍得享有該權利或利益至 20 歲。

③ 例外：新法實施前未成年但已婚以該婚姻有效為前提取得行為能力之人，本於法律不溯及既往原則，仍適用修正施行前之規定，即使嗣後離婚、配偶死亡，已取得行為能力不因此而受影響。未成年人於本次修正施行日前結婚，修正施行後未滿 18 歲者，於滿 18 歲前仍適用修正施行前之規定 [28]。

---

[26] 民法第 12 條：滿 18 歲為成年。

[27] 民法總則施行法第 3-1 條。

[28] 民法親屬編施行法第 4-2 條。

(2) 有完全行為能力人法律行為之效力：

① 原則：完全有效。

② 例外：在無意思能力時所為之行為，無效[29]。

2. 限制行為能力人：

限制行為能力人指法律行為能力受限制之人，須得法定代理人事前允許或事後承認才發生效力。法律行為能力受限制之人有：滿 7 歲以上之未成年人[30]及受輔助宣告人。

(1) 滿 7 歲以上之未成年人

限制行為能力人法律行為之效力：

① 原則：應得法定代理人之允許或同意，始為有效（民 §77 前段）。

A. 個別允許

(A) 所謂個別允許，係指法定代理人專就某一特定行為事前加以允許。

(B) 事前未得法定代理人允許時：

a. **單獨行為**[31]：無效（民 §78）。例如：免除債務；限制行為能力人若未得法定代理人之允許，對其債務人為免除債務之意思表示，其意思表示無效。

b. 契約：效力未定（民 §79[32]）。限制行為能力人未得法定代理人之允許前，其法律行為已經成立，但是否有效，必須等待法定代理人之表示（表示承認或

NOTE

單獨行為：是指當事人一方之單獨意思表示而成立之行為，因此又稱為「一方行為」；換句話說，不論有無相對人，無須得到相對人或其他人之同意。

---

[29] 民法第 75 條：「無行為能力人之意思表示，無效；雖非無行為能力人，而其意思表示，係在無意識或精神錯亂中所為者亦同。」

[30] 民法第 13 條第 2 項：「滿 7 歲以上之未成年人，有限制行為能力。」

[31] 單獨行為：是指當事人一方之單獨意思表示而成立之行為，因此又稱為「一方行為」；換句話說，不論有無相對人，無須得到相對人或其他人之同意。
單獨行為可區分成有相對人之單獨行為及無相對人之單獨行為。
(1) 有相對人之單獨行為：如債務免除、撤銷（§88）、承認（§144）、終止、解除等。
(2) 無相對人之單獨行為：如遺囑、動產所有權拋棄、捐助行為。

[32] 民法第 79 條：「限制行為能力人未得法定代理人之允許，所訂立之契約，須經法定代理人之承認，始生效力。」

是拒絕）而後確定，對於這種尚未確定的行為，學說稱之為「效力未定的法律行為」。若法定代理人事後承認，法律行為即發生效力；若法定代理人事後拒絕承認，則法律行為確定不生效力。契約長時間效力未定，恐影響契約相對人之權利，民法規定相對人有如下之權利：

(a) 催告權（民§80[33]）：相對人得定 1 個月以上之期限，催告法定代理人，確答是否承認。法定代理人承認，生效。法定代理人拒絕承認，或法定代理人不為確答（視為拒絕承認），則不生效力。

(b) 撤回權（民§82[34]）：限制行為能力人所訂立之契約，未經承認前，善意之相對人得撤回之。

B. 限定允許：限定允許係指法定代理人允許限制行為能力人處分某種財產，或允許為某種營業之情形，則限制行為能力人就該財產或營業有關法律行為，均無須再經法定代理人之個別允許。

(A) 經法定代理人允許處分之財產（民§84[35]）：限制行為能力人就該財產有處分能力。

 a. 未指定用途的財產，乃供限制行為能力人任意消費，不論用於購物或捐獻，其處分均有效。例如：8 歲的大熊每週有 100 元的零用錢，大熊用 80 元買了 2 隻獨角仙，剩下 20 元捐給慈善機構。大熊購買獨角仙以及捐款之行為均有效。

 b. 限制行為能力人就處分財產所得的財產（代替物）亦得處分。例如：大熊用自己的零用錢購買了 2 隻獨角仙，其中 1 隻送給好朋友淨湘。雖然大熊為限制行為能力人，所為之贈與契約行為效力未定（民§79），但民法 84 條為 79 條特別規定，應優先適用。因此解釋上，零用錢為法定代理人允

---

[33] 民法第 80 條：「前條契約相對人，得定 1 個月以上之期限，催告法定代理人，確答是否承認。於前項期限內，法定代理人不為確答者，視為拒絕承認。」

[34] 民法第 82 條：「限制行為能力人所訂立之契約，未經承認前，相對人得撤回之。但訂立契約時，知其未得有允許者，不在此限。」

[35] 民法 84 條：「法定代理人允許限制行為能力人處分之財產，限制行為能力人，就該財產有處分之能力。」

許限制行為能力人處分之財產，獨角仙為處分財產所得的財
產（代替物），限制行為能力人對於用零用錢所購買的獨角
仙有處分的能力（民 §84）。所以大熊與淨湘之贈與契約，
有效。

(B) 經法定代理人允許之營業所為之行為（民 §85）：關於其營業，
限制行為能力人有行為能力。例如：小明的父親將祖傳三代專賣
豬心的小吃店交給小明經營，關於經營小吃店有關的法律行為，
如採買材料、門市販售⋯⋯等行為，就不必再一一經過法定代理
個別允許。

② 例外：毋須法定代理人允許或同意即可生效。

A. 純獲法律上之利益（民 §77 但書[36]）：獨立生效。

限制行為能力人享有法律上利益而不負擔法律上義務者，毋須得
法定代理人之允許，亦生效力。例如：小清到桔子家玩，正好桔
子媽媽買了銅鑼燒回家，送給小清 1 盒。桔子媽媽送給小清銅鑼
燒，對小清而言是純獲法律上利益，因此「贈與銅鑼燒的契約」
毋須得法定代理人之允許，亦生效力。

B. 日常生活所必需（民 §77 但書）：獨立生效。

依限制行為能力人之年齡及身分，日常生活所必需者，例如：買
早餐、搭捷運、買文具、看電影⋯⋯等行為，毋須得法定代理人
之允許，亦生效力。

C. 使用詐術行為（民 §83）：強制有效。

限制行為能力人使用詐術使人信其為有行為能力人，或已得法定
代理人之允許，其法律行為有效。例如：12 歲的野原小薪持自己
偽造的家長同意書，到商店購買昂貴的限量版「動感超人模型」，
小薪的爸爸可否表示拒絕承認，而主張買賣契約無效？民法之所
以規定「限制行為能力人所訂立之契約，須經法定代理人之承認，

---

[36] 民法第 77 條：「限制行為能力人為意思表示及受意思表示，應得法定代理人之允許。但純獲法律上利益，
或依其年齡及身分、日常生活所必需者，不在此限。」

始生效力」，主要是為了保護思慮未周、涉世未深的未成年人，希望由法定代理人為其權利斟酌。如果限制行為能力人為達某種目的使用欺騙的手段，竟能取得相對人之信任，即表示該限制行為能力人之智慮周延，已無加以保護之必要，為保護交易，此時之法律行為強制有效，使其負法律上之責任。因此，小薪與商店之買賣契約有效，小薪的爸爸不得主張買賣契約無效。

輔助宣告之要件

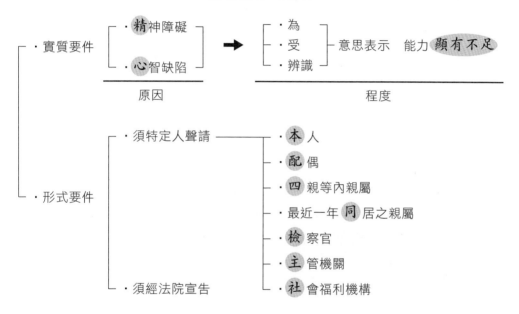

(2) 受輔助宣告人

① 輔助宣告之意義：因精神障礙或其他心智缺陷，致其為意思表示或受意思表示，或辨識其意思表示效果之能力，顯有不足之人，由法院為輔助之宣告。使受輔助宣告人為重要法律行為時，應經輔助人同意。

② 輔助宣告之要件：

A. 實質要件：須因精神障礙或其他心智缺陷，致其為意思表示或受意思表示，或辨識其意思表示效果之能力，顯有不足。

B. 形式要件：

(A) 須特定人聲請：本人、配偶、四親等內之親屬、最近 1 年有同居事實之其他親屬、檢察官、主管機關或社會福利機構。

(B) 須經法院裁定：

a. 聲請監護宣告須經專業鑑定聲請人為監護宣告之聲請時，宜提出診斷書（家事法第 178 條，準用第 166 條）。

b. 法院就受監護精神或心智狀況訊問鑑定人後，為聲請監護宣告之裁定（家事法第 178 條，準用第 167 條）。

③ 輔助宣告之效力[37]：

A. 原則：得自為法律行為[38]。

B. 例外：為特定法律行為，須得輔助人同意。

(A) 特定行為：指民法第 15 條之 2 第 1 項一至七款之重大行為。但純獲法律上利益，或依其年齡及身分、日常生活所必需者，不在此限。

第一款：為獨資、合夥營業或為法人之負責人。

第二款：為消費借貸、消費寄託、保證、贈與或信託。

第三款：為訴訟行為。

第四款：為和解、調解、調處或簽訂仲裁契約。

---

[37] 民法第 15 條之 2 增訂理由 (97.5.23)

(1)受輔助宣告人：並不因輔助宣告而喪失行為能力，惟為保護其權益，於為重要之法律行為時，應經輔助人同意。

(2)第 1 項第五款之「其他重要財產」，係指其重要性與不動產、船舶、航空器或汽車相當之其他財產；其所稱「財產」，包括物或權利在內，例如債權、物權及無體財產權均屬之。另同項第六款之「其他相關權利」，係指與繼承相關之其他權利，例如受遺贈權、繼承回復請求權以及遺贈財產扣減權（民法第 1225 條）等。

(3)受輔助宣告之人未經輔助人同意而為第 1 項所列之行為或輔助人同意受輔助宣告之人為第 1 項第一款行為之效力，分別準用第 78 條至第 83 條及第 85 條有關限制行為能力之相關規定。

(4)第 1 項所列應經同意之行為，無損害受輔助宣告之人利益之虞，而輔助人仍不為同意時，受輔助宣告之人得逕行聲請法院許可後為之，以免影響其生活。所稱「法院許可」，性質上係代替輔助人之同意；受輔助宣告之人依本項規定聲請法院許可時，無須經輔助人同意。又受輔助宣告之人為本條規定以外之法律行為時，有行為能力，其效力不因其為受輔助宣告之人而受影響。

[38] 即受輔助宣告人為民法第 15 條之 2 第 1 項一至七款以外之其他法律行為時，其法律行為之效力不因受輔助宣告而受影響。

第五款：為不動產、船舶、航空器、汽車或其他重要財產之處分、設定負擔、買賣、租賃或借貸。

第六款：為遺產分割、遺贈、拋棄繼承權或其他相關權利。

第七款：法院依前條聲請權人或輔助人之聲請，所指定之其他行為。前述應經輔助人同意之行為，無損害受輔助宣告人利益之虞，而輔助人仍不為同意時，受輔助宣告人得逕行聲請法院許可後為之。

(B) 須得輔助人同意之情形，依民法第 15 條之 2 第 2 項準用民法第 78~83 條及第 85 條之規定。

④ 輔助宣告之撤銷：受輔助之原因消滅時，法院應依前項聲請權人之聲請，撤銷其宣告。受輔助宣告之人有受監護之必要者，法院得依第 14 條第 1 項規定，變更為監護之宣告。

3. 無行為能力人：

題目

請依我國民法規定，試論何人係所謂的「無意思能力人（無行為能力人）」。 【93 地政士】

(1) 無行為能力人：完全無法律行為之能力，所為之法律行為無效[39]。

① 未滿 7 歲之未成年人[40]。

② 受監護宣告人[41]：

A. 監護宣告之意義：對於因精神障礙或其他心智缺陷，致不能為意思表示或受意思表示，或不能辨識其意思表示之效果之人，由法院為監護之宣告，使其成為無行為能力之人。

---

[39] 民法規定無行為能力人，所為之法律行為無效。其目的是為兼具保護無意思能力人以及交易安全。

[40] 民法第 13 條第 1 項：「未滿 7 歲之未成年人，無行為能力。」

[41] 基於我國現逐漸邁入高齡化社會，本次修正「成年監護制度」，重在保護受監護宣告之人，維護其人格尊嚴，並確保其權益。為避免精神障礙之人從事法律行為而遭受損害，因此由法院剝奪其行為能力，以保障其利益及交易安全。

B. 監護宣告之要件：

監護宣告應具備什麼要件？ 【100 地政士】

監護宣告之要件

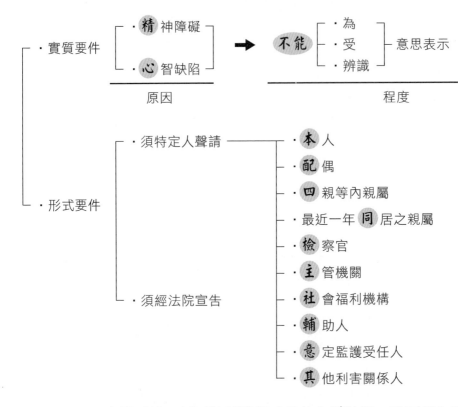

(A) 實質要件：須因精神障礙或其他心智缺陷，致不能為意思表示或受意思表示，或不能辨識其意思表示之效果。

(B) 形式要件：

　　a. 須特定人聲請：本人、配偶、四親等內之親屬、最近 1 年有同居事實之其他親屬、檢察官、主管機關或社會福利機構、輔助人、意定監護受任人或其他利害關係人。

b. 須經法院宣告：

 (a) 法院有裁量權。

 (b) 依家事事件法之聲請程序：

  i 聲請監護宣告須經專業鑑定，聲請人為監護宣告之聲請時，宜提出診斷書（家事法 §166）。

  ii 法院就受監護精神或心智狀況訊問鑑定人後，為聲請監護宣告之裁定（家事法 §167）。

C. 監護宣告之效力：

(A) 民法第 15 條：「受監護宣告之人，無行為能力。」

(B) 宣告有絕對效力（對任何人均發生效力）。

(C) 宣告有創設效力，受監護宣告人依法 [42] 設置監護人為其法定代理人。

D. 監護宣告之撤銷：

(A) 受監護之原因消滅時，法院應依前項聲請權人之聲請，撤銷其宣告（民 §14 II）。

(B) 法院對於監護之聲請，認為未達第 1 項之程度者，得依第 15 條之 1 第 1 項規定，為輔助之宣告（民 §14 III）。

(C) 受監護之原因消滅，而仍有輔助之必要者，法院得依第 15 條之 1 第 1 項規定，變更為輔助之宣告（民 §14 IV）。

③ 無意識或精神錯亂中為意思表示之人（民 §75）。

---

[42] 民法第 1110 條：「受監護宣告之人應置監護人。」
民法第 1098 條：「I. 監護人於監護權限內，為受監護人之法定代理人。II. 監護人之行為與受監護人之利益相反或依法不得代理時，法院得因監護人、受監護人、主管機關、社會福利機構或其他利害關係人之聲請或依職權，為受監護人選任特別代理人。」
民法第 1111 條：「I. 法院為監護之宣告時，應依職權就配偶、四親等內之親屬、最近 1 年有同居事實之其他親屬、主管機關、社會福利機構或其他適當之人選定 1 人或數人為監護人，並同時指定會同開具財產清冊之人。II. 法院為前項選定及指定前，得命主管機關或社會福利機構進行訪視，提出調查報告及建議。監護之聲請人或利害關係人亦得提出相關資料或證據，供法院斟酌。」

(2) 無行為能力人法律行為之效力：

① 法律行為無效。民法第 75 條：「無行為能力人之意思表示，無效。」

② 法律行為須經法定代理人代理。民法第 76 條：「無行為能力人由法定代理人代為意思表示，並代受意思表示。」

③ 事實行為有效。事實行為是基於某種事實上的動作而發生一定法律效果之行為，行為人不須有內心的效果意思，也不需考慮行為人的行為能力，無行為能力人之事實行為，例如：無主物之先佔（民§802）、埋藏物之發現（民§808）、遺失物拾得（民§803），仍依該法律規定之效力而取得所有權或取得報酬請求權。

題目 ....

受監護宣告人甲至乙開設之餐廳點菜用餐。甲於用餐後表示其為受監護宣告人，與乙所訂立之契約無效，因此不必付錢。試問甲之主張是否有理由？乙對甲得主張何種權利？ 【91 地政士】

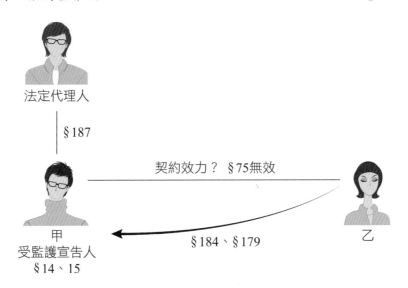

答案提示 [43]：

A. 甲之主張有理由，理由如下：

(A) 甲為受監護宣告人，無行為能力（民 §14、15）。

(B) 無行為能力人之意思表示無效（民 §75）。

(C) 甲受監護宣告為無行為能力人，其所為之意思表示無效，故其主張有理由。

B. 乙對甲得主張之權利：

(A) 請求不當得利之返還（民 §179）

甲無法律上原因，消費乙所有之物，致乙受有損害，應負返還其利益之責任（民 §179）。因為餐點已經被甲食用而無法返還，因此甲應償還相當於用餐之價額。

(B) 請求侵權行為之損害賠償（民 §184）

　　a. 甲到乙之餐廳用餐、消費乙所有物之行為屬於事實行為，事實行為不以表現內心意思為必要，而是因事實上的動作而發生一定法律效果的行為。甲雖為無行為能力人，其所為之事實行為致乙之所有權受損害，依民法第 184 條應負損害賠償責任。

　　b. 無行為能力人或限制行為能力人，不法侵害他人權利時，應區分行為時有無識別能力而有不同（民 §187）：

(a) 行為時有識別能力，行為人與法定代理人連帶負損害賠償責任。

(b) 行為時無識別能力，法定代理人單獨負損害賠償責任。

(c) 若行為人行為時無識別能力，且法定代理人舉證免責時，則乙得主張衡平責任，請求法院斟酌行為人及其法定代理人與被害人之經濟狀況，令行為人或其法定代理人為全部或一部分之損害賠償。

---

[43] 本題為修法前題目，故將「禁治產人」修改為「受監護宣告人」，答案詳細內容，請參照前述內容自行補充。進階閱讀請參閱：王澤鑑，《民法總則》，第 339 頁。

      c. 小結：甲受監護宣告而為無行為能力人，若其行為時有識別能力，則與法定代理人連帶負損害賠償責任。若其行為時無識別能力，則由法定代理人單獨負損害賠償責任。

（二）身分上行為能力

1. 訂婚能力：
   (1) 男女未滿 17 歲者，不得訂定婚約（民 §973）。
   (2) 違反訂婚最低年齡限制之效力：無效[44]。
2. 結婚能力：
   (1) 男女未滿 18 歲者，不得結婚（民 §980）。
   (2) 未達結婚年齡結婚之效力：當事人或其法定代理人得向法院請求撤銷之。但當事人已達該條所定年齡或已懷胎者，不得請求撤銷（民 §989）。
3. 遺囑能力：
   (1) 無行為能力人，不得為遺囑（民 §1186）。
   (2) 限制行為能力人，無須經法定代理人之允許，得為遺囑。但未滿 16 歲者，不得為遺囑（民 §1186）。

（三）行為能力修法前後之比較

1. 財產上行為能力之類型：

行為能力之類型	修正前條文	修正條文
有完全行為能力人	1. 滿 20 歲之成年人 2. 未成年但已婚之人	滿 18 歲之成年人
限制行為能力人	1. 滿 7 歲之未成年人 2. 受輔助宣告人	1. 滿 7 歲之未成年人 2. 受輔助宣告人
無行為能力人	1. 未滿 7 歲之未成年人 2. 受監護宣告人	1. 未滿 7 歲之未成年人 2. 受監護宣告人

---

[44] 32 上 1098 例。

說明（民法總則施行法第 3 條之 1）：
1. 修正之民法第 12 條及第 13 條，自 112 年 1 月 1 日施行。
2. 於中華民國 112 年 1 月 1 日前滿 18 歲而於同日未滿 20 歲者，自同日起為成年。
3. 中華民國 112 年 1 月 1 日未滿 20 歲者，於同日前依法令、行政處分、法院裁判或契約已得享有至二十歲或成年之權利或利益，自同日起，除法律另有規定外，仍得繼續享有該權利或利益至 20 歲。

2. 身分上行為能力，民法修正前後之比較：

	修正前條文	修正條文
訂婚能力	男未滿 17 歲，女未滿 15 歲者，不得訂定婚約（民 §973）。	未滿 17 歲者，不得訂定婚約（民 §973）。
結婚能力	1. 男未滿 18 歲，女未滿 16 歲者，不得結婚（民 §980）。 2. 未成年人結婚，應得法定代理人之同意（民 §981）。 3. 結婚違反第 981 條之規定者，法定代理人得向法院請求撤銷之。但自知悉其事實之日起，已逾 6 個月，或結婚後已逾 1 年，或已懷胎者，不得請求撤銷。（民 §990）	1. 未滿十八歲者，不得結婚（民 §980）。 2. 因成年年齡與最低結婚年齡均修正為 18 歲，故無須法定代理人同意。
離婚能力	夫妻兩願離婚者，得自行離婚。但未成年人，應得法定代理人之同意。（民 §1049）	夫妻兩願離婚者，得自行離婚。（民 §1049）

說明（民法親屬編施行法增訂第 4 條之 2）：
1. 自 112 年 1 月 1 日施行。
2. 施行前結婚，修正施行後未滿 18 歲者，於滿 18 歲前仍適用修正施行前之規定。

自然人的責任能力

一、 指權利主體能否對其違反法律上義務之行為，負擔損害賠償之能力（含侵權行為責任能力[45]及債務不履行責任能力[46]……等）。

二、 以權利主體具有識別能力為基礎。

---

[45] 民法第 184 條：「I. 因故意或過失，不法侵害他人之權利者，負損害賠償責任。故意以背於善良風俗之方法，加損害於他人者亦同。II. 違反保護他人之法律，致生損害於他人者，負賠償責任。但能證明其行為無過失者，不在此限。」

[46] 民法第 226 條：「I. 因可歸責於債務人之事由，致給付不能者，債權人得請求賠償損害。II. 前項情形，給付一部不能者，若其他部分之履行，於債權人無利益時，債權人得拒絕該部之給付，請求全部不履行之損害賠償。」

第二節　法 人

壹　法人之意義

一、 法律在自然人之外所創設之一種權利義務之主體。

二、 指自然人以外，依法律之規定，在一定條件下，具有法律上之人格，而得為權利義務主體之團體。

貳　法人之種類

```
          ┌ 公法人 ─ 國家、地方自治機關、農田水利會、中正文化中心
          │
          │              ┌ 公益法人 ─ 農會、工會、商會、政黨
          │      ┌ 社團法人 ─┤
法人 ─────┤      │        └ 營利法人 ─ 公司、銀行
          │ 私法人 ┤
          │      │
          └      └ 財團法人 ─ 公益法人 ─ 私立學校、慈善機構、教會、寺廟、私人醫院
```

「法人」依其成立所依據之法規屬性，而有「公法人」與「私法人」之區別。簡言之，依據公法設立者，為公法人；依據私法設立者，則為私法人。

一、公法人

（一）成立所依據之法律為公法。

例如：國家、地方自治機關、農田水利會（水利法第 12 條）、各類行政法人（目前僅有中正文化中心）。

（二）由行政法院管轄。

（三）負侵權行為責任時適用國家賠償法。

二、私法人

（一）成立所依據之法律為私法。

（二）由普通法院管轄。

（三）負侵權行為責任時適用民法之規定。

（四）區分：

1. 社團法人（以多數社員為組織體）：

　　(1) 公益社團法人（非營利）：

　　① 依特別法成立。

　　② 存在之目的：公益。

　　③ 例如：農會、工會、漁會、商會、政黨、職業公會。

　　(2) 營利社團法人：

　　① 依特別法成立。

　　② 存在之目的：營利。

　　③ 例如：公司、銀行。

2. 財團法人（多數財產之集合體）：

　　(1) 均為公益法人。

　　(2) 例如：私立學校、慈善機關、教會、寺廟、私人醫院。

參 法人之能力

　　法人，具有法律上的人格，原則上得為權利義務的主體，但終究與自然人有所不同，如權利能力、意思能力、行為能力與侵權行為能力，均有限制。

題目

　　試分別說明法人之權利能力、行為能力及侵權行為能力。

一、權利能力

法人權利能力之範圍（限制）—民法第 26 條：「法人於法令限制內，有享受權利負擔義務之能力。但專屬於自然人之權利義務，不在此限。」法人權利能力之限制：

（一）法令上的限制：法人之權利能力為法律所賦與，對於權利能力之範圍得以法令加以限制。

1. 公司法第 13 條：「公司不得為他公司無限責任股東或合夥事業之合夥人。」
2. 公司法第 16 條：「公司除依其他法律或公司章程規定得為保證者外，不得為任何保證人。公司負責人違反前項規定時，應自負保證責任，如公司受有損害時，亦應負賠償責任。」
3. 法人逾越法令限制者，無行為能力[47]（該行為於法人不生效力）。

（二）性質上之限制：民法第 26 條但書：「但專屬於自然人之權利義務，不在此限。」

1. 法人不可能享有者：
   (1) 以自然人生理為基礎之人格權：生命、身體、健康、自由、貞操權。
   (2) 以自然人身分為基礎之身分權：家長、親屬、繼承、扶養請求權。
2. 法人享有者：
   (1) 權利主體之尊嚴及價值為保護內容之權利：姓名、名譽、祕密、肖像權。
   (2) 單純以財產給付為內容之權利：受遺贈權。

（三）目的上之限制：

1. 基於權利完整性原則，以及保護交易安全，權利能力原則上不宜加以限制。
2. 但法人有權利能力目的上之限制，限制法人不得為目的事業以外之行為，例如以慈善為目的之法人不得為營利行為。

---

[47] 釋字 59：公司除依其他法律或公司章程規定以保證為業務者外，不得為任何保證人。公司負責人如違反該條規定，以公司名義為人保證，既不能認為公司之行為，對於公司自不發生效力。

二、行為能力

（一）法人行為能力之有無：

1. 法人否認說：否認法人有行為能力。

2. 法人擬制說：法人無行為能力，僅得由董事代為法律行為，效力直接歸屬於法人。

3. 法人實在說：法人有行為能力，董事係法人之代表、法人之機關，董事之行為即法人之行為。

（二）法人行為能力之範圍：

1. 法人在權利能力範圍內有行為能力（法人之行為能力應受法令之限制）。

2. 逾越範圍即無行為能力，不發生法律上之效果，應由代表機關個人負責。

3. 例如：司法第 16 條：「公司除依其他法律或公司章程規定得為保證者外，不得為任何保證人。公司負責人違反前項規定時，應自負保證責任，如公司受有損害時，亦應負賠償責任。」若公司之董事長以公司之名義為他人保證，董事長應自負損害賠償責任 [48]。

三、侵權行為能力

（一）法人之侵權行為能力：民法第 28 條：「法人對於其董事或其他有代表權之人因執行職務所加於他人之損害，與該行為人連帶負賠償之責任。」

（二）法人侵權行為之要件：

1. 須為法人董事或其他有代表權人之行為：

   (1) 法人董事或其他有代表權人為法人之代表執行機關，機關的行為就是法人自己的行為，法人代表的責任就是法人自己的責任，法人應自負賠償責任。

   (2) 有代表權人例如法人之清算人。

---

[48] 44 台上 1566 例。

2. 須因執行職務加損害於他人：

(1) 執行職務之人必須執行法人目的事業之職務內行為；職務外之犯罪行為係個人行為，與法人無關。執行職務行為包含：

① 職務本身之行為

外觀上足認機關之職務行為。例如：銀行董事簽發帳單時，誤認 A 帳戶為 B 帳戶。託運公司董事代表公司運送藝術品不慎毀損。

② 與職務有牽連關係之行為

例如：證券公司董事趁公司發行新股時偽造公司股票。

(2) 利用職務之便之行為，非執行職務之行為；例如：公司董事代表公司至他公司簽約時行竊。

3. 須具備侵權行為一般要件：

(1) 董事或其他有代表權之人須因故意或過失，致他人的權利或利益受到侵害，法人始須負責。

(2) 侵權行為之客體必須是私權，不包含違反稅法、逃漏稅款，致政府受損害，公權受有損害，不得依民法第 28 條為求償之依據[49]。

（三）法人侵權行為之責任：

1. 侵權行為發生後，法人應與行為人連帶對被害人負損害賠償責任，此為法定連帶債務（民 §28）。

2. 被害人對連帶債務之債務人，得對債務人中之一人或數人或其全體，同時或先後請求全部或一部之給付。連帶債務未全部履行前，全體債務人仍負連帶責任（民 §273）。

3. 董事或其他有代表權之人與法人間之內部關係，可準用委任契約之規定，行為人有違反善良管理人之注意義務時，法人於賠償後，對行為人有求償權[50]。

4. 立法理由：法人之財產較多，法人連帶負賠償責任，被害人獲賠償之機會較大，對被害人保護較周密。

---

[49] 62 台上 2 例。

[50] 因為行為人才是真正之加害人，最後應由行為人自負其責，連帶責任只是為保護被害人之立法上安排而已。

觀念釐清 ....

　　法人董事或其他有代表權人之侵權行為適用民法第 28 條，而「法人董事或其他有代表權人」以外之「受僱人」，則應適用民法第 188 條之規定。

區別	法人責任（民 §28）	僱用人責任（民 §188）
性質	法人對自己的侵權行為負責	僱用人為受僱人之行為負責
負連帶責任者	法人	僱用人（自然人、合夥、獨資商號法人均可）
行為人	限董事或其他有代表權之人	受僱人：凡客觀上有服勞務及受監督之關係即屬之
舉證免責	法人不可舉證免責	僱用人可舉證免責

習題 | REVIEW ACTIVITIS ✎

(D) 1. 受死亡宣告者，其死亡之時點推定為： (A) 報為失蹤人口時，為死亡之時點 (B) 向法院聲請之時，為死亡之時點 (C) 法院判決確定日，為死亡之時點 (D) 法院判決內所確定之死亡時，為死亡之時點。

【102 年度高考法制】

詳解 民法第 9 條（死亡時間之推定）
受死亡宣告者，以判決內所確定死亡之時，推定其為死亡。

(B) 2. 甲與乙就 A 畫訂立買賣契約後，甲被法院為監護之宣告，但仍然於監護宣告後，交付該畫給乙。試問：雙方之法律行為效力如何？ (A) 債權行為無效 (B) 物權行為無效 (C) 物權行為得撤銷 (D) 債權行為與物權行為均為效力未定。 【102 年度高考法制】

詳解 1. 債權行為有效，甲訂立買賣契約時尚未受監護宣告，仍有行為能力。
2. 物權行為無效，甲交付 A 畫之時已受監護宣告，為無行為能力，於無行為能力時所為之物權行為無效。

(A) 3. 19 歲之甲將繼承所得之小套房一間，訂立買賣契約出賣予成年之乙。買賣契約之效力為何？ (A) 有效 (B) 無效 (C) 效力未定 (D) 得撤銷。

詳解 第 12 條：「滿 18 歲為成年。」甲有行為能力，買賣契約有效。

(B) 4. 有關社團與財團之異同，下列敘述何者正確？ (A) 兩者於登記前均應得主管機關之許可 (B) 社團法人除以公益為目的者外，於登記前不須經主管機關許可，但財團法人於登記前則須經主管機關許可 (C) 財團法人於登記前不須經主管機關許可 (D) 社團法人及財團法人除以公益為目的者外，於登記前均不須經主管機關許可。 【102 年公務員升等郵政】

詳解 1. 財團法人採許可主義
民法第 59 條：財團於登記前，應得主管機關之許可。
2. 社團法人僅公益性社團法人採許可主義（民 §46）以公益為目的之社團，於登記前，應得主管機關之許可。營利性社團採準則主義，以營利為目的之社團，其取得法人資格，依特別法之規定。

(C) 5. 甲為限制行為能力人，其所為之下列行為，何者無效？ (A) 竄改身分證年齡向通訊行購買手機 (B) 購買名貴手錶贈送其女友 (C) 免除友人對其所負之債務 (D) 接受私立學校以入學為條件之獎學金。

【102 年公務員升等法制】

詳解 (A) 選項之行為係強制有效之行為
民法第 83 條：「限制行為能力人用詐術使人信其為有行為能力人或已得法定代理人之允許者，其法律行為有效。」
(B) 贈與手錶之行為係契約行為。民法第 79 條：「限制行為能力人未得法定代理人之允許，所訂立之契約，須經法定代理人之承認，始生效力。」
(C) 免除債務為單獨行為。民法第 78 條：「限制行為能力未得法定代理人之允許，所為之單獨行為，無效。」
(D) 獎學金附以入學為條件，並非純受法律之利益，仍須法定代理人之同意。

(B) 6. 甲因遭遇船難，下列何者得聲請甲之死亡宣告？ (A) 法官 (B) 檢察官 (C) 鄰里長 (D) 管區警員。 【102 年公務員升等法制】

詳解 民法第 8 條第 1 項：「失蹤人失蹤滿七年後，法院因利害關係人或檢察官之請，為死亡之宣告。」

(C) 7. 受輔助宣告之甲，獲得輔助人乙之同意，在郵局活期存款 10 萬元，嗣後甲欲提領 1000 元購買日常用品，此提款行為依法應如何處理？ (A) 應經乙之同意 (B) 應由乙代理提款 (C) 無須經由乙同意 (D) 應與乙共同提領。

【102 年公務員升等法制】

詳解 受輔助宣告人除民法第 15-2 條列舉之重大事項外，原則上得自為法律行為。民法第 15-2 條：「受輔助宣告之人為下列行為時，應經輔助人同意。但純獲法律上利益，或依其年齡及身分、日常生活所必需者，不在此限：…」甲領取 1000 元購買日用品，即屬不須同意之事項。

(C) 8. A 公司的董事甲前往與客戶簽約時，不慎撞傷路人乙。下列敘述何者正確？ (A) 屬車禍事故，由董事甲自行負損害賠償責任 (B) 由 A 公司負損害賠償責任，但是 A 公司對董事甲有求償權 (C) 由 A 公司與董事甲連帶負損害賠償責任 (D)A 公司若已盡監督職務執行之責，可舉證免責。

【102 年不動產經紀人】

詳解 民法第 28 條：「法人對於其董事或其他有代表權之人因執行職務所加於他人之損害，與該行為人連帶負賠償之責任。」

（A） 9. 16 歲之甲與 20 歲之乙訂立買賣契約，將一宗土地賣給乙，並將土地所有權移轉登記給乙。下列敘述何者正確？ (A) 買賣契約及所有權移轉契約，均需得甲之法定代理人書面之允許，始生效力 (B) 買賣契約及所有權移轉契約，均需得法定代理人書面允許，一定要書面允許始生效 (C) 買賣契約需得甲之法定代理人書面允許，始生效力；所有權移轉契約則無須書面允許，亦生效力 (D) 所有權移轉契約需得甲之法定代理人書面允許，始生效力；買賣契約則無須書面允許，亦生效力。

> **詳解** 買賣契約及所有權移轉契約，均須法定代理人之事前允許，或事後承認。
> 民法第 79 條：「限制行為能力人未得法定代理人之允許，所訂立之契約，須經法定代理人之承認，始生效力。」

（C） 10. 關於限制行為能力人未得法定代理人允許，所訂立之契約，若契約相對人在訂約時，知其未得允許者，則契約相對人得行使何種權利？ (A) 得定相當期限，催告法定代理人，確答是否承認 (B) 未經承認前，得撤回之 (C) 得定一個月以上之期限，催告法定代理人，確答是否承認 (D) 經承認後，得撤銷之。 【101 年高考法制】

> **詳解** 民法第 80 條：「前條契約相對人，得定一個月以上之期限，催告法定代理人，確答是否承認。於前項期限內，法定代理人不為確答者，視為拒絕承認。」

（C） 11. 依民法規定，法人擁有許多能力和權利，下列何者不屬之？ (A) 行為能力 (B) 侵權行為能力 (C) 繼承權 (D) 名譽權。【101 年地方特考三等】

> **詳解** 民法第 26 條：法人於法令限制內，有享受權利、負擔義務之能力。但專屬於自然人之權利義務，不在此限。
> 繼承權為專屬於自然人身分上之權利，法人無此項權利。

（A） 12. 甲為八歲孩童，乙贈與腳踏車給甲，但甲的父母親不同意甲接受贈與。試問：乙贈與甲的契約，效力如何？ (A) 有效 (B) 無效 (C) 效力未定 (D) 得撤銷。 【101 年地方特考三等】

> **詳解** 民法第 77 條：「限制行為能力人為意思表示及受意思表示，應得法定代理人之允許。但純獲法律上之利益，或依其年齡及身分、日常生活所必需者，不在此限。」
> 受贈與腳踏車屬純獲法律上之利益，不須得法定代理人之同意。

（C） 13. 甲為避免其債權人乙查封其名下唯一的財產房屋一間，乃與丙為假買賣，並將該屋之所有權移轉登記給丙。下列敘述何者正確？ (A) 乙得撤銷甲、

丙間之買賣行為　(B)買賣已成，且已移轉登記，乙無法再為任何主張　(C)乙仍得對該屋進行查封，因為甲、丙的買賣行為及所有權移轉行為皆為無效　(D)乙不得主張撤銷甲、丙間之買賣行為，因為甲、丙間為信託行為。

【101年地方特考三等】

詳解　民法第87條：表意人與相對人通謀而為虛偽意思表示者，其意思表示無效。但不得以其無效對抗善意第三人。

虛偽意思表示，隱藏他項法律行為者，適用關於該項法律行為之規定。

(C) 14. 下列何人無受輔助宣告之實益？　(A) 六十五歲以上之老人　(B) 成年且結婚者　(C) 未成年人且未結婚者　(D) 未成年人已結婚者。

【101年地方特考三等】

詳解　輔助宣告適用之對象為成年及未成年人已結婚者，至於未成年人未結婚者，因僅有限制行為能力或無行為能力，無受輔助宣告之實益。

(B) 15. 甲捐助 1,000 萬元，成立慈善基金會。甲的捐助行為，其法律性質為何？　(A) 物權行為　(B) 單獨行為　(C) 事實行為　(D) 契約行為。

【101年地方特考三等】

詳解　捐助行為，性質上屬無相對人之單獨行為，捐助時即發生效力，不須對方承諾。

(D) 16. 甲懷胎乙五個月時，其丈夫丙因病過世，留下一棟房屋與現金200萬元之遺產，下列敘述何者最正確？　(A) 乙尚未出生，不具有權利能力，不得繼承丙之遺產　(B) 乙雖尚未出生，但關於利益之享有具有部分行為能力，得繼承丙之遺產　(C) 乙以將來非死產為限，關於個人利益之保護享有行為能力，在出生後得溯及繼承開始時繼承丙之遺產　(D) 乙以將來非死產者為限，關於個人利益之保護享有權利能力，得繼承丙之遺產。

【101年不動產經紀人】

詳解　民法第7條：「胎兒以將來非死產為限，關於其利益之保護，視為既已出生。」

民法第1166條：「胎兒為繼承人時，非保留其應繼分，他繼承人不得分割遺產。

胎兒關於遺產之分割，以其母為代理人。」

(D) 17. 下列有關法人之敘述，何者錯誤？　(A) 社團法人應設章程　(B) 以遺囑捐助設立財團法人者，不以訂立捐助章程為必要　(C) 應設董事　(D) 應設監察人。

【101年不動產經紀人】

詳解　(D) 民法第 27 條第 4 項：「法人得設監察人」。

（ A ） 18. 關於死亡宣告，下列敘述何者錯誤？ (A) 得聲請死亡宣告者，僅限於失蹤人之利害關係人 (B) 死亡宣告係私法上的制度，不生公法上的效果 (C) 死亡宣告在於結束失蹤人原住居所為中心之法律關係，而不在剝奪失蹤人之權利能力 (D) 死亡宣告為推定死亡，故允許提出反證而撤銷死亡宣告。 【100 年不動產經紀人】

詳解 (A) 民法第 8 條第 1 項死亡宣告申請人：1. 利害關係人，2. 檢察官。

（ C ） 19. 關於財團法人之敘述，下列何者正確？ (A) 其權利能力始於訂立捐助章程，終於清算解散 (B) 財團為公益法人，其設立須經地方法院許可 (C) 董事有數人者，除章程另有規定外，各董事均得代表法人 (D) 財團法人並非自然人，無侵權行為能力。 【100 年不動產經紀人】

詳解 (A) 法人之權利能力始於設立登記；(B) 設立應得主管機關許可（民 §59）；(D) 法人有侵權行為能力。

（ B ） 20. 關於法人依其性質，不得享有下列何種權利？ (A) 姓名權 (B) 自由權 (C) 專利權 (D) 名譽權。 【100 年不動產經紀人】

詳解 (B) 自由權性質上為專屬於自然人之權利。

（ D ） 21. 甲男於民國 90 年 3 月 1 日離開住所，從此失蹤，其妻乙依法聲請死亡宣告，經法院判決宣告死亡。若甲實際上並未死亡，請問下列敘述，何者正確？ (A) 推定甲於民國 90 年 3 月 1 日死亡 (B) 受死亡宣告後，甲所為之法律行為均無效 (C) 若甲安然生還，該死亡宣告即自動失去效力 (D) 乙繼承甲之財產，善意處分之部分不受甲生還影響。 【100 年不動產經紀人】

詳解 (A) 以判決內確定死亡之時，推定為死亡（民 §9 I）。
(B) 死亡宣告並非剝奪受宣告人之能力。
(C) 應聲請撤銷死亡宣告（家事法 §160）。
(D) 家事法 §163。

（ C ） 22. 法人社員總會決議之內容違反法令或章程者，其決議之效力 (A) 有效 (B) 得撤銷 (C) 無效 (D) 效力未定。 【99 年不動產經紀人】

詳解 民 §56 II。

（ D ） 23. 失蹤人除為 80 歲以上或遭遇特別災難者外，法院得於失蹤人失蹤滿幾年後，依利害關係人或檢察官之聲請為死亡之宣告？ (A)1 年 (B)3 年 (C)5 年 (D)7 年。 【97 年不動產經紀人】

詳解 第 8 條：I. 失蹤人失蹤滿七年後，法院得因利害關係人或檢察官之聲請，為死亡之宣告。II. 失蹤人為八十歲以上者，得於失蹤滿三年後，為死亡之宣告。III. 失蹤人為遭遇特別災難者，得於特別災難終了滿一年後，為死亡之宣告。

(B) 24. 下列何者為錯誤？　(A) 胎兒為繼承人時，非保留其應繼分，他繼承人不得分割遺產　(B) 胎兒關於遺產之分割，以其父為代理人　(C) 繼承人得隨時請求分割遺產。但法律另有規定或契約另有訂定者，不在此限　(D) 遺產分割後，各繼承人按其所得部分，對他繼承人因分割所得之遺產，負與出賣人同一之擔保責任。　　　　　　　　　　　【97 年第二次不動產經紀人】

詳解 (B)§1166 胎兒關於遺產之分割，以其母為代理人。

(D) 25. 法人登記後，有應登記之事項而不登記，或已登記之事項，有變更而不為變更之登記者，其未登記之事項效力為何？　(A) 無效　(B) 得撤銷　(C) 效力未定　(D) 不得以其事項對抗第三人。　【97 年第二次不動產經紀人】

詳解 第 31 條：法人登記後，有應登記之事項而不登記，或已登記之事項有變更而不為變更之登記者，不得以其事項對抗第三人。

(C) 26. 下列何者為限制行為能力人？　(A) 未滿 7 歲之人　(B) 受監護宣告人之人　(C)16 歲之人　(D) 滿 18 歲之人。

詳解 民法第 13 條 II：滿 7 歲以上之未成年人，有限制行為能力。

(D) 27. 甲今年 35 歲，不幸於一次海上遊樂活動失蹤，一直無法覓得其下落，請問其家人可以在甲失蹤滿幾年後，向法院聲請死亡之宣告？　(A)3 年　(B)5 年　(C)6 年　(D)7 年。　　　　　　　　　　　　　　【90 年不動產經紀人】

詳解 民法 §8。

(B) 28. 財團法人之設立，採取何種立法主義？　(A) 特許主義　(B) 許可主義　(C) 準則主義　(D) 自由主義。　　　　　　　　　　【106 公務員特考】

詳解 依據民法設置之財團法人，採取許可主義，一般我們常見的財團法人多屬此類，例如：消費者文教基金會、董氏基金會、伊甸社會福利基金會等。

(A) 29. 法人社員總會決議之內容違反法令或章程者，下列關於其社員尋求救濟之敘述，何者正確？　(A) 社員得提起確認決議之訴，確認該決議為無效，其提起確認之訴的期間，沒有限制　(B) 社員得提起撤銷決議之訴，請求法院撤銷該決議，其行使撤銷權的期間，沒有限制　(C) 社員得提起確認

決議之訴，確認該決議為無效，但必須於決議後 3 個月內為之　(D) 社員得提起撤銷決議之訴，請求法院撤銷該決議，但必須於決議後 3 個月內為之。

【106 高考三級】

詳解 民法第 56 條第 2 項：「總會決議之內容違反法令或章程者，無效。」所謂無效乃自始、當然、確定不發生效力；在法律行為成立之初即無效，不待特定人主張或法院宣告即不發生效力，也不會因為時間經過而發生效力。對於決議內容是否違法或違反章程有爭執，社員得依民事訴訟法 247 條提起確認之訴，以資救濟。

物

第一節　物之概念

一、物之意義

人體以外，人力所能支配之有體物或自然力，而為權利之客體。

二、物之要件

（一）不以有體物為限

1. 包含有體物與無體物。
2. 有體物：占一定空間，有某種形體。例如：土地、建築物、動物、植物、汽車。
3. 能源：技術上已能加以控制支配、工商業以及日常生活普遍使用者。例如：熱、光、電氣、放射線、核能。

（二）須具有支配可能性

1. 民法上的物，以人力所能支配者為限，一般得以科學技術加以支配者，為具有支配可能性。
2. 例如：
   (1) 可支配：光、電、核能，為民法所稱之物。
   (2) 不可支配：日、月、星辰、雲、閃電，非民法所稱之物。

（三）須具有獨立性

1. 依物權法上之一物一權主義，及物權標的特定原則，法律上之物必須個別獨立存在。
2. 非獨立存在者，非民法所稱之物。例如：
   (1) 部分尚未分離者：果實、花朵、房子構造之磚頭、窗框。
   (2) 人體的一部分：牙齒、義肢……。

三、物之分類

物在法律上之分類，可區分為①不動產與動產；②主物與從物；③原物與孳息。

第二節　不動產與動產

一、不動產

民法第 66 條：「稱不動產者，謂土地及其定著物。不動產之出產物，尚未分離者，為該不動產之部分。」

（一）土地

1. 民法第 773 條第 1 項：「土地所有權，除法令有限制外，於其行使有利益之範圍內，及於土地之上下。」指一定範圍內之地球表面，以及表面上空及地下（地下、地表、地上）。

2. 民法第 773 條第 2 項：「如他人之干涉，無礙其所有權之行使者，不得排除之。」地上或地下相當高度或深度，對權利人並無利益可言者，基於禁止權利濫用以及禁止違反公益原則[1]，對於他人對土地上下之利用無礙其所有權者，不得排除之。例如：挖捷運、飛機飛越上空⋯⋯等。

3. 地面下之砂石土壤、礦產、油氣等，基於國民經濟考量，憲法第 143 條第 2 項規定：「附著於土地之礦，及經濟上可供公眾利用之天然力，屬於國家所有，不因人民取得土地所有權而受影響。」

4. 不動產之出產物

    (1) 不動產之出產物，尚未分離者，為該不動產之部分[2]。即尚未分離前為土地之部分，所有權屬土地所有權人。例如：農田裡的稻禾、與土地尚未分離之樹木⋯⋯。

---

[1] 民法第 148 條：「I. 權利之行使，不得違反公共利益，或以損害他人為主要目的。II. 行使權利，履行義務，應依誠實及信用方法。」

[2] 物的成分：指物的構成部分。

(2) 擅自在他人土地上種植者，種植人不得砍取，否則為侵權行為[3]。

(3) 基於租賃權或地上權而實際種植者，僅有收取權，收取後取得與土地分離之動產所有權。

(4) 向土地所有人購買未與土地分離之樹木，僅有對出賣人請求砍取之權利，在未砍伐前不能取得所有權[4]。

（二）定著物

1. 指非土地之構成部分，繼續附著於土地，不易移動其所在，可達經濟上之使用目的者[5]。定著物之要件：

   (1) 非土地構成部分。

   (2) 繼續附著於土地。

   (3) 不易移動其所在。

   (4) 具有獨立經濟上價值。

   例如：房屋、各種建築物[6]（紀念碑、通訊電臺、橋樑、高架道路、牌坊）。

2. 屋頂尚未完工之房屋，已足避風雨，可達經濟上使用之目的者，即屬土地之定著物[7]。

3. 附著於土地，然性質上固定為土地之一部分者，非定著物。例如：水溝、水井、道路、下水道、地下道……。

4. 未附著於土地，可隨時移動其所在者，非定著物。例如：工寮、活動組合屋、臨時展覽場、售票亭……。

---

[3]　31 上 952 例。

[4]　29 上 1678 例；32 上 6232 例。

[5]　釋字 93：「輕便軌道除係臨時敷設者外，凡繼續附著於土地而達其一定經濟上之目的者，應認為不動產。」
「查民法第 66 條第 1 項，所謂定著物指非土地之構成分，繼續附著於土地而達一定經濟目的之不易移動其所在之物而言，輕便軌道除係臨時敷設者外，其敷設出於繼續性者，縱有改建情事，有如房屋等，亦不失其為定著物之性質，故應認為不動產。」

[6]　建築法第 4 條：「本法所稱建築物，為定著於土地上或地面下具有頂蓋、樑柱或牆壁，供個人或公眾使用之構造物或雜項工作物。」

[7]　63 年第 6 次民庭決議。

5. 違章建築：若符合定著物之要件，即屬定著物，有無建造執照或可否登記，均在所不問。

6. 煤礦公司人力車之輕便軌道：定著物（釋字 93）。

二、動產

民法第 67 條：「稱動產者，為前條所稱不動產以外之物。」

（一）可移動之物，性質上均為動產。例如：貓、狗、汽車。

（二）不易移動而非土地之定著物者，亦為動產。例如：樣品屋、流動廁所、野臺戲舞臺。

（三）在法律上人力得支配控制之各種自然力，性質上亦為動產。

（四）動產不能設定民法之抵押權，但能設定質權及留置權。

（五）準不動產：

1. 性質上雖能移動，但因價值較高，且在交易上轉讓程序較為慎重，在法律上具有不動產之某種特性。例如：船舶、民用航空器。

2. 移轉所有權非經登記，不得對抗第三人（海商法 §9、民用航空法 §20）。

3. 得設定抵押權（海商法 §33、民用航空法 §19）。

三、區別實益

題目

1. 試述動產與不動產之意義及兩者區別在法律上之實益。　　【92 地政士】

2. 不動產物權之變動，須具備何種要件始生效力？　　【91 地政士】

動產與不動產之區別實益：

（一）物權之得、喪、變更要件不同

1. 不動產（民 §758）

   (1) 書面。

   (2) 登記。

2. 動產

    (1) 讓與合意。

    (2) 交付（民§761）。

（二）物權之標的不同

1. 不動產

    (1) 地上權（民§832）。

    (2) 農育權（民§850-1）。

    (3) 不動產役權（民§851）。

    (4) 抵押權（民§860）。

    (5) 典權（民§911）。

2. 動產

    (1) 質權（民§884）。

    (2) 留置權（民§928）。

（三）對債權人受領遲延效力不同

1. 受領標的物為不動產：債務人得拋棄占有（民§241[8]）。

2. 受領標的物為動產：債務人得提存（民§326[9]）。

（四）監護人處分程序不同

1. 處分不動產：須法院許可（民§1101[10]）。

2. 處分動產：毋庸法院許可。

---

[8] 民法第241條：「I. 有交付不動產義務之債務人，於債權人遲延後，得拋棄其占有。II. 前項拋棄，應預先通知債權人。但不能通知者，不在此限。」

[9] 民法第326條：「債權人受領遲延，或不能確知孰為債權人而難為給付者，清償人得將其給付物，為債權人提存之。」

[10] 民法第1101條：「I. 監護人對於受監護人之財產，非為受監護人之利益，不得使用、代為或同意處分。II. 監護人為下列行為，非經法院許可，不生效力：一、代理受監護人購置或處分不動產。二、代理受監護人，就供其居住之建築物或其基地出租、供他人使用或終止租賃。III. 監護人不得以受監護人之財產為投資。但購買公債、國庫券、中央銀行儲蓄券、金融債券、可轉讓定期存單、金融機構承兌匯票或保證商業本票，不在此限。」

第三節　主物與從物

物，依效用之關係可分為主物及從物。

一、主物

主要而獨立效用之物為主物，藉由從物之幫助增益其獨立發生之效用。

二、從物

次要而附屬發生效用之物為從物。民法第 68 條第 1 項：「非主物之成分，常助主物之效用，而同屬於一人者，為從物。但交易上有特別習慣者，依其習慣。」

從物的要件：

（一）從物須非主物的成分（各自獨立）

1. 主物與從物間必須是二個以上獨立之物。
2. 若二物結合一起，而成為彼此之一部分，即無主物與從物之關係。例如：房子與窗戶、汽車與輪子、原子筆與筆芯。

（二）從物須常助主物之效用（附屬關係）

二者雖為獨立之物，但依社會交易及社會習慣上衡量，二者間必須有附屬關係，才會成為主物從物。例如：輪船與救生艇、汽車及備胎。

（三）從物須與主物同屬於一人

1. 主物與從物為獨立之二物，依一物一權原則，為兩個所有權，此兩個所有權必須同屬一人所有。
2. 為了使所有權關係單純，如果二者不同屬一個人所有，即使客觀上有主物從物關係，法律上仍不認為有主物從物關係。

例如：承租人自行添購窗簾，雖然客觀上窗簾與房屋有主從關係，但窗簾與房屋之所有權分屬二人，因此不認為有主物從物關係。

三、區別實益

區別主物與從物最大之效用,即民法第 68 條第 2 項:「主物之處分,及於從物。」

（一）為維護物的經濟上利用價值,使物盡其用,主物從物必須相依相隨,使其發揮最大效用。例如:收音機（主物）出售,天線（從物）亦視同出售。

（二）但交易上有特別習慣者,依其習慣。

（三）前述規定非強行規定,當事人可特約排除適用。

第四節　原物與孳息

題目

何謂孳息?何人有收取孳息之權利?試分別說明之。　　【90 地政士】

以兩物在產生上之關係為區分標準,可區分為原物與孳息兩者。產生孳息之物為原物,原物之收益為孳息。

一、原物

產生孳息之物。例如:母雞、綿羊、果樹……等。

二、孳息

（一）原物之收益。

（二）孳息可分為

1. 天然孳息

   (1) 民法第 69 條第 1 項:「稱天然孳息者,謂果實、動物之產物及其他依物之用法所收穫之出產物。」例如:花、水果、稻穀、小牛、雞蛋、羊毛、鹿茸、牛乳。

(2) 非原物之出產物：非孳息。例如：宰殺牛隻產生的牛肉乃處分原物所產生之物，電力係工業產物，均非孳息。

2. 法定孳息

(1) 民法第 69 條第 2 項：「稱法定孳息者，謂利息、租金及其他因法律關係所得之收益。」「因法律關係所得之收益」指原物供他人利用之對價，即供他人利用原物所生之收益。若自行將金錢投資開設公司，產生之盈餘利潤非法定孳息，因為盈餘利潤並非供他人利用所生之收益。

(2) 例如：將金錢借與他人→供他人利用之對價：利息。

將房屋出租他人→供他人利用之對價：租金。

將專利權授予他人→供他人利用之對價：權利金。

三、區別實益

原物與孳息區別之實益，在於判斷所有權歸屬。

孳息所有權之歸屬：

（一）天然孳息

1. 原則：採原物主義。天然孳息與原物分離後為獨立之物，歸屬於原物所有權人。

(1) 民法第 70 條第 1 項：「有收取天然孳息權利之人，其權利存續期間內，取得與原物分離之孳息。」

(2) 民法第 766 條：「物之成分及其天然孳息，於分離後，除法律另有規定外，仍屬於其物之所有人。」

2. 例外：法律另有規定[11]。例如：果實自落鄰地，民法第 798 條：「果實自落於鄰地者，視為屬於鄰地所有人。但鄰地為公用地者，不在此限。」

---

[11] 法律另有規定：指法律另有規定天然孳息之收取權人。

  (1)他權利人：用益物權之權利人，如地上權、農育權、典權；擔保物權之權利人，如抵押權人（抵押物扣押後）、質權人、留置權人；其他權利人，如租賃。

  (2)財產管理人：父母、監護人。

（二）法定孳息

1. 所得之收益應歸屬於法律關係之當事人。例如：利息應歸屬於消費借貸關係之貸與人（民 §477[12]），租金應歸屬於租賃關係之出租人（民 §421、439[13]）。

2. 法定孳息之收取：按日計算。民法第 70 條第 2 項：「有收取法定孳息權利之人，按其權利存續期間內之日數，取得其孳息。」

---

[12] 民法第 477 條：「利息或其他報償，應於契約所定期限支付之；未定期限者，應於借貸關係終止時支付之。但其借貸期限逾 1 年者，應於每年終支付之。」

[13] 民法第 421 條：「稱租賃者，謂當事人約定，一方以物租與他方使用收益，他方支付租金之契約。前項租金，得以金錢或租賃物之孳息充之。」、民法第 439 條：「承租人應依約定日期，支付租金；無約定者，依習慣；無約定亦無習慣者，應於租賃期滿時支付之。如租金分期支付者，於每期屆滿時支付之。如租賃物之收益有季節者，於收益季節終了時支付之。」

習題 | REVIEW ACTIVITIS ✎

(C) 1. 甲誤將乙之種籽、丙之肥料灑在丁之 A 地上。致長成纍纍稻穗，試問稻穗
之所有權歸屬何人？　(A) 甲　(B) 乙丙共有　(C) 丁　(D) 甲丁共有。

【102 年度高考法制】

詳解 民法第 66 條：「稱不動產者，謂土地及其定著物。不動產之出產物，尚未分離者，
為該不動產之部分。」稻穗為不動產尚未分離之出產物，為該不動產之部分。A
土地為丁所有，稻穗為土地之部分，自亦屬丁所有。

(B) 2. 甲向乙承租 A 地種植柚子樹，後來政府公告將徵收 A 地。下列敘述何者錯
誤？　(A) 柚子樹為不動產之出產物，屬於乙所有　(B) 柚子為天然孳息，
天然孳息的收取權為土地所有權乙　(C) 政府徵收乙所有的 A 地，範圍包
括甲在 A 地上種植的柚子樹　(D) 政府徵收 A 地之補償金歸屬於乙。

【102 年不動產經紀人】

詳解 民法第 66 條：「稱不動產者，謂土地及其定著物。不動產之出產物，尚未分離者，
為該不動產之部分。」
柚子樹為 A 地尚未分離之出產物，為 A 地之部分，屬於乙所有。
甲向乙承租 A 地種植柚子樹，因此甲對於天然孳息有收取權。

(B) 3. 下列何者，屬於民法上之物？　(A) 活人胸腔中跳動之心臟　(B) 博物館中
展示之木乃伊　(C) 天上飄浮的雲層　(D) 植入身體的人造關節。

【100 年不動產經紀人】

詳解 (A) 物指人體以外人力所能支配之有體物或自然力，心臟為人體之部分；(C) 人
力不能支配；(D) 人體之一部分。

(D) 4. 甲於己地，自建房屋。屋內有書房 1 間，書房內置有 1 檜木書桌，書桌
有 2 個抽屜。桌上有 1 個新力牌 DVD 錄放影機，並有 7 片電影 DVD。全
屋地板鋪以羅馬磁磚，其上有 1 落地燈，配以法國進口的燈罩。試問下列
論述中何者為主物與從物關係？　(A) 房屋與書房　(B) 書桌與抽屜　(C)
DVD 錄放影機與 7 片電影 DVD　(D) 落地燈與法國進口燈罩。

【98 年不動產經紀人】

詳解 (A) 書房為房屋之部分；(B) 抽屜為書桌之部分；(C)DVD 錄放影機與電影 DVD
為各自獨立之物。

（B）5. 關於動產與不動產之區分，下列何者為真？ （A）動產與不動產均得為先占之客體 （B）不動產以登記為權利變動之方式，動產則是交付 （C）不動產包括土地及其出產物 （D）不動產可設定抵押權，動產則以典權為主。

【96年第二次不動產經紀人】

詳解 (A)民法第802條：無主物之先占，限無主之動產；(C)土地及其定著物（民§66）；(D)動產為質權、留置權。

（B）6. 下列有關從物之敘述，何者錯誤？ （A）所有權狀為房地不動產之從物 （B）屋頂平台為主物大樓建築之從物 （C）土地共有人出賣房地全棟時，買賣契約效力及於另一共有人原所同意之同宗建築基地依法留設法定保留空地及退縮地之使用權等從權利在內 （D）主物之處分及於從物，於主物與從權利之關係，亦可適用。

【106年不動產經紀人】

詳解 民法第68條：「Ⅰ非主物之成分，常助主物之效用，而同屬於一人者，為從物。但交易上有特別習慣者，依其習慣。Ⅱ主物之處分，及於從物。」

(A) 所有權狀乃表彰登載名義人對該房地不動產所有權存在，本質上為從物及不融通物。（95年台上字第1617號裁判參照）

(B) 屋頂平台為大樓建築之一部分，為建築物之存在及安全所必要，而為大樓之構成部分，並非獨立之物，自非屬於從物。（93年台上字第576號裁判參照）

(C) 民法第68條第2項規定「主物之處分及於從物」，所謂「處分」，包括物權行為及債權行為在內。又主物從物之關係，於主物與從權利之關係，亦可適用。法定保留空地及退縮地之使用權，乃足以幫助發揮系爭房屋及其本身主要結構所在建築基地合法圓滿使用之通常效用，以買賣為原因完成房地所有權移轉登記，其效力自及於該依法所留設有助於主物即系爭房屋本身及其主要結構所在建築基地效用之法定空地及退縮地之使用權的從權利在內。（92年台上字第2775號參照）

法律行為

INTRODUCTION TO CIVIL LAW

第一節　通　則

壹　法律行為的意義

法律行為係以意思表示為要素，因意思表示而發生私法上法律效果之適法行為。

法律行為

內心： 想達到某種法律上效果	外在： 透過意思表示	發生私法上的法律效果
小明內心想要擁 有一臺重型機車	小明向機車行老闆說： 「我要買這臺重機！」	發生民法之債權債務

貳　法律行為、事實行為、準法律行為

題目

何謂法律行為、事實行為、準法律行為？其區別標準為何？試舉例說明之。

一、體系架構

將法律事實以是否「以意思表示為要素」區分為：1. 表示行為。2. 非表示行為。

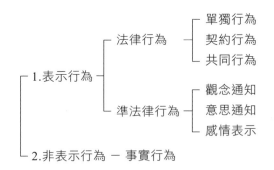

二、區別及舉例

	法律行為	準法律行為	事實行為
意義	法律行為係以意思表示為要素，基於意思表示而發生私法上法律效果（權利義務發生變動）之適法行為。	非基於表意人之表示行為[1]，而是基於法律規定而發生效果之行為。	1. 因自然的事實動作而發生一定法律效果之行為（不以表現內心之意思為必要。行為人是否有取得法律效果之意思，也在所不問）。 2. 也可能不發生法律上之效力。例如：散步。
分類及舉例	主要有： 1. 債權行為（例如：契約（民§153））／物權行為（例如：所有權移轉（民§758、民§759）、設定抵押權（民§860））。 2. 要式／不要式。 3. 要物／不要物。 4. 要因／不要因。	主要有： 1. 意思通知：表意人表示一定期望的行為，催告或請求均屬意思通知。對法定代理人之催告（民§80[2]）、要約的拒絕（民§155）。 2. 觀念通知：表意人表示對一定事實的觀念或認識。例如：召集會員總會的通知（民§51）、債權讓與之通知（民§297）。 3. 情感表示：表意人表示一定情感的行為。例如：夫妻一方之宥恕（民§1053）、對被繼承人之宥恕（民§1145 Ⅱ）。	主要有： 1. 占有取得（民§940）。 2. 無主物之先占（民§802[3]）。 3. 埋藏物之發現（民§808）。 4. 添附（民§811以下）。 5. 無因管理（民§172）。 6. 遺失物拾得（民§803以下）。

---

[1] 準法律行為仍須透過行為人之意思表示為之，只是行為之法律效果全然依法律規定，未必能實現行為人內心的效果意思，但是法律行為之效力則是實現行為人內心之效果意思。

[2] 民法第80條：「前條契約相對人，得定一個月以上之期限，催告法定代理人，確答是否承認。於前項期限內，法定代理人不為確答者，視為拒絕承認。」不論行為人催告之行為想發生何種法律效力，法律已規定了催告之效果。

[3] 唐朝杜牧的詩：「銀燭秋光冷畫屏，輕羅小扇撲流螢。……」流螢是無主物，撲流螢是事實上動作，如果將其以所有人自居而占有。依民法第802條：「以所有之意思，占有無主之動產者，除法令另有規定外，取得其所有權。」

	法律行為	準法律行為	事實行為
成立生效	生效要件 1. 當事人須有行為能力。 2. 標的須適法、妥當、可能、確定。 3. 意思表示須健全無瑕疵。	1. 基於法律的規定發生一定之效力。 2. 其法律之效力非基於行為人之意思表示，故不論行為人內心之真意如何、善意、惡意，均不影響法律效力。	1. 基於某種事實上的動作而發生一定法律效果。 2. 行為人不須有內心的效果意思。 3. **不需考慮行為人的行為能力。**
適用	直接適用法律行為之規定。	原則上得類推適用法律行為之規定。	不類推適用法律行為之規定。

 NOTE

不需考慮行為人的行為能力

此處可能出現「實例題」之陷阱。例如：8 歲的小明在野外採集標本，抓到一隻蜻蜓，其效力如何？

參 法律行為之分類

法律行為以種種不同之區別標準，常見之分類如下：

1. 財產行為／身分行為。
2. 負擔行為／處分行為。
3. 要物行為／不要物行為。
4. 要因行為／不要因行為。
5. 要式行為／不要式行為。

一、財產行為與身分行為

以法律行為之內容為區分標準。

（一）財產行為

1. 債權行為：如買賣、租賃、保證、承攬⋯⋯。
2. **物權行為**：如所有權移轉、擔保物權（如抵押權）設定、用益物權設定。
3. **準物權行為**：如債權讓與、債務承擔⋯⋯。

> **NOTE**
>
> **物權行為**
> 指能直接使物權發生「取得」、「喪失」或「變更」效果的法律行為。

（二）身分行為

1. **親屬行為**：如結婚、離婚、收養、認領⋯⋯。
2. **繼承行為**：如繼承之承認、繼承之拋棄⋯⋯。

> **NOTE**
>
> **準物權行為**
> 指以債權或無體財產權（物權以外的其他財產權）作為標的之處分行為。例如：債權的讓與、債務的免除即是。不論債權讓與或是債務免除，均使物權以外的權利直接發生變動，與物權行為具有類似性，所以我們稱之為準物權行為。

二、負擔行為與處分行為

	負擔行為	處分行為
意義	指以發生債權債務為其內容的法律行為，又稱為債務行為或債權行為。	指直接使某種權利「發生」、「變更」或「消滅」的法律行為。
性質	原因行為	履行行為
分類	1. 單獨行為：捐助行為（民§60）。 2. 契約行為： (1)單務契約：贈與（民§406）。 (2)雙務契約：買賣（民§345）、租賃（民§421）。	1. 物權行為： (1)單獨行為：拋棄所有權（民§764）。 (2)契約行為：移轉不動產所有權（民§758）、移轉動產所有權（民§761）。 2. 準物權行為： (1)單獨行為：債務免除（民§343）。 (2)準物權契約：債權讓與（民§294）。

	負擔行為	處分行為
方式	依契約自由原則，契約方式除依法律規定外，任何方式皆可，由契約當事人自由訂定。 1. 要式／不要式。 2. 要物／不要物。	1. 處分動產：須交付（民§761）。 2. 處分不動產：須登記＋書面（民§758）。
效力	1. **不以有處分權為必要**，即使行為人無處分權，亦不影響負擔行為之效力。 2. 負擔行為的作成，會使債務人負有給付的義務：(1) 作為或 (2) 不作為。 3. 不發生物權變動的效力。	1. 處分行為之行為人必須就其所處分之標的物有處分權（特別生效要件）。 2. 行為人若無處分權則屬無權處分，民法第118條第1項：「無權利人就權利標的物所為之處分，經有權利人之承認始生效力。」其行為效力未定。 3. 發生物權變動的效力。

 NOTE

「不以有處分權為必要」

此處可能出現「實例題」之陷阱。例如：阿美（23歲）未取得小明的同意，將小明的竹蜻蜓賣給小夫，試問買賣契約之效力如何？

三、要物行為與不要物行為

以法律行為是否以物之交付為要件作區分：

	要物行為	不要物行為
說明	1. 指於意思表示外，還要有物之交付，才能成立法律行為。 2. 又稱為踐成行為。 3. 例如：使用借貸（民§464）、消費借貸（民§474）；須待標的物交付始發生效力。	1. 只要有意思表示合致，即成立生效。 2. 又稱諾成行為。 3. 例如：買賣契約（民§345）。

四、有因行為與無因行為

以法律行為得否與其原因分離（即：法律行為之效力是否以其原因為要件）作區分：

	有因行為（要因行為／原因行為）	無因行為（不要因行為）
意義	1. 指法律行為與其原因不相分離，「**原因**」為其內在構成部分。原因不存在時，其法律行為不成立。 2. 以原因之有效存在為法律行為成立之前提。	1. 原因超然獨立於法律行為之外，不以原因之欠缺致法律行為之效力受其影響。 2. 不以原因之有效存在為法律行為成立之前提。 3. 為保護交易安全而設。
分類	債權契約，例： 1. 買賣。 2. 消費借貸。	民法之處分行為均屬無因行為，原因超然於處分行為之外，不因原因的欠缺而影響處分行為之效力。 1. 處分契約： (1) 物權契約。 (2) 債權讓與契約。 2. 債權契約： (1) 債務拘束。 (2) 債務承認。

NOTE

原因

指當事人為財產上給與的目的。例如：孔茗向周魚購買草船（買賣：要因行為），對周魚（出賣人）來說，將草船給與孔茗的目的，在於取得價金請求權，而孔茗（買受人）支付價金的目的則在於取得草船的所有權。原因不存在，則其法律行為不存在。

五、要式行為與不要式行為

以法律行為之成立是否以履行「一定方式」為必要作區分。法律行為：

1. 原則：為不要式行為，不以一定方式為必要。

2. 例外：為要式行為，必須履行一定方式始能成立。

	要式行為	不要式行為
意義	法律行為之成立，以一定方式為必要，必須依法律特別之規定，或當事人特別約定之方式為之。	法律行為之成立，不以一定方式為必要。

題目

何謂要式行為？試就民法各編之規定，各舉一例以明之。【91地政特考】

擬答：

（一）要式行為：指必須履行一定方式始能成立之法律行為。例如：以使用文字為必要。

1. 須以書面為之：終身定期金契約（民§730）、人事保證契約（民§756之1）。

2. 須以字據為之：不動產租賃契約（民§422）。

（二）要式行為分類及舉例如下：

1. 法定要式行為：

 (1) 要式行為係出於法律規定者，為法定要式行為。行為人若不依法定方式為之，依民法73條規定：「法律行為，不依法定方式者，無效。但法律另有規定者，不在此限。」原則無效，例外則依法律另定。

 (2) 法定要式行為，試舉例如下：

 ① 設立財團者，原則應訂立捐助章程，以遺囑捐助者，例外不受此限制（民§60[4]）。

 ② 不動產物權之移轉、設定或變更之義務為標的者，應由公證人作成公證書（民§166之1[5]）。

 ③ 不動產物權，依法律行為而取得、設定、喪失及變更者，必須訂定立書面之物權契約並經登記，始生效力（民§758）。

 ④ 結婚應以書面為之，有二人以上證人之簽名，並應由雙方當事人向戶政機關為結婚之登記（民§982）。

---

[4] 民法第60條第1項：「設立財團者，應訂立捐助章程。但以遺囑捐助者，不在此限。」

[5] 民法第166之1條：「契約以負擔不動產物權之移轉、設定或變更之義務為標的者，應由公證人作成公證書。未依前項規定公證之契約，如當事人已合意為不動產物權之移轉、設定或變更而完成登記者，仍為有效。」
不動產契約：
(1)原則：要式（民§166-1）→應作成公證書。
(2)例外：合意移轉＋完成登記→有效。

⑤ 繼承人拋棄繼承權，應於知悉其得繼承之時起 3 個月內，以書面向法院為之。拋棄繼承後，應以書面通知因其拋棄而應為繼承之人（民§1174）。

2. 約定要式行為：

(1) 須依當事人約定之方式為之，當事人未依約定方式完成前，推定契約不成立，但若能證明約定方式並非契約之成立要件，而是保全證據之方法，則契約仍然有效（民§166[6]）。

(2) 約定要式行為，視雙方當事人對於約定的內容而定，例如買賣契約之雙方當事人約定契約須以書面為之。

題目

民國 89 年 5 月 6 日，甲出賣其所有之土地予乙，雙方簽訂買賣契約書，甲並於同日交付該地予乙，但該契約書未經公證人作成公證書，土地亦尚未辦理所有權移轉登記。3 日後，乙因丙之脅迫，將該地出租予善意之丁並為交付。請問：甲、乙間之買賣契約及乙、丁間之租賃契約各有何效力？

【89 地政特考】

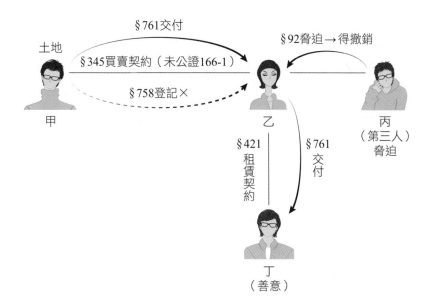

---

[6] 民法第 166 條：「契約當事人約定其契約須用一定方式者，在該方式未完成前，推定其契約不成立。」

擬答：

（一）甲、乙間買賣契約之效力：

1. 買賣契約

 (1) 原則：為不要式契約、不要物契約。

 買賣之成立依民法第 345 條第 2 項規定：「當事人就標的物及其價金互相同意時，買賣契約即為成立。」其程序依契約自由原則（方式自由），只要當事人就標的物及其價金互相同意時，買賣契約即為成立，故為不要式契約、不要物契約。

 (2) 例外：不動產之買賣契約為要式契約。

 因為不動產具有高度經濟價值，當事人就標的物及其價金若互相為口頭之同意，日後容有舉證上之困難，易產生糾紛，為求締約審慎，辨明雙方之權利義務關係，民法第 166 之 1 條規定：「契約以負擔不動產物權之移轉、設定或變更之義務為標的者，應由公證人作成公證書。」故不動產之買賣契約為法定要式契約。

2. 甲乙之不動產買賣契約因不具要式性，故不發生效力

 甲乙為不動產買賣，係以不動產為標的之法律行為。

 (1) 負擔行為（債權契約）

 依民法第 166 之 1 條規定應由公證人作成公證書，為法定要式行為。行為人若不依法定方式為之，依民法 73 條規定：「法律行為，不依法定方式者，無效。但法律另有規定者，不在此限。」原則無效，例外則依法律另定。民法第 166 之 1 條第 2 項「未依前項規定公證之契約，如當事人已合意為不動產物權之移轉、設定或變更而完成登記者，仍為有效。」因此，甲乙之買賣契約雖未經公證人做成公證書，若雙方已合意為不動產物權之移轉並且完成登記者，仍為有效。反之，則無效。

 (2) 處分行為（物權契約）

 依民法第 758 條：「不動產物權，依法律行為而取得、設定、喪失及變更者，非經登記，不生效力。前項行為，應以書面為之。」處分行為之生效要件，必須具備書面及登記之法定要件。

(3) 小結：甲乙之不動產買賣契約，既未經公證人做成公證書，亦未完成所有權移轉登記，故不發生效力。

（二）乙、丁間租賃契約之效力：

1. 甲乙之不動產買賣契約不發生效力，乙並未取得土地之所有權，惟租賃契約為負擔行為，不以有處分權為必要，即使行為人無處分權，亦不影響負擔行為之效力。

2. 丙脅迫乙將土地出租給善意的丁，侵害乙的意思形成自由，依民法第92條：「因被詐欺或被脅迫，而為意思表示者，表意人得撤銷其意思表示。」乙得於脅迫終止後，一年內撤銷其意思表示（民§93）。

肆 法律行為之要件

一、成立要件

　　成立要件指法律行為缺一不可之構成部分，以意思表示為要素，成立要件若有欠缺，則法律行為不成立。法律行為之成立，須具備要件如下：

（一）一般成立要件

1. 須有當事人：自然人或法人。
2. 須有標的。
3. 須有意思表示。

（二）特別成立要件

1. 要式行為：方式之履行（民§166之1、422、758）。
2. 要物行為：標的物之交付（民§464）。

二、生效要件

　　法律行為除成立要件以外之其他效力要件為生效要件。法律行為除成立要件外尚須具備生效要件，始能發生效力。

（一）一般生效要件

1. 當事人：須有行為能力。

2. 標的：須適法（民§71[7]）、妥當（民§72、74[8]）、**可能**（民§246[9]）、確定（民§200、208[10]）。

3. 意思表示：須健全無瑕疵。

（二）特別生效要件

指個別法律行為除須具備一般生效要件外，尚須具備特別生效要件始能發生效力，例如：

1. 附條件或附期限（民§99、102[11]）之法律行為，必須條件成就或期限屆至，始能發生效力。

2. 遺囑必須於遺囑人死亡時，始能發生效力（民§1199）。

NOTE

可能

法律行為之內容必須有可能實現，若以不可能實現之標的為內容，法律行為無效。例如：情人的承諾「摘下天上的星星送給你……」→聽聽就好，因為這就是典型的：以不可能實現之標的為內容→法律行為無效。

---

[7] 適法：法律行之內容必須合法。民法第 71 條：「法律行為，違反強制或禁止之規定者，無效。但其規定並不以之為無效者，不在此限。」

[8] 妥當：法律行之內容必須不違反公序良俗或非顯失公平。民法第 72 條：「法律行為，有背於公共秩序或善良風俗者，無效。」民法第 74 條：「I.法律行為，係乘他人之急迫、輕率或無經驗，使其為財產上之給付或為給付之約定，依當時情形顯失公平者，法院得因利害關係人之聲請，撤銷其法律行為或減輕其給付。II.前項聲請，應於法律行為後 1 年內為之。」

[9] 可能：民法第 246 條：「以不能之給付為契約標的者，其契約為無效。但其不能情形可以除去，而當事人訂約時並預期於不能之情形除去後為給付者，其契約仍為有效。附停止條件或始期之契約，於條件成就或期限屆至前，不能之情形已除去者，其契約為有效。」

[10] 確定：法律行為之內容必須於成立時已經確定，或成立之時雖然尚未確定，但之後可以以法律規定確定。例如選擇之債、種類之債。總之，標的必須是自始確定或可得確定。
民法第 200 條：「I.給付物僅以種類指示者，依法律行為之性質或當事人之意思不能定其品質時，債務人應給以中等品質之物。II.前項情形，債務人交付其物之必要行為完結後，或經債權人之同意指定其應交付之物時，其物即為特定給付物。」
民法第 208 條：「於數宗給付中得選定其一者，其選擇權屬於債務人。但法律另有規定或契約另有訂定者，不在此限。」

[11] 民法第 99 條第 1 項、第 2 項：「I.附停止條件之法律行為，於條件成就時，發生效力。II.附解除條件之法律行為，於條件成就時，失其效力。」
民法第 102 條第 1 項、第 2 項：「I.附始期之法律行為，於期限屆至時，發生效力。II.附終期之法律行為，於期限屆滿時，失其效力。」

3. 遺贈必須遺贈人死亡且受遺贈人於遺囑發生效力時仍生存，始能發生效力。

　　法律行為若具備成立要件及生效要件時，即為完全之法律行為、完全有效之法律行為。當事人所欲之私法上效力當然發生。

第二節　行為能力

壹　有行為能力人法律行為之效力

　　有行為能力人（具有完全行為能力之人），指成年人或未成年但已婚者。其法律行為之效力：

一、原則：完全有效。

二、例外：無效。

　　無效之情形，如：

（一）無意思或精神錯亂中所為之法律行為，無效（民§75）。

（二）未成年人未得法定代理人同意所為之兩願離婚，無效（民§1049[12]）。

貳　無行為能力人法律行為之效力

　　無行為能力人指未滿七歲之未成年人及受監護宣告人，其行為之效力：

一、法律行為無效

　　民法第 75 條：「無行為能力人之意思表示，無效。」

二、法律行為須經法定代理人代理

　　民法第 76 條：「無行為能力人由法定代理人代為意思表示，並代受意思表示。」

---

[12] 民法第 1049 條：「夫妻兩願離婚者，得自行離婚。但未成年人，應得法定代理人之同意。」

三、事實行為有效

（一）事實行為是基於某種事實上的動作而發生一定法律效果之行為。行為人不須有內心的效果意思，也不需考慮行為人的行為能力，故無行為能力人所為之事實行為，仍得發生一定之法律效果。

（二）無行為能力人之事實行為，例如：無主物之先占（民§802）、埋藏物之發現（民§808）、遺失物拾得（民§803），仍依該法律規定之效力而取得所有權或取得報酬請求權。

參 限制行為能力人法律行為之效力

限制行為能力人指法律行為能力受限制之人，滿七歲以上之未成年人[13]須得法定代理人事前允許或事後承認才發生效力。而受輔助宣告人則是為重要法律行為時，始應得輔助人同意。

（詳見本編 第二章 第一節 貳、自然人的行為能力）

 意思表示

壹 意義

意思表示指表意人想要發生一定的法律效果，而將其內心的效果意思表示於外部的行為。

意思表示是表意人將欲發生一定私法上效力之意思，表現於外部的行為。一個意思表示包含了「表示意思」、「效果意思」和「外部行為」。

「表示意思」是表意人將內心意思表現於外部之意思；「效果意思（亦稱法效意思）」是表意人欲發生一定私法上效力之意思；而「外部行為」則是表意人表現在外部的客觀表示行為。

---

[13] 民法第13條第2項：「滿7歲以上之未成年人，有限制行為能力。」

貳 意思表示之種類

一、以有無意思表示之對象，可區分為有相對人之意思表示與無相對人之意思表示。

二、以意思表示之方法，可區分為明示與默示。

（一）明示

行為人以言語、文字或其他習慣上使用之方法，明白的直接的表示其意思。

（二）默示

由特定行為「間接推知」行為人之意思表示。例如：將選購商品拿到結帳櫃檯付款，行為人雖未明白表示購買，但其行為推知為購買之默示承諾。

（三）單純的沉默

沉默係單純的不作為。

1. 原則：不生法律效果。

2. 例外

   (1) 約定：雙方約定因沉默而為意思表示。

   (2) 法定：具有意思表示之效力。

   ① 視為不同意

   例如民法第 80 條：「前條契約相對人，得定 1 個月以上之期限，催告法定代理人，確答是否承認。於前項期限內，法定代理人不為確答者，視為拒絕承認。」

   ② 視為同意

   例如民法第 387 條：「標的物因試驗已交付於買受人，而買受人不交還其物，或於約定期限或出賣人所定之相當期限內不為拒絕之表示者，視為承認。買受人已支付價金之全部或一部，或就標的物為非試驗所必要之行為者，視為承認。」

三、對話與非對話

意思表示以是否是以直接溝通的方式表達為區分標準。

（一）對話

以直接交換意見之方式，通常為一問一答之方式，使相對人得以了解表意人之意思，不論見面交談、透過電話、網路或其他方式皆可。

（二）非對話

表意人非直接以對話的方式表示其意思，而是透過信件、電報……等方式使相對人可以獲知其意思表示。

參 意思表示之解釋

解釋意思表示應探求當事人之真意，不得拘泥於所用之辭句（民§98）。意思表示不明確使之明確，屬於意思表示之「解釋」；意思表示解釋之客體，為依表示行為所表示於外部之意思，而非其內心之意思。意思表示不完備，使之完備，屬於意思表示之「補充」。

關於法律行為之解釋方法，應以當事人所欲達到之目的、習慣、任意法規及誠信原則為標準，合理解釋之，其中應將目的列為最先，習慣次之，任意法規又次之，誠信原則始終介於其間以修正或補足之[14]。

意思表示解釋方法：

一、依表意人表示於外部之意思，例如言語、文字或舉動。

二、若意旨不明時，則應探求當事人之真意。

（一）探求表意人為意思表示之目的性及法律行為之和諧性。

（二）斟酌交易上之習慣及經濟目的，依誠信原則而為之。

---

[14] 88年臺上字第1671號判決。

肆 意思表示之生效時期

意思表示之生效即意思表示開始發生效力，而當事人受其意思表示之拘束。意思表示之生效時期因有相對人與無相對人而有不同。

一、無相對人之意思表示

（一）原則：於意思表示成立之同時發生效力。

（二）例外：法律有特別規定。

1. 溯及於意思表示成立之前：例如拋棄繼承[15]。

2. 意思表示於日後始發生效力：例如遺囑[16]。

二、有相對人之意思表示

（一）相對人有受領能力（相對人為完全行為能力人）

1. 對話之意思表示：我國民法採「了解主義」，於相對人了解時生效（民§94[17]）。

2. 非對話之意思表示

(1) 通知達到相對人時生效，採「**到達**主義」（民§95 I前段）。所謂達到，係指意思表示達到相對人之支配範圍，置於相對人隨時可了解其內容之客觀之狀態而言[18]。例如：甲寄信給乙，信件於 1/1 投入乙之信箱（乙隨時可以取閱或了解），乙出外旅遊於 1/5 返回家中，但因忙碌忽略，1/8 始拆開閱讀。甲之意思表示何時發生效力？甲之意思表示已於 1/1 日進入乙的支配範圍，置於乙可以了解之狀態，即為到達而發生效力；相對人未加以閱讀之理由為何，均所不問。

NOTE

到達

1. 指意思表示須達到相對人可支配之範圍。

2. 置於相對人可以了解之狀態。

3. 但不以相對人占有為限。

---

[15] 拋棄繼承（民§1175）：「繼承之拋棄，溯及於繼承開始時發生效力。」

[16] 遺囑（民§1199）：「遺囑自遺囑人死亡時發生效力。」

[17] 民法第 94 條：「對話人為意思表示者，其意思表示，以相對人了解時，發生效力。」

[18] 58 年臺上字第 715 號判例。

(2) 撤回之通知同時或先時到達時，其意思表示不生效力（民§95Ⅰ但書）。

(3) 表意人發出通知後死亡或喪失行為能力，或其行為能力受限制者，其意思表示不因之而失其效力（民§95Ⅱ）。

(4) 公示送達為意思表示之通知（民§97[19]）。

（二）相對人無受領能力

相對人無受領能力時，對話之意思表示，自法定代理人了解時生效。而非對話之意思表示，民法第96條：「向無行為能力人或限制行為能力人為意思表示者，以其通知達到其法定代理人時，發生效力。」

伍 不健全之意思表示

要 點 檢 索
- 1. 意思表示不一致
- 2. 意思表示不自由

一、意思表示不一致

題目

試述意思表示不一致之法律效力。　　　　　　　　【91 地政士】

意思表示不一致指表意人內部之「意思」與外部之「表示」不合致。意思表示不一致可能出於表意人之故意，或出於偶然，意思表示不一致時究竟是以內部的意思為準，或者外部的表示為準，我國民法以「表示主義」為原則（以外部表示為準，目的：保護交易安全），以「意思主義」為例外（基於私法自治，以內部的意思準）。

---

[19] 民法第 97 條：「表意人非因自己之過失，不知相對人之姓名、居所者，得依民事訴訟法公示送達之規定，以公示送達為意思表示之通知。」

（一）故意不一致

表意人明知有不一致之情形。

1. 單獨虛偽的意思表示（民§86[20]）：

    (1) 又稱為心中保留、真意保留，即表意人不欲為其意思表示所拘束，故意隱匿其內部之真意，而為與真意不同之意思表示。

    (2) 效力：

    ① 原則：有效[21]。

    ② 例外：相對人明知者無效。

2. 通謀虛偽的意思表示（民§87）：

    (1) 表意人與相對人通謀而為意思表示，即雙方皆「明知」非真意而為虛偽之意思表示。

    (2) 效力：

    ① 民法第87條第1項[22]：

        A. 雙方當事人之間的效力：無效（民§87）。

        B. 對第三人之效力：不得以其無效對抗善意第三人（民§87 I但書）。即善意第三人得主張該行為有效或無效。

    ② 民法第87條第2項[23]（隱藏行為）：

        A. 通謀虛偽之意思表示，無效。

        B. 隱藏之他項法律行為，有效。

---

[20] 民法第86條：「表意人無欲為其意思表示所拘束之意，而為意思表示者，其意思表示，不因之無效。但其情形為相對人所明知者，不在此限。」

[21] 此處採表示主義為原則，因為表意人故意隱匿之真意為相對人無法得知，為保護交易安全，應以表意人外部表示為準。

[22] 民法第87條第1項：「表意人與相對人通謀而為虛偽意思表示者，其意思表示無效。但不得以其無效對抗善意第三人。」

[23] 民法第87條第2項：「虛偽意思表示，隱藏他項法律行為者，適用關於該項法律行為之規定。」例如：甲父欲將房屋贈與甲，卻以虛偽的「買賣」隱藏真的「贈與」，則「買賣」因通謀虛偽而無效，但隱藏之「贈與」則為有效。

（二）偶然的不一致（錯誤）

表意人因錯誤或不知，導致法效意思與表示行為偶然不一致之情形。

1. 類型：

(1) 內容錯誤（民 §88 I[24]）：

意思表示中所包含之事項內容，客觀上與認識上有不一致之情形，即同一性不一致。其類型有：

① 當事人同一性的錯誤，例如：將甲誤認為乙。

② 標的物同一性的錯誤，例如：將 A 書誤認為 B 書。

③ 標的物價格、數量的錯誤，例如：將定價 1000 元誤認為 10000 元。

(2) 表示錯誤（民 §88 I[25]）：

① 不知：表意人若知其事情即不為意思表示。

② 錯誤發生於客觀之表示行為，因為表示行為的錯誤，誤將不欲表示之內容對外表示。

③ 類型：

A. 誤寫：欲寫 10，誤寫成 100；欲寫 NTD，誤寫成 USD。

B. 誤取：欲賣 A 貓誤取 B 貓交付；欲找 20 元零錢，應取出二個 10 元銅板，卻誤取成二個 50 元銅板。

(3) 動機錯誤（民 §88 II[26]）

① 動機：引發人從事某種行為的力量和念頭，是表意人形成特定法律效果之原因，是意思形成之過程，而非意思表示的構成部分。

---

[24] 民法第 88 條第 1 項：「意思表示之內容有錯誤，或表意人若知其事情即不為意思表示者，表意人得將其意思表示撤銷之。但以其錯誤或不知事情，非由表意人自己之過失者為限。」

[25] 內容錯誤與表示錯誤（不知）之區別

83 年臺上字第 2960 號判決：「錯誤與不知二者在觀念上有別，『不知』謂正當認識之全不存在，而『錯誤』則不特無正當認識，且有積極的謬誤之認識；但全無正當認識之不知，如表意人知其事情即不為意思表示者，其效力與錯誤同，均得為意思表示撤銷之原因，民法第 88 條第 1 項分別就意思表示內容之錯誤或表示行為之錯誤而為規定。被上訴人因誤信政府更正前土地公告現值，而就買賣標的物即系爭土地之價格為錯誤之意思表示，係屬民法第 88 條第 1 項本文上段意思表示內容之錯誤，並非同條項本文下段表示行為之錯誤。」

[26] 民法第 88 條第 2 項：「當事人之資格或物之性質，若交易上認為重要者，其錯誤，視為意思表示內容之錯誤。」

② 動機錯誤：行為人因為對於某些形成意思之重要事實，認知不正確，即屬於動機錯誤。

③ 類型：

A. 非重要性之動機錯誤

例如：

(A) 因股市名嘴分析認為某股票即將大漲，而大量收購，結果並非如此。

(B) 以為某明星有「女神」之封號必然為票房保證，聘其為電影主角，結果卻是票房毒藥，票房不如預期。

B. 重要性之動機錯誤

例如：

(A) 當事人資格錯誤：當事人之性別、職業、身分、學經歷、年齡、專長、能力有所誤認。

(B) 物之性質錯誤：指足以影響物之使用價值的事實或法律關係有所誤認。例如：物之真假、年代、數量、產地……等。

(4) 傳達錯誤（民 §89[27]）

意思表示無誤，但因傳達機關之誤傳或傳達不實，而發生錯誤。例如：媽媽請大熊轉告爸爸下班時順路「買 2 個銅鑼燒」，大熊誤傳為「買 20 個銅鑼燒」。

2. 效力：

(1) 得撤銷（民 §90[28]）

① 類型

A. 內容錯誤（民 §88 I）。

B. 表示錯誤（民 §88 I）。

C. 傳達錯誤（民 §89）。

D. 具有重要性之動機錯誤（民 §88 II）。

---

[27] 民法第 89 條：「意思表示，因傳達人或傳達機關傳達不實者，得比照前條之規定撤銷之。」

[28] 民法第 90 條：「前二條之撤銷權，自意思表示後，經過 1 年而消滅。」

具有重要性之動機錯誤，視為內容錯誤，得撤銷。當事人之資格或物之性質，若交易上認為重要者，其錯誤，視為意思表示內容之錯誤（民§88 II）。

② 撤銷之限制

　A. 須表意人無過失。

　B. 須錯誤在交易上具重要性。

　C. 自意思表示後，經過 1 年而消滅（除斥期間）。

③ 撤銷權行使之法律效果

　A. 視為自始無效（民§114 I[29]）。

　B. 表意人對於信其意思表示為有效而受損害之相對人或第三人，應負賠償責任（民§91[30]）。

(2) 不得撤銷：非重要性之動機錯誤（民§88 II）。

　不得撤銷之理由：

① 保護交易安全

　動機是一種不容易觀察的內在狀態，為他人所不知，為保護交易相對人之信賴，進而保護交易安全，故不許表意人撤銷。

② 表意人自己承擔風險原則

　表意人意思形成上錯誤之風險應該自己承擔、自我負責，不應將其不利益轉嫁於相對人，故不許表意人撤銷。

二、意思表示不自由

　　「意思表示不自由」指受他人不當的干涉而為意思表示。健全的意思表示必須是表意人基於自由意志而為意思表示，如果自由意志受到外力不當的干涉，而為意思表示，則其意思表示有瑕疵。

　　外力不當干涉之情形：

---

[29] 民法第 114 條第 1 項：「法律行為經撤銷者，視為自始無效。」

[30] 民法第 91 條：「依第 88 條及第 89 條之規定撤銷意思表示時，表意人對於信其意思表示為有效而受損害之相對人或第三人，應負賠償責任。但其撤銷之原因，受害人明知或可得而知者，不在此限。」

（一）詐欺

1. 詐欺之意義：詐欺人故意欺罔表意人，使其陷於錯誤，並因陷於錯誤而為意思表示。

2. 詐欺之要件：

   (1) 須有詐欺故意與詐欺行為。

   (2) 須表意人因此陷於錯誤。

   (3) 須表意人因陷於錯誤而為意思表示。

   (4) 須表意人陷於錯誤與意思表示有因果關係。

3. 效力：

   (1) 相對人之詐欺：得撤銷（民§92 I）。

   (2) 第三人之詐欺：限相對人明知或可得而知，始得撤銷（民§92 I）。

   (3) 被詐欺而為之意思表示，其撤銷不得以之對抗善意第三人（民§92 II）。

   (4) 除斥期間：

   ① 撤銷，應於發現詐欺後 1 年內為之。但自意思表示後，經過 10 年，不得撤銷（民§93）。

   ② 因被詐欺而結婚者，得於發現詐欺後，6 個月內向法院請求撤銷之（民§997）。

   (5) 撤銷後該法律行為，歸於無效。

（二）脅迫

1. 脅迫之意義：脅迫人故意不當為危害之預告，使表意人心生恐懼，並因恐懼而為意思表示。

2. 脅迫之要件：

   (1) 須有脅迫故意與脅迫行為。

   (2) 須表意人因此心生恐懼。

   (3) 表意人因心生恐懼而為意思表示。

   (4) 須表意人心生恐懼與意思表示有相當因果關係。

3. 效力：

(1) 因被脅迫，而為意思表示者，表意人得撤銷其意思表示（民§92 I）。

(2) 除斥期間：

① 撤銷，應於脅迫終止後，1年內為之。但自意思表示後，經過10年，不得撤銷（民§93）。

② 因被脅迫而結婚者，得於脅迫終止後，6個月內向法院請求撤銷之（民§997）。

 第四節　法律行為之附款

法律行為當事人為一定之意思表示後，原則上即發生效力，達成當事人所欲發生之法律效果。但有時當事人基於某種因素，並不希望其法律行為立即發生法律效力，或者不希望已發生之法律效力繼續有效，而使其失去效力。基於前揭理由，將法律行為之效力加以限制，而此種當事人所加諸之限制，稱為法律行為之附款。

法律行為之附款：附條件、附期限及附負擔。

壹　附條件

「條件」係當事人以將來客觀不確定事實之成就與否，決定其法律行為效力之發生與消滅的一種附款。條件本身並非獨立的法律行為，而是法律行為的一部分。

一、條件之種類

（一）停止條件

停止條件又稱開始條件、生效條件。若條件成就（即該條件的事實已經發生），法律行為發生效力。例如：考上駕照（條件）就送汽車一部。一旦「考上駕照」，則條件成就，贈與契約發生效力。

（二）解除條件

又稱終止條件、失效條件，若條件成就，則法律行為失其效力。例如：贈送汽車一部，但若超速受罰（條件），即收回。一旦「超速受罰」則條件成就，贈與契約失其效力。

二、條件之效力

（一）附停止條件之法律行為，於條件成就時，發生效力（民 §99 I）。

（二）附解除條件之法律行為，於條件成就時，失其效力（民 §99 II）。

（三）以不當之方法干擾條件成就者

1. 因條件成就而受不利益之當事人，如以不正當行為阻其條件之成就者，視為條件已成就（民 §101 I）。

2. 因條件成就而受利益之當事人，如以不正當行為促其條件之成就者，視為條件不成就（民 §101 II）。

（四）相對人期待權之保護：附條件之法律行為當事人，於條件成否未定前，若有損害相對人因條件成就所應得利益之行為者，負賠償損害之責任（民 §100）。

貳 附期限

「期限」是當事人以將來確定之事實到來為內容，以限制法律行為效力之發生與消滅的附款。

一、期限之種類

（一）附始期：依當事人的意思限制法律行為發生效力之起點，始期到來，法律行為發生效力。

（二）附終期：依當事人的意思限制法律行為消滅的終點，終期到來，則法律行為失其效力。

二、期限之效力

（一）附始期之法律行為，於期限屆至時，發生效力（民§102 I）。

（二）附終期之法律行為，於期限屆滿時，失其效力（民§102 II）。

（三）準用民法第100條損害賠償之規定。

參　附負擔

「負擔」指法律行為之當事人約定「使一方為特定給付」為內容之約款。例如：

一、　附負擔之贈與（民§412）

贈與附有負擔者，如贈與人已為給付而受贈人不履行其負擔時，贈與人得請求受贈人履行其負擔，或撤銷贈與。負擔以公益為目的者，於贈與人死亡後，主管機關或檢察官得請求受贈人履行其負擔。

二、　附負擔之遺贈（民§1205）

遺贈附有義務者，受遺贈人以其所受利益為限，負履行之責。

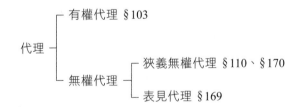

第五節　代　理

```
                  ┌── 有權代理 §103
          代理 ──┤
                  │                    ┌── 狹義無權代理 §110、§170
                  └── 無權代理 ──┤
                                        └── 表見代理 §169
```

壹 代理之意義

「代理」係代理人於代理權限內，以本人名義向第三人為意思表示，或由第三人受意思表示，而其效力直接歸屬於本人之行為。

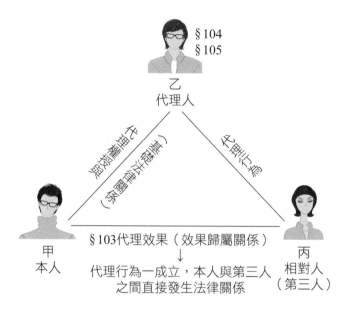

乙
代理人

§104
§105

代理權之授與（基礎關係）

代理行為

甲
本人

§103代理效果（效果歸屬關係）
↓
代理行為一成立，本人與第三人
之間直接發生法律關係

丙
相對人
（第三人）

貳 代理之要件

一、代理人須以本人名義為法律行為

（一）代理採「顯名主義」，為明確區分「代理人自己」的行為或「為本人」所為之行為，須表明法律關係之當事人，故須以本人名義為法律行為。

（二）使代理行為的效果直接歸屬於本人之效果意思，透過以本人名義為法律行為之方式為之。

二、代理人代為或代受意思表示

（一）代理為法律行為之代理，法律行為以意思表示為要素，法律行為之代理，實為意思表示之代理。

要點檢索

1. 代理人須以本人名義為法律行為
2. 代理人代為或代受意思表示
3. 代理人得代理本人為法律行為
4. 代理人於代理權限內代本人為法律行為

（二）代理行為以代理本人向相對人為意思表示（積極代理）或代理本人由相對人接受意思表示（消極代理）為內容。

三、代理人得代理本人為法律行為

代理人得代理法律行為及**準法律行為**，但事實行為及侵權行為均不得代理。

準法律行為
非基於表意人之意思表示
而發生法律效果之行為，
而是基於法律規定而發生
法律效果之行為。

（一）法律行為

1. 財產行為：代理人得代理財產行為，例如：債權行為、物權行為、準物權行為、準法律行為……。
2. 身分行為：代理人不得代理身分行為，僅能代辦手續。身分行為例如：結婚、離婚、收養、認領……。

（二）事實行為

代理人不可代理事實行為，僅得從旁協助。因為事實行為本質上非意思表示，而係基於法律規定而發生。例如：無主物先占、遺失物拾得、埋藏物發現……等。

（三）侵權行為

代理行為以合法行為為限，違法行為不得代理。

四、代理人於代理權限內代本人為法律行為

（一）代理人於本人授與之代理權限內所為之法律行為，其效力始直接歸屬於本人，若逾越代理權範圍，則為無權代理。
（二）代理權之授與

有效之代理，以代理人有代理權限為要件，若以他人名義為代理行為卻欠缺代理權，則為無權代理。

1. 代理權授與之方法

代理權授與之方法為意思表示，其方式：

(1) 內部授權：本人向代理人為授與代理權之意思表示。

(2) 外部授權：本人向第三人（即代理人對之為代理行為之相對人）為授
與代理權之意思表示。

2. 共同代理

(1) 代理人有數人時，為共同代理。

(2) 共同代理之效力（民§168[31]）。

① 原則：數代理人需均為相同之意思表示，代理行為始能有效。若代理
人中有不同之意思表示，或未全數為相同之意思表示，代理行為均不
發生效力。

② 例外：法律另有規定或本人另有意思表示者，不在此限。

（三）代理權之範圍

1. 法定代理權

(1) 應依法律規定認定其範圍（毋須本人為授權之表示）。

(2) 例如：父母為未成年子女之法定代理人，其代理權之範圍依民法第
1086 條以下之規定。

2. 意定代理權

(1) 依本人授權行為決定其範圍。

(2) 民法第 167 條：「代理權係以法律行為授與者，其授與應向代理人或
向代理人對之為代理行為之第三人，以意思表示為之。」

參 代理權之消滅

一、消滅之原因

（一）代理關係終了

1. 代理多隨其他法律關係而發生，也就是說代理通常有其基礎法律關係，例
如：委任、僱傭、承攬、運送等。

2. 民法第 108 條第 1 項：「代理權之消滅，依其所由授與之法律關係定之。」

---

[31] 民法第 168 條：代理人有數人者，其代理行為應共同為之。但法律另有規定或本人另有意思表示者，不在此限。

（二）代理權之限制與撤回

1. 代理權之「限制」指本人將授權「一部」收回，代理權之「撤回」為本人將授權「全部」收回。本人曾經授權，而事後加以限制或撤回，即屬外部授權、而內部限制或撤回之情形。

2. 民法第 108 條第 2 項：「代理權，得於其所由授與之法律關係存續中撤回之。但依該法律關係之性質不得撤回者，不在此限。」

3. 民法第 107 條：「代理權之限制及撤回，不得以之對抗善意第三人。但第三人因過失而不知其事實者，不在此限。」

4. 民法第 109 條：「代理權消滅或撤回時，代理人須將授權書交還於授權者，不得留置。」

二、消滅之效力

（一）原則：代理權消滅後，代理人若再為代理行為，即屬欠缺代理權，而為無權代理。

（二）例外：

1. 代理權若因限制或撤回而消滅，不得以之對抗善意第三人。

2. 代理權消滅後若仍存在授權外觀，則可能構成表見代理。

肆 代理之效力

一、有權代理

（一）本人與代理人之關係

1. 須有授與代理權。

2. 本人為限制行為能力人，其授與代理權之效力如何？

代理權之授與，目前國內通說採「單獨行為說」，認為授與代理權屬於單獨行為，依民法第 78 條限制行為能力人事前未得法定代理人允許之單獨行為，無效。

（二）代理人與第三人之關係

1. 限制行為能力人得為代理人

   (1) 代理行為以法律行為為限，代理人須有行為能力，但不以有完全行為能力為限。民法第 104 條：「代理人所為或所受意思表示之效力，不因其為限制行為能力人而受影響。」

   (2) 通說認為，代理行為既未給予限制行為能力人利益，也未使其蒙受不利益，而是對第三人發生效力，則對限制行為能力人而言是一個「無損益」的中性行為。限制行為能力人所為之法律行為，如果與其自身無涉，既非有利又非不利，故無須再得法定代理人同意。

2. 代理人意思表示之瑕疵

   民法第 105 條：「代理人之意思表示，因其意思欠缺、被詐欺、被脅迫，或明知其事情或可得而知其事情，致其效力受影響時，其事實之有無，應就代理人決之。但代理人之代理權係以法律行為授與者，其意思表示，如依照本人所指示之意思而為時，其事實之有無，應就本人決之。」

（三）第三人與本人之關係

1. 代理制度將「行為」與「效果」分開，「行為」由代理人為之，「法律效果」則歸屬於本人。

2. 代理行為一經成立，本人與第三人之間直接發生法律關係。民法第 103 條：「代理人於代理權限內，以本人名義所為之意思表示，直接對本人發生效力。」

3. 例如：甲授權乙為其代理人，代理甲與丙訂立 A 屋之買賣契約。訂立買賣契約之行為由乙為之，而買賣契約之效力直接歸屬於甲，即甲、丙之間直接發生買賣關係（買賣契約之當事人為甲、丙）。

題目 ......

　　17 歲的甲未得法定代理人同意，與大西洋建設公司簽訂僱傭契約，由於甲表現優異，實習期滿後便授權予甲為房屋銷售業務。不久甲代表公司與丙訂立 A 屋之買賣契約，但嗣後丙主張甲尚未成年，買賣契約無效。試問：當事人間法律關係如何？

擬答：

（一）甲與大西洋建設公司之僱傭契約效力未定

17 歲的甲為限制行為能力人（民 §13 II），其所為之法律行為應得法定代理人之允許或同意，始為有效（民 §77 前段）。事前未得法定代理人允許時：

1. 單獨行為：無效

民法第 78 條：限制行為能力人未得法定代理人之允許，所為之單獨行為，無效。

2. 契約：效力未定

(1) 民法第 79 條：「限制行為能力人未得法定代理人之允許，所訂立之契約，須經法定代理人之承認，始生效力。」

(2) 限制行為能力人未得法定代理人之允許前，其法律行為已經成立，但是否有效，必須等待法定代理人之表示（表示承認或是拒絕）而後確定，對於這種尚未確定之行為，學說稱之為「效力未定的法律行為」。

(3) 甲與大西洋建設公司之間為契約行為，依民法第 79 條之規定，為效力未定之法律行為，若法定代理人事後承認，法律行為即發生效力；若法定代理人事後拒絕承認，則法律行為確定不生效力。

契約長時間效力未定，恐影響契約相對人之權利，大西洋建設公司得行使催告權（民 §80）、撤回權（民 §82）。

（二）限制行為能力人得為代理人，甲經授權為有權代理，故公司與丙之買賣契約有效。

1. 甲有權代理大西洋建設為房屋買賣

(1) 代理之要件

① 代理人須以本人名義為法律行為。

② 代理人代為或代受意思表示。

③ 代理人得代理本人為法律行為。

④ 代理人於代理權限內代本人為法律行為。

(2) 甲經公司之授權代理公司為房屋買賣之法律行為，為有權代理。

2. 限制行為能力人得為代理人

   (1) 代理行為以法律行為為限，代理人須有行為能力，但不以有完全行為能力為限。民法第 104 條：「代理人所為或所受意思表示之效力，不因其為限制行為能力人而受影響。」

   (2) 通說認為，代理行為既未給予限制行為能力人利益，也未使其蒙受不利益，而是對第三人發生效力，則對限制行為能力人而言是一個「無損益」的中性行為。限制行為能力人所為之法律行為，如果與其自身無涉，既非有利又非不利，故無須再得法代同意。

3. 代理之法律效果直接歸屬於本人

   (1) 代理制度將「行為」與「效果」分開，「行為」由代理人為之，「法律效果」則歸屬於本人。

   (2) 代理行為一經成立，本人與第三人之間直接發生法律關係。民法第 103 條：「代理人於代理權限內，以本人名義所為之意思表示，直接對本人發生效力。」

   (3) 大西洋建設公司授權甲為其代理人，代理公司與丙訂立 A 屋之買賣契約，訂立買賣契約之行為由甲為之，而買賣契約之效力直接歸屬於大西洋建設公司，即大西洋建設公司與丙之間直接發生買賣關係（買賣契約之當事人為大西洋建設公司、丙）。

二、無權代理

欠缺之代理權之人以本人名義為法律行為，為無權代理。

（一）無權代理之要件

須無代理權人以本人名義為法律行為，因本人拒絕承認而確定不發生效力。故分析其要件為：

1. 須有法律行為。
2. 須以本人名義為法律行為。
3. 須欠缺代理權。
4. 須相對人為善意（不論其有無過失）。

（二）無權代理之型態

1. 自始未經授權。

2. 逾越授權。

3. 權限消滅。

4. 授權行為無效或被撤銷。

（三）無權代理之效力

1. 本人與代理人之關係

   依其內部關係定之。

2. 代理人與第三人之關係

   (1) 無代理權人對第三人負損害賠償責任：

   ① 無代理權人，以他人之代理人名義所為之法律行為，對於善意之相對人，負損害賠償責任（民§110）。

   ② 賠償範圍：積極利益與消極利益均可請求，但信賴利益不可大於履行利益。

   ③ 消滅時效：15 年 [32]。

   (2) 代理人負損害賠償責任之性質：為法定擔保責任，擔保法律行為履行之責任；不以無代理權人知其代理權有無過失為要件。

3. 第三人與本人之關係

   (1) 第三人與本人之關係為效力未定，無代理權人以代理人之名義所為之法律行為，非經本人承認，對於本人不生效力（民§170 I）。

   (2) 善意相對人之保護

   ① 催告權：法律行為之相對人，得定相當期限，催告本人確答是否承認，如本人逾期未為確答者，視為拒絕承認（民§170 II）。

   ② 撤回權：無代理權人所為之法律行為，其相對人於本人未承認前，得撤回之。但為法律行為時，明知其無代理權者，不在此限（民§171）。

---

[32] 民法第 110 條損害賠償之消滅時效：

(1) 56 年台上字第 305 號判例認為該請求權之消滅時效，在民法既無特別規定，則以民法第 125 條第 1 項所定 15 年期間內應得行使。

(2) 學者則主張不必一概適用民法第 125 條規定，應依無權代理人所為法律行為有效成立時，其履行請求的時效期間定之，以貫徹民法設短期時效之規範目的（王澤鑑，民法總則，頁 506）。

（四）無權代理之特殊問題

1. 無行為能力人無權代理之責任

   無行為能力人以自己名義為法律行為時，不負任何法律責任（民 §75、76），為貫徹民法保護無行為能力人之立法精神。避免無行為能力人負擔重於以自己名義為法律行為時應負之責任，故應認為無行為能力人無權代理時，不負民法第 110 條之損害賠償責任。

2. 限制行為能力人無權代理之責任

   為貫徹民法保護無行為能力人之立法精神。此時應目的性限縮民法第 110 條之適用範圍，使限制行為能力人未經法定代理人同意為代理行為時（民 §77~79），不負民法第 110 條之損害賠償責任。

三、表見代理

　　無代理權人以本人名義對外為法律行為，本人雖從未授權，惟因自己之表示行為造成有授權之表見外觀（權利外觀），足以令第三人相信有代理權，此時為了保護交易安全，而賦予有權代理行為類似之效果，使本人對於無代理權人所為之代理行為，負授權人責任。

（一）表見代理之要件

1. 本人有表示行為：本人由自己之行為表示以代理權授與他人（授權外觀）。
2. 本人容忍行為：本人知他人表示為其代理人而不為反對之表示。

（二）表見代理之效力

1. **本人應負授權責任**，相當於有權代理。
2. 由自己之行為表示以代理權授與他人，或知他人表示為其代理人而不為反對之表示者，對於第三人應負授權人之責任。但第三人明知其無代理權或可得而知者，不在此限（民 §169）。

NOTE

本人應負授權責任

因為本人之表示授權行為或容忍行為，形成授權之權利外觀，使第三人信賴而與無代理權人為法律行為，本人有可歸責性，因此應負與有權代理之本人相同之責任，亦即→表見代理人所為之法律行為效力及於本人，本人負有履行責任。

伍 無權代理與無權處分

	無權代理	無權處分
內涵	1. 欠缺或逾越代理權。 2. 以本人名義為之。 3. 物權、債權行為。	1. 欠缺處分權。 2. 以自己名義為之。 3. 物權、準物權行為。
效力	1. 本人與相對人： (1) 本人承認前：效力未定。 (2) 本人承認：自始生效（民§170 I）。 ※ 善意相對人之保護：催告權（民§170 II）、撤回權（民§171）。 2. 無權代理人與相對人（民§110） (1) 法定擔保責任。 (2) 履行利益之損害賠償責任。 3. 本人與無權代理人：依其內部關係（契約、無因管理）。	1. 原則：必須經權利人同意始生效力。 (1) 權利人承認前：效力未定[33]。 (2) 權利人承認：自始生效（民§118 I）。 2. 例外：無權利人取得權利（民§118 II）→其處分自始有效。 3. 權利義務關係： (1) 權利人與受讓人： ① 受讓人善意：善意取得（民§801、948）。 ② 受讓人惡意：權利人得對其主張（民§767、179）。 (2) 權利人與無權處分人（民§184、177 II 或 179）。 (3) 受讓人與無權處分人：依其原因關係處理。

[33] 無權處分的人，無處分權卻以「自己名義」為處分他人權利標的物之行為。無權處分行為，本質上是不法行為，但立法者為保護交易安全及相對人之利益，故不直接使其無效而規定其為「效力未定」之行為。

陸 代理權之「限制」與代理權之「逾越」

	代理權之限制	代理權之逾越
意義	1. 代理權之「限制」指本人將授權一部收回；即本人曾為外部授權，而「事後」於內部加以限制。 2. 代理權之限制，不得以之對抗善意第三人[34]。	1. 代理人逾越授權範圍（「事前」的限制），所為之行為。 2. 無代理權人，對於善意之相對人，負損害賠償之責[35]。
限制	事後的限制。	自始的限制→逾越授權範圍→未曾取得授權。
效力	代理人之限制及撤回（民§107）。 1. 原則：不得以之對抗善意第三人。 2. 例外：第三人因過失而不知其事實者。	1. 無權代理：無代理權人，以他人之代理人名義所為之法律行為，對於善意之相對人，負損害賠償之責（民§110）。 2. 表見代理： (1)原則：對於第三人應負授權人之責任。 (2)例外：第三人明知其無代理權或可得而知者，不在此限。

題目

　　試說明代理權之限制與代理權之逾越兩無權代理之概念及效力上之差別，並以所說判斷下列事實之法律效力。

　　甲為 A 有限公司之經理人，某年甲將 A 公司現有在市區之零散土地以高價賣出，再以所得買入位於郊區，但面積較所賣土地大三倍之建地，但 A 公司股東會以甲所為土地買賣行為為無權代理行為，主張對 A 公司並不生效力。

【97 地政士】

---

[34] 民法第 107 條：「代理權之限制及撤回，不得以之對抗善意第三人。但第三人因過失而不知其事實者，不在此限。」

[35] 民法第 110 條：「無代理權人，以他人之代理人名義所為之法律行為，對於善意之相對人，負損害賠償之責。」

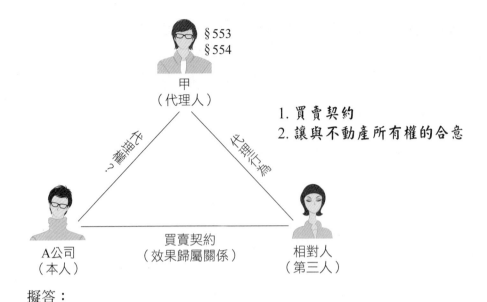

甲
（代理人）

§553
§554

1. 買賣契約
2. 讓與不動產所有權的合意

代理行為？

代理行為

A公司
（本人）

買賣契約
（效果歸屬關係）

相對人
（第三人）

擬答：

（一）如前揭表之內容。

（二）甲為 A 公司經理人，稱經理人者，謂由商號之授權，為其管理事務及簽名之人（民 §553）。其代理行為之效力，視 A 公司是否以買賣不動產為業而有不同。

1. 經理人之代理權：

（1）原則：經理人對於第三人之關係，就商號或其分號，或其事務之一部，視為其有為管理上之一切必要行為之權（民 §554）。

（2）例外：不動產之買賣或設定負擔，除以不動產為營業之商號外，必須有書面授權。

2. 甲所為土地買賣行為之效力：

（1）若 A 公司為以不動產買賣為業之商號，甲為土地買賣毋須書面授權，其所為之土地買賣行為屬有權代理，效力直接歸屬 A 公司，對 A 公司發生效力。

（2）若 A 公司非以不動產買賣為業之商號，甲為土地買賣必須書面授權，否則其所為之土地買賣行為逾越經理人代理權之授權範圍，屬無權代理，效力未定，非經 A 公司承認，對 A 公司不發生效力（民 §170）。

① 甲逾越授權範圍所為之行為，若經本人 A 公司拒絕承認，對 A 公司不生效力。無代理權人，對於善意之相對人，負損害賠償之責（民§110）。

② 惟 A 公司若有表示行為造成有授權之表見外觀（權利外觀），或知甲表示為其代理人而不為反對之表示，足以令第三人相信有代理權，本人對於無代理權人甲所為之代理行為，須負授權人責任（民§169）。

🧍 第六節　無效、效力未定、撤銷

　　法律行為如果同時具備成立要件及生效要件，即為完全之法律行為，法律行為完全有效。但如果法律行為只具備成立要件而欠缺生效要件者，則為不完全之法律行為，依其生效要件之欠缺情形可區分為：無效、效力未定以及得撤銷之法律行為三種。

壹 無效、效力未定、得撤銷

1. 無效：法律行為因欠缺生效要件，而當然、自始、確定不發生效力。

2. 得撤銷：法律行為因其意思表示有瑕疵，撤銷權人行使撤銷權，而使已發生效力之法律行為，歸於消滅。

3. 效力未定：法律行為雖已成立，但是因為法律行為之生效要件尚待補充，故其是否有效，尚處於不確定狀態，必須經由第三人之補充，即因「承認」之補充而自始發生效力，或因「拒絕」之補充使其確定不發生效力。

貳 無效、效力未定、得撤銷法律行為之比較

	無效行為	效力未定行為	得撤銷行為
意義	1. 當然、自始、確定不發生效力。 2. 不待特定人主張即不發生效力。不須經由法院宣告，也不因時間經過而補正。	1. 法律行為雖已成立，但是否有效，尚處於不確定狀態，必須經由「承認」或「拒絕」使其確定。 2. 效力未定行為若經承認，則該法律行為確定生效；若經拒絕則該法律行為確定無效。	1. 法律行為因為意思表示有瑕疵，有撤銷權之人行使撤銷權，使已經生效力之法律行為，歸於無效。 2. 撤銷之無效，是撤銷權人行使撤銷權加以撤銷之後，始歸於無效，撤銷權人若不撤銷，該法律行為仍然有效。
舉例	1. 法律行為，違反強制或禁止之規定者，無效（民§71）。 2. 法律行為，有背於公共秩序或善良風俗者，無效（民§72）。	1. 限制行為能力人未得法定代理人之允許，所訂立之契約，須經法定代理人之承認，始生效力（民§79）。 2. 無權利人就權利標的物所為之處分，經有權利人之承認始生效力（民§118I）。	1. 意思表示之內容有錯誤，或表意人若知其事情即不為意思表示者，表意人得將其意思表示撤銷之（民§88）。 2. 因被詐欺或被脅迫，而為意思表示者，表意人得撤銷其意思表示（民§92）。
無效之時點	1. 法律行為成立之初，即無效。 2. 不因時間經過而生效力。	1. 必須以他行為（承認或拒絕）使之確定，經過承認，即溯及行為時有效，拒絕則無效。 2. 不因時間經過而生效力。	1. 撤銷前已發生效力。 2. 若經撤銷權人加以撤銷，則溯及無效。

	無效行為	效力未定行為	得撤銷行為
效力	1. 無效之效果（民§111）： (1) 原則：一部無效，全部無效。 (2) 例外：除去該部分亦可成立者，其他部分，仍為有效。 2. 無效行為之轉換（轉換為有效之法律行為）：無效之法律行為，若具備他法律行為之要件，並因其情形，可認當事人若知其無效，即欲為他法律行為者，其他法律行為，仍為有效（民§112）。 3. 無效法律行為當事人責任：無效法律行為之當事人，於行為當時知其無效，或可得而知者。應負：(1) 回復原狀之責任或 (2) 損害賠償之責任（民§113）。	1. 承認之方法：以意思表示為之。 2. 承認之效力：溯及行為時有效[36]。	1. 撤銷之方法：以意思表示為之。 (1) 原則：向相對人為之。例如：撤銷錯誤的意思表示（民§88）、撤銷被詐欺、脅迫之意思表示（民§92）。 (2) 例外：向法院提起撤銷訴訟。例如：暴利行為（民§74[37]）、債權人之撤銷權（民§244[38]）。 2. 撤銷之效果： (1) 撤銷前：已發生效力。 (2) 撤銷後： ① 原則：自始無效（民§114 I[39]）。 ② 例外：婚姻之撤銷，不發生溯及既往之效力（民§998[40]）。 ③ 撤銷行為當事人責任：當事人知其得撤銷或可得而知者，其法律行為撤銷時，應負：(1) 回復原狀之責任或 (2) 損害賠償之責任（民§114 II 準用 113 之規定）。

---

[36] 民法第 115 條：「經承認之法律行為，如無特別訂定，溯及為法律行為時發生效力。」

[37] 民法第 74 條：「I. 法律行為，係乘他人之急迫、輕率或無經驗，使其為財產上之給付或為給付之約定，依當時情形顯失公平者，法院得因利害關係人之聲請，撤銷其法律行為或減輕其給付。II. 前項聲請，應於法律行為後 1 年內為之。」

[38] 民法第 244 條：「I. 債務人所為之無償行為，有害及債權者，債權人得聲請法院撤銷之。II. 債務人所為之有償行為，於行為時明知有損害於債權人之權利者，以受益人於受益時亦知其情事者為限，債權人得聲請法院撤銷之。」

[39] 民法第 114 條：「法律行為經撤銷者，視為自始無效。當事人知其得撤銷或可得而知者，其法律行為撤銷時，準用前條之規定。」

[40] 民法第 998 條：「結婚撤銷之效力，不溯及既往。」

觀念釐清

	撤銷	撤回
意義	法律行為因為意思表示有瑕疵，有撤銷權之人行使撤銷權，**使已經生效力之法律行為，歸於無效。**	法律行為處於效力未定之階段，有撤回權之人行使撤回權，**阻止尚未生效之法律行為發生效力。**
對象	對已發生效力之意思表示。	對尚未發生效力之意思表示。
舉例	1. 撤銷錯誤的意思表示（民§88）。 2. 撤銷被詐欺、脅迫之意思表示（民§92）。	1. 與限制行為能力人訂立契約相對人之撤回權（民§82）。 2. 與無代理權人為法律行為相對人之撤回（民§171）。 3. 遺囑人之撤回權（民§1219）。
效力	撤銷之效果： 1. 撤銷前：已發生效力。 2. 撤銷後： (1)原則：自始無效（民§114 I）。 (2)例外：婚姻之撤銷，不發生溯及既往之效力（民§998）。	撤回之效果： 1. 撤回前：尚未發生效力（效力未定）。 2. 撤回後：自始不發生效力。

習題 | REVIEW ACTIVITIS ✎

(C) 1. 在無法定例外之情形下，向限制行為力人為意思表示者，何時發生效力？
(A) 意思通知到達限制行為能力人時　(B) 限制行為能力人了解意思表示時
(C) 意思通知到達其法定代理人時　(D) 依商業習慣定之。

【102 年度高考法制】

詳解 民法第 96 條：「向無行為能力人或限制行為能力人為意思表示者，以其通知達到其法定代理人時，發生效力。」

(B) 2. 下列有關詐欺之敘述，何者錯誤？　(A) 消極隱匿事實，必須是當事人有告知義務，才會構成詐欺　(B) 因詐欺而為意思表示者，因意思不自由為自始無效　(C) 由第三人為詐欺行為，以相對人明知或可得而知者，方得撤銷　(D) 被詐欺而為意思表示者，得撤銷，但其撤銷不得對抗善意第三人。

【102 年度高考法制】

詳解 民法第 92 條：「因被詐欺或脅迫而為意思表示者，表意人得撤銷其意思表示。但詐欺係由第三人所為者，以相對人明知其事實或可得而知者為限，始得撤銷之。被詐欺而為之意思表示，其撤銷不得以之對抗善意第三人。」

(A) 3. 甲脅迫乙將其 A 畫出售給丙，丙不知甲脅迫乙之事。試問：下列敘述，何者正確？　(A) 乙得撤銷其意思表示　(B) 乙與丙之買賣契約無效　(C) 丙得撤銷其意思表示　(D) 乙及丙均不得撤銷各自的意思表示。

【102 年度高考法制】

詳解 民法第 92 條：「因被詐欺或脅迫而為意思表示者，表意人得撤銷其意思表示。但詐欺係由第三人所為者，以相對人明知其事實或可得而知者為限，始得撤銷之。被詐欺而為之意思表示，其撤銷不得以之對抗善意第三人。」

(B) 4. 甲有王建民簽名棒球手套一個，寫信給國內老顧客乙詢問是否要買，並表明可以幫乙保留到 11 月 9 日，乙 11 月 5 日寄出要買之回覆信，結果該信到 11 月 11 日才到甲處。下列敘述何者正確？　(A) 乙已為承諾，甲、乙契約成立　(B) 甲應發遲到通知，否則契約成立　(C) 乙的承諾已經遲到，甲的要約失其效力　(D) 乙的承諾已經遲到，視為新要約，由甲決定契約效力。

【102 年公務員升等郵政】

詳解 民法第 159 條：「承諾之通知，按其傳達方法，通常在相當時期內可達到而遲到，其情形為要約人可得而知者，應向相對人即發遲到之通知。
要約人怠於前項通知者，其承諾視為未遲到。」

(C) 5. 乙與甲約定，於甲大學畢業時，乙將贈與甲汽車一輛。此項贈與契約所附約款之性質如何？ (A) 終期 (B) 始期 (C) 停止條件 (D) 解除條件。

【104 年不動產經紀人】

詳解 民法第 99 條第 1 項：「附停止條件之法律行為，於條件成就時，發生效力。」

(C) 6. 下列契約何者無效？ (A) 婚前協議夫妻分別財產契約 (B) 受脅迫而訂立之買賣契約 (C) 就賭債而成立之和解契約 (D) 名為買賣實為贈與之契約。

【102 年公務員升等法制】

詳解 (A) 民法第 1004 條。

(B) 得撤銷（民 § 92）。

(D) 民法第 87 條第 2 項：「虛偽意思表示，隱藏他項法律行為者，適用關於該項法律行為之規定。」因此，名為買賣之虛偽意思表示無效，而隱藏之贈與有效。

(C) 7. 關於當事人契約之方式，下列敘述何者錯誤？ (A) 股市中股票之公開交易，係買賣雙方分別下單，於股市中經撮合而成立，此方式稱為交錯要約 (B) 契約之成立通常以當事人相互所為之意思表示趨於一致而成立 (C) 訂立租賃契約一定要寫契約書 (D) 當事人約定其契約須用一定方式者，在該方式未完成前，推定其契約不成立。

【102 年公務員升等法制】

詳解 (C) 租賃契約為諾成契約，民法第 422 條：「不動產之租賃契約，其期限逾一年者，應以字據定之，未以字據定立者，視為不定期租賃。」

(C) 8. 甲與女秘書乙發生婚外情，甲與乙約定以繼續維繫婚外情為前提，贈與乙 A 屋一棟，一年後乙不欲繼續維持不倫關係，A 屋該如何處理？ (A)A 屋係以解除條件為前提的贈與契約，條件成就，贈與契約解除，A 屋須返還給甲 (B) 甲與乙之間的贈與契約係以維繫婚外情為前提，贈與契約內容違反公序良俗無效，A 屋須還給甲 (C) 乙受贈 A 屋係屬不法原因而為給付者，甲事後不能請求返還 A 屋 (D) 甲贈與乙 A 屋為無償行為，故贈與人甲可隨時撤銷該贈與契約，請求返還 A 屋。

【102 年不動產經紀人】

詳解 民法第 180 條：「給付，有下列情形之一者，不得請求返還：

一、給付係履行道德上之義務者。

二、債務人於未到期之債務因清償而為給付者。

三、因清償債務而為給付，於給付時明知無給付之義務者。

四、因不法之原因而為給付者。但不法之原因僅於受領人一方存在時，不在此限。」

(B) 9. 甲未將代理權授與給乙，乙卻以甲之代理人名義與善意之丙訂立買賣契約，甲不承認乙之無權代理行為。下列敘述何者正確？ (A) 乙與丙簽訂之買賣契約，效力雖不及於甲，但在乙丙之間有效 (B) 乙與丙簽訂之買賣契約，對甲丙、乙丙均無效，丙得請求乙損害賠償 (C) 乙與丙簽訂之買賣契約，對甲丙、乙丙均無效，丙得請求甲損害賠償 (D) 乙與丙簽訂之買賣契約，對甲丙、乙丙均有效，但丙得撤銷買賣契約。

【102 年不動產經紀人】

詳解 民法第 170 條：「無代理權人以代理人之名義所為之法律行為，非經本人承認，對於本人不生效力。
前項情形，法律行為之相對人，得定相當期限，催告本人是否承認，如本人逾期未為確答者，視為拒絕承認。」

(C) 10. 甲積欠丙債務，為避免其 A 屋被強制執行，與乙約定假裝做成買賣，並移轉所有權。試問：下列敘述，何者正確？ (A) 丙得以意思表示撤銷其買賣契約及物權行為 (B) 丙得聲請法院撤銷其買賣契約及物權行為 (C) 買賣契約及物權行為均無效 (D) 只有買賣契約無效。 【101 年高考法制】

詳解 第 87 條第 1 項：「表意人與相對人通謀而為虛偽意思表示者，其意思表示無效。但不得以其無效對抗善意第三人。」

(C) 11. 甲於 98 年 6 月 1 日受乙脅迫，約定將甲所有之動產以遠低於市價之價格出售予乙。事經 2 年餘後，乙請求甲依約交付該動產。下列敘述何者正確？ (A) 甲得於撤銷原先受脅迫所為之意思表示後，拒絕給付 (B) 甲得撤銷受脅迫意思表示之權利行使期限已過，應為給付 (C) 即使甲未撤銷受脅迫所為之意思表示，仍得拒絕給付 (D) 甲得主張與乙所締造之契約自始無效，拒絕給付。

【101 年不動產經紀人】

詳解 民法第 92 條：「因被詐欺或被脅迫而為意思表示者，表意人得撤銷其意思表示。但詐欺係由第三人所為者，以相對人明知其事實或可得而知者為限，始得撤銷之。被詐欺而為之意思表示，其撤銷不得以之對抗善意第三人。」
民法第 93 條：「前條之撤銷，應於發見詐欺或脅迫終止後，一年內為之。但自意思表示後，經過十年，不得撤銷。」
(A) 事經 2 年餘後，甲不得撤銷受脅迫所為之意思表示（民 §93）。
(B)、(C) 民法第 198 條：「因侵權行為對於被害人取得債權者，被害人對該債權之廢止請求權，雖因時效而消滅，仍得拒絕履行。」
(D) 甲得依民法第 92 條主張撤銷受脅迫所為之意思表示，但在甲行使撤銷權之前契約有效。

（ C ） 12. 下列何者為附解除條件之法律行為？　(A) 甲如能考 100 分，乙就給甲 100 元　(B) 甲向乙借 1 萬元，約定乙每月支付利息 100 元　(C) 當甲大學畢業時，乙的房屋就不再出租給甲　(D) 甲乙間約定於民國 105 年時，兩人即結婚。　　　　　　　　　　　　　　　　　　　【100 年不動產經紀人】

詳解 民法 §99 II 附解除條件之法律行為，於條件成就時，失其效力。

（ B ） 13. 下列何者，非屬事實行為？　(A) 無主物的先占　(B) 對要約的拒絕　(C) 無因管理　(D) 埋藏物的發現。　　　　　　　　　　　　【99 年不動產經紀人】

詳解 所謂事實行為，係指行為人無庸表示內心的意思內容，即可發生法律效果的行為，只要事實上有此行為，即生法律效果，不問行為人有無取得此種法律效果的意思。例如：占有的取得 (§940)，無主物先占 (§802)，埋藏物之發現 (§808)、添附 (§811)，無因管理 (§172)，遺失物的取得等。故選 (B)。

（ C ） 14. 下列何種情形，係行使形成權之行為？　(A) 贈與人交付贈與物　(B) 共有人出賣應有部分　(C) 受僱人依法提出辭呈　(D) 買賣雙方合意解除契約。　　　　　　　　　　　　　　　　　　　　　　　　　　【99 年不動產經紀人】

詳解 所謂形成權，係指權利人一方的意思表示而使法律關係發生、內容變更或消滅，依其內容可分為：
1. 使法律關係發生，例如：承諾→積極的形成權。
2. 使法律關係變更，例如：選擇之債的選擇權 (§208)、契約之解除、請求減少價金等。
3. 使法律關係消滅，例如：解除權、終止權、撤銷權、撤回權→典型、消極形成權。
(C) 提出辭呈係為解除僱傭契約，係一方的意思表示而使法律關係消滅，行使解除權使法律關係消滅，屬形成權。

（ B ） 15. 14 歲之甲未得父母之允許，對同學為債務免除之意思表示，其效力如何？
(A) 有效　(B) 無效　(C) 得撤銷　(D) 效力未定。　【99 年不動產經紀人】

詳解 14 歲為限制行為能力人（民 §13 II），債務之免除係屬單獨行為，依民 §76，單獨行為無效。

（ C ） 16. 以下關於代理制度之敘述，何者正確？　(A) 無權代理人所為之法律行為屬無效之法律行為　(B) 甲為乙之代理人，乙在學校被其他同學霸凌，甲憤而到學校為乙出氣毆打霸凌之同學，則應由乙負賠償責任　(C) 代理人於代理權限內以本人名義所為之法律行為對本人有效　(D) 代理人在代理期間，因為無從辨識之故，只能為本人服務，禁止從事自己的法律行為。

　　　　　　　　　　　　　　　　　　　　　　　　　　【99 年不動產經紀人】

詳解 (A) 民 §110；(B) 事實行為不得代理；(D) 不禁止。

(D) 17. 有一年約 70 歲之老翁甲，因已有初期失智之現象，其子乙乃向法院聲請對
其為輔助宣告，並以乙為其輔助人。則下列敘述何者錯誤？ (A) 甲在路
上行走時，被超速行駛的機車駕駛丙撞傷，甲如欲與丙和解，應得乙之同
意 (B) 甲擅自移轉其所有房屋一棟之所有權給女兒丁，其法律效果為效
力未定 (C) 甲平常喜歡與老友上餐館小酌一番，受輔助宣告之後仍然可
以自由為之 (D) 甲為無行為能力人。 【99 年不動產經紀人】

詳解 (A)(B) 民 §15 之 2，(D) 甲非無行為能力人。

(D) 18. 意定代理權之授與，其法律性質為何？ (A) 雙方行為 (B) 共同行為 (C)
無相對人之單獨行為 (D) 有相對人之單獨行為。 【99 年不動產經紀人】

詳解 意定代理權之授與為有相對人之單獨行為。

(D) 19. 甲將其所有機車 1 部，寄託於乙處，乙擅自將之以價金新台幣 3 萬元讓售
給知情的丙，並將該車交付給丙。下列有關乙丙間法律關係之敘述，何者
正確？ (A) 債權行為有效，物權行為無效 (B) 債權行為無效，物權行為
有效 (C) 債權行為效力未定，物權行為無效 (D) 債權行為有效，物權行
為效力未定。 【99 年不動產經紀人】

詳解 1. 乙丙所為的買賣契約為債權行為，債權行為不以有處分權為必要，即使丙出
售他人之物，債權契約仍屬有效。
2. 乙將機車交付丙之行為為物權行為，但車為甲所有，乙無處分權，無權處分
之效力為效力未定（民 §118）。

(B) 20. 現年 17 歲的高中生甲，假造其父母的同意函，以 3 萬元向乙機車行購買中
古機車一部，由於沒有駕照無法辦理過戶。試問：甲與乙間之機車買賣契
約之效力如何？ (A) 效力未定 (B) 有效 (C) 無效 (D) 得撤銷。
【99 年不動產經紀人】

詳解 民 §83。

(C) 21. 下列對於得撤銷的法律行為之論述，何者正確？ (A) 財產法律行為一經
撤銷，自撤銷意思表示時起，向後發生效力 (B) 錯誤意思表示，表意人
得於發現錯誤後 2 年內，撤銷其法律行為 (C) 撤銷權為形成權，撤銷權
之行使為單獨行為，所以表意人得單方對相對人為撤銷之意思表示，不須
經相對人同意 (D) 錯誤意思表示之撤銷，表意人對於撤銷原因明知或可
得而知之相對人，仍負有損害賠償責任。 【98 年不動產經紀人】

詳解 (A) 視為自始無效（民 §114 I）；(B) 民法 §90，1 年；(D) 民法 §91，不須負
損害賠償責任。

(C) 22. 甲乙訂定電腦買賣契約，但買受人甲才 15 歲，甲的父母事後拒絕承認該契約。試問甲乙間的法律關係如何？ (A) 乙可以契約無效，主張甲的占有電腦為無權占有，而主張所有物返還請求權 (B) 乙可以契約無效，主張甲的占有電腦為侵權行為，而主張回復原狀的損害賠償責任 (C) 乙可以契約無效，主張甲的占有電腦為不當得利，而主張不當得利的返還 (D) 乙可以契約無效，主張甲的占有電腦為無因管理。【98 年不動產經紀人】

詳解 民 § 79、179。

(C) 23. 意思表示因傳達人或傳達機關傳達不實時，該意思表示之效力如何？ (A) 無效 (B) 有效 (C) 非因表意人之過失者得撤銷 (D) 無論是否可歸責於表意人皆可撤銷。【97 年第二次不動產經紀人】

詳解 民 § 89。

(B) 24. 關於不同權利之作用，下列何者為是？ (A) 請求權為得自行請求之權利，其行使無須他人行為介入 (B) 所有人對於無權占有其所有物者，有請求權 (C) 債權屬於請求權，具有優先性 (D) 基於人格權所行使之請求權，沒有消滅時效之適用。【96 年不動產經紀人】

詳解 (C) 債權具平等性，而無優先性。

(D) 25. 在法定代理人未為承認之前，限制行為能力人所為之意思表示是處於效力未定的狀態，但如果法定代理人承認，則效力未定之意思表示立即成為有效之意思表示，因此法定代理人之「承認權」，是 (A) 請求權 (B) 抗辯權 (C) 人格權 (D) 形成權。【90 年不動產經紀人】

詳解 1. 「形成權」指依權利人一方之意思表示，而使法律關係發生、變更或消滅之權利。

2. 「承認」為法定代理人對限制行為能力人未得其允許所訂立之契約，事後表示同意，而使該效力未定之契約行為，發生確定效力之行為。法定代理人之承認權使法律關係發生、內容變更或消滅之效力，故為形成權。

(A) 26. 甲稱讚其友人乙的腳踏車很好騎，乙乃向甲表示：「那就送你好了！」但乙的內心裡，並無贈與該車給甲的意思，只是開玩笑而已。若甲對乙之行為不知為玩笑之舉，乙所為的意思表示，效力如何？ (A) 有效 (B) 無效 (C) 效力未定 (D) 得撤銷。【104 年稅務特考】

詳解 1. 民法第 86 條：「表意人無欲為其意思表示所拘束之意，而為意思表示者，其意思表示，不因之無效。但其情形為相對人所明知者，不在此限。」

2. 乙故意隱匿其內心無贈與之真意，而為與真意不同之意思表示，即屬單獨虛偽之意思表示，依民法第 86 條，其效力原則有效，僅相對人明知時例外無效。

(B) 27. 30 歲的甲患有精神疾病，並受監護宣告。某日，甲於精神狀況良好時，單獨到乙電信公司購買手機一支。試問甲乙間之買賣契約，其效力為何？

(A) 有效　(B) 無效　(C) 得撤銷　(D) 效力未定。　【105 不動產經紀人】

詳解 民法第 15 條：「受監護宣告之人，無行為能力。」
民法第 75 條：「無行為能力人之意思表示，無效。」

(A) 28. 甲對乙寄出一封掛號信，信中向乙為出賣 A 別墅之要約（售價新臺幣 1000 萬元）。不料，甲剛寄出信後，而信尚未到達乙處時，甲即因故死亡。若翌日該信件到達乙處，甲出賣別墅之要約，其效力為何？　(A) 有效　(B) 無效，但不得對抗乙　(C) 效力未定　(D) 無效，但不得對抗善意之乙。

【106 司律】

詳解 民法第 95 條第 2 項：「表意人於發出通知後死亡或喪失行為能力或其行為能力受限制者，其意思表示，不因之失其效力。」

(A) 29. 甲與乙於民國 100 年 6 月 1 日訂定買賣契約後，甲於同年 6 月 15 日寄出郵件撤銷其錯誤之意思表示，該郵件於 6 月 18 日送達到乙住處，乙於 6 月 20 日開啟信件始知悉甲撤銷其意思表示之情事。若甲之撤銷有理由，該被撤銷之錯誤意思表示，自何時失效？　(A)6 月 1 日　(B)6 月 15 日　(C)6 月 18 日　(D)6 月 20 日。　【105 年公務人員特考】

詳解 民法第 114 條：「法律行為經撤銷者，視為自始無效。」

│請掃描 QR Code P.4 有補充習題│

CHAPTER 05

期日及期間

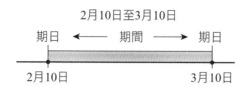

壹 期日及期間之意義

一、期日之意義

「期日」指一定時期,是特定、不可分(或視為不可分)的一個點,並非單指某一天。例如:某年、某月、某日……,具體而言「2 月 10 日」,以日而言是特定不可分的一個點。「96 年 10 月 10 日上午 10 時」就時而言是特定不可分的一個點,都是期日。只要時期特定,不論時間長短。

二、期間之意義

「期間」是由一定的期日到一定的期日之繼續的時間,著重在時間的經過,是時的動態,由於「期間」是介於二個「期日」的二點之間,猶如一個線段,因此有其長度、始點與終點。例如:自 2 月 10 日起至 3 月 10 日止。

貳 期日及期間之計算

期日及期間之計算,法令、審判或法律行為所定之期日及期間,除有特別訂定外,其計算依民法第 119 ～ 124 條之規定。

一、曆法計算法

就是以國曆所定之年或月,連續計算,又稱連續期間之計算法。民法第 123 條第 1 項:「稱月或年者,依曆計算。」

二、自然計算法

就是按照實際時間精確計算,是對於非連續期間之計算法。民法第 123 條第 2 項:「月或年非連續計算者,每月為 30 日,每年為 365 日。」例如:

「自 10 月 1 日起 2 個月完工」，則按照實際可工作之時間（工作天）計算，因此須按實際情形，扣除假日及不能工作（例如雨天、颱風天……）……等之天數後，計足 60 日才是期間之屆滿日。

三、期間之起算（民 §120）

以時定期間者，即時起算。以日、星期、月或年定期間者，其始日不算入。例如：

（一）約定自上午 8 點起 3 小時完成工作，則自 8 點開始計算至 11 點為止。

（二）約定自 10 月 2 日起 1 個月，則始日 10 月 2 日不計入，由 10 月 3 日開始起算。

四、期間之終止（民 §121）

以日、星期、月或年定期間者，以期間末日之終止，為期間之終止。期間不以星期、月或年之始日起算者，以最後之星期、月或年與起算日相當日之前一日，為期間之末日。但以月或年定期間，於最後之月，無相當日者，以其月之末日，為期間之末日。

例如：約定「自 10 月 2 日起 1 個月」，則始日 10 月 2 日不計入，由 10 月 3 日開始起算（民 §120）。其次，期間不以星期、月或年之始日起算者，以最後之星期、月或年與起算日相當日之前一日，為期間之末日。起算日為 3 日，相當日的前一日則為 2 日，故 11 月 2 日為期間之末日。

五、期間終止之延長（民 §122）

於一定期日或期間內，應為意思表示或給付者，其期日或其期間之末日，為星期日、紀念日或其他休息日時，以其休息日之次日代之。

例如：繳費期限為 10 月 10 日，正逢國慶日放假一天，則期限延長至次日 10 月 11 日。

六、年齡之計算（民 §124）

年齡自出生之日起算。出生之月、日無從確定時，推定其為7月1日出生。知其出生之月，而不知出生之日者，推定其為該月15日出生。

例如：

（一）小明的出生日為100年1月1日，在102年3月1日計算其年齡為2歲2個月。

（二）於10月25日拾獲棄嬰，望其外觀出生尚不足月，故可推定其為10月15日出生。

習題 | REVIEW ACTIVITIS ✎

（B） 1. 租賃契約約定，租期自6月25日起6個月，請問：其終止日為何日？ (A)12月24日 (B)12月25日 (C)12月26日 (D)12月27日。

【102年公務員升等郵政】

> **詳解** 民法第128條第2項：「以日、星期、月或年定期間者，其始日不計入」，租期自6月25日起，始日6月25日不計入，自6月26日開始計算6個月。
> 民法121條第2項：「期間不以星期、月或年之始日計算者，以最後之星期、月或年與起算日相當日之前一日，為期間之末日。…」租賃契約之期間並非以6月1日（始日）計算，而是於6月26日開始計算，所以起算日相當日（相當之日為26日）之前一日，即12月25日，為期間之末日。

| 請掃描 QR Code P.6 有補充習題 |

消滅時效

INTRODUCTION TO CIVIL LAW

第一節　總　說

時效：指在一定期間繼續行使權利（例如：繼續占有）或不行使權利（例如：明知自己之土地為他人占有，卻不請求返還），而發生取得權利，或權利減損效力之制度。

一、時效取得

在一定期間繼續行使權利而取得權利，為時效取得。

二、時效消滅

在一定期間不行使權利，而權利減損效力，為時效消滅。

題目

何謂消滅時效？其效力內容又如何？又物權請求權及身分請求權，有無消滅時效之適用？　【91 地政特考】

壹　消滅時效之意義

一、意義

因權利不行使所形成之無權利狀態，繼續達一定期間，致使請求權發生障礙之法律事實。

因我國採「抗辯權主義」，而非權利消滅主義，因此權利人請求權之行使因為義務人取得抗辯權而發生障礙，但權利本身及請求權並不消滅。

二、適用

（一）須一定期間經過。

（二）須有繼續不行使請求權之事實。

（三）請求權因時效完成而效力減損。

（四）為法律事實。

消滅時效之立法理由

一、 尊重既成事實,維持已趨平衡之新秩序。

二、 簡化法律關係,避免訴訟上舉證困難。

三、 在權利上睡眠者,法律無長期予以保護之必要。

四、 確定永續之事實狀態。

 消滅時效之客體

【消滅時效之客體】

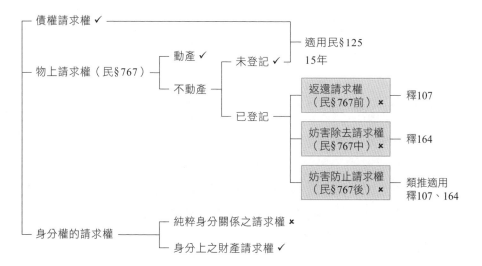

一、債權請求權

民法第 125 條所稱之請求權,指一切債權請求權。

二、因物權而生之請求權[1]

理論上只要物權受侵害,物上請求權(民 §767)即應發生,方足以保護所有權人之權利,但我國實務見解認為物上請求權應視其為動產所有權與

---

[1] 物上請求權之性質在學說實務上爭議甚大,民法第 767 條之物上請求權是否得罹於時效而消滅?約可分為肯定說、否定說及折衷說。至大法官會議釋字第 107 號解釋後,爭議暫告一段落,本書僅以相關之大法官解釋為內容。

不動產所有權而有不同，至於不動產所有權亦因其為有登記與未登記而有區別。

（一）動產所有權

為消滅時效之客體，依民法第 125 條其消滅時效為 15 年。

（二）不動產所有權

1. 未登記之不動產

為消滅時效之客體，依民法第 125 條其消滅時效為 15 年。

2. 已登記之不動產

　(1) 所有物返還請求權（民 §767 前段）

　　已登記不動產所有人之回復請求權，無民法第125條消滅時效規定之適用[2]。

　(2) 妨害除去請求權（民 §767 中段）

　　已登記不動產所有人之除去妨害請求權，依其性質，亦無民法第125條消滅時效規定之適用[3]。

　(3) 妨害防止請求權（民 §767 後段）

　　類推大法官釋字第107、164號解釋，已登記不動產所有人之妨害防止請求權，依其性質，亦無民法第 125 條消滅時效規定之適用。

----

[2] 司法院大法官解釋第 107 號：「查民法第 769 條、第 770 條，僅對於占有他人未登記之不動產者許其得請求登記為所有人，而關於已登記之不動產，則無相同之規定，足見已登記之不動產，不適用關於取得時效之規定，為適應此項規定，其回復請求權，應無民法第 125 條消滅時效之適用。復查民法第 758 條規定：「不動產物權，依法律行為而取得、設定、喪失、及變更者，非經登記不生效力」，土地法第 43 條規定：「依本法所為之登記，有絕對效力」。若許已登記之不動產所有人回復請求權，得罹於時效而消滅，將使登記制度，失其效用。況已登記之不動產所有權人，既列名於登記簿上，必須依法負擔稅捐，而其占有人又不能依取得時效取得所有權，倘所有權人復得因消滅時效喪失回復請求權，將永久負擔義務，顯失情法之平。」

[3] 司法院大法官解釋第 164 號：「按民法第 767 條規定，所有人對於無權占有或侵奪其所有物者之返還請求權，對於妨害其所有權者之除去請求權及對於有妨害其所有權之虞者之防止請求權，均以維護所有權之圓滿行使為目的，其性質相同，故各該請求權是否適用消滅時效之規定，彼此之間，當不容有何軒輊。如為不同之解釋，在理論上不免自相予盾，在實際上亦難完全發揮所有權之功能。「已登記不動產所有人之回復請求權，無民法第 125 條消滅時效規定之適用」，業經本院釋字第 107 號解釋在案。已登記不動產所有人之除去妨害請求權，有如對於登記具有無效原因之登記名義人所發生之塗銷登記請求權，若適用民法消滅時效之規定，則因 15 年不行使，致罹於時效而消滅，難免發生權利上名實不符之現象，真正所有人將無法確實支配其所有物，自難貫徹首開規定之意旨。故已登記不動產所有人之除去妨害請求權，雖不在上開解釋範圍之內，但依其性質，亦無民法第 125 條消滅時效規定之適用。」

三、身分權的請求權

身分上的請求權，依其性質可分為：純粹身分關係之請求權、身分上之財產請求權。

（一）純粹身分關係之請求權

純粹身分關係的請求權，因為與公序良俗及道德觀念密不可分，原則上沒有消滅時效的適用。例如：夫妻間之同居請求權（民 §1001）、親屬間扶養請求權（民 §1114）……等。

（二）身分上之財產請求權

指因身分關係所產生以財產利益為目的之請求權，例如判決離婚之贍養費請求權（民 §1057）、人格權受侵害時之財產上損害賠償請求權（民 §195、197），與一般請求權並無不同，自得為消滅時效的客體。

 **第二節** 消滅時效之期間

壹 一般期間

一般期間為 15 年。民法第 125 條：「請求權，因 15 年間不行使而消滅。但法律所定期間較短者，依其規定。」

貳 特別期間（短期時效）

一、短期時效：5 年

民法第 126 條：「利息、紅利、租金、贍養費、退職金及其他 1 年或不及 1 年之定期給付債權，其各期給付請求權，因 5 年間不行使而消滅。」

二、短期時效：2年

民法第 127 條：「左列各款請求權，因 2 年間不行使而消滅：

（一）旅店、飲食店及娛樂場之住宿費、飲食費、座費、消費物之代價及其墊款。

（二）運送費及運送人所墊之款。

（三）以租賃動產為營業者之租價。

（四）醫生、藥師、看護生之診費、藥費、報酬及其墊款。

（五）律師、會計師、公證人之報酬及其墊款。

（六）律師、會計師、公證人所收當事人物件之交還。

（七）技師、承攬人之報酬及其墊款。

（八）商人、製造人、手工業人所供給之商品及產物之代價。」

參 期間之起算

一、以行為為目的之請求權

自可得行使時起算（民 §128[4]）。

例如：約定於民國 102 年 9 月 22 日還錢，請求權自民國 102 年 9 月 22 日起算。

二、以不行為為目的之請求權

自行為時起算。

例如：約定不得洩漏雙方協議內容，協議之一方不慎將協議內容洩漏，他方之請求權自洩漏協議內容時起算。

---

[4] 民法第 128 條：「消滅時效，自請求權可行使時起算。以不行為為目的之請求權，自為行為時起算。」

第三節 消滅時效之效力

一、及於債務人之效力（民§144）

（一）**債務人得拒絕給付**。

（二）若債務人仍為給付仍為履行之給付者，不得以不知時效為理由，請求返還。

（三）債務人得主張時效抗辯。

二、及於債權人之效力（民§145[5]）

（一）權利人仍得行使擔保物權[6]。

（二）權利人仍行使利息及其他定期給付請求權受限制。

三、及於從權利之效力（民§146[7]）

（一）原則：效力及於從權利。

（二）例外：法律有特別規定時，從權利不消滅。

 NOTE

債務人得拒絕給付
此時成為自然債務。自然債務：
1. 指債權人之債權因罹於時效而不能以訴訟請求強制執行。
2. 但如果債務人任意履行，則其履行行為仍為有效，不得援用不當得利之規定請求返還。
3. 又稱為不完全債務。

第四節 消滅時效之中斷

壹 時效中斷之意義

因法定事由之發生，使時效之進行歸於無效（重新起算）。

---

[5] 民法第 145 條：「I. 以抵押權、質權或留置權擔保之請求權，雖經時效消滅，債權人仍得就其抵押物、質物或留置物取償。II. 前項規定，於利息及其他定期給付之各期給付請求權，經時效消滅者，不適用之。」

[6] 民法第 880 條：「以抵押權擔保之債權，其請求權已因時效而消滅，如抵押權人，於消滅時效完成後，5 年間不實行其抵押權者，其抵押權消滅。」

[7] 民法第 146 條：「主權利因時效消滅者，其效力及於從權利。但法律有特別規定者，不在此限。」

貳 時效中斷之事由

民法第 129 條第 1 項規定之中斷事由：

一、請求

（一）指訴訟外之請求，權利人直接向義務人要求實現權利內容之意思通知。

（二）民法第 199 條：「債權人基於債之關係，得向債務人請求給付。給付，不以有財產價格者為限。不作為亦得為給付。」

（三）時效因請求而中斷者，若於請求後 6 個月內不起訴，視為不中斷（民 §130）。

二、承認

（一）指義務人向權利人所為「承認權利人權利存在」之表示，「承認」為義務人所為之觀念通知，明示或默示均可 [8]。

（二）例如：債務人向債權人請求緩期清償，表示：「積欠多年的債務，一時無力清償，請再寬限數日，數日後必定清償。」或持續支付利息等，均有承認之效力。

三、起訴

（一）指權利人向法院提起訴訟（專指民事訴訟，不含行政、刑事訴訟）。

（二）時效因起訴而中斷者，若撤回其訴，或因不合法而受駁回之裁判，其裁判確定，視為不中斷（民 §131）。

（三）與起訴有同一效力之事項（民 §129 II）：

1. 依督促程序，聲請發**支付命令**。

2. 聲請調解或提付仲裁。

NOTE

支付命令

1. 債權人請求金錢、其代替物或有價證券之定數量為標的（民事訴 §508）。

2. 法院應不訊問債務人就支付命令之聲請為定（民事訴訟 §512）

(1) 支付命令若有送達（事訴訟 §514）：

① 債務人 20 日內異議支付命令於異議範內失其效力→視為起或聲請調解（民事訴 §519）。

② 債務人未於 20 日內議→支付命令得為執名義→債務人應清償求、支付程序費用（事訴訟 §521）。

(2) 支付命令若未於 3 月內送達→支付命失其效力（民事訴 §515）。

---

[8]　51 年台上字第 1212 號判例。

3. 申報和解債權或破產債權。

4. 告知訴訟。

5. 開始執行行為或聲請強制執行。

參 消滅時效中斷之效力

一、及於時之效力

自中斷之事由起重新起算。

二、及於人之效力

原則上限當事人、繼承人、受讓人間。

第五節 消滅時效之不完成

壹 時效不完成之意義

時效期間進行後，於行將終止前，權利人受特種事實之障礙，難於行使請求權，使時效期間之進行，暫時停止完成。

貳 時效不完成之事由

一、因事變不完成（民 §139）

時效之期間終止時，因天災或其他不可避之事變，致不能中斷其時效者，自其妨礙事由消滅時起，1 個月內，其時效不完成。

二、因繼承不完成（民 §140）

屬於繼承財產之權利或對於繼承財產之權利，自繼承人確定或管理人選定或破產之宣告時起，6 個月內，其時效不完成。

三、因能力不完成（民 §141）

無行為能力人或限制行為能力人之權利，於時效期間終止前 6 個月內，若無法定代理人者，自其成為行為能力人或其法定代理人就職時起，6 個月內，其時效不完成。

四、因監督不完成（民 §142）

無行為能力人或限制行為能力人，對於其法定代理人之權利，於代理關係消滅後 1 年內，其時效不完成。

五、因婚姻不完成（民 §143）

夫對於妻或妻對於夫之權利，於婚姻關係消滅後 1 年內，其時效不完成。

參 時效不完成之效力

一、 時效不完成僅是暫時於一段期間，不使之完成，已經過之期間仍有效力，只是時間延長，而非從新起算。

二、 時效不完成有絕對效力。

第六節　時效之利益

一、時效完成前，不得拋棄（民 §147[9]）。

二、時效完成後，得拋棄。

---

[9] 民法第 147 條：「時效期間，不得以法律行為加長或減短之。並不得預先拋棄時效之利益。」

第七節　消滅時效與除斥期間

	消滅時效	除斥期間
意義	1. 指權利人不行使請求權所形成之無權利狀態，繼續達一定期間，致使請求權發生障礙之法律事實。 2. 我國採「抗辯權主義」，而非權利消滅主義，因此權利人請求權之行使發生障礙，權利本身及請求權並不消滅，而是義務人得行使抗辯權，拒絕履行義務，致使請求權發生障礙。	1. 指法律對於某種權利所預定行使之期間。 2. 又稱為預定期間。 3. 係因法律行為有瑕疵或其他欠缺之情形，以致於影響法律行為之效力，當事人得撤銷或其他補救行為之期間。 4. 為自始不變之期間，期間一經過，權利即消滅。
客體	1. 以請求權為限。 2. 時效雖完成，但權利本身並不消滅，其他擔保物權亦不消滅，只是請求權發生障礙而已。	1. 形成權 [10] 或其他訴權 [11]。 2. 經過法定期間後，其權利即消滅不存在，權利人不得再為主張。
立法目的	1. 尊重既成事實，維持已趨平衡之新秩序。 2. 簡化法律關係，避免舉證困難。 3. 在權利上睡眠者，法律無優先予以保護之必要。 4. 確定永續之事實狀態。	1. 維持既存之原秩序。 2. 以形成權或訴權為客體，足以變更既成之法律秩序，為求社會安定，不宜長期間存在。 3. 故除斥期間之期間較短。
效力	1. 時效完成，請求權並未消滅，只是義務人可主張抗辯權（民 §144），拒絕給付而已。 2. 法院不得依職權為當事人主張。	1. 除斥期間屆滿後，其權利當然消滅。 2. 法院不待當事人主張，得依職權裁判之。

----

[10] 形成權：
(1)指得依權利人一方的意思而使法律關係發生、內容變更或消滅的權利。
(2)依當事人的意思表示行使之形成者，稱為單純形成權。例如：承認（民 §79）、選擇、撤銷、抵銷、解除……。
(3)須提起訴訟（形成之訴）為之，而由法院作成形成判決者，學說上稱之為形成訴權，如權利行為的減輕給付（民 §74）、詐害行為的撤銷（民 §244）、撤銷婚姻（民 §989 以下）、否認子女之訴（民 §1063 Ⅱ）……等。
(4)關於形成權行使，法律多設有一定期間的限制，稱為除斥期間。

[11] 例如：上訴、抗告、再審……等。

	消滅時效	除斥期間
時間起算	1. 以行為為目的之請求權：自可得行使時起算（民§128）。 2. 以不行為為目的之請求權：自行為時起算。 3. 時效期間，不得以法律行為加長或減短之（民§147），但得因一定事由之發生致時效中斷或時效不完成。	1. 自權利成立之日起算。 2. 不得因任何事由而延長或中斷其期間。
得否拋棄	1. 時效完成前，不得拋棄。 2. 時效完成後，得拋棄（民§147）。	除斥期間經過，權利本身即消滅，因此除斥期間利益不得拋棄。

第八節　實例演練

題目

　　承租人甲向出租人乙承租耕地後 14 年 6 個月間既未請求乙交付耕地且迄未支付租金，座令乙在耕地上建築房屋，種植果樹。嗣後甲發現消滅時效期間即將完成，乃向乙請求拆屋並交付耕地，以供耕作。請問：

1. 甲之請求是否有理？

2. 理由為何？　　　　　　　　　　　　　　　　　　　　【98 經紀人】

甲向乙承租耕地，甲乙之間成立租賃契約，乙為出租人負租賃物之交付及合於用易狀態之保持（民§423[12]）、租賃物之修繕（民§429、430[13]）及瑕疵擔保責任，甲為承租人負支付租金及保管租賃物之義務。

一、甲拆屋交付土地之請求無理由

（一）甲主張拆屋交付土地，若係主張物上請求權，則甲無此權利。

（二）甲雖得依租賃契約主張乙應履行租賃契約而交付合於約定使用、收益之狀態之耕地，但主張拆除房屋而交付土地之請求，因違反誠信原則、禁止權利濫用原則，不得為之。

二、甲不得主張拆屋交地之理由

詳述如下：

（一）甲欠缺物權請求權：

1. 物上請求權之請求權基礎：

    (1) 所有人之物上請求權（民§767 I）：所有人對於無權占有或侵奪其所有物者，得請求返還之。對於妨害其所有權者，得請求除去之。有妨害其所有權之虞者，得請求防止之。

    (2) 占有人之物上請求權（民§962）：占有人，其占有被侵奪者，得請求返還其占有物；占有被妨害者，得請求除去其妨害；占有有被妨害之虞者，得請求防止其妨害。

2. 甲既非耕地之所有權人，亦未曾占有該耕地，顯然不符合上開條件之規定，因此甲主張拆屋交付土地為無理由。

---

[12] 民法第 423 條：出租人應以合於所約定使用收益之租賃物，交付承租人，並應於租賃關係存續中，保持其合於約定使用、收益之狀態。

[13] 民法第 429 條：租賃物之修繕，除契約另有訂定或另有習慣外，由出租人負擔。出租人為保存租賃物所為之必要行為，承租人不得拒絕。
民法第 430 條：租賃關係存續中，租賃物如有修繕之必要，應由出租人負擔者，承租人得定相當期限，催告出租人修繕，如出租人於其期限內不為修繕者，承租人得終止契約或自行修繕而請求出租人償還其費用或於租金中扣除之。

（二）甲本於租賃契約而主張拆除房屋交付土地之請求，因違反誠信原則、禁止權利濫用原則，不得為之。

1. 甲本於租賃契約得主張之權利

租賃契約之請求權依民法第 125 條：因 15 年間不行使而消滅。在甲向乙承租後 14 年 6 個月間，租賃契約尚未罹於時效，甲本於租賃契約得主張：

(1) 甲得請求乙交付土地及保持其合於使用收益狀態：

① 民法第 423 條：「出租人應以合於所約定使用收益之租賃物，交付承租人，並應於租賃關係存續中，保持其合於約定使用、收益之狀態。」

② 甲向乙承租耕地，出租人乙應使耕地合於耕作之狀態，乙在耕地上建築房屋、種植果樹，顯然違反租賃契約約定使用之狀態，承租人甲得請求出租人乙交付合於所約定使用收益之租賃物，即請求乙除去或修補租賃物之瑕疵。

(2) 甲得請求債務不履行之解除契約及損害賠償：

① 民法第 254 條：「契約當事人之一方遲延給付者，他方當事人得定相當期限催告其履行，如於期限內不履行時，得解除其契約。」民法第 260 條：「解除權之行使，不妨礙損害賠償之請求。」

② 乙若仍未履行租賃契約交付合於所約定使用收益之租賃物，甲得依租賃契約請求債務不履行之解除契約及損害賠償。

2. 惟甲長期怠於行使權利，待該耕地已建築房屋而不適宜耕作，始主張拆除房屋而交付，違反誠信原則、禁止權利濫用原則，依民法第 148 條應不得為之[14]。

(1) 民法第 148 條：「權利之行使，不得違反公共利益，或以損害他人為主要目的。行使權利，履行義務，應依誠實及信用方法。」

(2) 甲本得基於租賃契約向乙主張交付合於契約所約定使用收益之耕地，惟甲長期怠於行使，坐令乙在耕地上建築房屋、種植果樹，待該耕地

---

[14] 56 年台上字第 1708 號判例：「上訴人就系爭土地上雖非無租賃關係，然於被上訴人未履行出租人之義務達 11 年之久，上訴人迄未行使其租賃權或聲請為假處分，以保全強制執行，坐令被上訴人在系爭土地上建築房屋、種植果樹，耗費甚鉅，始引起訴訟，求命其除去地上物交付土地，核其情形，雖非給付不能，然亦係權利之濫用，有違誠信原則。」

因而不適宜耕作，始主張拆除房屋而交付，屬誠信原則之違反，不得為之。

(3) 甲主張拆除房屋交付耕地，自己所得利益極少而乙所受之損失甚鉅，非不得視為以損害他人為主要目的[15]，係屬權利之濫用，不得為之。

題目

　　以一定事實狀態存在於一定期間，而發生特定之法律效力之制度，稱為時效制度。基於此，請問：

1. 民法之時效制度有哪兩種？請申述之。
2. 甲向乙借款 500 萬元，約定於民國 82 年 10 月 30 日清償，並以甲所有之土地為乙設定抵押權。甲一直未予清償，乙於 97 年 12 月 1 日猛然憶起，遂發存證信函向甲請求清償，甲依據民法規定是否得主張時效抗辯？又乙應於何時實行抵押權，以免抵押權消滅？　　　　　　　【97 經紀人】

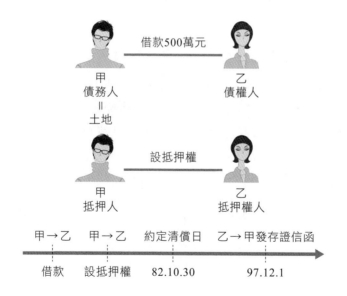

---

[15] 71 年台上字第 737 號判例：「權利之行使，是否以損害他人為主要目的？應就權利人因權利行使所能取得之利益，與他人及國家社會因其權利行使所受之損失，比較衡量以定之。倘其權利之行使，自己所得利益極少而他人及國家社會所受之損失甚大者，非不得視為以損害他人為主要目的。」

時效：指在一定期間繼續行使權利，或不行使權利，而發生取得權利，或權利減損效力之制度。

一、時效制度

（一）取得時效

在一定期間繼續行使權利而取得權利，為時效取得。經過一定期間，繼續占有他人之物而取得所有權，或經過一定期間，事實上繼續行使所有權以外之財產權者即取得權利之制度（民§768、768-1、769、770）。

（二）消滅時效

在一定期間不行使權利，而權利減損效力，為時效消滅（民§125、126、127）。

二、甲得依民法第 144 條主張時效抗辯，惟乙仍得依民法第 880 條實行抵押權

（一）乙之請求權已罹於時效，甲取得時效抗辯權

1. 民法第 125 條：「請求權，因 15 年間不行使而消滅。」其請求權時效自可得行使時起算（民§128[16]）。甲乙之消費借貸約定於民國 82 年 10 月 30 日清償，自 82 年 10 月 30 日得請求時起算至 97 年 12 月 1 日已逾 15 年，乙之請求權已罹於時效。

2. 民法第 144 條第 1 項：「時效完成後，債務人得拒絕給付。」

（二）乙仍得依民法第 880 條於 102 年 10 月 30 日前實行抵押權

1. 民法第 880 條：「以抵押權擔保之債權，其請求權已因時效而消滅，如抵押權人，於消滅時效完成後，5 年間不實行其抵押權者，其抵押權消滅。」

2. 自 82 年 10 月 30 日得請求時起算，於消滅時效完成後 5 年，至 102 年 10 月 30 日前實施抵押權。

---

[16] 民法第 128 條：「消滅時效，自請求權可行使時起算。以不行為為目的之請求權，自為行為時起算。」

習題 | REVIEW ACTIVITIS ✏

(C) 1. 甲向乙借新台幣 50 萬,以自有房屋設定抵押,言明 1 年後還款,惟屆期甲未還款,至 18 年後乙始想到仍有此債權,乃向甲追討,問下列敘述何者正確? (A) 欠錢還錢乃天經地義之事,甲應設法返還,無抗辯權 (B) 甲可以行使抗辯權,拒絕返還,乙亦不可就該抵押物行使權利 (C) 甲雖可行使抗辯權,但乙仍可就其抵押物,行使權利 (D) 乙對甲之債因時效經過而自動歸於消滅,毋待甲行使抗辯權。 【102 年度高考法制】

> **詳解** 1. 乙之請求權已罹於時效
> 甲、乙雙方言明 1 年後還款,即自 1 年後開始起算,自借款後至 18 年,已罹於時效。民法第 125 條:「請求權,因十五年間不行使而消滅。但法律所定期間較短者,依其規定。」民法第 128 條:「消滅時效,自請求權可行使時起算,以不行為為目的之請求權,自為行為時起。」
> 2. 甲取得時效抗辯
> 民法第 144 條:「時效完成後,債務人得拒絕給付。請求權已經時效消滅,債務人仍為履行之給付者,不得以不知時效為理由,請求返還;其以契約承認該債務或提出擔保者亦同。」
> 3. 乙仍得就抵押物取償
> 民法第 145 條第一項:「以抵押權、質權或留置權擔保之請求權,雖經時效消滅,債權人仍得就其抵押物、質物或留置物取償。」
> 民法第 880 條:以抵押權擔保之債權,其請求權已因時效而消滅,如抵押權人,於消滅時效完成後,五年間不實行其抵押權者,其抵押權消滅。」

(A) 2. 甲所有的 A 屋蓋在乙已登記的 B 地上 18 年。下列敘述何者正確? (A) 乙可向甲主張 B 地的所有物返還請求權,請求甲拆屋還地 (B) 已經超過 15 年,乙不可向甲主張 B 地的所有物返還請求權,請求甲拆屋還地 (C) 甲可主張時效取得 B 地的所有權 (D) 甲如為善意占有人,始得主張時效取得 B 地的所有權。 【102 年不動產經紀人】

> **詳解** 甲將 A 屋蓋在乙之 B 地上,侵害乙之所有權,乙得向甲請求拆除房屋(妨害除去請求權)返還 B 地(所有物返還請求),縱然甲蓋屋 18 年,民法第 767 條之所有物返還請求權依大法官釋字第 107 號解釋,及所有權妨害除去請求權依大法官釋字第 164 號解釋,均無民法第 125 條消滅時效規定之適用。因此乙可向甲請求拆屋還地。

| 請掃描 QR Code P.8~11 有補充習題 |

CHAPTER 07

權利行使

壹 禁止權利濫用

民法第 148 條第 1 項：「權利之行使，不得違反公共利益，或以損害他人為主要目的。」

權利之行使，是否以損害他人為主要目的？

一、 應就權利人因權利行使所能取得之利益，與他人及國家社會因其權利行使所受之損失，比較衡量以定之。倘其權利之行使，自己所得利益極少而他人及國家社會所受之損失甚大者，非不得視為以損害他人為主要目的[1]。

二、 若當事人行使權利，雖然足以使他人喪失利益，而如果並非以損害他人為主要目的，即不在該條所定範圍之內[2]。例如：出租人出售租賃物，因承租人出價過低，而轉售出價較高之他人，圖多得售價 3、4000 元，其行為僅圖利自己，而非以損害他人為主要目的，自然無民法第 148 條第 1 項適用之餘地。

貳 誠信原則

「誠信原則」與「公序良俗」……等都是將道德觀念法律化，今日已成為私法上之大原則，一般稱之為帝王條款。

誠信原則係斟酌事件的特別情形，衡量雙方當事人之彼此利益，務求交易上公平妥當之一種法律原則。尤其在債務履行方面，誠信原則更為法院依職權而適用之原則，且誠信原則之規定屬於強行規定，當事人不得以契約排除。

民法第 148 條第 2 項：「行使權利，履行義務，應依誠實及信用方法。」

---

[1] 71 年台上字第 737 號判例。

[2] 45 年台上字第 105 號判例。

例如：

一、 當事人約定債務人遲延給付時，須經債權人定一定之期限催告其履行，而債務人於期限內仍不履行，債權人始得解除契約者，債權人催告所定期限雖較約定期限為短，但如自催告時起，已經過該約定之期限，債務人仍不履行，基於誠實信用原則，應解為債權人得解除契約[3]。

二、 媒介居間人固以契約因其媒介而成立時為限，始得請求報酬，但委託人為避免報酬之支付，故意拒絕訂立該媒介就緒之契約，而再由自己與相對人訂立同一內容之契約者，依誠實信用原則，仍應支付報酬。又委託人雖得隨時終止居間契約，然契約之終止，究不應以使居間人喪失報酬請求權為目的而為之，否則仍應支付報酬[4]。

參 權利之自力救濟

一、正當防衛

所謂正當防衛，乃對於現時不法之侵害為防衛自己或他人之權利，於不逾越必要程度範圍內所為之反擊行為。又此反擊行為，必加損害於侵害人，始生正當防衛之問題，至正當防衛是否過當，又應視具體之客觀情事，及各當事人之主觀事由定之，不能僅憑侵害人一方受害情狀為斷[5]。

民法第 149 條：「對於現時不法之侵害，為防衛自己或他人之權利所為之行為，不負損害賠償之責。但已逾越必要程度者，仍應負相當賠償之責。」

例如：甲持刀砍乙，乙予以反擊。

（一）正當防衛之要件

1. 須現時之侵害

必須是現在正在進行的侵害才能主張正當防衛。若過去已經發生則不能主張正當防衛。

---

[3] 90 年台上字第 1231 號判例。

[4] 58 年台上字第 2929 號判例。

[5] 64 年台上字第 2442 號判決。

例如：大熊3日前被阿富毆打，今日在路上狹路相逢，大熊對阿富予以迎頭痛擊，不能主張正當防衛。

2. 須對於不法之侵害

合法之侵害不能主張正當防衛。

例如：對於政府拆遷違建、政府依法徵收土地，不能主張正常防衛。

3. 須防衛自己或他人之權利

權利包含公權、私權、財產權、非財產權……，包含自己或他人之權利。

4. 須防衛行為未逾越必要程度

(1) 救濟之方法：正常防衛是反擊行為，須符合**比例原則**。

(2) 手段：對於防衛所欲保護之法益所採取之防衛手段必須具有必要性，防衛行為若逾越必要程度，則為防衛過當。

例如：搭捷運遇到色狼襲胸，狠狠地撥開鹹豬手、扭送警察局，屬於正當防衛；但若打斷鹹豬手，則為防衛過當。

NOTE

比例原則（禁止過當原則）

指採取之方法和所造成之損害不得與欲達成目的之利益顯失均衡，簡言之，殺雞用牛刀、打鳥用大砲，都不符合比例原則。

（二）正當防衛之效力

1. 阻卻違法。

2. 不負損害賠償責任。

二、緊急避難

緊急避難行為，以自己或他人之生命、身體、自由、財產猝遇危難之際，非侵害他人法益別無他法救濟，為必要之條件[6]。為了避免自己或他人生命、身體、自由或財產上急迫之危險，所採取之不得已行為。

例如：鐵達尼號郵輪在其處女航時撞上冰山沉沒之海難，僅有少數救生衣及救生艇，為了求生存而搶奪救生衣或搶搭救生艇之行為，即屬緊急避難。

---

[6] 24年上字第 2669 號判決。

民法第 150 條：「因避免自己或他人生命、身體、自由或財產上急迫之危險所為之行為，不負損害賠償之責。但以避免危險所必要，並未逾越危險所能致之損害程度者為限。前項情形，其危險之發生，如行為人有責任者，應負損害賠償之責。」

（一）緊急避難之要件

1. 須避免緊急危難
    緊急避難指不僅是現正發生之危險，且不立即除去恐損害將擴大之危難。
    例如：鄰房失火已冒出濃煙，為了救火破門而入。
2. 須避免自己或他人生命、身體、自由或財產上之急迫危險
    僅限法條所列舉之：自己或他人生命、身體、自由或財產上之急迫危險，可主張緊急避難。
3. 須未逾越必要程度
    (1) 救濟之方法：是不得已的避險行為，必須符合比例原則以及**法益權衡原則**。避難所保護之法益價值，原則上應大於無辜第三者所犧牲之法益價值。
    (2) 手段：必須是唯一手段，若有其他手段可供選擇，即不可主張緊急避難。
    例如：被惡犬攻擊，若可逃離，即不可將犬擊斃。
    (3) 避難行為所造成的損害，不可以大於因危險所可能導致之損害。
    例如：避免火勢蔓延，將整排房屋拆除。

NOTE

法益權衡原則
侵害的法益與保全的法益，須保持適當的平衡。
1. 原則上須為保護較大的法益，而犧牲較小的法益。
2. 不同法益之比較：依一般社會的通念加以判斷。

（二）緊急避難之效力

1. 阻卻違法。
2. 不負損害賠償責任。

三、自助行為

民法第 151 條：「為保護自己權利，對於他人之自由或財產施以拘束、押收或毀損者，不負損害賠償之責。但以不及受法院或其他有關機關援助，並非於其時為之，則請求權不得實行或其實行顯有困難者為限。」

例如：債權人在出境大廳發現債務人正欲搭機逃離臺灣，為了保護自己的債權，可以拘束債務人自由，禁止其搭機離境。

（一）自助行為之要件

1. 須為保護自己之權利（不包含他人之權利）。
2. 須時機急迫，不及接受法院或其他機關之援助。若時機從容，不得主張自助行為。

   例如：債務人欲搭機離臺灣，但其在臺灣仍有大量資產，則不得以己力阻止其搭機離境。
3. 須自助之行為以拘束他人自由、押收或毀損他人財產為限。只限對於債務人個人自由及其財產。
4. 須即時向法院聲請處理：由法院判斷是否適當 [7]，若自助行為人之聲請未遲延，且經法院認可，其行為合法，不負損害賠償責任。

（二）自助行為之效力

1. 原則：不負損害賠償之責。
2. 例外：須負賠償責任。

   (1) 「非」急迫不及受法院或其他有關機關援助，並非於其時為之，則請求權不得實行或其實行顯有困難之情形。

   (2) 拘束他人自由或押收他人財產者，未即時向法院聲請處理或聲請被駁回或其聲請遲延者（民 §152）。

---

[7] 行為人應依民事訴訟法第 537-1 條聲請為假扣押或假處分之裁定。民事訴訟法第 537-1：「債權人依民法第 151 條規定押收債務人之財產或拘束其自由者，應即時聲請法院為假扣押或假處分之裁定。前項聲請，專屬押收債務人財產或拘束其自由之行為地地方法院管轄。」

習題 | REVIEW ACTIVITIS ✏️

(A) 1. 對於現時不法之侵害，為防衛自己或他人之權利所為之行為，稱之為 (A) 正當防衛 (B) 緊急避難 (C) 自助行為 (D) 正當反擊。

　　詳解 所謂正當防衛，乃對於現時不法之侵害為防衛自己或他人之權利，於不逾越必要程度範圍內所為之反擊行為。

(B) 2. 因避免自己或他人生命、身體、自由或財產上急迫之危險所為之行為，稱之為 (A) 正當防衛 (B) 緊急避難 (C) 自助行為 (D) 正當反擊。

　　詳解 緊急避難行為，以自己或他人之生命、身體、自由、財產猝遇危難之際，非侵害他人法益別無救護之途，為必要之條件。

(C) 3. 為保護自己權利，對於他人之自由或財產施以拘束、押收或毀損之行為，稱之為 (A) 正當防衛 (B) 緊急避難 (C) 自助行為 (D) 正當反擊。

　　詳解 自助行為：民法第 151 條：「為保護自己權利，對於他人之自由或財產施以拘束、押收或毀損者，不負損害賠償之責。但以不及受法院或其他有關機關援助，並非於其時為之，則請求權不得實行或其實行顯有困難者為限。」

(C) 4. 權利之行使，不得違反公共利益，或以損害他人為主要目的。稱之為 (A) 誠信原則 (B) 信賴保護原則 (C) 禁止權利濫用原則 (D) 比例原則。

(A) 5. 行使權利，履行義務，應依誠實及信用方法。稱之為 (A) 誠信原則 (B) 信賴保護原則 (C) 禁止權利濫用原則 (D) 比例原則。

(B) 6. 甲潛入乙宅中行竊，被乙發現，甲怕被扭送警局，拿起身旁的花瓶攻擊乙，乙為了保護自己，隨手拿了身旁的手杖反擊甲，造成甲受傷。乙基於下列何種事由，無須對甲之損害負責？ (A) 緊急避難 (B) 正當防衛 (C) 自助行為 (D) 業務正當行為。 【104 年普考財稅行政】

　　詳解 民法第 149 條：「對於現時不法之侵害，為防衛自己或他人之權利所為之行為，不負損害賠償之責。但已逾越必要程度者，仍應負相當賠償之責。」

| 請掃描 QR Code P.14~15 有補充習題 |

第二編

債

通　則

INTRODUCTION TO CIVIL LAW

第一節　總　說

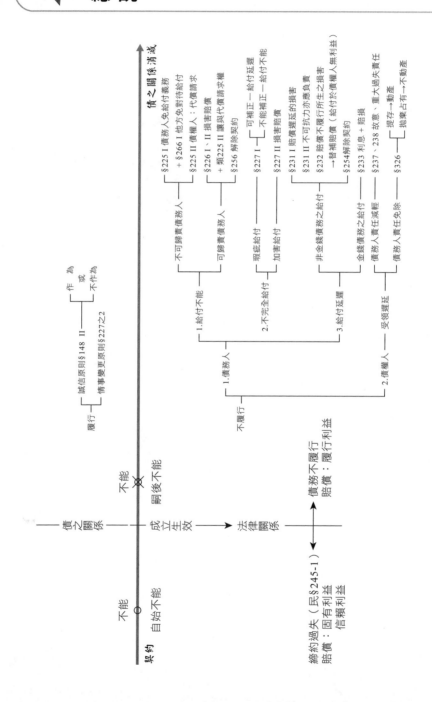

壹 債之意義

民法第 199 條：債權人基於債之關係，得向債務人請求給付。給付，不以有財產價格者為限，不作為亦得為給付。故可解釋為：

一、特定人向特定人請求為特定行為之法律關係。

二、有請求權之一方為債權人，被請求之他方為債務人，特定行為指債之給付，包含作為之給付及不作為之給付。

三、例如：

案例事實	債之發生原因（特定之法律事實）	特定人向特定人 ─────請求─────▶ 特定行為 （債權人向債務人） （作為、不作為）
甲僱用乙為研發工程師。	僱傭契約 （契約：民 §153～166-1）	1.甲向乙 ──請求──▶ 1.服勞務（作為） 2.不得洩漏公司機密（不作為） 2.乙向甲 ──請求──▶ 給付報酬（作為）
乙飼養之柯基犬走失，在外流浪多日，甲拾獲後將其飼養，並治癒其皮膚病。	無因管理 （民 §172～178）	1.甲向乙 ──請求──▶ 償還其所支出之飼養及醫藥費 2.乙向甲 ──請求──▶ 交付柯基犬
乙到便利超商買鮮奶，甲找零錢時誤取 50 元當作 10 元，以致多找 40 元給甲。	不當得利 （民 §179～183）	甲向乙 ──請求──▶ 返還多找的40元
甲在巷子裡練習投球，不慎打破鄰居乙的窗戶。	侵權行為 （民 §184～198）	乙向甲 ──請求──▶ 窗戶的損害賠償

債之特性

一、債權為財產權

債權為交換或分配生活上各種利益之法律關係,其給付是以財產或得為財產評價者為限,所以債權為**財產權**。

二、債權為請求權

請求權是權利人得請求義務人為特定行為之權利。債權是以交換財貨或利益為目的,其最基本之效力就是:債權人得向債務人為給付之請求。所以,債權為請求權。如果,債務人免為給付之義務,則債之關係消滅。

三、債權為對人權

債權人原則上僅能對債務人(特定人)請求給付,而不能向其他第三人請求給付,因為僅能向特定人請求,所以債權為對人權。即使債務人向多數債權人成立債之關係,多數債權人彼此間也只能就該債務人之責任財產,為平均受償或分配之請求(債權平等原則)。例如:甲分別向乙借款100萬元、向丙借款200萬元,但甲之財產僅有30萬元,則乙、丙也只能對甲之30萬元為平均受償或分配之請求[1],而不能向甲之親人或其他人請求,雖然無法滿足其債權,但也只能這樣,這就是債之特性。俗話所說的「父債子還、夫債妻還」向債務人以外之其他人請求,係違反債之相對性,違反債僅能向特定人請求之特性,如果其他人代為清償,只能說是重然諾的美德,而非法律上的義務。

財產權
1. 指以財產上利益為標的之權利。
2. 通常可與權利主體之人格或地位分離,原則上人格權及身分權以外的其他權利,均可歸類為財產權。
3. 財產權的所謂「財產利益」,不一定具有經濟價值,具有精神、文化或紀念價值者,如私人照片、錄影帶、論文稿件等,也得為財產權標的。
4. 財產權一般區分:(1)債權;(2)物權;(3)準物權;(4)無體財產權。

---

[1] 此時乙、丙對甲之債權比例為:100 萬元:200 萬元 =1:2
故,乙可以請求之比例為 1/(1+2)=1/3,丙可以請求之比例為 2/(1+2)=2/3
乙可以請求之金額為:30 萬元(甲之責任財產)*1/3=10 萬元
丙可以請求之金額為:30 萬元(甲之責任財產)*2/3=20 萬元

 債之效力

一、受領保持力

債之最基本效力，民法第 199 條：債權人基於債之關係，得向債務人請求給付。

二、請求力

債權人除了得為私法上的請求外，當債務人不為給付或為不完全給付時，亦得為訴訟上的請求，由法律於請求權之上賦予強制實現力。故債權人取得執行名義[2]後得依強制執行法聲請法院強制執行債務人之責任財產，以滿足債權人之債權。

第二節　債之發生

債之發生指創設的發生債之關係，結果是產生債權、債務之關係，一方取得債權，一方負擔債務。發生債之關係之原因，依民法債編通則：契約、代理權之授與、無因管理、不當得利、侵權行為。

---

[2]　強制執行法第 4 條：
I. 強制執行，依下列執行名義為之：
(1) 確定之終局判決。
(2) 假扣押、假處分、假執行之裁判及其他依民事訴訟法得為強制執行之裁判。
(3) 依民事訴訟法成立之和解或調解。
(4) 依公證法規定得為強制執行之公證書。
(5) 抵押權人或質權人，為拍賣抵押物或質物之聲請，經法院為許可強制執行之裁定者。
(6) 其他依法律之規定，得為強制執行名義者。
II. 執行名義附有條件、期限或須債權人提供擔保者，於條件成就、期限屆至或供擔保後，始得開始強制執行。
III. 執行名義有對待給付者，以債權人已為給付或已提出給付後，始得開始強制執行。

第1款　契　約

壹　契約之意義

一、廣義的契約

指發生私法上效果為目的之一切合意。包含：債權契約、物權契約、身分契約……等。

二、狹義的契約

專指以發生「債之效果」為目的，而由兩個以上對立之意思表示合致而成立之債權契約。

三、是債發生的原因

貳　契約之種類

常用契約之分類：

一、以「法律上是否有依其類型賦予一定之名稱」區分

（一）有名契約（典型契約）

法律上依其類型賦予一定名稱之契約，例如民法債編各種之債所列之契約：買賣契約、互易契約、贈與契約、租賃契約、借貸契約……等。

（二）無名契約（非典型契約）

法律並未賦予一定名稱之契約，凡是非債編賦予一定名稱之契約均屬之。

二、以有無「對待給付」為區分標準

（一）單務契約（片務契約）

契約當事人中，僅由一方負擔義務（無對價給付），而他方無須支付對待給付之契約。單務契約有可能為有償契約，亦可能為無償契約。

例如：贈與契約、使用借貸契約、保證契約……。

（二）雙務契約

指雙方當事人互相負擔義務之契約，一經有效成立，雙方均負債務，雙方互負對價關係之債務，此種契約一方之所以負義務，其目的在於取得他方之對待給付。雙務契約必為有償契約。因此，雙務契約有同時履行抗辯（民§264）及危險負擔（民§373）之問題。

例如：買賣契約、租賃契約、僱傭契約、承攬契約……等。

題目 ....

甲花 10,000 元向乙買冰箱（甲乙合意為冰箱之買賣契約）。

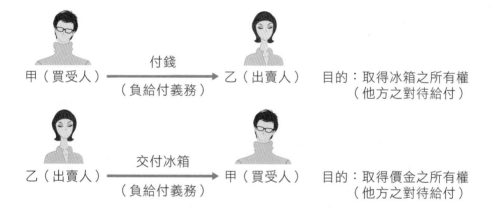

甲（買受人） ——付錢——→ 乙（出賣人）　目的：取得冰箱之所有權
（負給付義務）　　　　　　　　　　　（他方之對待給付）

乙（出賣人） ——交付冰箱——→ 甲（買受人）　目的：取得價金之所有權
（負給付義務）　　　　　　　　　　　（他方之對待給付）

三、以「對價關係」之有無區分

（一）有償契約

指當事人一方之給付，他方應為對價給付之契約；如：買賣契約、租賃契約……。

例如：甲向乙購買房屋，價金合意 500 萬元，雙方以此為內容簽訂契約。甲乙所簽訂之房屋買賣契約為？

1. 有名契約[3]。

2. 雙務契約[4]。

3. 有**償**契約[5]。

（二）無償契約

指當事人一方之給付，無法取得對價，即他方無須為對價給付之契約；如：贈與契約、使用借貸契約……。

例如：甲向乙表示贈與乙房屋，乙同意接受。甲乙之房屋贈與契約為？

1. 有名契約[6]。

2. 單務契約。

3. 無償契約。

參 契約成立之方式

一、要約與承諾

（一）要約

1. 以訂立契約為目的，而喚起相對人承諾的意思表示[7]。

2. 要約的方法：明示、默示、對話、非對話……均可（法律無限制其方式）。

3. 民法第 154 條第 2 項：「貨物標定賣價陳列者，視為要約。」例如：賣場將商品貼上售價陳列在貨架上。

4. 民法第 154 條第 2 項但書：「但價目表之寄送，不視為要約。」此時應為「要約之引誘」。

要點檢索
- 1. 要約與承諾
- 2. 要約交錯
- 3. 意思實現

---

[3] 民法債編明定（民 §345）。

[4] 買賣雙方互負義務；出賣人：負給付標的物及瑕疵擔保義務。買受人：支付價金及受領標的物義務。

[5] 對於出賣人乙應交付房屋、移轉房屋所有權，買受人甲應付出價金 500 萬元以為對價。

[6] 民法債編明定（民 §406）。

[7] 要約之內容必須是確定或可得確定，必須包含契約必要之點，要約之對象則不限特定人，不特定之人亦可。

(1) 是透過價目表刺激購買慾，引誘相對人向自己為要約。

(2) 性質：意思通知。

(3) 例如：購物型錄的寄送、百貨公司周年慶型錄之寄送、徵才啟事、計程車排班……。

(4) 要約之引誘僅是引誘相對人向自己為要約，發出之人欠缺締約之意思，也就是相對人向發出人為要約時得加以拒絕。例如：深夜在急診室排班（要約之引誘）之計程車司機，得拒絕搭載目露兇光的乘客前往覆鼎金公墓。

5. 要約之拘束力：

(1) 原則：一經生效，即受拘束。

要約一經生效，即發生實質的拘束力與形式的拘束力，實質的拘束力是指契約得因相對人之承諾而成立；而形式的拘束力則指要約之不可撤回性與不可變更性，要約一旦達到契約相對人，要約人即不得再行擴張、限制、變更、撤回其要約。

例如：甲要出售 A 屋，對乙開價 1000 萬元並對乙說：「可以考慮看看，請在 3 天內回覆。」甲發出要約，乙也了解甲的要約，甲之要約就發生效力，甲應受其拘束，甲不能撤回要約或變更要約的內容（例如提高售價），只要乙在 3 天內承諾願意以 1000 萬元購買 A 屋，甲乙的買賣契約就成立。

(2) 例外：不受拘束。

① 要約當時聲明不受拘束。

例如：發要約人發要約時特別註明：要約人保留決定權。

② 依其情形或事件之性質，可認當事人無受其拘束之意思者。

例如：向受贈人為贈與契約之要約：「這件衣服我穿不下時就送給你！」應視為無拘束力。

(3) 要約消滅之原因

要約消滅即失其拘束力。

① 要約之拒絕：要約經拒絕者，失其拘束力（民 §155）。

② 承諾之期限已過（逾期）

　A. 定有承諾期限者：非於承諾期限內承諾者，失其拘束力（民§158）。例如：限 3 日內答覆。3 日內未承諾，要約即失其效力。

　B. 未定承諾期限者：

(A) 對話要約：如為對話要約，非立時承諾，即失其拘束力（民§156）。

(B) 非對話要約：通常情形可期待承諾之到達時期內，相對人不為承諾而失其拘束力（民§157）。

③ 要約之撤回：要約既為意思表示，得於其發生效力前，加以撤回而失其拘束力（民§95）。

④ 承諾行為之轉換（即要約身分之轉換）：將要約擴張、限制或為其他變更而承諾者，視為拒絕要約而為新要約（民§160 II）。例如：討價還價。

（二）承諾

1. 答覆「要約之同意」之意思表示。

2. 即表明願依照要約之內容（必須完全一致），而與要約人成立契約之意思表示。

3. 若是將要約擴張、限制或為其他變更而為承諾者，是為拒絕原要約，而為新要約（民§160 II[8]）。

4. 必須於承諾期間內為之。民法第 158 條：「要約定有承諾期限者，非於其期限內為承諾，失其拘束力。」

5. 遲到之承諾：

(1) 非相對人遲誤（一般而言不應遲到，卻遲到）：

① 要約人若不欲成立契約，則不受承諾之拘束，但應先發遲到之通知。民法第 159 條第 1 項：「承諾之通知，按其傳達方法，通常在相當時期內可達到而遲到，其情形為要約人可得而知者，應向相對人即發遲到之通知。」

---

[8] 民法第 160 條第 2 項：「將要約擴張、限制或為其他變更而承諾者，視為拒絕原要約而為新要約。」

② 要約人若欲成立契約，契約即可成立。民法第 159 條第 2 項：「要約人怠於為前項通知者，其承諾視為未遲到。」要約人若欲成立契約，而不發遲到之通知，則承諾到達時契約成立。

(2) 相對人遲誤（依其方式，通常會遲到）：視為新要約（民 §160 I[9]）。

6. 承諾之撤回，須撤回之通知須較承諾之通知同時或先時到達。

二、要約交錯

雙方各自先後要約，而且雙方要約的內容卻完全一致的情形，此時無須再為承諾，契約即成立，又稱要約吻合。例如：

甲有一匹赤兔馬取名踏雪赤兔，愛之甚深，無奈近日即將應召入伍，無法親自照顧，心想若將其出售給愛馬成癡的好友乙，必能倍受眷顧，故飛鴿傳書一封內容寫：「願將赤兔馬踏雪赤兔出售予汝，價金 1 兩銀子，祈好生照料。」→此為甲之要約。

乙知甲即將入伍，踏雪赤兔將乏人照顧，乙發 E-MAIL 給甲：「吾家貧無力負擔巨資，但有愛心無限，願出 1 兩銀子購汝之踏雪赤兔，望汝割愛。」→此為乙之要約。

這種偶然出現的靈犀相通的情形就是「要約交錯」。

三、意思實現

指依習慣或依事件之性質，承諾無須通知之情形下，於相當時間內，有可認為承諾之事實，其契約即成立（民 §161[10]）。例如：

飯店客房內的吧檯陳列各式酒品飲料，旁有擺放之價目表，住房之旅客若將其開封飲用，即為承諾之事實，買賣飲品的契約即已成立。也就是說旅

---

[9] 民法第 160 條第 1 項：「遲到之承諾，除前條情形外，視為新要約。」
(1) 原要約：因逾期未承諾而消滅。
(2) 遲到之承諾：視為新要約。

[10] 民法第 161 條：「依習慣或依其事件之性質，承諾無須通知者，在相當時期內，有可認為承諾之事實時，其契約為成立。前項規定，於要約人要約當時預先聲明承諾無須通知者，準用之。」

客無須向飯店櫃台人員為承諾，因為其已將承諾的意思透過開封飲用的事實實現了。

要件：

（一）有承諾之意思

（二）承諾無須通知

1. 依習慣承諾無須通知。
2. 依事件之性質承諾無須通知。
3. 要約人聲明承諾無須通知。

（三）有可認為承諾之事實

1. 履行行為。
2. 受領行為。

肆 懸賞廣告

一、懸賞廣告之意義

（一）以廣告聲明對完成一定行為之人給與報酬者，為懸賞廣告。廣告人對於完成該行為之人，負給付報酬之義務（民 §164）。

（二）懸賞廣告為意思表示之一種。

（三）懸賞廣告之性質，我國民法採「契約說」，認為懸賞廣告本身為「要約」，須相對人承諾（完成廣告行為），成立契約，始能發生債務。

（四）此種契約其要約需以廣告方式為之，故為要式契約，其承諾則須完成廣告所指定之行為。

（五）例如：登報聲明尋找走失之愛犬。

二、懸賞廣告之效力

（一）完成行為之人有報酬請求權（不論有無通知）

廣告人對於完成該行為之人，負給付報酬之義務（民 §164 I）。

（二）有報酬請求權人有數人時（民 §164 II、III）

1. 數人先後分別完成前項行為時，由最先完成該行為之人，取得報酬請求權。

2. 數人共同或同時分別完成行為時，由行為人共同取得報酬請求權。

3. 前述情形，廣告人善意給付報酬於最先通知之人時，其給付報酬之義務，即為消滅。

（三）因完成懸賞廣告行為而可取得一定之權利者（民 §164-1）

1. 原則：其權利屬於行為人。

2. 例外：廣告另有聲明者，不在此限。

三、懸賞廣告之撤回

　　預定報酬之廣告，如於行為完成前撤回時，除廣告人證明行為人不能完成其行為外，對於行為人因該廣告善意所受之損害，應負賠償之責。但以不超過預定報酬額為限（民 §165 I）。廣告定有完成行為之期間者，推定廣告人拋棄其撤回權（民 §165 II）。

四、優等懸賞廣告

（一）優等懸賞廣告之意義

1. 以廣告聲明對完成一定行為，於一定期間內為通知，而經評定為優等之人給與報酬者，為優等懸賞廣告。廣告人於評定完成時，負給付報酬之義務（民 §165-1）。

2. 被評定為優等之人有數人同等時，除廣告另有聲明外，共同取得報酬請求權（民 §165-3）。

（二）評定之方法（民 §165-2）

1. 優等之評定，由廣告中指定之人為之。廣告中未指定者，由廣告人決定方法評定之。

2. 依前項規定所為之評定，對於廣告人及應徵人有拘束力。

伍 締約過失

一、締約過失之意義

（一）指當事人一方因欠缺注意，致契約不能成立或無效，對於信賴契約為有效而參與訂約之他方應負損害賠償責任。

（二）當事人為了訂立契約而進行之準備或磋商時，雙方處於一種特殊之信賴關係。為了保護交易安全、促進經濟活動，基於此種信賴產生特別之保護義務，雙方當事人因此負協力、保密、忠實、注意……等義務，一方違反此等義務，致他方受有損害者，即應負損害賠償責任。

（三）締約過失責任之性質，在我國民法，應認為係獨立於契約及侵權行為以外的第三種民事責任，屬於法定債之關係[11]。

二、締約過失之要件（民 § 245-1）：

（一）準備或商議訂立契約時。

（二）違反誠實信用原則或有可歸責原因。

（三）須加害人有行為能力。

（四）須他方當事人受有損害。

（五）須侵害行為與損害結果有因果關係。

三、締約過失之情形

（一）契約不成立

1. 契約未成立時，當事人為準備或商議訂立契約而有下列情形之一者，對於非因過失而信契約能成立致受損害之他方當事人，負賠償責任（民 § 245-1）。

   (1) 違反說明義務：經他方詢問，惡意隱匿或為不實之說明者。

   (2) 違反保密義務：經他方明示應予保密，因故意或重大過失而洩漏。

   (3) 顯然違反誠信原則。

---

[11] 王澤鑑，債法原理（第一冊），頁 268。

2. 相對人須無過失。

3. 損害賠償：賠償信賴利益；信賴契約能成立之損害。

4. 效滅時效：2 年間不行使而消滅（民 §245-1 II）。

（二）契約無效

1. 契約欠缺有效之要件時，契約無效。

   (1) 標的不能，契約無效（民 §247 I[12]）。

   (2) **撤銷錯誤意思表示，視為自始無效**（民 §91）。

   (3) **無權代理，不生效力**（民 §110）。

NOTE

撤銷錯誤意思表示的無效（民 §91）：

1. 責任性質：無過失責任。　　　　　2. 相對人須無過失。

3. 損害賠償：信賴利益。　　　　　　4. 除斥期間：1 年。

NOTE

無權代理，不生效力（民 §110）：

1. 責任性質：無過失責任。　　　　　2. 相對人須為善意。

3. 損害賠償：履行利益或信賴利益（多數說）。　　4. 消滅時效：15 年（通說）。

---

[12] 契約標的不能（標的自始不可能）

　(1) 效力：

　①原則：契約自始無效。民法第 246 第 1 項：以不能之給付為契約標的者，其契約為無效。

　②例外：契約有效。

　A. 民法第 246 第 1 項後段：但其不能情形可以除去，而當事人訂約時並預期於不能之情形除去為給付者，其契約仍為有效。

　B. 民法第 246 第 2 項：附停止條件或始期之契約，於條件成就或期限屆至前，不能之情形已除去者，其契約為有效。

　(2) 責任性質：過失責任。

　①有過失之一方負損害賠償責任，相對人須無過失。

　②民法第 247 第 1 項：

　契約因以不能之給付為標的而無效者，當事人於訂約時知其不能或可得而知者，對於非因過失而信契約為有效致受損害之他方當事人，負賠償責任。

　(3) 損害賠償：信賴利益。

　(4) 消滅時效：2 年。

2. 契約有效之要件：當事人須有行為能力，標的必須適法、妥當、可能、確定，意思表示必須健全無瑕疵。

四、締約過失之損害賠償

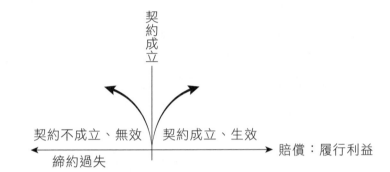

賠償：信賴利益
例如：民§110、245-1、247

題目
....

　　何謂信賴利益？我國民法關於信賴利益之損害賠償規定有哪些？請列舉說明之。　　　　　　　　　　　　　　　　　　　　　　【100 經紀人】

（一）信賴利益

1. 指因信賴不成立、無效之契約為有效，所受之損害（誤信之損害）。
2. 例如：檢查契約標的之費用、定約之費用、準備履約之費用、為支付價金而融資之利息……等。

（二）信賴利益的損害賠償

1. 範圍以消極的契約利益為限：

　　信賴利益的損害賠償指契約未成立時，當事人為準備或商議訂立契約而有民法第 245-1 條情形之一者，對於非因過失而信契約能成立致受損害之他方當事人，負賠償責任。賠償責任之範圍，以消極之契約利益為限，至於積極之履行利益，則不包含在內。然為避免適用時，發生疑義，特於法條中

明示「信其有效而生之損害」或「因契約消滅而生之損害」，且以「賠償額不得超過履行利益」，以資限制其責任內容。

2. 對象限善意而無過失之相對人：

契約無效時，對於善意無過失因信賴而受損害之契約相對人，應與債務不履行相同，予以賠償救濟。以締約上過失為例，當事人因締約而為交易上之接觸磋商，而產生之一定信賴關係，其基此而生之保護、照顧、說明義務，由於當事人未善盡此義務而生之信賴利益的損害賠償。

（三）在民法關於信賴利益損害賠償之規定，臚列如下

1. 錯誤表意人之損害賠償（民 §91）

依第88條及第89條之規定撤銷意思表示時，表意人對於信其意思表示為有效而受損害之相對人或第三人，應負賠償責任。但其撤銷之原因，受害人明知或可得而知者，不在此限。

2. 無權代理人之損害賠償責任（民 §110）

無代理權人，以他人之代理人名義所為之法律行為，對於善意之相對人，負損害賠償之責。

3. 無效行為之損害賠償（民 §113、114 II）

無效法律行為之當事人，於行為當時知其無效，或可得而知者，應負回復原狀或損害賠償之責任。

4. 締約過失之損害賠償（民 §245-1）

契約未成立時，當事人為準備或商議訂立契約而有民法第245-1條情形之一者，對於非因過失而信契約能成立致受損害之他方當事人，負賠償責任。

5. 給付不能之損害賠償（民 §247）

契約因以不能之給付為標的而無效者，當事人於訂約時知其不能或可得而知者，對於非因過失而信契約為有效致受損害之他方當事人，負賠償責任。

五、信賴利益、履行利益、固有利益

（一）信賴利益

1. 指締結契約所需支出之締約成本。
2. 法有明文才可請求損害賠償。損害賠償之範圍：
   (1) 所受損害：締約成本。
   (2) 所失利益：機會成本。

（二）履行利益

1. 指債權人於契約圓滿履行後所能取得之利益。
2. 損害賠償之範圍：
   (1) 所受損害：替代給付。
   (2) 所失利益：轉售利益。

（三）固有利益（完整利益）

1. 指被害人之人身或財產上原來具有之完整利益。
2. 損害賠償之範圍：
   (1) 所受損害：積極財產減損。
   (2) 所失利益：消極財產不增加。

六、信賴利益與履行利益之異同

相同點	1. 損害賠償範圍均包含所受損害及所失利益。 2. 信賴利益不得大於履行利益。	
相異點	信賴利益	履行利益
意義	因信賴不成立、無效之契約為有效，所受之損害（誤信之損害）。	債務人若依債之本旨履行債務，債權人所應得之利益。
請求 之前提	契約不成立或契約無效	契約有效

	檢查契約標的之費用 定約之費用 準備履約之費用 為支付價金而融資之利息 ……	標的物利用所得之利益 標的物增值所得之利益 標的物轉賣他人所得之利益 ……
例如		
賠償	1. 撤銷錯誤意思表示之損害賠償（民§91） 2. 無權代理人之損害賠償責任（民§110） 3. 無效行為之損害賠償（民§113、114 II） 4. 締約過失之損害賠償（民§245-1） 5. 給付不能之損害賠償（民§247）	債務不履行之損害賠償

陸　契約之保全

契約當事人確保契約履行之方法：定金之交付、違約金之訂定。

> **要點檢索**
> 1. 定金
> 2. 違約金

一、定金

（一）定金之意義

1. 指契約當事人的一方，為確保契約的履行為目的，交付與他方的金錢或其他代替物。

2. 性質：從契約、不要式契約、要物契約。

3. 契約之成立要件之一，乃當事人（出賣人與買受人）間的合意，契約即為成立（民§153），並不以交付定金為必要。

4. 民法第 248 條規定：「訂約當事人之一方，由他方受有定金時，推定其契約成立。」因此除當事人間有特別的約定者外，當事人間若有定金之收受，則推定該契約已經成立，雙方當事人即有遵守並履行契約之義務。

5. 定金之性質，因其作用之不同，通常可分為：

(1) 證約定金：作為證明契約之成立所交付之定金，民法第 248 條所指之定金。

(2) 立約定金：

① 在契約成立前交付，用以擔保契約之成立者，為「立約定金」；於契約成立後，該定金即變更為以確保契約之履行為目的，自有民法第 249 條規定之適用；倘契約未成立，解釋上，該立約定金之效力應仍有同條規定之類推適用。除當事人另有訂定外，於交付立約定金之一方拒不成立主契約時，即不得請求返還定金；反之，受定金之一方拒不成立主契約時，則應加倍返還定金 [13]。

② 立約定金僅是保證訂立契約，尚不能據以謂契約已成立。至於本約是否成立，仍須視本約必要之點是否合致而定。

③ 雖非民法第 248、249 條所規範，但基於契約自由原則，仍得有效成立，其效力，多數學者認得類推適用民法第 249 條。

(3) 違約定金：

① 即以定金作為契約不履行之損害賠償擔保。

② 違約定金之交付，旨在強制契約之履行，供契約不履行損害賠償之擔保，性質上為最低損害賠償額之預定；該定金之交付既在契約履行之前，其額度之酌定，自非以契約不履行後，所發生之損害額為衡量標準，而應以當事人預期不履行契約時所受之損害為據 [14]。

(4) 解約定金：

① 解約定金，係以定金為保留解除權之代價，定金付與人固得拋棄定金，以解除契約；定金收受人亦得加倍返還定金，以解除契約。惟此項解除須於相對人著手履行前為之，相對人已著手履行時，則不得再為此項解除權之行使 [15]。

---

[13] 最高法院 96 年台上 2565 號判決。

[14] 最高法院 97 年台上 1630 號判決。

[15] 72 年台上字第 85 號判例。

② 雖非民法第 248、249 條所規範，但基於契約自由原則，仍得有效成立，其效力，學者與實務均予以承認，故類推適用民法第 249 條。

（二）定金之效力

1. 推定契約成立（民 §248）

訂約當事人之一方，由他方受有定金時，推定其契約成立。

2. 契約履行時（民 §249 I ① [16]）

契約履行時，定金應返還或作為給付之一部。

3. 契約不履行時（民 §249 I ②～③）

(1) 契約因可歸責於付定金當事人之事由，致不能履行時，定金不得請求返還。

(2) 契約因可歸責於受定金當事人之事由，致不能履行時，該當事人應加倍返還其所受之定金。

(3) 契約因不可歸責於雙方當事人之事由，致不能履行時，定金應返還之。

二、違約金

（一）違約金之意義

1. 契約當事人約定，於債務人不履行債務，或不為適當之履行時，所應支付金錢或其他給付。

2. 違約金係當事人約定契約不履行時，債務人應支付之懲罰金或損害賠償額之預定，以確保債務之履行為目的 [17]。

3. 違約金之性質：從契約、不要式契約、不要物契約（諾成契約）。

---

[16] 民法第 249 條：

定金，除當事人另有訂定外，適用左列之規定：

(1) 契約履行時，定金應返還或作為給付之一部。

(2) 契約因可歸責於付定金當事人之事由，致不能履行時，定金不得請求返還。

(3) 契約因可歸責於受定金當事人之事由，致不能履行時，該當事人應加倍返還其所受之定金。

(4) 契約因不可歸責於雙方當事人之事由，致不能履行時，定金應返還之。

[17] 68 年台上字第 3887 號判例。

（二）違約金之種類

民法第 250 條：當事人得約定債務人於債務不履行時，應支付違約金。違約金，除當事人另有訂定外，視為因不履行而生損害之賠償總額。其約定如債務人不於適當時期或不依適當方法履行債務時，即須支付違約金者，債權人除得請求履行債務外，違約金視為因不於適當時期或不依適當方法履行債務所生損害之賠償總額。

違約金依其性質不同，可分為：

1. 損害賠償預定性違約金

   (1) 雙方當事人於損害發生前預先約定，違約金為債務不履行所發生損害之賠償總額。

   (2) 一旦有債務不履行之情事發生，債權人毋庸舉證證明是否有損害，或證明損害之金額，均得按照約定之違約金金額，請求債務人支付。

   (3) 損害賠償約定之違約金，應視為就因遲延所生之損害，依契約已預定其賠償額，因此不得請求遲延利息賠償損害 [18]。

2. 懲罰性違約金

   (1) 懲罰性違約金係當事人約定契約不履行時，債務人應支付之懲罰金，以強制履行債務為目的，確保債權效力之強制處罰性之違約金 [19]。

   (2) 於債務不履行時，債務人除應支付違約金外，尚須負債務不履行之損害賠償責任。

   (3) 違約金如為懲罰之性質，於債務人履行遲延時，債權人除請求違約金外，得依民法第 233 條規定，請求給付遲延利息及賠償其他之損害 [20]。

---

[18] 62 年台上字第 1394 號判例：
違約金，有屬於懲罰之性質者，有屬於損害賠償約定之性質者，本件違約金如為懲罰之性質，於上訴人履行遲延時，被上訴人除請求違約金外，固得依民法第 233 條規定，請求給付遲延利息及賠償其他之損害，如為損害賠償約定之性質，則應視為就因遲延所生之損害，業已依契約預定其賠償，不得更請求遲延利息賠償損害。

[19] 89 年台上字第 2265 號判例。

[20] 62 年台上字第 1394 號判例。

（三）違約金之效力

違約金，除當事人另有訂定外，視為因不履行而生損害之賠償總額。其約定如債務人不於適當時期或不依適當方法履行債務時，即須支付違約金者，債權人除得請求履行債務外，違約金視為因不於適當時期或不依適當方法履行債務所生損害之賠償總額（民§250 II）。

（四）違約金之酌減

1. 債務已為一部履行者

   債務已為一部履行者，法院得比照債權人因一部履行所受之利益，減少違約金（民§251）。

2. 違約金約定過高者

   (1) 約定之違約金額過高者，法院得減至相當之數額（民§252）。

   (2) 約定之違約金苟有過高情事，法院即得依此規定核減至相當之數額，並無應待至債權人請求給付後始得核減之限制。此項核減，法院得以職權為之，亦得由債務人訴請法院核減[21]。

   (3) 約定懲罰性質之違約金是否過高，須依客觀事實、社會經濟狀況及如債務人如期依約履行債權人所得享受之一切利益為衡量標準，始符約定懲罰性質之違約金之本旨，不得僅以債權人因債務人遲延履行所可能發生之損失為唯一衡量標準[22]。

---

[21] 79 年台上字第 1612 號判例；最高法院 85 年台上字第 2995 號判決：
民法第 252 條規定之違約金核減權，係屬法院職權，該條規定並未賦與當事人以形成權，債務人自不得提起形成之訴，僅得提起確認或給付之訴，於該訴訟中請求法院核減。

[22] 最高法院 81 年台上字第 2484 號判決：民法上之違約金，有懲罰性質之違約金及賠償性質之違約金，此觀民法第 250 條規定自明。契約當事人所約定之違約金如係懲罰性質，債務人不於適當時期或不依適當方法履行時，債權人除得請求給付違約金外，並得請求履行及不履行之損害賠償，準此，約定懲罰性質之違約金是否過高，須依客觀事實、社會經濟狀況及如債務人如期依約履行債權人所得享受之一切利益為衡量標準，始符約定懲罰性質之違約金之本旨，不得僅以債權人因債務人遲延履行所可能發生之損失為唯一衡量標準。

三、「違約定金」與「違約金」在性質上與法律效力上之不同

最高法院[23]認為兩者在性質上顯有不同：

（一）違約定金屬要物契約

1. 違約定金（民§249條所規定之定金之一種）之交付，旨在強制契約之履行，供契約不履行損害賠償之擔保，為最低損害賠償額之預定，故違約定金屬於要物契約。

2. 約定之違約定金，除交付違約金之當事人證明其所交付違約定金過高，而與他方當事人所受損害顯不成比例，得認當事人交付過高金額部分已非違約定金，而係價金之一部先付，交付之當事人得請求返還該超過相當比例損害額部分之先付價金，以求公平外，並無民法第252條違約金酌減之規定。

（二）違約金屬於諾成契約

1. 違約金則係當事人為確保債務之履行，約定債務人不履行債務時，另應支付之金錢或其他給付；除當事人另有訂定外，視為因不履行債務而生損害之賠償總額預定（民法第250條參照），屬於諾成契約。

2. 約定之違約金額過高者，法院得減至相當之數額（民§252）。

柒 契約之解除

一、契約解除之意義

（一）契約之解除，乃契約當事人之一方行使解除權，使契約效力消滅自始歸於無效之單方意思表示。

（二）契約經解除後雙方互負回復原狀之義務。

---

[23] 95年台上2883號判決；97年台上1630號判決。

二、契約當事人得解除契約之情形

（一）給付遲延

1. 非定期給付遲延之解除契約（民§254）：契約當事人之一方遲延給付者，他方當事人得定相當期限催告其履行，如於期限內不履行時，得解除其契約。

2. 定期給付遲延之解除契約（民§255）：依契約之性質或當事人之意思表示，非於一定時期為給付不能達其契約之目的，而契約當事人之一方不按照時期給付者，他方當事人得不為前條之催告，解除其契約。

（二）給付不能

債權人於有第 226 條之情形時，得解除其契約（民§256）。

1. 給付全部不能時（民§226[24] I）：契約因可歸責於債務人之事由，致無法給付時，債權人依民法第 256 條無須催告債務人，直接向債務人為解除契約之意思表示。

2. 給付一部不能時（民§226 II）：契約因可歸責於債務人之事由，致一部給付不能時，若其他部分之履行，於債權人無利益時，債權人得拒絕該部之給付而解除契約。

（三）不完全給付準用給付不能或給付遲延時（民§227 I）。

---

[24] 民法第 226 條：
　I. 因可歸責於債務人之事由，致給付不能者，債權人得請求賠償損害。
　II. 前項情形，給付一部不能者，若其他部分之履行，於債權人無利益時，債權人得拒絕該部之給付，請求全部不履行之損害賠償。

三、特殊解除權

指各有名契約之解除權。例如買賣契約之解除權（民§259[25]）、承攬契約之解除權（民§494[26]）。

四、約定解除權

指契約當事人於契約成立時，於契約內容中保留解除契約之權利，稱契約之解除條款。

題目 ....

何謂契約之解除？與撤銷、撤回、解除條件三者有何不同？

（一）契約解除之意義

契約之解除，乃契約當事人之一方行使解除權，使契約效力消滅，自始歸於無效之單方意思表示。

----

[25] 民法第 359 條：
買賣因物有瑕疵，而出賣人依前 5 條之規定，應負擔保之責者，買受人得解除其契約或請求減少其價金。但依情形，解除契約顯失公平者，買受人僅得請求減少價金。

[26] 民法第 494 條：
承攬人不於前條第 1 項所定期限內修補瑕疵，或依前條第 3 項之規定拒絕修補或其瑕疵不能修補者，定作人得解除契約或請求減少報酬。但瑕疵非重要，或所承攬之工作為建築物或其他土地上之工作物者，定作人不得解除契約。

（二）契約之解除與撤銷、撤回、解除條件三者之異同

1. 解除契約與解除條件

	解除契約	解除條件
發生原因不同	1. 法律規定：法定解除權。 　　┬ (1)給付遲延（民§254、255） 　　└ (2)給付不能（民§256） 2. 當事人約定：約定解除權。	當事人合意。
效力不同	1. 有溯及效力。 2. 契約解除時當事人雙方互負回復原狀之義務（民§259[27]）。	1. 解除條件成就，法律行為向後失其效力。 2. 法律行為因解除條件成就而失其效力時，當事人間之償還義務依不當得利之規定[28]。

---

[27] 民法第 259 條：

　契約解除時，當事人雙方回復原狀之義務，除法律另有規定或契約另有訂定外，依列之規定：

　(1) 由他方所受領之給付物，應返還之。

　(2) 受領之給付為金錢者，應附加自受領時起之利息償還之。

　(3) 受領之給付為勞務或為物之使用者，應照受領時之價額，以金錢償還之。

　(4) 受領之給付物生有孳息者，應返還之。

　(5) 就返還之物，已支出必要或有益之費用，得於他方受返還時所得利益之限度內，請求其返還。

　(6) 應返還之物有毀損、滅失或因其他事由，致不能返還者，應償還其價額。

[28] 民法第 181 條：

　不當得利之受領人，除返還其所受之利益外，如本於該利益更有所取得者，並應返還。但依其利益之性質或其他情形不能返還者，應償還其價額。

　民法第 182 條：

　I. 不當得利之受領人，不知無法律上之原因，而其所受之利益已不存在者，免負返還或償還價額之責任。

　II. 受領人於受領時，知無法律上之原因或其後知之者，應將受領時所得之利益，或知無法律上之原因時所現存之利益，附加利息，一併償還；如有損害，並應賠償。

　民法第 183 條：

　不當得利之受領人，以其所受者，無償讓與第三人，而受領人因此免返還義務者，第三人於其所免返還義務之限度內，負返還責任。

2. 契約解除與撤銷

相同點	1. 均以意思表示為之。 2. 權利之性質均為形成權。 3. 效力：均使法律行為之效力溯及消滅。	
相異點	契約解除	撤銷
原因不同	1. 法定解除。 2. 意定解除。 ※ 發生原因：契約成立後發生債務不履行。	※ 法定撤銷發生原因：意思表示有瑕疵。
對象不同	限債權契約。	法律行為。
效力不同	1. 溯及消滅。 2. 發生： (1)回復原狀之債務（民§259）。 (2)損害賠償之債務（民§260[29]）。	1. 原則：溯及消滅，視為自始無效（民§114[30]）。 2. 例外：不溯及既往（民§998[31]）。 3. 以當事人知其得撤銷或可得而知者為限，始負回復原狀及損害賠償之債務（民§114、999[32]）。

---

[29] 民法第 260 條：「解除權之行使，不妨礙損害賠償之請求。」

[30] 民法第 114 條：
I. 法律行為經撤銷者，視為自始無效。
II. 當事人知其得撤銷或可得而知者，其法律行為撤銷時，準用前條之規定。

[31] 民法第 998 條：「結婚撤銷之效力，不溯及既往。」

[32] 民法第 999 條：
I. 當事人之一方，因結婚無效或被撤銷而受有損害者，得向他方請求賠償。但他方無過失者，不在此限。
II. 前項情形，雖非財產上之損害，受害人亦得請求賠償相當之金額。但以受害人無過失者為限。
III. 前項請求權，不得讓與或繼承。但已依契約承諾或已起訴者，不在此限。

3. 契約之解除與契約之撤回

	契約之解除	契約之撤回
原因不同	有法定或約定之解除權	有法定撤回權
對象不同	限已發生效力之契約	限尚未發生效力之契約（效力未定）
效力不同	有溯及效力；視為自始無效	無溯及效力
方式不同	須向他方當事人以意思表示為之	不以意思表示為限

甲出售 A 屋予乙，辦理所有權移轉登記後，發現 A 屋為海砂屋，乙於是解除契約→請求回復原狀（民 §259）。

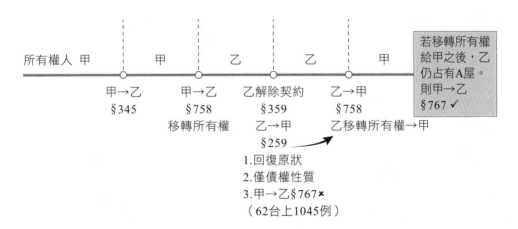

甲為了避免債權人丙強制執行，與乙通謀為 A 屋之假買賣：

無效→請求返還（民§179）

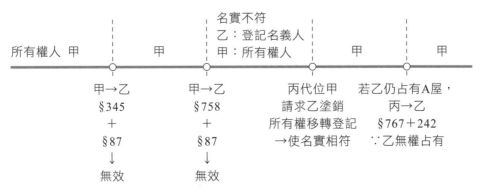

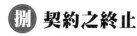 契約之終止

　　指契約當事人本於終止權，行使終止權，而使契約向將來消滅之單方意思表示。

契約之解除與契約之終止

相同點	1. 均為使契約消滅。 2. 均為形成權。 3. 均適用行使不可分原則（民§258、263[33]）。 4. 均發生債務不履行之損害賠償（民§260）。	
相異點	契約之解除	契約之終止
意義	契約當事人之一方行使解除權，使契約自始歸於無效之法律行為。	當事人之一方行使終止權，使契約之效力向將來消滅。
原因不同	主要為債務不履行。	有各種不同原因（不限債務不履行）。
對象不同	主要為雙務契約之「一時性契約」 ├─ 一次給付完成（例如：買賣、贈與……） └─ 分期給付 ↓ 解除契約 ↓ 回復原狀	主要為「繼續性契約」 ├─ 固有繼續性契約（例如：委任、雇傭、租賃） └─ 繼續性供給契約 終止契約 ↓ 不發生回復原狀 （向將來消滅，類推民§254~256） （例如：自來水、訂報紙、訂羊奶……）
效力不同	1. 有溯及效力；視為自始無效。 2. 當事人雙方互負回復原狀之義務。	1. 向將來消滅（不溯及既往）。 2. 無回復原狀之問題。

[33] 民法第 258 條：
Ⅰ. 解除權之行使，應向他方當事人以意思表示為之。
Ⅱ. 契約當事人之一方有數人者，前項意思表示，應由其全體或向其全體為之。
Ⅲ. 解除契約之意思表示，不得撤銷。
民法第 263 條：
第 258 條及第 260 條之規定，於當事人依法律之規定終止契約者準用之。

玖 雙務契約之效力

雙務契約因為雙方互負債務,在發生、履行及消滅上有牽連關係,除契約之一般效力外,尚有同時履行抗辯權及危險負擔之效力。

一、同時履行抗辯權

(一)同時履行抗辯權之意義(民 §264)

因契約互負債務者,於他方當事人未為對待給付前,得拒絕自己之給付。

(二)同時履行抗辯權之要件

1. 須雙方債務發生於同一雙務契約。
2. 須一方當事人無先為給付之義務。
3. 須他方當事人未為給付。

(三)同時履行抗辯權之之效力(民 §264)

1. 原則:於他方當事人未為對待給付前,得暫時拒絕自己之給付。
2. 例外:
   (1) 自己有先為給付之義務者。
   (2) 他方當事人已為部分之給付時,依其情形,如拒絕自己之給付有違背事實及信用方法者,不得拒絕自己之給付。

二、危險負擔

(一)危險負擔之意義

雙務契約一方當事人因給付不能而免給付義務時,決定應由自己或他方當事人負擔其危險(指對利益發生危害之狀態)之制度。

(二)因不可歸責於債務人之事由至給付不能

1. 因不可歸責於雙方當事人之事由至給付不能:例如出租之房屋遭他人惡意毀損時(雙方均不可歸責時)。

(1) 他方免為對待給付義務（民 225[34]、266 I）

① 出租人：免給付房屋供承租人使用、收益（民 §225 I）（危險由承租人負擔）。

② 承租人：免給付房租（民 §266 I）。因不可歸責於雙方當事人之事由，致一方之給付全部不能者，他方免為對待給付之義務；如僅一部不能者，應按其比例減少對待給付。

(2) 他方得行使代償請求權而為對待給付（民 §225 II）。

(3) 他方得請求返還已為之對待給付（民 §266 II）。已為全部或一部之對待給付者，得依關於不當得利之規定，請求返還。

2. 因可歸責於他方之事由至給付不能

(1) 得請求對待給付（民 §267）：當事人之一方因可歸責於他方之事由，致不能給付者，得請求對待給付。

(2) 應扣除免給付義務所得之利益或應得之利益（民 §267 但）：但其因免給付義務所得之利益或應得之利益，均應由其所得請求之對待給付中扣除之。

（三）因可歸責於債務人之事由至給付不能

1. 因可歸責於債務人之事由至給付不能

債權人得：

(1) 請求損害賠償（民 §266 I）。

(2) 解除契約並請求損害賠償（民 §256、260）。

2. 因可歸責於雙方當事人之事由至給付不能（雙方均有過失）

(1) 損害之發生債務人與有過失（民 §217）：適用過失相抵之規定，減輕或免除損害賠償。

---

[34] 民法第 225 條：

I. 因不可歸責於債務人之事由，致給付不能者，債務人免給付義務。

II. 債務人因前項給付不能之事由，對第三人有損害賠償請求權者，債權人得向債務人請求讓與其損害賠償請求權，或交付其所受領之賠償物。

(2) 因可歸責於債權人之事由致給付不能，債務人得請求對待給付（民
§267）。

拾　涉他契約

$$涉他契約 \left\{ \begin{array}{l} 第三人負擔契約 \\ 第三人利益契約 \end{array} \right.$$

一、涉他契約之意義

　　涉他契約係指契約之當事人約定，由第三人向他方為給付，或由他方向
第三人為給付者。債之契約原僅於當事人間發生效力，至於第三人原則不受
契約之影響。

二、第三人負擔契約

（一）第三人負擔契約之意義

　　以第三人為給付標的義務之契約，又稱為第三人給付契約。契約當事人
之一方，約定由第三人對於他方為給付者，於第三人不為給付時，應負損害
賠償責任（民§268）。例如：貨到付款契約，受貨人不付款時，託運人應
負損害賠償責任，因為受貨人未參與契約之訂定，自然不受契約之拘束。

（二）第三人負擔契約之效力

1. 第三人並無因此而負擔義務（第三人非契約之當事人）。
2. 第三人不為給付義務時，不論是否可歸責於債務人，債務人均應負民法第
268條之損害賠償責任，此為無過失之擔保責任。
3. 第三人不為給付時，債務人即負債務不履行之損害賠償責任，債權人不得
請求第三人代債務人為給付。

題目 ···

第三人負擔契約：甲、乙約定由丙為甲拍攝婚紗照。

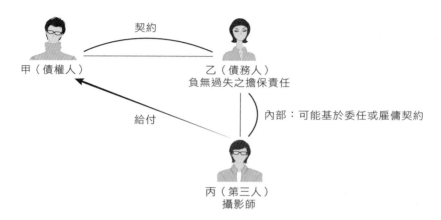

1. 第三人負擔契約當事人：甲、乙（效力僅及於甲、乙，而不及於丙）。

2. 丙不履行時：由乙對甲負債務不履行之損害賠償責任（民§268），應賠償履行利益。民法第268條：契約當事人之一方（乙），約定由第三人（丙）對於他方（甲）為給付者，於第三人（丙）不為給付時，（乙）應負損害賠償責任。

3. 甲對丙：無請求權，因為丙非契約當事人，不受甲、乙契約之拘束。

三、第三人利益契約

（一）第三人利益契約之意義

以契約所生債權直接歸屬於當事人以外之第三人為標的之契約。又稱為向第三人給付之契約、利他契約、為第三人之契約。例如一般之運送契約。

（二）第三人利益契約之要件

1. 須有「利益第三人」之約款。
2. 須第三人對債務人有直接請求之權利。

（三）第三人利益契約之效力

1. 對第三人之效力（民§269）

(1) 第三人對於債務人得直接請求給付（民 §269 I）

以契約訂定向第三人為給付者，要約人得請求債務人向第三人為給付，其第三人對於債務人，亦有直接請求給付之權。

(2) 第三人之權利因表示享受利益而確定

① 第三人對於前項契約，未表示享受其利益之意思前，當事人得變更其契約或撤銷之。第三人對於當事人之一方表示不欲享受其契約之利益者，視為自始未取得其權利（民 §269 II、III）。

② 第三人為限制行為能力人時，若給付附有負擔，應得法定代理人同意，若給付係純獲法律上之利益，依民法第 77 條但書之規定，無須得法定代理人同意。

(3) 第三人取得之利益於契約解除時應返於還債務人

① 民法第 259 條規定契約解除時，雙方互負回復原狀之責任，第三人利益契約之利益既由第三人享有，債權人有責任取回該利益以返還於債務人。

② 債務人對第三人之抗辯（民 §270）：第三人利益契約之債務人，得以由契約所生之一切抗辯，對抗受益之第三人。

2. 對債權人（要約人）之效力

(1) 債權人依民法第 269 條第 1 項請求債務人向第三人為給付，但契約之債權由第三人取得，債務人僅負對第三人給付之義務，故債權人不得請求債務人向自己為給付。

(2) 第三人表示不欲享受契約之利益者，視為自始未取得權利，第三人約款屬標的自始不能，第三人利益契約契約無效。

(3) 債務不履行時：債權人得向債務人請求損害賠償，因為債務人未向第三人為給付所生之損害，第三人得請求賠償因債務人未向自己為給付所生之損害。

3. 對於債務人之效力（民 §270）：第三人利益契約之債務人，得以由契約所生之一切抗辯，對抗受益之第三人。

題目 ....

第三人利益契約。

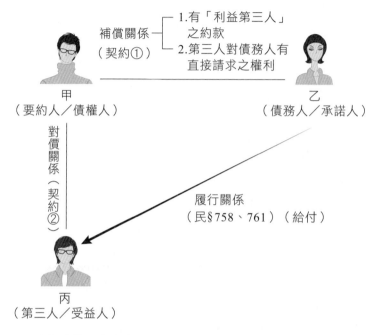

補償關係
（契約①）

1.有「利益第三人」
之約款

2.第三人對債務人有
直接請求之權利

甲
（要約人／債權人）

乙
（債務人／承諾人）

對價關係
（契約②）

履行關係
（民§758、761）（給付）

丙
（第三人／受益人）

1.非契約①之當事人，故乙不得向丙請求給付

2.因契約①取得債權人地位，故丙得直接向乙請求給付

第2款　代理權之授與

有效之代理，以代理人有代理權限為要件，若以他人名義為代理行為卻欠缺代理權，則為無權代理。

壹 代理權授與之方法

代理權授與以意思表示為之，其方式：

一、內部授權

本人向代理人為授與代理權之意思表示。

二、外部授權

本人向第三人（即代理人對之為代理行為之相對人）為授與代理權之意思表示。

 **共同代理**

一、代理人有數人時，為共同代理。

二、共同代理之效力（民 §168[35]）

（一）原則

全數代理人需均為相同之意思表示，代理行為始能有效。若代理人中有不同之意思表示，或未全數為相同之意思表示，代理行為均不發生效力。

（二）例外

法律另有規定或本人另有意思表示者，不在此限。

 **無權代理**

一、表見代理。

二、無權代理。

（詳如第一編 第四章 第五節）

---

[35] 民法第 168 條：
代理人有數人者，其代理行為應共同為之。但法律另有規定或本人另有意思表示者，不在此限。

第 3 款　無因管理

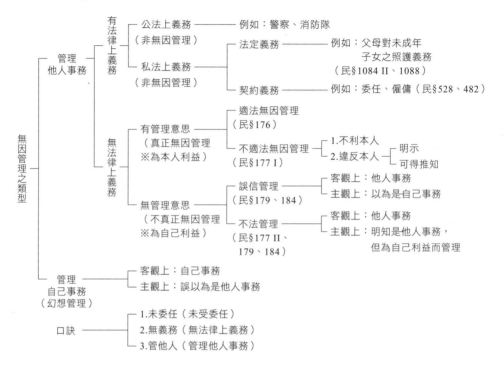

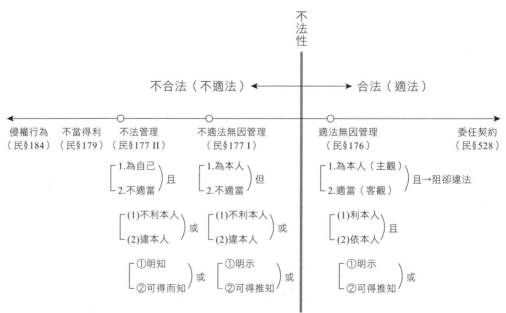

壹 無因管理之概述

一、意義

指未受委任，並無義務，而為他人管理事務之行為（民§172）。

例如：代收郵件、將迷路的幼兒送至警局、突然下雨時為外出的鄰居收衣服、受過專業訓練者為突然暈厥的路人急救……。

二、無因管理之作用

無故干涉他人事物，本為侵害他人權利之行為，但因為「見義勇為」、「熱心助人」與「患難相助」……等為值得鼓勵的美德，因此立法者在美德與禁止干預他人事物之間以「無因管理」制度加以調和，因此合法的無因管理可以阻卻違法。

三、性質：法定債之關係

管理人與本人之間，因為無因管理而發生債權債務之關係，其所發生之效力，乃本於法律之規定，而非本於當事人之意思，故其性質屬於法定債之關係。

四、管理人資格

管理人須主觀上有為他人管理事務之意思，因此管理人有意思能力即足以為無因管理，並不以有行為能力為必要。

貳 無因管理之要件

一、須管理他人事物

（一）管理人客觀上有管理他人事物之行為，包含事實行為與法律行為。

（二）例如：鄰宅火災幫忙救火、協尋走失兒童、扶老人過馬路……等。

> **要 點 檢 索**
> - 1. 須管理他人事物
> - 2. 須有為他人管理事務之意思
> - 3. 須未受委任並無義務

（三）管理人所管理者必須是「他人之事務」：若事實上是自己事務卻誤以為是他人事物而加以管理，並非無因管理，而是幻想管理。例如：將自家小雞誤以為鄰家的小雞而餵食，並非無因管理，而是幻想管理。

（四）管理方法（民§174[36]）：

1. 原則：應以利於本人並且不違反本人明示或可得推知之意思為之。
2. 例外：雖違反本人之意思，管理人仍得為管理行為之特殊情形：

    (1) 為本人盡公益上義務。
    (2) 為本人履行法定扶養義務。
    (3) 本人之意思違反公共秩序善良風俗。

二、須有為他人管理事物之意思

（一）管理人須主觀上有「為他人利益」之意思，而管理他人事物。

（二）管理人須有將管理結果之利益歸於本人之意思，而管理他人事物。

（三）若管理人明知是他人事物，但主觀上卻是為自己的利益而為管理行為，並非無因管理，而是不法管理。

三、須未受委任並無義務

（一）必須當事人之間並無管理事務之義務存在。

（二）若當事人之間存在管理事務之義務，則非無因管理。

    例如：

1. 當事人間有契約約定。例如：受任人為委任人處理事務，不成立無因管理。
2. 公法上或私法上有義務者管理他人事物之行為。例如：警察抓強盜拿回被搶財物、消防隊員於火災時救火、父母管理未成年子女的財產……等，不成立無因管理。

---

[36] 民法第 174 條：
  I. 管理人違反本人明示或可得推知之意思，而為事務之管理者，對於因其管理所生之損害，雖無過失，亦應負賠償之責。
  II. 前項之規定，如其管理係為本人盡公益上之義務，或為其履行法定扶養義務，或本人之意思違反公共秩序善良風俗者，不適用之。

無因管理之效力

一、適法無因管理之效力

適法之無因管理具有阻卻違法之效果，故不成立侵權行為，當事人之間本於法律之規定發生債權債務效力，性質上屬於法定債之關係。

（一）阻卻違法

1. 無因管理為道德行為，法律事實中之適法行為，因此得阻卻違法，不構成侵權行為。

2. 但若於無因管理後，管理人因為故意或過失不法侵害本人權利者，仍可成立侵權行為 [37]。

（二）管理人無報酬請求權。

（三）債之發生

1. 管理人之義務

    (1) 適當的管理：

    ① 管理應依本人明示或可得推知之意思，以有利於本人之方法為之（民 §172）：

    A. 依本人明示或可得推知之意思。

    B. 以利於本人之方法。

    ② 管理人違反適當管理義務時：

    A. 原則—負無過失責任（民 §174）

    管理人違反本人明示或可得推知之意思，而為事務之管理者，對於因其管理所生之損害，雖無過失，亦應負賠償之責。

> **要點檢索**
> 1. 適當的管理
> 2. 通知
> 3. 計算義務

---

[37] 最高法院 55 年台上字第 228 號判決：
無因管理成立後，管理人因故意或過失不法侵害本人之權利者，侵權行為仍可成立，非謂成立無因管理後，即可排斥侵權行為之成立。

B. 例外—負重大過失責任（民 §175）

管理人為免除本人之生命、身體或財產上之急迫危險，而為事務之管理者（緊急管理），對於因其管理所生之損害，除有惡意或重大過失者外，不負賠之責。

(2) 通知（民 §173 I）

管理人開始管理時，以能通知為限，應即通知本人。如無急迫之情事，應俟本人之指示。

(3) 計算義務

準用民法第 540 條至第 542 條關於委任之規定（民 §173 II）。

① 報告：管理人應將管理事務進行之狀況，報告本人，管理關係終止時，應明確報告其顛末（民 §173 II 準用民 §540）。

② 物之交付及權利之移轉：管理人因處理委任事務，所收取之金錢、物品及孳息，應交付於本人。管理人以自己之名義，為本人取得之權利，應移轉於本人（民 §173 II 準用民 §541）。

③ 利息之支付及損害之賠償：管理人為自己之利益，使用應交付於本人之金錢或使用應為本人利益而使用之金錢者，應自使用之日起，支付利息。如有損害，並應賠償（民 §173 II 準用民 §542）。

2. 管理人之權利（民 §176 I）

管理事務，利於本人，並不違反本人明示或可得推知之意思者，管理人為本人支出必要或有益之費用，或負擔債務，或受損害時，得請求本人償還其費用及自支出時起之利息，或清償其所負擔之債務，或賠償其損害。

> **要 點 檢 索**
> 1. 費用償還請求權
> 2. 負債清償請求權
> 3. 損害賠償請求權

(1) 費用償還請求權

費用包含：

① 必要費用：指管理所必須且若不支出則無以存續之費用。例如：救助車禍路人送醫之醫藥費、為所拾獲之走失動物所支出之飼養費、為傾頹在即的鄰房支出之牆壁補強修繕費……等。

② 有益費用：有益費用是指改良因管理而占有之物，並因此而增加該物價值所支出之費用。例如：救助車禍路人送醫後之營養補充費、為所

拾獲走失動物所支出之毛髮修剪費、為傾頹在即的鄰房支出之油漆粉刷費……等。（**有益費用與必要費用之差異**：在於是否非要支付不可，如果不支付則管理行為無以存續就屬於必要費用；反之，若該費用支付與否不影響管理行為，支付只是增益其價值，則屬有益費用）

③ 前兩項費用之利息：管理人得請求償還前兩項費用自支付時起算，至償還時為止，依法定利率計算之利息。

(2) 負債清償請求權：

① 「負債」指管理人以自己名義，為本人所負之債務。

② 管理人以自己名義為本人負債務，形式上雖屬管理人之債務，但實質上卻是本人之債務，因此管理人有向本人請求清償債務之權利。

(3) 損害賠償請求權：管理人管理事務所受之損害，因為純為本人利益所遭致，故得向本人請求賠償其所之受損害。例如：為救助身陷火場之人脫困而灼傷之損害、伸手救助落水的小狗兒遭狗咬傷的損害……等。

二、不適法之無因管理

（一）指管理人違反本人明示或可得推知之意思，而為事務之管理者。

（二）效力：

1. 不能阻卻其違法性，構成侵權行為（民 §184）。

2. 管理人之責任：

   (1) 原則：負無過失責任（民 §174 I[38]）。

   (2) 例外：管理人為免除本人之生命、身體或財產上之急迫危險，而為事務之管理者，僅負重大過失責任（民 §175[39]）。

---

[38] 民法第 174 條第 1 項：
管理人違反本人明示或可得推知之意思，而為事務之管理者，對於因其管理所生之損害，雖無過失，亦應負賠償之責。

[39] 民法第 175 條：
管理人為免除本人之生命、身體或財產上之急迫危險，而為事務之管理者，對於因其管理所生之損害，除有惡意或重大過失者外，不負賠償之責。

3. 本人之權利：

不適法之無因管理，本人得選擇：

(1) 不享受因管理所得之利益，亦不負償還費用等責任。

(2) 享受因管理所得之利益，且負償還費用等責任。

本人選擇享受因管理所得之利益時，對於管理人之費用償還請求權，本人負有限責任，即其責任之最高額以所得之利益為限（民 §177 I[40]），但如果管理人違反本人明示或可得推知之意思係為本人盡公益上之義務，或為其履行法定扶養義務，或本人之意思違反公共秩序善良風俗者，則無最高額之限制（民 §176 II[41]）。

三、不法管理

（一）管理人明知為他人事務，仍為自己利益而為管理。

（二）效力：準用不適法之無因管理（民 §177 II 準用 177 I[42]）

肆 無因管理之消滅

一、 管理事務經本人承認者，除當事人有特別意思表示外，溯及管理事務開始時，適用關於委任之規定（民 §178）。

二、 無因管理經本人承認後轉為委任關係（民 §528），則無因管理之關係消滅。

---

[40] 民法第 177 條第 1 項：
管理事務不合於前條之規定時，本人仍得享有因管理所得之利益，而本人所負前條第 1 項對於管理人之義務，以其所得之利益為限。

[41] 民法第 176 條第 2 項：
第 174 條第 2 項規定之情形，管理人管理事務，雖違反本人之意思，仍有前項之請求權。

[42] 民法第 177 條第 2 項：
前項規定，於管理人明知為他人之事務，而為自己之利益管理之者，準用之。

第4款 不當得利

壹 不當得利之意義

一、 指無法律上之原因而受利益，致他人受損害之一種事件。例如：在便利商店購物結帳時，店員少計入二項商品的價金，因此少支出之金錢即構成不當得利。

二、 不當得利並非法律行為，故不以當事人之意思表示為必要，其法律效果係基於法律規定而發生，也是債發生之原因 [43]。

三、 不當得利之債：

（一）債務人：為受有利益之受領人，負返還不當得利之債務。

（二）債權人：受有損害之人，有請求返還不當得利之債權。

貳 不當得利之成立要件

一、 一方受有利益：包含積極得利或消極得利。

二、 他方受有損害。

三、 無法律上原因。

參 不當得利之效力

無法律上之原因而受利益，致他人受損害者，應返還其利益（民§179）。

一、返還之標的（民§181[44]）

（一）返還原物：返還所受領之利益及本於該利益更有所得 [45]。

（二）返還價額：不能以原物返還時，以金錢償還。

---

[43] 鄭玉波，民法概要，頁123。

[44] 民法第181條：
不當得利之受領人，除返還其所受之利益外，如本於該利益更有所取得者，並應返還。但依其利益之性質或其他情形不能返還者，應償還其價額。

[45] 「本於該利益更有所得」，例如：利息、基於其所受利益所取得之利益（例如：受領土地而獲得土地之埋藏物）、原物之代償（例如：因原物毀損之損害賠償、保險金，或原物為土地因公用徵收而取得之補償金）…等。

二、返還之範圍

返還之範圍因受領人係善意或惡意而有不同：

（一）善意受領人（民 §182 I[46]）

1. 原則：返還現存利益。
2. 例外：其所受之利益已不存在者[47]，免負返還或償還價額之責任。

（二）惡意受領人（民 §182 II[48]）

受領人於受領時，知無法律上之原因或其後知之者為惡意受領人。

1. 自始惡意之受領人

   應將受領時所得之利益，附加利息，一併償還；如有損害，並應賠償。

2. 嗣後惡意之受領人：自知無法律上之原因時所現存之利益，附加利息，一併償還；如有損害，並應賠償。

（三）無償轉得人（民 §183）

不當得利之受領人，以其所受者，無償讓與第三人，而受領人因此免返還義務者，第三人於其所免返還義務之限度內，負返還責任。

1. 須為無償讓與。
2. 須讓與之物為原受領人所應返還者。
3. 須原受領人因無償讓與而免返還義務。

---

[46] 民法第 182 條第 1 項：
不當得利之受領人，不知無法律上之原因，而其所受之利益已不存在者，免負返還或償還價額之責任。

[47] 若其所受之利益原形雖不存在，但轉換為其他型態使受領人財產總額增加時，則其利益仍屬存在，而應負返還責任。

[48] 民法第 182 條第 2 項：
受領人於受領時，知無法律上之原因或其後知之者，應將受領時所得之利益，或知無法律上之原因時所現存之利益，附加利息，一併償還；如有損害，並應賠償。

肆 特殊不當得利（民 §180）

給付，有下列情形之一者，不得請求返還：

一、履行道德上義務

給付係履行道德上之義務者。

二、期前清償

債務人於未到期之債務因清償而為給付者。

三、明知無債務仍給付

因清償債務而為給付，於給付時明知無給付之義務者。

四、不法原因而給付

因不法之原因而為給付者。但不法之原因僅於受領人一方存在時，不在此限。

（一）不法原因

指給付之原因係違反法律強制或禁止規定，或違背公序良俗者。

（二）不得請求返還

不得請求返還，指給付之雙方均不法時，若僅受領人一方不法，則仍得請求返還，例如：應綁匪之要求給付贖金，僅綁匪一方請求支付贖金為不法，被害人給付贖金乃迫於無奈、並無不法，被害人仍得請求返還贖金。

第5款 侵權行為

壹 侵權行為之意義

侵權行為乃因故意或過失，不法侵害他人之權利或利益之行為。侵權行為係違法行為，也是債發生之原因。

　　侵權行為法之機能，在於填補損害以及預防損害，在損害發生時著重於損害應由何人承擔之考量，而非處罰侵害之行為。

貳 侵權行為之種類及其成立要件

一、一般侵權行為

（一）一般侵權行為之意義

1. 具備民法第 184 條構成要件之行為。
2. 以自己行為為必要條件。
3. 負單純之過失責任。

題目

　　民法上規定之過失有幾種？請分別說明其意義並比較其責任之輕重。

【101 年地政士】

（二）一般侵權行為構成之情形（三樣態）

1. 故意過失之侵害行為：因故意或過失，不法侵害他人之權利（侵害權利）（民§184 I前段）。

2. 故意違反善良風俗之侵害行為：故意以背於善良風俗之方法，加損害於他人（侵害權利、利益）（民§184 I後段）

3. 違反保護他人法律之侵害行為：違反保護他人之法律，致生損害於他人者（侵害權利、利益）（民§184 II）

（三）一般侵權行為之成立要件

1. 客觀要件：

　(1) 須有自己之加害行為：

　① 侵權行為採「自己責任原則」、「個人責任則」，唯有對於自己有意識之行為，始應負責。

　② 侵權行為須有加害行為，包含積極的作為與消極的不作為。消極不作為之所以構成侵權行為，必須行為人先有作為之義務（例如：法律規定、公序良俗或契約）在行為人違反作為義務時始構成侵權行為。例如：公務員趕赴災區時忙著臉書打卡卻不救災、保母不哺育嬰兒……等。

　③ 自己的行為包含利用他人無意識之行為。即加害人利用無責任能力人之行為加損害於他人。例如：將毒藥交給幼童毒斃家畜……等。

　(2) 須行為不法：

　① 指違反法律強制或禁止規定，或背於公共秩序善良風俗之行為。

　② 若有以下之阻卻違法事由，則非不法。

　　A. 正當防衛（民§149）。

　　B. 緊急避難（民§150）。

　　C. 自助行為（民§151）。

　　D. 無因管理（民§172）。

要點檢索

客觀要件
1. 須有自己之加害行為
2. 須行為不法
3. 侵害他人之權利或利益
4. 須致生損害
5. 須侵害行為與損害結果有相當因果關係

主觀要件
1. 須有故意或過失
2. 須有責任能力

E. 正當業務行為。

F. 公序良俗所認許之行為（例如：拳擊比賽）。

G. 權利之行使（民 §148）：

權利之行使乃權利人享受權利內容之利益所為之行為。

例如：父母對子女得施以懲戒權，承租人基於租賃關係使用租賃物、法院對於被告行使羈押權……等。

但若權利之行使若流於濫用，則雖外觀上屬權利之行使，實則已逾越權利行使之範圍，故法律不加以保護，不能阻卻違法，而應負責。

例如：開挖地下室致鄰房傾斜：開挖地下室為權利之行使（合法），但不得損害他人。工廠排放有毒氣體：開設工廠為權利之行使（合法），但鄰地無忍受義務。

H. 經被害人允許之加害行為：

(A) 被害人允許加害人侵害其權利時，原則上足以阻卻違法。但此行為仍以不違反法令為限。

(B) 被害人之允諾必須是事前的允諾，於加害行為發生已經存在，若是事後之允諾，則屬於損害賠償請求權之拋棄。

(C) 允諾之效果足使侵權行為之違法性消失，被害人即不得請求損害賠償。例如：輸血、開刀、結紮……等。

(3) 侵害他人之權利或利益：

① 權利：指**絕對權**，指既存法律關係所明認之權利。例如：人格權、財產權……。

② 利益：指規律社會生活之公序良俗，以及保護個人法益之法規所包含之一切法益。例如：占有。

 NOTE

絕對權

1. 指效力及於所有人之利，其義務人是不特定之任何人，亦即，任何人均有不妨害權利人實現其權利之義務。

2. 又稱為：對世權，得要求任何一般人不得侵害其權利之權。

3. 得對抗不特定一般人之權利。

4. 例如：物權、人格權、無體財產權、身分權、漁業權……。

③　侵害行為：指故意以背於善良風俗之方法，加損害於他人，或違反保護他人之法律，致生損害於他人。

(4)　須致生損害：

①　損害：指不利益。含積極之損害（既存財產之減少）、消極之損害（財產應增加而未增加）以及財產、非財產之損害。

②　侵權行為責任以填補損害為目的，若無損害，則即使行為違法，亦不生損害賠償的問題。

(5)　須侵害行為與損害結果有相當因果關係：

①　相當因果關係：

　　A.　若無該行為，即不生此結果，因該行為而致生此結果。

　　B.　無此行為雖不必生此損害，但有此行為，客觀上通常足生此損害。

②　例如：

期待仇人死於空難，詛咒飛機失事，飛機果然失事→通常情形飛機安全無虞，失事乃意外，無相當因果關係。

甲打傷乙，乙住院，醫院火災，乙被燒死→通常醫院安全無虞，火災乃意外，無相當因果關係。

2.　主觀要件：

(1)　須有故意或過失：

①　故意：

　　A.　直接故意：明知且有意使其發生。

　　B.　間接故意：預見其發生，而其發生不違反其本意。

②　過失：

　　A.　無認知過失：能注意，應注意，而不注意。

　　B.　有認知過失：雖預見其發生，而確信其不發生。

(2)　須有責任能力：

①　指權利主體能否對其違反法律上義務之行為，負擔損害賠償之能力。

②　以權利主體具有識別能力為基礎。

二、特殊侵權行為

（一）特殊侵權行為

1. 要件有欠缺，或要件特殊之侵權行為類型。

2. 不以自己行為為限，可能包含他人之行為、行為以外之事實，或自己行為結合他人之行為。

3. 不以過失責任為限，含連帶責任、推定過失責任等。

（二）特殊侵權行為之種類及成立要件

1. 自己行為結合他人行為：

    (1) 共同侵權行為（民 §185）：

    ① 數人共同不法侵害他人之權利者，連帶負損害賠償責任。不能知其中孰為加害人者，亦同。造意人及幫助人，視為共同行為人。

    ② 要件：

      A. 共同加害行為。

      B. 共同危險行為。

      C. 造意及幫助[49]。

    ③ 效力：負連帶損害賠償責任。

    (2) 公務員侵權行為（民 §186）：

    ① 公務員因故意違背對於第三人應執行之職務，致第三人受損害者，負賠償責任。其因過失者，以被害人不能依他項方法受賠償時為限，負其責任。前述情形，如被害人得依法律上之救濟方法，除去其損害，而因故意或過失不為之者，公務員不負賠償責任。

    ② 要件：

      A. 行為人具有公務員身分。

      B. 須為執行職務之行為。

      C. 須因執行職務致他人受損害。

      D. 被害人須為該公務員在職機關以外之第三人。

---

[49] 「造意」即教唆，「幫助」則是便利他人行為之實施。

③ 效力：

　　A. 被害人請求損害賠償之前提：

(A) 被害人非因故意、過失。

(B) 被害人先有請求救濟之自救行為[50]。

　　B. 公務員之賠償責任：

(A) 故意之侵權行為：負損害賠償責任。

(B) 過失之侵權行為：

　　　　a. 原則：不負損害賠償責任（被害人能有其他方法受賠償，例如國家賠償時，公務員即不負賠償責任）。

　　　　b. 例外：負損害賠償責任（被害人無其他方法受賠償時）。

(3) 定作人之侵權責任（民§189）：

① 承攬人因執行承攬事項，不法侵害他人之權利者[51]，定作人不負損害賠償責任。但定作人於定作或指示有過失者，不在此限。

② 效力

　　A. 原則：定作人不負損害賠償責任。

　　B. 例外：定作人於定作或指示有過失時，負損害賠償責任。

2. 他人之行為：

(1) 法定代理人之侵權責任（民§187）：

① 無行為能力人或限制行為能力人，不法侵害他人之權利者，以行為時有識別能力為限，與其法定代理人連帶負損害賠償責任。行為時無識別能力者，由其法定代理人負損害賠償責任。前述情形，法定代理人如其監督並未疏懈，或縱加以相當之監督，而仍不免發生損害者，不負賠償責任。

如不能依前二項規定受損害賠償時，法院因被害人之聲請，得斟酌行為人及其法定代理人與被害人之經濟狀況，令行為人或其法定代理人為

---

[50] 只要法律上有救濟之方法，被害人即應先依救濟方法請求除去其損害，若被害人因故意或過失而不為救濟者，公務員不負賠償責任。救濟方法例如：行政法上的訴願、行政訴訟，司法案件之上訴、抗告……等。

[51] 例如：道路工程施工中未設置明顯標示造成車禍或行人墜落，或建築工程有掉落物、鷹架倒塌……等。

全部或一部之損害賠償。前述規定，於其他之人，在無意識或精神錯亂中所為之行為致第三人受損害時，準用之。

② 效力：

　A. 無行為能力人或限制行為能力人行為時有無識別能力區分。

(A) 行為時有識別能力：行為人與其法定代理人連帶負損害賠償責任。

(B) 行為時無識別能力：由其法定代理人負損害賠償責任。

　B. 法定代理人舉證免責：法定代理人如其監督並未疏懈，或縱加以相當之監督，而仍不免發生損害者，不負賠償責任。

　C. 衡平責任：如果行為人行為時無識別能力，而法定代理人又舉證免責，被害人不能受損害賠償時，法院因被害人之聲請，得斟酌行為人及其法定代理人與被害人之經濟狀況，令行為人或其法定代理人為全部或一部之損害賠償。

題目

成年而受監護宣告人甲，於回復清醒時，向乙購買腳踏車騎用，行駛時因凝望路邊美女，不慎撞傷路人丙。問：

1. 甲購買腳踏車之行為是否有效？
2. 甲對丙應否負損害賠償責任？

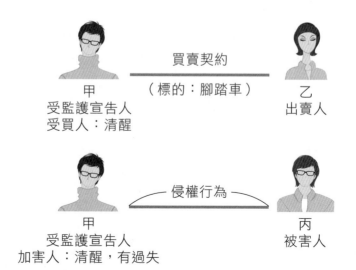

擬答：

　　買賣腳踏車為法律行為，法律行為之生效要件，必須當事人有行為能力。撞傷路人則屬侵權行為，須行為人有識別能力。

（一）甲向乙購買腳踏車之行為無效。理由如下：

1. 依民法第 15 條：受監護宣告之人，無行為能力。民法第 75 條：無行為能力人之意思表示，無效。

2. 甲受監護宣告為無行為能力人，其所為之意思表示無效，故其所為之腳踏車買賣之法律行為無效。

（二）甲對丙應負侵權行為之損害賠償責任（民 §184、187）：

1. 甲撞傷丙構成侵權行為：

(1) 民法第 184 條第 1 項前段：因故意或過失，不法侵害他人之權利者，負損害賠償責任。

(2) 甲因凝望路邊美女，不慎撞傷路人丙致丙受有損害，因此甲有過失，且欠缺阻卻違法事由，甲雖為無行為能力人，但其回復清醒時有識別能力，甲於有識別能力時為侵權行為，仍應負損害賠償責任。

2. 甲與其法定代理人連帶負損害賠償責任：

(1) 無行為能力人或限制行為能力人，不法侵害他人權利時，應區分行為時有無識別能力而有不同（民 §187）。

① 行為時有識別能力，行為人與法定代理人連帶負損害賠償責任。

② 行為時無識別能力，法定代理人單獨負損害賠償責任。

③ 若行為人行為時無識別能力，且法定代理人舉證免責時，則主張衡平責任，請求法院斟酌行為人及其法定代理人與被害人之經濟狀況，令行為人或其法定代理人為全部或一部之損害賠償。

(2) 甲受監護宣告而為無行為能力人，甲於回復清醒時騎車撞傷丙，應屬有識別能力，其行為時有識別能力，則與法定代理人連帶負損害賠償責任。

(2) 僱用人之侵權責任（民 §188）：

① 受僱人因執行職務，不法侵害他人之權利者，由僱用人與行為人連帶負損害賠償責任。但選任受僱人及監督其職務之執行，已盡相當之注意或縱加以相當之注意而仍不免發生損害者，僱用人不負賠償責任。如被害人依前項但書之規定，不能受損害賠償時，法院因其聲請，得斟酌僱用人與被害人之經濟狀況，令僱用人為全部或一部之損害賠償。僱用人賠償損害時，對於為侵權行為之受僱人，有求償權。

② 效力：

  A. 由僱用人與行為人連帶負損害賠償責任。

  B. 僱用人舉證免責：選任受僱人及監督其職務之執行，已盡相當之注意或縱加以相當之注意而仍不免發生損害者，僱用人不負賠償責任。

  C. 衡平責任：被害人如果因為僱用人舉證免責，不能受損害賠償時，法院因其聲請，得斟酌僱用人與被害人之經濟狀況，令僱用人為全部或一部之損害賠償。

3. 行為以外之事實：

(1) 動物占有人之侵權責任（民 §190）：

① 動物加損害於他人者，由其占有人負損害賠償責任。但依動物之種類及性質已為相當注意之管束，或縱為相當注意之管束而仍不免發生損害者，不在此限。動物係由第三人或他動物之挑動，致加損害於他人者，其占有人對於該第三人或該他動物之占有人，有求償權。

② 占有人：指對動物有事實上管領力之人，並不限為所有權人，例如承租人、借用人、受僱人均可為占有人。

(2) 工作物所有人之侵權責任（民 §191）：

① 土地上之建築物或其他工作物所致他人權利之損害，由工作物之所有人負賠償責任。但其對於設置或保管並無欠缺，或損害非因設置或保管有欠缺，或於防止損害之發生，已盡相當之注意者，不在此限。前述損害之發生，如別有應負責任之人時，賠償損害之所有人，對於該應負責者，有求償權。

② 工作物：指建築在土地上之工作物，例如建築物、橋梁、隧道、牌坊……等。

4. 其他：

(1) 商品製造人之侵權責任（民§191-1）：

① 商品製造人因其商品之通常使用或消費所致他人之損害，負賠償責任。但其對於商品之生產、製造或加工、設計並無欠缺或其損害非因該項欠缺所致或於防止損害之發生，已盡相當之注意者，不在此限。前述所稱商品製造人，謂商品之生產、製造、加工業者。其在商品上附加標章或其他文字、符號，足以表彰係其自己所生產、製造、加工者，視為商品製造人。商品之生產、製造或加工、設計，與其說明書或廣告內容不符者，視為有欠缺。商品輸入業者，應與商品製造人負同一之責任。

② 要件：

　A. 責任主體為商品製造人：商品製造人指商品之生產、製造、加工業者。其在商品上附加標章或其他文字、符號，足以表彰係其自己所生產、製造、加工者，視為商品製造人。

　B. 須因商品之通常使用或消費致生損害。

　(A) 使用洗碗精清洗碗盤，造成手掌潰爛，是商品之通常使用或消費致生損害。

　(B) 若飲用洗碗精造成中毒，則非商品之通常使用或消費致生損害。

　C. 須致他人受損害。

　(A) 他人：包含消費、使用商品者或第三人。

　(B) 損害：包含權利與利益之損害。

③ 效力：

　A. 損害發生時，推定商品有欠缺（推定過失責任）。商品標示不符視為商品有欠缺：商品之生產、製造或加工、設計，與其說明書或廣告內容不符者，視為有欠缺。

B. 商品製造人舉證免責：

(A) 商品製造、加工、設計無欠缺。

(B) 消費者之損失非該欠缺所致。

(C) 製造人對於損害之發生已盡相當之注意。

(2) 動力車輛駕駛人之侵權責任（民§191-2）：汽車、機車或其他非依軌道行駛之動力車輛，在使用中加損害於他人者，駕駛人應賠償因此所生之損害。但於防止損害之發生，已盡相當之注意者，不在此限。

(3) 危險製造人之侵權責任（民§191-3）：經營一定事業[52]或從事其他工作或活動之人，其工作或活動之性質或其使用之工具或方法有生損害於他人之危險者，對他人之損害應負賠償責任。但損害非由於其工作或活動或其使用之工具或方法所致，或於防止損害之發生已盡相當之注意者，不在此限。

參 侵權行為之效力

題目

一般侵權行為損害賠償之方法與範圍為何？

侵權行為一經成立即發生損害賠償之效力。

一、損害賠償之方法

（一）原則：回復原狀。

1. 直接回復原狀：負損害賠償責任者，除法律另有規定或契約另有訂定外，回復他方損害發生前之原狀（民§213 I）。

2. 金錢代替回復原狀：債權人得請求支付回復原狀所必要之費用，以代回復原狀（民§213 III）。

---

[52] 例如：爆竹工廠、煉油廠、煉鋼廠、化工廠……等。

（二）例外：金錢賠償。

1. 逾期之金錢賠償：應回復原狀者，如經債權人定相當期限催告後，逾期不為回復時，債權人得請求以金錢賠償其損害（民 §214）。

2. 回復困難或不能回復：不能回復原狀或回復顯有重大困難者，應以金錢賠償其損害（民 §215）。

二、損害賠償之範圍

（一）損害賠償之一般範圍

損害賠償之範圍，除法律另有規定或契約另有訂定外，應以填補債權人所受損害及所失利益為限（民 §216 I）。

> 🔍 **要 點 檢 索** ⊗
> • 1. 所受損害
> 　2. 所失利益

1. 所受損害：所謂所受損害，即現存財產因損害事實之發生而被減少，屬於積極的損害。

　（1）生命之侵害：

　① 侵害生命權之財產上損害賠償（民 §192）：不法侵害他人致死者，對於支出醫療及增加生活上需要之費用或殯葬費之人，亦應負損害賠償責任。被害人對於第三人負有法定扶養義務者，加害人對於該第三人亦應負損害賠償責任。第 193 條第 2 項之規定，於前述損害賠償適用之。因此，加害人須賠償：

　　A. 醫療及增加生活上需要之費用。

　　B. 殯葬費。

　　C. 扶養費。

　② 侵害生命權之非財產上損害賠償（民 §194）：慰撫金。

　　不法侵害他人致死者，被害人之父、母、子、女及配偶，雖非財產上之損害，亦得請求賠償相當之金額。

　（2）人格法益之侵害：

　① 侵害身體健康之財產上損害賠償（民 §193）：

　　不法侵害他人之身體或健康者，對於被害人因此喪失或減少勞動能力或增加生活上之需要時，應負損害賠償責任。前項損害賠償，法院得因

當事人之聲請，定為支付定期金。但須命加害人提出擔保。因此，侵害身體健康之加害人須賠償：

    A. 喪失或減少之收入。

    B. 增加之支出。

② 侵害身體健康及身分法益之非財產上損害賠償（民 §195）：

不法侵害他人之身體、健康、名譽、自由、信用、隱私、貞操，或不法侵害其他人格法益而情節重大者，被害人雖非財產上之損害，亦得請求賠償相當之金額。其名譽被侵害者，並得請求回復名譽之適當處分。前項請求權，不得讓與或繼承。但以金額賠償之請求權已依契約承諾，或已起訴者，不在此限。前二項規定，於不法侵害他人基於父、母、子、女或配偶關係之身分法益而情節重大者，準用之。因此，侵害身體健康及身分法益之加害人須賠償：

    A. 慰撫金。

    B. 回復名譽之適當處分。

(3) 物之侵害：

① 指侵害動產或不動產。

② 不法毀損他人之物者，被害人得請求賠償其物因毀損所減少之價額（民 §196）。

2. 所失利益（民 §216 II）。

(1) 依通常情形，或依已定之計劃、設備或其他特別情事，可得預期之利益，視為所失利益。

(2) 所失利益：所謂所失利益，即新財產之取得，因損害事實之發生而受妨害，屬於消極的損害[53]。

---

[53] 最高法院 48 年台上字第 1934 號判決：
民法第 216 條第 1 項所謂所受損害，即現存財產因損害事實之發生而被減少，屬於積極的損害。所謂所失利益，即新財產之取得，因損害事實之發生而受妨害，屬於消極的損害。本件被上訴人以上訴人承攬之工程違約未予完成，應另行標建，須多支付如其聲明之酬金，並非謂房屋如已完成可獲轉售之預期利益，因上訴人違約而受損失，是其請求賠償者，顯屬一種積極損害，而非消極損害。

（二）損害賠償之特殊範圍

要 點 檢 索

- 1. 所失利益不賠
- 2. 過失相抵
- 3. 損益相抵
- 4. 生計關係之酌減
- 5. 讓與請求權

1. 所失利益不賠（民§91、247）

   民法規定僅賠償所受損害，而不賠所失利益。例如：民法第 91 條表意人撤銷錯誤意思表示後之賠償責任、民法第 247 條標的不能之損害賠償責任。

2. 過失相抵（民§217）

   損害之發生或擴大，被害人與有過失者，法院得減輕賠償金額，或免除之。重大之損害原因，為債務人所不及知，而被害人不預促其注意或怠於避免或減少損害者，為與有過失。

   前二項之規定，於被害人之代理人或使用人與有過失者，準用之。

3. 損益相抵（民§216-1）

   基於同一原因事實受有損害並受有利益者，其請求之賠償金額，應扣除所受之利益。

4. 生計關係之酌減（民§218）

   損害非因故意或重大過失所致者，如其賠償致賠償義務人之生計有重大影響時，法院得減輕其賠償金額。

5. 讓與請求權（民§218-1）

   關於物或權利之喪失或損害，負賠償責任之人，得向損害賠償請求權人，請求讓與基於其物之所有權或基於其權利對於第三人之請求權。第 264 條之規定，於前述情形準用之。

肆 侵權行為損害賠償請求權之時效

一、時效期間

　　因侵權行為所生之損害賠償請求權，自請求權人知有損害及賠償義務人時起，2 年間不行使而消滅。自有侵權行為時起，逾 10 年者亦同（民§197 I）。

（一）2年

自請求權人知有損害及賠償義務人時起。

（二）10年

自有侵權行為時起，逾10年不行使而消滅。

二、侵權行為與不當得利請求權競合

（一）請求權競合

「請求權競合」即請求權並存，指一個自然事實，符合多個法律構成要件，從而產生多個請求權，而這些並存之請求權只有同一個目的，因此當事人得擇一有利行使。

（二）損害賠償之義務人，因侵權行為受利益，致被害人受損害者，於前項時效完成後，仍應依關於不當得利之規定，返還其所受之利益於被害人（民§197 II）。

1. 侵權行為損害賠償請求權之時效：自請求權人知有損害及賠償義務人時起，2年間或自有侵權行為時起，逾10年不行使而消滅（民§197 I）。
2. 不當得利請求權之時效：15年（法無特別規定時依民法第125條之規定）。

習題 | REVIEW ACTIVITIS ✏

(D) 1. 甲遺失其愛犬，於報紙上登載尋犬啟事，並表示如告知其愛犬行蹤因而找回者，將致送 5,000 元謝禮。下列敘述何者正確？　(A) 本例乃為優等懸賞廣告　(B) 如乙、丙先後告知甲之愛犬相同行蹤並因而尋回該犬時，由乙與丙共同取得 5,000 元報酬請求權　(C) 此為預定報酬之廣告，甲不得於行為完成前撤回　(D) 甲之友人丁雖不知該廣告，但偶然發現甲之愛犬，即通知甲尋回，其仍取得 5,000 元報酬請求權。　【104 年公務員稅務特考】

> **詳解** (A) 民法第 164 條第 1 項：「以廣告聲明對完成一定行為之人給與報酬者，為懸賞廣告」。
> (B) 民法第 164 條第 2 項：「數人先後分別完成前項行為時，由最先完成該行為之人，取得報酬請求權」。
> (C) 民法第 165 條：「預定報酬之廣告，如於行為完成前撤回時，除廣告人證明行為人不能完成其行為外，對於行為人因該廣告善意所受之損害，應負賠償之責。但以不超過預定報酬額為限」。
> (D) 民法第 164 條第 4 項：「前三項規定，於不知有廣告而完成廣告所定行為之人，準用之」。

(A) 2. 甲將乙之狗誤為丙之狗，收留並飼養之。甲之行為：　(A) 對乙無因管理　(B) 對丙構成無因管理　(C) 對乙、丙均構成無因管理　(D) 對乙、丙均不構成無因管理。　【102 年度高考法制】

> **詳解** 第 172 條：未受委任，並無義務，而為他人管理事務者，其管理應依本人明示或可得推知之意思，以有利於本人之方法為之。

(D) 3. 甲明知為乙之事務，而為自己之利益管理獲利 10 萬元。問下列敘述何者為正確？　(A) 乙僅得依侵權行為請求損害賠償 10 萬元　(B) 乙僅得依不當得利請求返還利益 10 萬元　(C) 乙僅得依無因管理，請求甲返還所得 10 萬元　(D) 乙得依自己意思選擇主張侵權行為、不當得利或準無因管理而行使其請求權。　【102 年度高考法制】

> **詳解** 第 184 條：I. 因故意或過失，不法侵害他人之權利者，負損害賠償責任。故意以背於善良風俗之方法，加損害於他人者亦同。II. 違反保護他人之法律，致生損害於他人者，負賠償責任。但能證明其行為無過失者，不在此限。
> 第 179 條：無法律上之原因而受利益，致他人受損害者，應返還其利益。雖有法律上之原因，而其後已不存在者，亦同。

第 177 條：I. 管理事務不合於前條之規定時，本人仍得享有因管理所得之利益，而本人所負前條第一項對於管理人之義務，以其所得之利益為限。II. 前項規定，於管理人明知為他人之事務，而為自己之利益管理之者，準用之。

乙得向甲請求侵權行為之損害賠償（民 §184）、不當得利之返還（民 §179）及不適法無因管理之因管理所得之利益（民 §177 II）。

(B) 4. 約定利率超過周年百分之 16 者，下列敘述何者正確？　(A) 約定利率無效，適用法定利率　(B) 約定利率超過百分之 16 部分之利息，無效　(C) 約定利率超過百分之 16 部分之利息，有效　(D) 約定利率超過百分之 16 部分之利息，無請求權。

> **詳解** 第 205 條：約定利率，超過週年百分之十六者，超過部分之約定，無效。

(C) 5. 下列何種情形，被害人乙不得請求甲賠償慰撫金？　(A) 甲將乙的鼻樑骨打斷　(B) 甲將乙送修電腦中硬碟所儲存的私密淫照曝光　(C) 甲假冒乙公司之名製造偽藥　(D) 甲當眾侮辱乙，說乙是縮頭烏龜。

【102 年公務員升等郵政】

> **詳解** 第 195 條第 1 項：I. 不法侵害他人之身體、健康、名譽、自由、信用、隱私、貞操，或不法侵害其他人格法益而情節重大者，被害人雖非財產上之損害，亦得請求賠償相當之金額。其名譽被侵害者，並得請求回復名譽之適當處分。II. 前項請求權，不得讓與或繼承。但以金額賠償之請求權已依契約承諾，或已起訴者，不在此限。

(D) 6. 甲駕車因變換車道不慎，撞倒騎機車之乙，致乙骨折，乙之機車受損，車上載放在寵物籃中之貴賓犬傷重死亡。下列敘述何者錯誤？　(A) 乙針對骨折部分，可向甲請求賠償醫藥費、受傷期間無法工作之損失，及精神慰撫金　(B) 關於機車受損之部分，乙可請求賠償因毀損減少之價額　(C) 關於機車受損之部分，乙亦可主張自行修復，由甲支付修復之費用　(D) 乙與貴賓犬感情深厚，因愛犬之死亡，傷痛不已可請求精神慰撫金。

【102 年公務員升等法制】

> **詳解** (A) 第 193 條：不法侵害他人之身體或健康者，對於被害人因此喪失或減少勞動能力或增加生活上之需要時，應負損害賠償責任。
> (B)(C)(D) 第 196 條：不法毀損他人之物者，被害人得請求賠償其物因毀損所減少之價額。機車及貴賓犬之毀損均屬物之毀損，為財產上之損害，不得請求非財產上損害之慰撫金。

（ B ）7. 甲有一幅臺灣著名畫家之名畫，市價新台幣 500 萬元，借給乙在畫展中展覽，並未委託乙出售。丙觀賞該畫，愛不釋手，不知該畫是乙向甲借的，於是向乙表示願出新台幣 700 萬元請乙割愛，乙就以新台幣 700 萬元將該畫賣給丙，並以移轉所有權之意思交付給丙。下列敘述何者確？　(A) 甲得請求丙返還該畫　(B) 甲得請求乙新台幣 700 萬元　(C) 甲最多只能請求乙新台幣 500 萬元　(D) 甲最多只能請求乙新台幣 600 萬元。

【102 年不動產經紀人】

詳解 (A) 乙無權處分甲之名畫，將其出售予善意之丙，並移轉占有，依民法第 801、948 條，丙善意取得該畫所有權，甲不得請求丙還該畫。
(B) 第 177 條：I.管理事務不合於前條之規定時，本人仍得享有有管理所得之利益，而本人所負前條第一項對於管理人之義務，以其所得之利益為限。II.前項規定，於管理人明知為他人之事務，而為自己利益管理之者，準用之。

（ D ）8. 甲以新台幣 1000 萬元向乙購買某特定房屋，買賣契約何時成立？　(A) 甲交付新台幣 100 萬元於乙時　(B) 乙將該特定房屋交付於甲時　(C) 甲、乙完成交屋及付清價金時　(D) 甲、乙就房屋及價金互相同意時。

【102 年不動產經紀人】

詳解 第 153 條：I.當事人互相表示意思一致者，無論其為明示或默示，契約即為成立。II.當事人對於必要之點，意思一致，而對於非必要之點，未經表示意思者，推定其契約為成立，關於該非必要之點，當事人意思不一致時，法院應依其事件之性質定之。

（ C ）9. 甲將其所有 A 屋委託乙仲介公司銷售，定價新台幣 980 萬元，丙經乙仲介公司銷售人員帶看之後，對 A 屋甚是滿意，但是希望價格能降為新台幣 950 萬元，乃給付新台幣 20 萬元斡旋金予乙仲介公司作為與屋主斡旋差價之用。下列敘述何者正確？　(A) 丙交付新台幣 20 萬元斡旋金，為定金之給付，推定該買賣契約成立　(B) 丙交付新台幣 20 萬元斡旋金，為要約之引誘，買賣契約尚未成立　(C) 丙交付新台幣 20 萬元斡旋金，為新要約，買賣契約尚未成立　(D) 丙交付新台幣 20 萬元斡旋金，為要約之承諾，買賣契約成立。

【102 年不動產經紀人】

詳解 民法第 160 條第 2 項：將要約擴張、限制或其他變更而承諾者，視為拒絕原約而為新要約。甲銷售房屋定價新台幣 980 萬元為甲之要約，丙希望降價為 950 萬之而交付斡旋金，即屬拒絕甲定價 980 萬元之要約，而為 950 萬元之新要約。契約成立之方式須要約及承諾合致，在甲承諾之前，買賣契約尚未成立。

（ D ） 10. 16 歲的甲騎機車上學途中撞傷騎腳踏車的乙。下列敘述何者正確？ （A) 甲未成年，所以不須負損害賠償之責 （B) 由甲的法定代理人負損害賠償之責 （C) 以甲行為時有意思能力為限，與其法定代理人連帶負損害賠償責任 （D) 法定代理人如其監督並未疏懈，或縱加以相當之監督，而仍不免發生損害者，得主張免責。

> **詳解** 第 187 條：I. 無行為能力人或限制行為能力人，不法侵害他人之權利者，以行為時有識別能力為限，與其法定代理人連帶負損害賠償責任。行為時無識別能力者，由其法定代理人負損害賠償責任。II. 前項情形，法定代理人如其監督並未疏懈，或縱加以相當之監督，而仍不免發生損害者，不負賠償責任。III. 如不能依前二項規定受損害賠償時，法院因被害人之聲請，得斟酌行為人及其法定代理人與被害人之經濟狀況，令行為人或其法定代理人為全部或一部之損害賠償。

（ C ） 11. 下列因給付而生之不當得利，何者得請求返還？ （A) 給付係為履行道德上之義務 （B) 債務人於未到期之債務，因清償而為給付 （C) 因清償債務為給付，於給付時因過失而不知無給付之義務 （D) 因不法之原因而為給付者，而不法之原因存在於當事人雙方。 【101 年度高考法制】

> **詳解** 第 180 條：給付，有下列情形之一者，不得請求返還：
> 一、給付係履行道德上之義務者。
> 二、債務人於未到期之債務因清償而為給付者。
> 三、因清償債務而為給付，於給付時明知無給付之義務者。
> 四、因不法之原因而為給付者。但不法之原因僅於受領人一方存在時，不在此限。

（ C ） 12. 下列何者不在民法第 191-2 條「動力車輛」之適用範圍內？ （A) 消防車 (B) 曳引車 （C) 台鐵電聯車 （D) 聯結車。 【101 年度高考法制】

（ A ） 13. 甲、乙、丙先後分別完成某一懸賞廣告所聲明之一定行為，關於該懸賞廣告所聲明之報酬請求權，下列何者之敘述為正確？ （A) 由最先完成該行為之人取得 （B) 由甲、乙、丙共同取得 （C) 由廣告人決定誰取得 （D) 由甲、乙、丙抽籤決定誰取得。 【101 年度高考法制】

> **詳解** 民法第 164 條第 2 項：數人先後分別完成前項行為時，由最先完成該行為之人，取得報酬請求權；數人共同或同時分別完成行為時，由行為人共同取得報酬請求權。

（ A ） 14. 下列何者非為要物契約？ （A) 物品運送契約 （B) 甲租金契約 （C) 消費借貸契約 （D) 寄託契約。 【101 年地方特考三等】

詳解 要物契約指契約之成立除意思表示外尚需物之交付為要件，(B)(C)(D) 均屬要物
契約，而 (A) 為不要物契約，僅當事人因意思表示即可成立。

(C) 15. 甲所飼養之狼犬走失，為乙所拾獲。數日後，乙將狼犬帶至郊外，且未以
牽繩控制之。丙看到狼犬加以逗弄，引發狼犬的攻擊行為。丙躲避得宜，
但旁觀之丁卻遭狗咬傷。下列敘述何者正確？ (A) 甲應對丁負侵權行為
損害賠償責任 (B) 甲、乙、丙應連帶對丁負侵權行為損害賠償責任 (C)
乙應對丁負侵權損害賠償責任 (D) 因狼犬之攻擊行為由丙所引發，故甲、
乙均無責任。 【104 年公務員稅務特考】

詳解 第 190 條：I. 動物加損害於他人者，由其占有人負損害賠償責任，但依動物之種
類及性質已為相當注意之管束，或縱為相當注意之管束而仍不免發生損害者，不
在此限。II. 動物係由第三人或他動物之挑動，致加損害於他人者，其占有人對
於該第三人或他動物之占有人，有求償權。

(B) 16. 下列有關加害人應負損害賠償責任之敘述，何者最正確？ (A) 受僱人甲
因執行職務不法侵害第三人乙之權利，原則上僅由甲對乙負損害賠償責任
(B) 限制行為能力人甲不法侵害第三人乙之權利時，即使甲於行為時有識
別能力，原則上甲及其法定代理人對乙連帶負損害賠償責任 (C) 法人甲
之董事丙因執行職務對第三人乙造成損害時，因甲無實體存在，故僅由丙
單獨對乙負損害賠償責任 (D) 甲、丙、丁三人共謀聯手圍毆乙，實際下
手時，如丁僅在一旁叫囂助陣，則丁不須對乙因被毆所生損害負賠償責任。
【101 年不動產經紀人】

詳解 (A) 第 188 條：受僱人因執行職務，不法侵害他人之權利者，由僱用人與行為人
連帶負損害賠償責任。但選任受僱人及監督其職務之執行，已盡相當之注意
或縱加以相當之注意而仍不免發生損害者，僱用人不負賠償責任。
(C) 民法第 28 條：「法人對於其董事或其他有代表權之人因執行職務所加於他
人之損害，與該行為人連帶負賠償責任。
(D) 第 185 條：I. 數人共同不法侵害他人之權利者，連帶負損害賠償責任；不能
知其中孰為加害人者，亦同。II. 造意人及幫助人，為共同行為人。

(D) 17. 甲當面向乙表示願以一千萬元出售甲所有之 A 房屋予乙，乙當場未置可否，
經三日後乙回覆甲願以一千萬元購買 A 屋。就甲、乙各自之意思表示，下
列敘述何者最正確？ (A) 甲之意思表示為要約，乙之意思表示為承諾
(B) 甲之意思表示為要約引誘，乙之意思表示為要約 (C) 甲之意思表示為
要約，乙之意思表示為要約引誘 (D) 甲之意思表示為要約，乙之意思表
示為新要約。 【101 年不動產經紀人】

詳解 甲向乙表示願以 1000 萬元出售 A 屋予乙乃向乙發要約之意思表示，而對話為要約者，非立時承諾，即失其拘束力（民 §156），乙當場未置可否，甲即不受要約之拘束，三日後乙回覆甲，依民法第 160 條：「遲到之承諾，除前條情形外，視為新要約。」

（ C ） 18. 甲與乙締結將甲所有 A 屋出售予乙之買賣契約後，A 屋於甲依約交付予乙前因火災燒毀致不能給付。下列敘述何者最正確？ (A) 如 A 屋之燒毀係可歸責於甲之事由所致，乙僅須支付二分之一之價金 (B) 如 A 屋之燒毀係可歸責於乙之事由所致，甲僅得請求支付二分之一之價金 (C) 如 A 屋之燒毀係可歸責於甲之事由所致，乙得解除契約 (D) 如 A 屋之燒毀係可歸責於第三人丙之事由所致，乙仍須支付二分之一之價金。

【101 年不動產經紀人】

詳解 第 225 條：I. 因不可歸責於債務人之事由，致給付不能者，債務人免給付義務。II. 債務人因前項給付不能之事由，對第三人有損害賠償請求權者，債權人得向債務人請求讓與其損害賠償請求權，或交付其所受領之賠償物。
第 226 條：I. 因可歸責於債務人之事由，致給付不能者，債權人得請求賠償損害。II. 前項情形，給付一部不能者，若其他部分之履行，於債權人無利益時，債權人得拒絕該部之給付，請求全部不履行之損害賠償。
第 256 條：債權人於有第二百二十六條之情形時，得解除其契約。

（ A ） 19. 甲、乙二人為好友，某日甲見乙桌上置有一張過期交通違規罰單（600元），乃取之而自行替乙繳納 1,800 元（因過期甚久），甲旋即向乙請求返還 1,800 元，乙則僅願返還 600 元。乙之主張有無理由？ (A) 乙無理由，因甲係為其盡公益上之義務，且無過失 (B) 乙無理由，因甲之意思並未違反公共秩序，且無過失 (C) 乙有理由，因甲未先徵求乙之同意，並違反乙不繳款之意思 (D) 乙有理由，因甲於繳款前應先通知乙並等待其指示。

【106 年地方特考】

詳解 民法第 174 條：「I 管理人違反本人明示或可得推知之意思，而為事務之管理者，對於因其管理所生之損害，雖無過失，亦應負賠償之責。II 前項之規定，如其管理係為本人盡公益上之義務，或為其履行法定扶養義務，或本人之意思違反公共秩序善良風俗者，不適用之。」

（ B ） 20. 30 歲之甲受監護宣告後，不法侵害乙，甲侵害乙時無識別能力。下列敘述，何者正確？ (A) 由甲單獨對乙負侵權行為責任 (B) 由甲之法定代理人單獨對乙負侵權行為責任 (C) 準用民法第 187 條第 1 項規定，由甲之法定

行為人單獨對乙負侵權行為責任　(D) 甲與其法定代理人對乙均不負侵權
行為責任。　　　　　　　　　　　　　　　　　　　　【106 年地方特考】

> 詳解 民法第 15 條：「受監護宣告之人，無行為能力。」
>
> 民法第 187 條第 1 項：「無行為能力人或限制行為能力人，不法侵害他人之權利
> 者，以行為時有識別能力為限，與其法定代理人連帶負損害賠償責任。行為時無
> 識別能力者，由其法定代理人負損害賠償責任。」

(D)　21. 甲、乙、丙三人相約同時向 A 所有房屋之玻璃窗各丟擲一石塊，玻璃窗僅
被當中一顆石塊擊中，甲、乙、丙三人在玻璃的碎裂聲中一哄而散。A 在
法律上得如何主張？　(A)A 依據「損失歸所有人承擔」之原則，由 A 自
行承擔損失，不得向甲、乙、丙三人請求損害賠償　(B)A 須證明擊中玻璃
窗之石塊，究係由甲、乙、丙三人中何人所發，始得向該行為人請求損害
賠償　(C)A 得類推適用合夥之規定，向甲、乙、丙三人請求損害賠償，甲、
乙、丙三人因此負擔補充的連帶責任　(D)A 依侵權行為規定，得向甲、乙、
丙三人請求連帶損害賠償。　　　　　　　　　　　　　【105 年司律第一試】

> 詳解 民法第 184 條第 1 項前段：「因故意或過失，不法侵害他人之權利者，負損害賠
> 償責任。」
>
> 民法第 185 條第 1 項：「數人共同不法侵害他人之權利者，連帶負損害賠償責任。
> 不能知其中孰為加害人者亦同。」

| 請掃描 QR Code P.20~23 有補充習題 |

債之標的

壹 總 說

債之標的即債務人所為之給付，亦稱債之客體。

債權人基於債之關係，得向債務人請求給付。給付，不以有財產價格者為限。不作為亦得為給付（民§199）。

一、給付

不以有財產價格者為限，包含作為、不作為。

二、債之標的

種類之債、貨幣之債、利息之債、選擇之債、損害賠償之債。

貳 種類之債

題目 ....

何謂種類之債？其品質之特定及特定之方法為何？

一、種類之債之意義

（一）債之標的為種類給付，即債務人給付一定數量之物為標的之債。

（二）債務人所給付者限「物」，不包含權利或勞務。

（三）例如：紅豆 100 斤、衛生紙 10 包……等。

二、種類之債品質之特定

給付物僅以種類指示者，依法律行為之性質或當事人之意思不能定其品質時，債務人應給予中等品質之物（民§200 I）。

（一）依法律行為之性質定之。

（二）依當事人之意思定之。

（三）給付中等品質之物。

三、種類之債特定之方法

（一）特定之方法（民 §200 II）：

1. 債務人交付其物之必要行為完結後。

2. 經債權人之同意指定其應交付之物時。

（二）特定之效力：成為特定物之債。

 貨幣之債

一、意義

以給付一定數額之貨幣為標的之債。

二、種類

（一）本國貨幣之債

1. 以特種通用貨幣之給付為債之標的者，如其貨幣至給付期失通用效力時，應給以他種通用貨幣（民 §201）。

2. 例如：約定以舊臺幣給付，但至給付期時舊台幣已失通用效力時，應給付通用之新臺幣。

（二）外國貨幣之債

以外國通用貨幣定給付額者，債務人得按給付時給付地之市價，以中華民國通用貨幣給付之。但訂明應以外國通用貨幣為給付者，不在此限（民 §202）。

肆 利息之債

題目

何謂法定利率？與約定利率有何不同？約定利率周年率逾20%時，其約定之效力如何？

一、利息之債之意義

（一）給付利息為標的之債。

（二）法定孳息

利息為以金錢或其他代替物為給付之一種法定孳息（民§69 II）。

（三）從債務之性質：

1. 先有原本之債。

2. 隨同移轉：原本之債移轉時，利息之債原則隨同移轉（民§295）。

3. 隨同消滅：原本之債消滅時，利息之債亦隨同消滅（民§307）。

二、利息之債之計算

利息之債，須依據利率計算其數額，利率有法定利率與約定利率之分，依契約自由原則，利率可由當事人自由約定，當事人有約定時，原則上依當事人之約定利率，但基於保護經濟上弱者之立法目的，約定利率有較高利率及最高利率之限制。若當事人未約定利率時，則依法定利率計算利息之數額。

（一）約定利率

1. 較高利率之限制（民§204）：

約定利率逾週年12%者，經1年後，債務人得隨時清償原本。但須於1個月前預告債權人。前述清償之權利，不得以契約除去或限制之。

2. 最高利率之限制（民§205）：

（1）約定利率，超過週年16%者，超過部分之約定，無效。約定利率，若超過週年16%，債權人僅就週年16%限度內之利息有請求權，超過部分之利息，無效。

(2) 最高利率限制之目的，在於保護經濟上之弱者，防止資產階級之重利
盤剝。

3. 巧取利益之禁止（民 §206）：

(1) 債權人除前條限定之利息外，不得以折扣或其他方法，巧取利益。

(2) 巧取利益屬於脫法行為，其約定無效。

4. 複利之禁止（民 §207）：

利息不得滾入原本再生利息。但當事人以書面約定，利息遲付逾 1 年後，經
催告而不償還時，債權人得將遲付之利息滾入原本者，依其約定。前述規
定，如商業上另有習慣者，不適用之。

（二）法定利率（民 §203）

應付利息之債務，其利率未經約定，亦無法律可據者，週年利率為 5%。

伍 選擇之債

題目

何謂選擇之債？可分為幾類？與種類之債有何不同？

一、選擇之債之意義

（一）指數給付之中，得選定其一為給付之債。

（二）選擇之債成立時，債之關係單一，但債之標的為複數且尚未特定（僅
範圍特定），待給付時，於特定範圍內選出其一為給付。

二、選擇之債之特定

選擇之債，債之標的尚未確定，故須於履行前加以
特定，其特定之方法：

> **要 點 檢 索**
> • 1. 選擇
> 　 2. 給付不能

（一）選擇

選擇之債因選擇而特定，選擇權為一種形成權，一經行使即發生特定之效果。選擇權之決定：

1. 約定：

   (1) 選擇權由當事人自由約定，屬於債權人、債務人或第三人均可。

   (2) 選擇權之行使（民 §209）：

   ① 債權人或債務人有選擇權者，應向他方當事人以意思表示為之。

   ② 由第三人為選擇者，應向債權人及債務人以意思表示為之。

2. 法定：

   (1) 原則：屬於債務人。於數宗給付中得選定其一者，其選擇權屬於債務人。但法律另有規定或契約另有訂定者，不在此限（民 §208）。

   (2) 例外：屬於債權人。特別規定，例如：債務人因前項給付不能之事由，對第三人有損害賠償請求權者，債權人得向債務人請求讓與其損害賠償請求權，或交付其所受領之賠償物（民 §225 II）。

（二）給付不能

1. 數宗給付中，有自始不能或嗣後不能給付者，債之關係僅存在於餘存之給付（民 §211）。

2. 但給付不能之事由，可歸責於無選擇權之當事人時，選擇權人仍能選擇不能之給付：

   (1) 若債權人有選擇權，而給付不能可歸責於債務人時，債權人可請求損害賠償或解除契約（民 §226[54]、256[55]）。

   (2) 若債務人有選擇權，而給付不能可歸責於債權人時，債務人免給付義務（民 §225 I[56]）。

---

[54] 民法第 226 條：
I. 因可歸責於債務人之事由，致給付不能者，債權人得請求賠償損害。
II. 前項情形，給付一部不能者，若其他部分之履行，於債權人無利益時，債權人得拒絕該部之給付，請求全部不履行之損害賠償。

[55] 民法第 256 條：債權人於有第 226 條之情形時，得解除其契約。

[56] 民法第 225 條第 1 項：因不可歸責於債務人之事由，致給付不能者，債務人免給付義務。

三、選擇之債特定之效力

選擇之債經特定後，溯及於債發生之時，成為單純之債（民§212[57]）。

陸 損害賠償之債

一、損害賠償之債之意義

二、損害賠償之方法

三、損害賠償之範圍

（詳如第二編 第一章 第二節 第五款侵權行為）

習題 | REVIEW ACTIVITIS ✐

(D) 1. 甲為個人私利，任職某公司董事長時，竟將公司唯一有價值之資產土地一筆以低價賣給知情之兒子乙，再由乙以市價出賣予建設公司獲利，致該公司無從清償對債權人之債務。下列敘述何者正確？ (A)甲乙之交易行為，因通謀虛偽意思表示而無效 (B)乙轉賣予建設公司之交易行為，因背於善良風俗而無效 (C)公司之債權人得聲請法院撤銷甲乙交易行為以及乙與建設公司之交易行為 (D)公司之債權人得聲請法院撤銷甲乙交易行為，至於乙與建設公司之交易行為，則須建設公司亦屬知情，始可同時聲請法院命其回復原狀。 【102年公務員升等郵政】

> 詳解 民法第244條第2項：債務人所為之有償行為，於行為時明知有損害於債權人之權利者，以受益人於受益時亦知其情事者為限，債權人得聲請法院撤銷之。

(D) 2. 甲至乙雜貨店購買香蕉一串，回家後發現其中有三條香蕉腐爛，乙構成何種責任？ (A)侵權行為 (B)給付不能 (C)給付遲延 (D)不完全給付。 【102年公務員升等郵政】

> 詳解 乙雖有給付香蕉，但其中有三條腐爛，有給付瑕疵，屬不完全給付。

---

[57] 民法第212條：選擇之效力，溯及於債之發生時。

（D）3. 甲向乙建設公司購買預售屋一戶，約定甲應依已完成之工程進度所定付款明細表之規定於工程完工後繳款，半年後乙建設公司資金週轉不靈，財產遭法院查封，甲是否應繼續繳納約定的工程款？ (A) 資金週轉不露，屬可歸責於乙建設公司之事由，甲可拒絕繳納約定的工程款 (B) 因甲無過失，可免給付之義務，甲可拒絕繳納已完工的工程款 (C) 基於買賣契約，甲得向乙建設公司主張同時履行抗辯，拒絕繳納已完工的工程款 (D) 甲可主張在乙建設公司未繼續進行工程或提出擔保前，得拒絕繳納已完工的工程款。 【102 年不動產經紀人】

詳解 第 265 條：當事人之一方，應向他方先為給付者，如他方之財產，於訂約後顯形減少，有難為對待給付之虞時，如他方未為對待給付或提出擔保前，得拒絕自己之給付。

（C）4. 甲經由乙仲介向丙購得 A 屋，甲於交屋遷入後始得知 A 屋曾發生非自然死亡事件。關於當事人間的權利義務，下列敘述何者正確？ (A) 凶宅為不完全給付，甲得向丙請求損害賠償，但不得要求解除契約 (B)A 屋並無減失或減少其通常效用，甲不得向乙主張物之瑕疵擔保責任 (C)A 屋若符合凶宅之客觀判斷標準，甲得向乙主張 A 屋之價值瑕疵擔保責任，要求解除契約或減少價金 (D)A 屋若符合凶宅之客觀判斷標準，甲得向乙主張權利瑕疵擔保責任，要求解除契約或減少價金。 【102 年不動產經紀人】

詳解 第 227 條：因可歸責於債務人之事由，致為不完全給付者，債權人得依關於給付遲延或給付不能之規定行使其權利。
第 359 號：買賣因物有瑕疵，而出賣人依前五條之規定，應負擔保之責者，買受人得解除其契約或請求減少其價金。但依情形，解除契約顯失公平者，買受人僅得請求減少價金。

（D）5. 損害之發生或擴大，被害人與有過失者，依民法規定，其法律效果為何？(A) 法院得斟酌被害人與加害人之經濟狀況，命被害人為相當之賠償 (B) 加害人因此不成立損害賠償責任 (C) 發生損益相抵 (D) 法院得減輕加害人之賠償金額或免除之。 【101 年度高考法制】

詳解 第 219 條：I. 損害之發生或擴大，被害人與有過失者，法院得減輕賠償金額，或免除之。II. 重大之損害原因，為債務人所不及知，而被害人不預促其注意或怠於避免或減少損害者，為與有過失。

（C）6. 約定違約金過高者，契約當事人得如何處置： (A)拒絕給付 (B)窮困抗辯 (C) 聲請法院酌減 (D) 主張無效。 【96 年不動產經紀人】

詳解 民法第 252 條：「約定之違約金額過高者，法院得減至相當之數額。」

第四節 債之效力

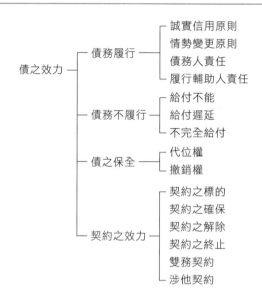

第1款 總 說

　　債之效力指債之關係有效成立後,當事人之權利與義務關係。已成立之債若欲實現其內容,須債務人之履行,故當事人間之權利義務,就債務人履行債務或不履行債務而有不同之規定。

壹 債務履行

　　債務人履行債務,常有當事人間漏未約定,或權義關係界線不明之情形發生,亦有可能有突發事件超出當事人所能預料之情形,故而須以相關原則以為依歸:

一、誠實信用原則(民 §148 II)

　　行使權利,履行義務,應依誠實及信用方法。

二、情事變更原則（民 §227-2）

　　契約成立後，情事變更，非當時所得預料，而依其原有效果顯失公平者，當事人得聲請法院增、減其給付或變更其他原有之效果。情事變更原則之規定，於非因契約所發生之債，也有準用。非因契約所發生之債，例如：無因管理、不當得利……等，也適用情事變更原則。

三、債務人責任

　　債務人在履行債務時，主觀上之注意義務，民法第220條：「債務人就其故意或過失之行為，應負責任。過失之責任，依事件之特性而有輕重，如其事件非予債務人以利益者，應從輕酌定。」由此可知，歸責事由民法採「過失責任主義」，原則上以行為人有故意或過失為限，而過失責任亦因注意義務之程度不同，而有輕重之分。歸責事由從最輕到最重分別為：

（一）故意責任

（二）過失責任

1. 重大過失責任。
2. 具體輕過失責任。
3. 抽象輕過失責任。

（三）無過失責任（事變責任）

1. 通常事變責任。
2. 非常事變責任。

四、履行輔助人責任

（一）債務人之代理人或使用人，關於債之履行有故意或過失時，債務人應與自己之故意或過失負同一責任，但當事人另有訂定者，不在此限（民 §224）。

（二）債務人之代理人或使用人之故意或過失，債務人亦應負責。

貳 債務不履行

　　債務不履行之情形，在債務人方面有給付不能、給付遲延、不完全給付三種情形，而有些情形中債之履行需要債權人之受領或協力，在債務人為給付時，也可能發生債權人拒絕或不能受領之債權人受領遲延之情形。除了基於債之關係所產生之效力外，債務不履行乃債務人侵害債權之一種特殊侵權行為，因此也有損害賠償之效力，債權人對於債務人財產有代位權以及撤銷權以資保全。此外，契約之效力（契約之解除、契約之終止、雙務契約、涉他契約……）亦規定在民法債之效力一節內 [58]。

第2款　債務不履行

壹 債務不履行之種類

題目 ·····················

1. 何謂給付遲延？給付遲延之法律效力如何？　　　　　　　【92 地政士】
2. 何謂給付不能？何謂嗣後給付不能？其法律效果各如何？　【93 地政士】
3. 甲出售房屋一棟於乙，請就：
(1) 因可歸責於甲之事由致給付不能
(2) 因可歸責於乙之事由致給付不能
(3) 因可歸責於雙方之事由致給付不能等三種情形，分別說明其法律效果。
　　　　　　　　　　　　　　　　　　　　　　　　　　　【98 地政士】

一、給付不能

題目 ·····················

　　試述何謂給付不能？其效力如何？

----

[58] 有關契約之效力，本書在本章第二節「契約」中已有完整敘述，在此不再重複。

（一）給付不能之意義

1. 給付不能指債務人不能依債之本旨，履行債務。

2. 給付不能之情形：

   (1) 自始不能：指法律行為成立時即屬給付不能之情形，此時契約自始無效，非債務不履行。

   ① 自始客觀不能：給付不能之情形非存在於當事人本身之事由所致，指任何人均無法為給付，此時契約為無效。例如：甲聲稱擁有畢卡索的名畫「清明上河圖」，並將之出售予乙，然而畢卡索終其一生未曾有此畫作，對任何人而言，均無法給付該畫，此為自始客觀不能。

   ② 自始主觀不能：給付不能之情形存在於當事人本身之事由所致，指債務人雖無法為給付，但其他人仍有給付之可能，此時契約生債務不履行之問題。

   (2) 嗣後不能：指法律行為成立後始屬給付不能之情形，嗣後不能為債務不履行之問題。例如：甲將 A 屋出售予乙，雙方訂立買賣契約，在約定交屋日之前夕，A 屋突遭失火焚毀，即屬嗣後不能。

   (3) 一時不能：指給付不能之情形為一時性，日後可以除去而為給付，此時契約為給付遲延而非給付不能。

   (4) 永久不能：指給付不能之情形永久無法去除，此時契約為無效。

   (5) 全部不能：指契約之標的全部不能之情形，契約無效。

   (6) 一部不能：指契約之標的僅一部無能，原則上契約無效，但若除去該部分亦能成立者，則可能部分仍為有效。

（二）給付不能之要件

1. 有債務存在。

2. 債務人給付不能（不能依債之本旨＋嗣後不能）。

3. 可歸責於債務人。

（三）給付不能之效力

先判斷其事由是否可歸責於債務人。

1. 因不可歸責於債務人之事由致給付不能：

   (1) 債務人免給付義務：因不可歸責於債務人之事由，致給付不能者，債務人免給付義務（民§225 I）。

   (2) 債權人之代償請求權：債務人因前項給付不能之事由，對第三人有損害賠償請求權者，債權人得向債務人請求讓與其損害賠償請求權，或交付其所受領之賠償物（民§225 II）。

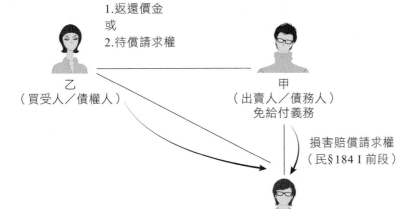

> 要點檢索
> - 1. 不可歸責於債務人之事由
>   (1) 債務人免給付義務
>   (2) 債權人之代償請求權
> - 2. 可歸責於債務人之事由
>   (1) 損害賠償
>   (2) 解除契約

題目

乙向甲購買水晶吊燈，在運送過程中被第三人丙毀損（非甲之過失），甲、乙之權利義務關係：

水晶吊燈買賣契約

乙得免除對待給付，若已給付則請求甲
1.返還價金
或
2.待償請求權

乙
（買受人／債權人）

甲
（出賣人／債務人）
免給付義務

損害賠償請求權
（民§184 I 前段）

丙
（第三人）

水晶吊燈因為不可歸責於甲之事由（第三人丙）而給付不能（毀損）：

(1) 甲免給付水晶吊燈之義務（民§225 I）。

(2) 雙方之權利義務：

① 若乙尚未給付價金，則乙免給付價金（民§266 I）：因不可歸責於雙方當事人之事由，致一方之給付全部不能者，他方免為對待給付之義務。

② 若乙已為價金之給付，得為下列之主張：

　A. 請求返還價金：已為全部或一部之對待給付者，得依關於不當得利之規定，請求返還（民§266 II）。

　B. 代償請求權：由於丙故意或過失不法毀損甲之水晶吊燈，甲對第三人丙得依民法第184條第1項前段請求損害賠償，故甲對丙有損害賠償請求權。

　(A) 若丙尚未為損害賠償，則乙得請求甲讓與甲對丙之損害賠償請求權，由乙自行向丙請求損害賠償。

　(B) 若丙已為損害賠償，則乙得請求甲所受領之賠償物。

題目

　　乙向甲購買水晶吊燈，在運送至乙家時，乙未將所飼養的大型犬予以適當管束，以致吊燈因該犬之衝撞而毀損（可歸責於乙），甲、乙之權利義務關係：

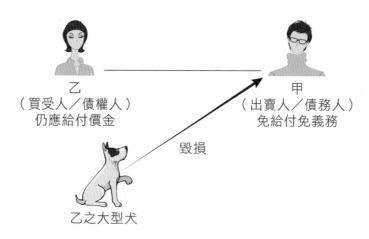

水晶吊燈買賣契約

乙
（買受人／債權人）
仍應給付價金

甲
（出賣人／債務人）
免給付免義務

毀損

乙之大型犬

(1) 因為不可歸責於債務人甲，甲免給付水晶吊燈之義務（民§225 I）。

(2) 因可歸責於乙，乙仍應給付價金（民§267）。

① 甲得請求對待給付：當事人之一方因可歸責於他方之事由，致不能給付者，得請求對待給付。

② 乙得請求甲因為免給付義務所得之利益或應得之利益：債務人因免給付義務所得之利益或應得之利益，均應由其所得請求之對待給付中扣除之。例如：甲因為免給付水晶吊燈而免去安裝吊燈之勞務，乙得在給付水晶吊燈價金時扣除安裝費用。

---

2. 因可歸責於債務人之事由致給付不能：

(1) 債權人得請求損害賠償：

① 全部不能：

A. 因可歸責於債務人之事由，致給付不能者，債權人得請求賠償損害（民§226 I）。

B. 債權人請求全部不能之損害賠償時，債權人仍應為自己之給付義務。

② 一部不能：

A. 原則：債務人給付一部不能時，債權人得請求一部不能之賠償，而給付可能之部分，債務人仍須履行給付義務。

B. 例外：給付一部不能者，若其他部分之履行，於債權人無利益時，債權人得拒絕該部之給付，請求全部不履行之損害賠償（民§226 II）。

(2) 解除契約：

① 因給付不能之解除契約：債權人於有第226條給付不能之情形時，得解除其契約（民§256）。

② 損害賠償之請求：

A. 解除權之行使，不妨礙損害賠償之請求（民§260）。

> B.「損害賠償之請求」除了給付不能（民§226）或給付遲延（民
> §231）損害賠償請求權外，還包含契約解除前已發生之違約定
> 金[59]（民§249③）與懲罰性違約金[60]（民§250）。
>
> C. 請求損害賠償，並非另因契約解除所生之新賠償請求權，乃使因
> 債務不履行（給付不能或給付遲延）所生之舊賠償請求權，不因
> 契約解除而失其存在，仍得請求而已，故其賠償範圍，應依一般
> 損害賠償之法則，即民法第216條定之，其損害賠償請求權，自
> 債務不履行時起即可行使，其消滅時效，亦自該請求權可行使時
> 起算[61]。

題目

　　乙向甲購買3隻小豬，在運送途中，甲不慎造成其中1隻小豬死亡，甲是否仍應將剩餘之2隻小豬給付乙？

1. 情況一：乙購買3隻小豬之目的乃為中秋節聯歡大會烤乳豬菜餚。
2. 情況二：乙所購買的3隻小豬是馬戲團受過戲劇訓練的豬演員，乙預備在台北小巨蛋售票演出「三隻小豬與大野狼的故事」。

情況一：

(1) 原則：債務人給付一部不能時，債權人得請求一部不能之賠償，而給付可能之部分，債務人仍須履行給付義務。

(2) 例外：給付一部不能者，若其他部分之履行，於債權人無利益時，債權人得拒絕該部之給付，請求全部不履行之損害賠償（民§226 II）。

---

[59] 67年度第7次民庭決議（三）：
民法第249條第3款所定之加倍返還定金係損害賠償性質，主契約縱已解除，參照民法第260條規定，仍非不得請求加倍返還定金。

[60] 62年度第3次民庭決議（四）：
依民法第260條法意，契約雖解除，其原依據契約所生之損害賠償請求權，並不失其存在。基於同一理由，在契約解除前所已發生違約罰性質之違約金請求權，亦不因契約解除而失其存在。

[61] 最高法院55年台上字第1188號判決。

(3) 乙購買 3 隻小豬之目的若係為烤乳豬之用，除非剩餘之 2 隻豬已不能達購買之目的，否則甲仍應給付剩餘之 2 隻小豬。

情況二：

(1) 原則：債務人給付一部不能時，債權人得請求一部不能之賠償，而給付可能之部分，債務人仍須履行給付義務。

(2) 例外：給付一部不能者，若其他部分之履行，於債權人無利益時，債權人得拒絕該部之給付，請求全部不履行之損害賠償（民§226 II）。

(3) 乙購買 3 隻小豬為演出「三隻小豬與大野狼的故事」之目的已不能達成，即使甲給付剩餘之 2 隻小豬，仍無法達成演出的目的，故乙得拒絕剩餘之 2 隻豬之給付，而請求全部不履行之損害賠償（民§226 II）。

二、給付遲延

題目

試說明債務人給付遲延之意義、要件及債務人之責任為何？

（一）給付遲延之意義

1. 債務已屆履行期，給付有可能，但因債務人之事由而未為給付。

2. 又稱為履行遲延、債務人遲延。

3. 債務人之給付遲延責任：給付遲延則債務人應負遲延責任，至於債務人何時開始負「遲延」責任，因給付有無確定期限而有不同（民§229[62]）。

(1) 給付有確定期限者：債務人自期限屆滿時起，負遲延責任。

---

[62] 民法第 229 條：
I. 給付期限與債務人之給付遲延給付有確定期限者，債務人自期限屆滿時起，負遲延責任。
II. 給付無確定期限者，債務人於債權人得請求給付時，經其催告而未為給付，自受催告時起，負遲延責任。其經債權人起訴而送達訴狀，或依督促程序送達支付命令，或為其他相類之行為者，與催告有同一之效力。
III. 前項催告定有期限者，債務人自期限屆滿時起負遲延責任。

(2) 給付無確定期限者：債務人於債權人得請求給付時，經債權人之催告而未為給付，自受催告時起，負遲延責任。

(3) 給付遲延之阻卻成立事由（民 §230）：因不可歸責於債務人之事由，致未為給付者，債務人不負遲延責任。

（二）給付遲延之要件

1. 須債務有效存在

須非下列情形：

(1) 附停止條件之債權條件成就前。

(2) 交互計算契約結算前。

(3) 無請求權。

(4) 罹於時效。

2. 須債務已屆清償期。

3. 須給付可能（若給付不可能，則屬於給付不能）。

4. 須可歸責於債務人之事由。

（三）給付遲延之效力

給付遲延之效力，因債務是否為金錢債務而有不同：

1. 金錢債務之給付遲延

遲延之債務，以支付金錢為標的者，債權人得請求（民 §233[63]）：

(1) 遲延利息：債權人得請求依法定利率計算之遲延利息。但約定利率較高者，仍從其約定利率。

對於利息，無須支付遲延利息。

> **要 點 檢 索**
> * 1. 金錢債務
>   (1) 遲延利息
>   (2) 損害賠償
>   2. 非金錢債務
>   (1) 遲延賠償
>   (2) 替補賠償
>   (3) 解除契約

---

[63] 民法第 233 條：遲延利息與其他損害之賠償。

I. 遲延之債務，以支付金錢為標的者，債權人得請求依法定利率計算之遲延利息。但約定利率較高者，仍從其約定利率。

II. 對於利息，無須支付遲延利息。

III. 前二項情形，債權人證明有其他損害者，並得請求賠償。

(2) 其他損害之賠償：債權人證明有其他損害者，並得請求賠償。

2. 非金錢債務之給付遲延

非金錢債務之給付遲延，債權人得請求：

(1) 遲延賠償（民§231）：

① 債務人遲延者，債權人得請求其賠償因遲延而生之損害。

② 債務人，在遲延中責任加重，應負非常事變責任，對於因**不可抗力**而生之損害，亦應負責。但債務人證明縱不遲延給付，而仍不免發生損害者，不在此限。

NOTE

不可抗力
1. 指非人力所能抗拒之外界客觀力量。
2. 例如：各種天災如：地震、海嘯、颱風、龍捲風、隕石撞地球……；各種人禍如：戰爭、暴動、恐怖攻擊……。
3. 不可抗力責任又稱為非常事變責任。
4. 一般而言，債務人債務不履行僅負過失責任，但在債務人給付遲延時，對於因不可抗力所生之損害亦應負責。

(2) **替補賠償**（拒絕受領給付而請求賠償）：

NOTE

替補賠償
1. 以損害賠償代替原來之給付（基於原來債之關係）。
2. 因此債務人為損害賠償後，就毋庸再為原來之給付。
3. 要件：
(1) 須遲延後之給付。
(2) 須給付於債權人無利益。

① 遲延後之給付，於債權人無利益者，債權人得拒絕其給付，並得請求賠償因不履行而生之損害（民§232）。

② 「因不履行而生之損害」指全部不履行而生之損害，即履行利益之損害賠償。

(3) 解除契約：

① 非定期行為給付遲延之解除契約：契約當事人之一方遲延給付者，他方當事人得定相當期限催告其履行，如於期限內不履行時，得解除其契約（民§254）。換言之，債務人縱已負遲延責任，債權人仍應依民法第254條之規定，定相當期限，催告債務人履行，並因債務人於期限內不履行，方得解除契約[64]。

② 定期行為給付遲延之解除契約（民§255）：依契約之性質或當事人之意思表示，非於一定時期為給付不能達其契約之目的，而契約當事人之一方不按照時期給付者，他方當事人得不為前條之催告，解除其契約。

③ 解除契約之三步驟（缺一不可）：

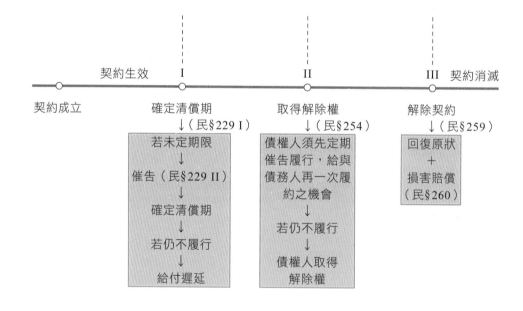

---

[64] 最高法院 90 年台上字第 2216 號判決：
給付無確定期限者，債務人於債權人得請求給付時，經其催告而未為給付，自受催告時起負遲延責任；又契約當事人之一方遲延給付者，他方當事人得定相當期限，催告其履行，如於期限內不履行時，得解除其契約。民法第 229 條第 2 項前段及第 254 條分別定有明文。換言之，在給付無確定期限之情形，須契約當事人之一方經他方催告給付而不為給付，方屬遲延給付，此際須經他方當事人再定相當期限，催告其履行而不履行，他方始得解除其契約。

A. 原則:「(1) 確定清償期、(2) 取得解除權、(3) 行使解除權」為解除契約之三步驟,缺一不可。因此,債權人若以發存證信函之方式為催告,則原則上必須發三次存證信函,第一次之功用是確定清償期,第二次是取得解除權,而第三次則是行使解除權,此三次程序皆不可省略。解除權之行使,應向他方當事人以意思表示為之,契約當事人之一方有數人者,其意思表示,應由其全體或向其全體為之[65]。

B. 例外:債權人確定清償期後為第二次催告時,為附停止條件之解除契約之意思表示,則可於催告期滿時解除契約。例如:「催告期滿仍未給付,不另函通知,逕為契約之解除。」

三、不完全給付

題目

不完全給付又稱為不完全履行,其意義、要件及效力如何?

(一)不完全給付之意義

不完全給付又稱為不完全履行,係指債務人雖有給付,但其給付之內容不符合債之本旨。

不完全給付係積極的債務違反,因可歸責於債務人之事由所致,其責任類型為過失責任,與出賣人之瑕疵擔保[66]責任有所不同。

(二)不完全給付之要件、分類及其效力

1. 不完全給付之要件:

(1) 須債務人已為給付。

---

[65] 最高法院 91 年台上字第 1270 號判決:
契約當事人之一方遲延給付者,他方當事人須定相當期限催告其履行,於期限內不履行時,始得解除契約;又解除權之行使,應向他方當事人以意思表示為之,契約當事人之一方有數人者,前項意思表示,應由其全體或向其全體為之。

[66] 瑕疵擔保:係無過失責任,不需探討是否可歸責於債務人,只要給付的「質」或「量」不符合債之本旨,即屬於有瑕疵,例如購買的書有缺頁或破損,都屬於瑕疵給付。

(2) 債務人之給付未符合債之本旨（瑕疵給付或加害給付）。

(3) 須可歸責於債務人。

2. 不完全給付之分類及其效力：

(1) 瑕疵給付：給付有瑕疵（民§227 I）。

瑕疵給付之效力：因可歸責於債務人之事由，致為不完全給付者，債權人得依關於給付遲延或給付不能之規定行使其權利（民§227 I）。

瑕疵給付依其是否能補正而有不同：

A. 瑕疵尚能補正：適用關於給付遲延之規定。

B. 瑕疵不能補正：適用關於給付不能之規定。

(2) 加害給付：給付有瑕疵且因此致生損害。

因不完全給付而生前項以外之損害者，債權人並得請求賠償（民§227 II）。

	類型	賠償範圍	效力	案例：甲（債權人）農場，向乙（債務人）購買小綿羊5隻，每隻1000元。
不完全給付	瑕疵給付（民§227 I）	瑕疵損害（履行利益）	與瑕疵擔保責任競合	小綿羊先天體質屢弱： ① 情況一：飼養困難，只能廉價售出每隻100元時，則乙應賠償： 每隻損害：1000-100=900（元） 全部損害：900（元）*5（隻）=4500（元） ② 情況二：交付後不久小綿羊全數死亡，則乙應賠償： 1000（元）*5（隻）=5000（元）
	加害給付（民§227 II）	瑕疵結果損害（瑕疵損害＋**固有利益**：包含債權人之人身及固有利益）	與侵權行為競合	小綿羊感染「炭疽病」，甲農場羊舍之羊隻因此感染而全數死亡，甲亦受感染。此時乙應賠償甲： ① 瑕疵損害：小綿羊5隻1000（元）*5（隻）=5000（元） ② 固有利益（履行利益以外）之損害： (A) 甲治療炭疽病之醫藥費 (B) 甲原有的羊之損害

NOTE

固有利益：
指原有財產減少或財產應增加而未增加者。

貳 債務不履行之共通效力

一、強制執行

（一）債務不履行時，除特殊情形得為自力救濟（例如民 §151 自助行為）
外，應以公力為救濟之原則，債權人得依強制執行法聲請法院強制執
行。

（二）所謂強制執行，指債權人依據執行名義[67]，聲請執行法院對債務人施
以強制力，強制債務人履行其債務，以滿足債權人私法上請求權之程
序。

二、損害賠償

債務不履行乃債務人侵害債權之特殊侵權行為，債權人得請求因債務不
履行所致之財產上受侵害之損害賠償，亦得請求因債務不履行所致之人格權
受侵害之損害賠償（民法第 227-1 條準用民法第 192~195、197）。

---

[67] 強制執行法第 4 條：
　I. 強制執行，依左列執行名義為之：
　(1) 確定之終局判決。
　(2) 假扣押、假處分、假執行之裁判及其他依民事訴訟法得為強制執行之裁判。
　(3) 依民事訴訟法成立之和解或調解。
　(4) 依公證法規定得為強制執行之公證書。
　(5) 抵押權人或質權人，為拍賣抵押物或質物之聲請，經法院為許可強制執行之裁定者。
　(6) 其他依法律之規定，得為強制執行名義者。
　II. 執行名義附有條件、期限或須債權人提供擔保者，於條件成就、期限屆至或供擔保後，始得開始強制執行。
　III. 執行名義有對待給付者，以債權人已為給付或已提出給付後，始得開始強制執行。

第3款　受領遲延

壹　受領遲延之意義（民 §234）

債權人對於已提出之給付，拒絕受領或不能受領者，自提出時起，負遲延責任。

貳　受領遲延之要件

一、履行上需要債權人受領之債務

債權人受領遲延，指債權人不能或拒絕受領標的物，或是債務人之履行須債權人之協助，而債權人拒絕或不能協助者。例如：甲與婚紗攝影公司訂立拍攝結婚照之契約，在約定拍照日，甲卻感染德國麻疹無法拍照。

二、須債務人已提出給付（民 §235）

債務人非依債務本旨實行提出給付者，不生提出之效力。但債權人預示拒絕受領之意思，或給付兼需債權人之行為者，債務人得以準備給付之事情，通知債權人，以代提出。

三、須債權人不能或拒絕受領

（一）受領遲延（民 §234）

債權人對於已提出之給付，拒絕受領或不能受領者，自提出時起，負遲延責任。

（二）一時受領遲延（民 §236）

給付無確定期限，或債務人於清償期前得為給付者，債權人就一時不能受領之情事，不負遲延責任。但其提出給付，由於債權人之催告，或債務人已於相當期間前預告債權人者，不在此限。

參 受領遲延之效力

債權人負受領遲延責任後，有權利減損之效果，而債務人之責任或可減輕或可免除。

一、債務人責任之減輕

（一）受領遲延時債務人責任（民 §237）

在債權人遲延中，債務人僅就故意或重大過失，負其責任。

（二）受領遲延利息支付之停止（民 §238）

在債權人遲延中，債務人無須支付利息。

（三）孳息返還範圍之縮小（民 §239）

債務人應返還由標的物所生之孳息或償還其價金者，在債權人遲延中，以已收取之孳息為限，負返還責任。

（四）受領遲延費用賠償之請求（民 §240）

債權人遲延者，債務人得請求其賠償提出及保管給付物之必要費用。

二、債務人責任之免除

（一）拋棄占有（民 §241）

有交付不動產義務之債務人，於債權人遲延後，得拋棄其占有。債務人拋棄占有，應預先通知債權人。但不能通知者，不在此限。

（二）提存（民 §326）

債權人受領遲延，或不能確知孰為債權人而難為給付者，清償人得將其給付物，為債權人提存之。

肆 受領遲延與給付遲延

一、義務類型

（一）受領遲延

係不真正義務，為債權人之對己義務，債權人受領遲延時有權利減損之失權效。

（二）給付遲延

係真正義務，為債務人之對他義務，債務人違反時應負損害賠償責任。

二、注意義務之程度

（一）受領遲延

債權人受領遲延時，債務人負重大過失責任（民 §237）。

（二）給付遲延

債務人給付遲延時，債務人負不可抗力責任（民 §231）。

題目

甲於 10 月 10 日出售一套音響給乙，約定 10 月 20 日交付：

1.　若甲遲延，而音響在 10 月 21 日（給付遲延）被偷，甲負不可抗力責任。
2.　若乙遲延，而音響在 10 月 21 日（受領遲延）被偷，甲僅負重大過失責任。

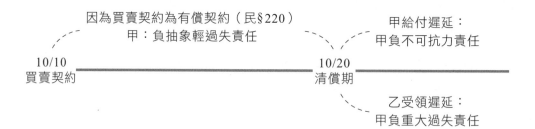

第 4 款 **保　全**

$$債之保全 \begin{cases} 代位權（民§242、243） \\ 撤銷權（民§244） \end{cases}$$

　　債之保全，指債權人為確保其債權獲償，預防債務人減少其責任財產，以保障全體債權人之利益，作為強制執行前提之權利。

壹 代位權

題目 ⋯⋯⋯⋯⋯⋯⋯⋯⋯⋯⋯⋯⋯⋯⋯⋯⋯⋯⋯⋯⋯⋯⋯⋯⋯⋯⋯⋯

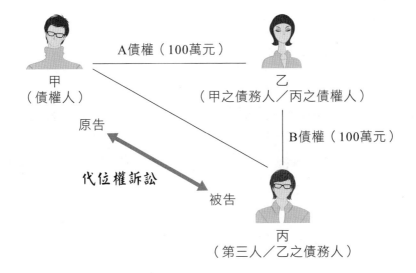

一、代位權之意義

　　指債務人怠於行使其權利時，債權人因保全債權，得以自己之名義，行使債務人之權利。代位權為實體法上之固有權，又稱為間接訴權或代位訴權，可以訴訟上或訴訟外之方法行使。

二、代位權之要件

（一）須債務人怠於行使其權利

1. 債務人怠於行使其權利時，債權人因保全債權，得以自己之名義，行使其權利。但專屬於債務人本身者，不在此限（民§242）。

2. 例如前揭案例，債務人乙怠於行使其權利（乙對丙的B債權）時，債權人甲為了保全債權（A債權），得以甲自己之名義，行使其（乙對丙的B債權）權利。甲得以自己為原告，以丙為被告，向法院提起代位訴訟，而其訴之聲明則以：「請求丙向乙為給付，由甲代位受領。」不過債權人甲僅係代位受領，而非必然取得該債權之全部金額，且無優先受償之權利，因為債務人之責任財產，係保障全體債權人之利益，而非保障特定債權人[68]。

（二）須債權人有保全債權之必要

指債權人若不代位行使權利，即有害於債權人受清償之權利，若債權仍有其他方法受償，則不得行使代位權。換言之，代位權為不得已之手段，非有必要不得為之。

1. 非特定物之債（種類債權）：限債務人因怠於行使權利，而陷於無資力或資力不足為必要[69]。

2. 特定物之債：不以債務人因怠於行使權利而陷於無資力為必要，只須以該給付特定物為內容之債權發生給付障礙即可。

---

[68] 64年台上字第2916號判例：
債權人代位債務人起訴，求為財產上之給付，因債務人之財產為總債權人之共同擔保，故訴求所得應直接屬於債務人，即代位起訴之債權人不得以之僅供清償一己之債權，如須滿足自己之債權應另經強制執行程序始可，債權人雖亦有代受領第三債務人清償之權限，但係指應向債務人給付而由債權人代位受領而言，非指債權人直接請求第三債務人對自己清償而言，故債權人代位債務人起訴請求給付者，須聲明被告（第三債務人）應向債務人為給付之旨，並就代位受領為適當之表明，始與代位權行使效果之法理相符。

[69] 最高法院94年台上字第301號判決。

（三）須債務人已負遲延責任

1. 代位權行使之時期（民 §243）

   債權人之代位權，非於債務人負遲延責任時，不得行使。但專為保存債務人權利之行為，不在此限。

   (1) 原則：於債務人負遲延責任時，方得行使。

   (2) 例外：專為保存債務人權利之行為，不在此限。

2. 代位權行使之範圍

   債權人對於債務人之權利得代位行使者，其範圍甚廣：

   (1) 凡非專屬於債務人本身之財產上權利均得為之。對於債務人負有債務之第三人之財產上權利，債務人得代位行使時，亦為非專屬於債務人本身之財產上權利之一種，而得行使代位權[70]。

   (2) 並不以保存行為為限，凡以權利之保存或實行為目的之一切審判上或審判外之行為，諸如假扣押、假處分、聲請強制執行、實行擔保權、催告、提起訴訟等，債權人皆得代位行使[71]。

 貳 撤銷權

一、撤銷權之意義

指債權人對於債務人所為有害債權之行為，得聲請法院撤銷之權利。

NOTE

專屬權

1. 乃專屬於權利人一身之權利。

2. 可區分為：

(1) 享有之專屬權：專屬於一定人享有，不得讓與及繼承，例如民法第1148條但書。

(2) 行使之專屬權：可讓與及繼承，由權利人之意思決定之，例如民法第242條但書。

---

[70] 43年台上字第243號判例：

債權人對於債務人之權利得代位行使者，其範圍甚廣，凡非專屬於債務人本身之財產上權利均得為之（參民法 §242但書）。對於債務人負有債務之第三人之財產上權利，債務人得代位行使時，亦為非專屬於債務人本身之財產上權利之一種，如債務人怠於行使此項權利，致危害債權人之債權安全者，自難謂為不在債權人得代位行使之列。

[71] 69年台抗字第240號判例。

二、撤銷權之行使

（一）民法第 244 條之撤銷權，即學說所稱之撤銷訴權，須以「訴」之形式向法院請求為撤銷其行為之形成判決，始能發生撤銷之效果[72]。

（二）撤銷訴權雖亦為實體法上之權利而非訴訟法上之權利，然倘非以訴之方法行使，即不生撤銷之效力，在未生撤銷之效力以前，債務人之處分行為尚非當然無效，從而亦不能因債務人之處分具有撤銷之原因，即謂已登記與第三人之權利當然應予塗銷[73]。

三、撤銷權之要件

　　撤銷權之要件，因債務人之行為係有償或無償而有所不同。債務人為無償行為時，只須具備客觀要件，債權人即得行使撤銷權；債務人所為係有償行為時則須同時具備客觀及主觀要件，債權人始得行使撤銷權。

（一）客觀要件

　　無論有償或無償行為均須具備客觀要件。

1. 須債務人曾為法律行為

不論係單獨行為、契約行為、物權行為、有償行為、無償行為均屬之，例如贈與、保證、租賃、借貸……等。但不包含事實行為。

2. 須債務人之行為以財產權為標的

債務人之行為若非以財產為標的者，債權人不得行使撤銷權，例如結婚、收養、拋棄繼承[74]……等。

3. 須債務人之行為有害債權

(1) 有害債權之行為通稱為詐害行為，即債務人之行為足以減少其一般財產，而減低其清償能力。

---

[72] 54 年台上字第 975 號判例。

[73] 56 年台上字第 19 號判例。

[74] 73 年第 2 次民庭會議決議（一）：
債權人得依民法第 244 條規定行使撤銷訴權者，以債務人所為非以其人格上之法益為基礎之財產上之行為為限，繼承權係以人格上之法益為基礎，且拋棄之效果，不特不承受被繼承人之財產上權利，亦不承受被繼承人財產上之義務，故繼承權之拋棄，縱有害及債權，仍不許債權人撤銷之。

(2) 由於撤銷權之規定，係以確保全體債權人之利益，而非為確保特定債權人而設，因此債務人之行為非以財產為標的，或僅有害於以給付特定物為標的之債權者，不適用撤銷之規定（民§244 III）。

(3) 由於債務人之全部財產為總債權人之共同擔保，因此債權人應於債務人之共同擔保減少至害及全體債權人之利益時，方得行使撤銷權，換言之，無論特定物之債或非特定物之債，均限債務人因怠於行使權利而陷於無資力或資力不足為必要[75]。

（二）主觀要件

債務人所為之有償行為，於行為時明知有損害於債權人之權利者，以受益人於受益時亦知其情事者為限，債權人得聲請法院撤銷之（民§244 II）。

1. 須債務人惡意（行為時明知其行為有害債權）

(1) 須債務人行為時明知有損害於債權人之權利。

(2) 不論有償行為及無償行為均有適用。

2. 須受益人亦惡意（受益時亦明知其行為有害債權）

(1) 須受益人於債務人為有償之詐害行為時，明知有損害於債權人之權利者，始得撤銷。

(2) 受益人包含直接受益人以及間接受益人。

四、撤銷權之除斥期間（民§245）

撤銷權，自債權人知有撤銷原因時起，一年間不行使，或自行為時起，經過十年而消滅。

第5款　契　約

（詳閱：第二編 第一章 第二節 第一款）

---

[75] 59 年台上字第 313 號判例：
有擔保物權（抵押權、質權）之債權，而其擔保物之價值超過其債權額時，自毋庸行使撤銷權以資保全。

（ C ） 1. 甲欲購買乙所有房屋 1 棟，經數次與乙磋商之後，雙方同意該屋以 500 萬元成交，並詳細約定付款及交屋、移轉所有權方式，為求慎重並由丙丁 2 人擔任見證人，且言明為免日後爭議，應將約定內容寫成契約書。嗣後因乙反悔，結果連契約書都無法完成，則下列敘述何者正確？ (A) 因為無法完成契約書，因此甲乙之契約不成立 (B) 甲如果已經給付部分價金，應以不當得利請求返還 (C) 甲如能證明與乙已有訂立契約之合意，仍得請求乙履行 (D) 甲為了使乙履行契約，應先請求乙完成契約書。

【99 年不動產經紀人】

🔍**詳解** 第 153 條：I. 當事人互相表示意思一致者，無論其為明示或默示，契約即為成立。II. 當事人對於必要之點，意思一致，而對於非必要之點，未經表示意思者，推定其契約為成立，關於該非必要之點，當事人意思不一致時，法院應依其事件之性質定之。

（ C ） 2. 有關損害賠償之規定，下列何者為是？ (A) 若賠償致賠償義務人生計有重大影響，縱出於其故意，義務人得免責 (B) 損害之發生，被害人與有過失者，加害人得不負賠償之責 (C) 損害賠償之債，發生原因可能是契約、侵權行為或債務不履行 (D) 損害賠償之方法以金錢賠償為原則。

【96 年不動產經紀人】

🔍**詳解** (A) 第 218 條：損害非因故意或重大過失所致者，如其賠償致賠償義務人之生計有重大影響時，法院得減輕其賠償金額。
(B) 民法第 217 條第 1 項：損害之發生或擴大，被害人與有過失者，法院減輕賠償金額，或免除之。
(D) 第 213 條第 1 項：負損害賠償責任者，除法律另有規定或契約另有訂定外，應回復他方損害發生前之原狀。

（ D ） 3. 有關契約之解除，以下何者為真？ (A) 解除權之行使，無須向他方為意思表示 (B) 契約解除之效力向將來生效 (C) 解除權之行使，有免除損害賠償請求權之效力 (D) 解除契約之意思表示不得撤銷。

【96 年不動產經紀人】

🔍**詳解** 第 258 條：I. 解除權之行使，應向他方當事人以意思表示為之。II. 契約當事人之一方有數人者，前項意思表示，應由其全體或向全體為之。III. 解除契約之意思表示，不得撤銷。

(D) 4. 甲乙本於同一買賣契約而互負債務，甲於乙未為對待給付前，得主張拒絕給付之權利為何？ (A) 債務清償請求權 (B) 先訴抗辯權 (C) 債權保全之請求權 (D) 同時履行抗辯權。　　　　　　　　【96 年不動產經紀人】

詳解 第 264 條第 1 項：因契約互負債務者，於他方當事人未為對待給付前，得拒絕自己之給付。但自己有先為給付之義務者，不在此限。

(A) 5. 下列何者為不得讓與之債權？ (A) 父母對於子女的扶養請求權 (B) 違約金請求權 (C) 保險金請求權 (D) 損害賠償請求權。

【96 年不動產經紀人】

詳解 父母對於子女的扶養請求權具有專屬性，不得讓與。

(D) 6. 債務人給付遲延者，其責任應變更為： (A) 故意責任 (B) 重大過失責任 (C) 事變責任 (D) 不可抗力責任。　　　　　　　【96 年不動產經紀人】

詳解 第 231 條：I. 債務人遲延者，債權人得請求其賠償因遲延而生之損害。II. 前項債務人，在遲延中，對於因不可抗力而生之損害，亦應負責。但債務人證明縱不遲延給付，而仍不免發生損害者，不在此限。

(C) 7. 下列何者非損害賠償之債之發生原因？ (A) 債務不履行 (B) 侵權行為 (C) 未達法定年齡 (D) 契約。　　　　　　　　【96 年不動產經紀人】

詳解 債發生之原因有：1. 契約，2. 無因管理，3. 侵權行為。

(D) 8. 甲、乙締結由甲出售其所有之建物予乙之買賣契約，但該建物實際上已於甲、乙締約前一日因火災而全部燒毀。該買賣契約效力如何？ (A) 效力未定 (B) 乙得解除契約 (C) 乙得撤銷契約 (D) 無效。

【104 年不動產經紀人】

詳解 1. 民法第 246 條第 1 項：「以不能之給付為契約標的者，其契約為無效」。
2. 甲乙買賣契約之建物，已於締約前燒毀，即屬所謂自始給付不能，此時契約自始無效。

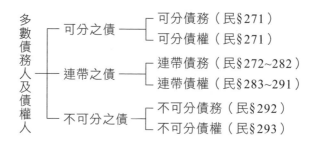

第五節　多數債務人及債權人

```
多          ┌ 可分之債 ─┬─ 可分債務（民§271）
數          │           └─ 可分債權（民§271）
債          │
務          │
人 ─────────┼─ 連帶之債 ─┬─ 連帶債務（民§272~282）
及          │           └─ 連帶債權（民§283~291）
債          │
權          │
人          └─ 不可分之債 ─┬─ 不可分債務（民§292）
                         └─ 不可分債權（民§293）
```

題目

　　何謂「可分之債」？何謂「不可分之債」？何謂「連帶之債」？就給付之內容而言，連帶之債係屬可分或不可分之債？並請說明其理由何在？

【86 基層】

第1款　可分之債

一、可分之債之意義

　　所謂可分之債，係指債之主體（債權人、債務人）有多數，而以「同一可分之給付」為標的，由數債務人分擔，或由數債權人分受其給付之債。可分之債，債權人為多數者為可分債權；債務人為多數者謂可分債務。「給付可分」係指一個給付可分為數個給付，而無損其性質、價值及契約目的。例如：米、麥、酒、錢……等。給付是否可分，通常依給付標的之性質定之，給付標的之性質為可分者，原則上屬可分之債；給付標的之性質為不可分，或雖非不可分，但若強為分割，其價值有減損之虞；或當事人之意思表示，定為不可分者，均應認給付為不可分 [76]。可分之債，又稱為分割之債或聯合之債。

---

[76] 最高法院 92 年台上字第 2200 號判決。

二、可分之債之效力

民法第 271 條：「數人負同一債務或有同一債權，而其給付可分者，除法律另有規定或契約另有訂定外，應各平均分擔或分受之；其給付本不可分而變為可分者亦同。」

（一）原則

應各平均分擔或分受。

（二）例外

法律另有規定或契約另有訂定。

第 2 款　連帶債務

連帶債務

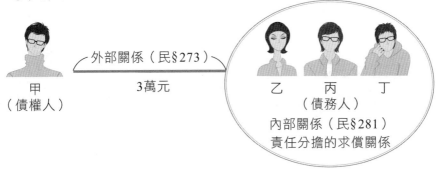

甲（債權人）　　外部關係（民§273）　　3萬元　　乙　丙　丁（債務人）　　內部關係（民§281）　責任分擔的求償關係

壹　連帶債務之意義（民 §272）

數人負同一債務，明示對於債權人各負全部給付之責任者，為連帶債務（民 §273 I）。所謂「連帶關係」係指數債務人間，具有共同目的，關於債之效力及消滅，一人所生之事項，對於債權人或其他債務人亦可能發生效力。其要件為：

一、債務人須有數人

二、債務人間須有連帶關係

三、須以同一給付為標的

四、各債務人須各負全部給付之責任

若依上圖所舉之案例，則債務人乙、丙、丁與債權人甲之間之外部關係上，對甲均負擔3萬元債務，如果連帶債務人中有一人乙對甲為全部（3萬元）清償後，其他連帶債務人（丙、丁）對債權人甲所負擔之債務消滅。而連帶債務人彼此間之內部關係，則發生責任分擔之求償關係。

貳 連帶債務之成立

數人負同一債務，明示對於債權人各負全部給付之責任者，為連帶債務。無前述之明示時，連帶債務之成立，以法律有規定者為限（民§272）。故連帶債務之成立：

一、明示之意思表示

連帶債務對債務人而言責任較重，故以契約成立連帶債務時，限於以明示之意思表示為之。

二、法律規定

法律規定之連帶債務如：民法第28、185、187、188、305、471、637、681、709-9、748、1153……等。

參 連帶債務之效力

一、連帶債務之對外效力

（一）債權人之選擇請求給付權利（民 §273）

連帶債務之債權人，得對於債務人中之一人或數人或其全體，同時或先後請求全部或一部之給付。連帶債務未全部履行前，全體債務人仍負連帶責任。債權人得就下列情形中選擇請求給付：

┌─────────────────────┐
│ 🔍　　要 點 檢 索　　⊗ │
│ • 1. 債權人之選擇請求給付 │
│　　　 權利 │
│　 2. 債務人一人所為事項之 │
│　　　 對外效力 │
│　　 (1) 絕對效力事項 │
│　　 (2) 相對效力事項 │
└─────────────────────┘

1. 人：債務人中之一人或數人或其全體請求。

2. 時：同時或先後請求。

3. 範圍：全部或一部給付請求。

（二）債務人一人所為事項之對外效力

1. 絕對效力事項

   連帶債務中，凡債務人中一人所為之事項對於其他債務人亦生效力者，為絕對效力事項。亦即前例之債務人乙所為事項效力及於丙、丁。

   (1) 發生完全絕對效力之事項

   連帶債務中，債務人中一人所為之事項；其效力範圍及於其他債務人者，為完全絕對效力事項。

   ① 清償等發生絕對效力（民 §274）：因連帶債務人中之一人為清償、代物清償、提存、抵銷或混同，而使債務消滅者，他債務人亦同免其責任。例如：前例之債務人乙清償債務全部，其他連帶債務人（丙、丁）對債權人甲所負擔之債務消滅。

   ② 確定判決（民 §275）：連帶債務人中之一人受確定判決，而其判決非基於該債務人之個人關係者，為他債務人之利益，亦生效力。確定判決及於其他連帶債務人之前提是：「非基於該債務人之個人關係」，且「為他債務人之利益」。換言之，非基於該債務人個人關係之訴訟若獲勝訴之確定判決，及於其他連帶債務人，反之，若敗訴則不及於其他債務人。

③ 受領遲延（民 §278）：債權人對於連帶債務人中之一人有遲延時，為他債務人之利益，亦生效力。例如：前例之乙想要清償 3 萬元債務，但甲拒收，則甲對乙須負受領遲延之責任，此時為了丙、丁之利益，甲對丙、丁也須負受領遲延之責任。

(2) 發生限制絕對效力之事項

連帶債務中，債務人中一人所為之事項，其效力範圍限制僅及於該債務人分擔之部分，而不及於其他債務人者，為限制絕對效力事項。

① 免除與時效完成（民 §276）：債權人向連帶債務人中之一人免除債務，而無消滅全部債務之意思表示者，除該債務人應分擔之部分外，他債務人仍不免其責任。前述規定，於連帶債務人中之一人消滅時效已完成者準用之。例如：乙、丙、丁對甲負 3 萬元之連帶債務，債務人中乙一人時效消滅，乙得主張時效抗辯拒絕給付，但其他連代債務人只能於乙應分擔部分（乙應分擔 1 萬元）之限度內拒絕給付，其餘（2 萬元）丙、丁仍負連帶責任。

② 抵銷（民 §277）：抵銷是為了簡化法律關係，避免反覆求償。連帶債務人中之一人，對於債權人有債權者，他債務人以該債務人應分擔之部分為限，得主張抵銷。例如：前例之乙對甲有 2 萬元債權已屆清償期，若乙自己主張以 2 萬元之債抵銷，則乙、丙、丁均可免去 2 萬元之債，但若其他債務人（丙或丁）主張抵銷，則僅能就乙之分擔額（1 萬元）抵銷，丙、丁仍應負 2 萬元債務之連帶責任。

2. 相對效力事項（民 §279）：就連帶債務人中之一人所生之事項，除前 5 條規定或契約另有訂定者外，其利益或不利益，對他債務人不生效力，為相對效力事項。例如：請求、給付遲延、時效中斷等。

二、連帶債務之對內效力

（一）分擔義務（民 §280）

連帶債務人相互間，除法律另有規定或契約另有訂定外，應平均分擔義務。但因債務人中之一人應單獨負責之事由所致之損害及支付之費用，由該債務人負擔。

🔍 **要 點 檢 索** ⊙

- 1. 分擔義務
- 2. 求償權、代位權
- 3. 無償還資力人負擔部之分擔

1. 原則：平均分擔。
2. 例外：法律另有規定或契約另有訂定。

（二）求償權、代位權（民 §281）

1. 求償權：連帶債務人中之一人，因清償、代物清償、提存、抵銷或混同，致他債務人同免責任者，得向他債務人請求償還各自分擔之部分，並自免責時起之利息（民 §281 I）。例如：前例之債務人乙清償 3 萬元後，得向丙、丁各求償 1 萬元，以及自乙清償時起之利息。
2. 代位權：前述情形，求償權人於求償範圍內，承受債權人之權利。但不得有害於債權人之利益（民 §281 II）。

（三）無償還資力人負擔部分之分擔（民 §282）

　　連帶債務人中之一人，不能償還其分擔額者，其不能償還之部分，由求償權人與他債務人按照比例分擔之。但其不能償還，係由求償權人之過失所致者，不得對於他債務人請求其分擔。前述情形，他債務人中之一人應分擔之部分已免責者，仍應依前項比例分擔之規定，負其責任。

　　例如：前例中連帶債務人乙清償 3 萬元後，丙破產且無財產可供清償，則乙對丙之債權無法受清償之風險，應由全體連帶債務人（乙、丁）共同承擔。乙、丁共同承擔丙應負擔之 1 萬元，按照比例分擔（各 5000 元），因此乙得向丁請求 15000 元（丁自己之債 1000 元＋承擔丙 5000 元）。

第 3 款　連帶債權

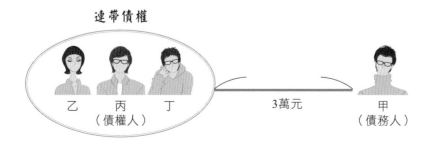

連帶債權

乙　丙　丁
（債權人）

3萬元

甲
（債務人）

壹 連帶債權之意義

所謂連帶債權,係指多數債權人有同一目的之數個債權,得各自或共同請求全部或一部之給付,而債務人對於其中任何一人為全部給付即可消滅其債務而言[77]。其成立要件為:

一、債權人須有數人。

二、須為同一個給付為內容。

三、債權人各得向債務人為全部給付之請求。

貳 連帶債權之成立

民法第283條:「數人依法律或法律行為,有同一債權,而各得向債務人為全部給付之請求者,為連帶債權。」

參 連帶債權之效力

一、連帶債權之對外效力

(一)債務人之選擇給付(民§284)

連帶債權之債務人,得向債權人中之一人,為全部之給付。

(二)債權人所為事項之對外效力

1. 絕對效力事項:

　　(1) 請求(民§285):連帶債權人中之一人為給付之請求者,為他債權人之利益,亦生效力。

　　(2) 受領清償(民§286):因連帶債權人中之一人,已受領清償、代物清償,或經提存、抵銷、混同而債權消滅者,他債權人之權利,亦同消滅。

---

[77] 69年台上1364號判例。

(3) 確定判決（民§287）：連帶債權人中之一人，受有利益之確定判決者，為他債權人之利益，亦生效力。連帶債權人中之一人，受不利益之確定判決者，如其判決非基於該債權人之個人關係時，對於他債權人，亦生效力。

(4) 免除與時效完成（民§288）：連帶債權人中之一人，向債務人免除債務者，除該債權人應享有之部分外，他債權人之權利，仍不消滅。前述規定，於連帶債權人中之一人消滅時效已完成者準用之。

(5) 受領遲延（民§289）：連帶債權人中之一人有遲延者，他債權人亦負其責任。

2. 相對效力事項（民§290）：就連帶債權人中之一人所生之事項，除前 5 條規定或契約另有訂外，其利益或不利益，對他債權人不生效力。例如：給付不能、給附遲延、時效不完成⋯等。

二、連帶債權之對內效力（民§291）

　　連帶債權之對內關係，係指連帶債權人彼此間之內部關係，連帶債權人中一人自債務人處受領給付，債務人之債務因此效滅，而連帶債權人相互間，除法律另有規定或契約另有訂定外，應平均分受其利益。

第4款　不可分之債

　　所謂不可分之債，指數人負同一債務，或有同一債權，而其給付不可分者。例如：共同交付一隻鴕鳥。其債務人有多數時為不可分債務，債權人有多數時為不可分債權。

壹　不可分債務（民§292）

　　多數債務人以同一不可分之給付為標的之債務，因其給付不可分，因此債務人必須負全部給付之義務。民法第 292 條：「數人負同一債務，而其給付不可分者，準用關於連帶債務之規定。」不可分債務因給付之標的不可分，準用連帶債務之規定時，除準用第 273 條時，不得請求一部給付外，尚有因性質不同而不能準用第 276、277 條以及第 282 條第 2 項。

貳 不可分債權

多數債權人以同一不可分之給付為標的之債權，多數債權人僅各得請求「向債權人全體」為給付，債務人亦僅得「向債權人全體」為給付。

一、對外效力（民§293 I、II）

數人有同一債權，而其給付不可分者，各債權人僅得請求向債權人全體為給付，債務人亦僅得向債權人全體為給付。除前述規定外，債權人中之一人與債務人間所生之事項，其利益或不利益，對他債權人不生效力。

二、對內效力（民§293 III）

債權人相互間，準用第291條除法律另有規定或契約另有訂定外，應平均分受其利益之規定。

第六節 債之移轉

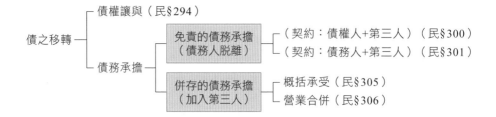

債之移轉包含「債權讓與」及「債務承擔」，「債權讓與」指債權人之變更，「債務承擔」則指債務人之變更，其特色在於僅有債之主體變更，而客體（債之關係同一性）並不改變。

債移轉之原因，可能因為當事人之契約而移轉，如債權讓與、債務承擔及營業概括承受；亦可能因法律之規定，如繼承（民§1148）以及清償代位（民§312、749）。

壹 債權讓與

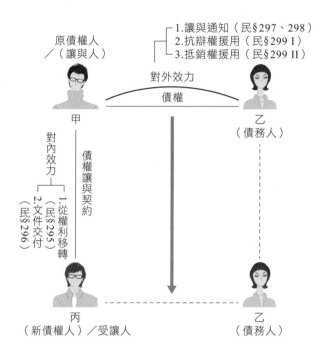

原債權人
／（讓與人）

1.讓與通知（民§297、298）
2.抗辯權援用（民§299 I）
3.抵銷權援用（民§299 II）

對外效力

債權

甲

乙
（債務人）

對內效力

1.從權利移轉
（民§295）
2.文件交付
（民§296）

債權讓與契約

丙
（新債權人）／受讓人

乙
（債務人）

一、債權讓與之意義及性質

　　債權讓與，指不變更債之關係同一性（債之內容不變），而由債權人（讓與人）將其債權移轉與受讓人之準物權契約。債權讓與契約，係依當事人合意而成立之不要式契約，其性質為：

（一）處分行為

　　債權讓與係將債權當作一種財產而處分，可發生債權移轉之效力，係屬準物權行為、處分行為。

（二）具獨立性

　　債權讓與係屬準物權行為，具獨立性，於讓與契約發生效力時，債權即移轉於受讓人，其原因關係之存否，於既已成立生效之債權讓與契約並無影

響[78]。因此，如果以債權讓與作為清償債務之方法，縱然其債務不存在，亦僅生讓與人得否請求受讓人返還不當得利之問題，而不影響債權移轉之效力。

（三）無因性

債權移轉契約之效力，不因原因關係之撤銷或無效而影響其效力，換言之，不論原因行為之效力如何，債權移轉契約之效力均不受影響。

二、債權之可讓與性（民 §294）

債權為財產權，原則具有讓與性（流通性），依民法第 294 條之規定：

（一）原則：債權人得將債權讓與於第三人。

（二）例外：不得讓與。

1. 依債權之性質，不得讓與者

   若債權之成立與履行具有強烈的「屬人性」，例如債權之成立基於特殊信任關係如教學、繪畫……，或債權行為會產生差異性者，如租賃、僱傭、委任……等。其性質即不得讓與。

2. 依當事人之特約，不得讓與者

   當事人得特約約定債權不得讓與，但此種不得讓與之特約，不得以之對抗善意第三人。違反禁止債權讓與契約之效力[79]：

   (1) 原則：所為之讓與無效。

   (2) 例外：此項不得讓與之特約，不得以之對抗善意第三人，若第三人不知有此特約其讓與應為有效。

3. 債權禁止扣押者

   債權為財產權之一種，原則上債權人得扣押債務人之債權，但法律規定禁止扣押之債權，則不得讓與。例如強制執行法第 122 條：債務人依法領取之社會福利津貼、社會救助或補助，不得為強制執行。債務人依法領取之社會保險給付或其對於第三人之債權，係維持債務人及其共同生活之親屬生

---

[78] 最高法院 92 年台上字第 624 號判決。

[79] 50 年台上字第 539 號判例。

活所必需者，不得為強制執行。所以，維持債務人及其共同生活之親屬生活所必需之債權，不得為讓與之標的。

三、債權讓與之效力

（一）對內效力

對內效力指讓與人與受讓人間之法律關係。

> **要點檢索**
> 1. 從權利之隨同移轉
> 2. 證明文件之交付與必要情形之告知

1. 從權利之隨同移轉（民§295）

讓與債權時，該債權之擔保及其他從屬之權利，隨同移轉於受讓人。但與讓與人有不可分離之關係者，不在此限。未支付之利息，推定其隨同原本移轉於受讓人。

(1) 債權之擔保：指保證或擔保物權，如抵押權、質權、留置權等。

(2) 從權利：例如違約金請求權、利息債權……等。

2. 證明文件之交付與必要情形之告知（民§296）

讓與人應將證明債權之文件，交付受讓人，並應告以關於主張該債權所必要之一切情形。

(1) 證明債權之文件：字據、借據、抵押證書、清償證明、受領證明……等足以證明債權之文件。

(2) 必要情形之告知：例如債權之清償期、清償地及其他主張債權所必要之相關事項。

（二）對外效力

對於讓與人與受讓人而言，對債務人之效力為對外效力。

> **要點檢索**
> 1. 債權讓與之通知
> 2. 表見讓與
> 3. 對於受讓人抗辯之援用與抵銷之主張

1. 債權讓與之通知

(1) 債權之讓與，非經讓與人或受讓人通知債務人，對於債務人不生效力。但法律另有規定者，不在此限。受讓人將讓與人所立之讓與字據提示於債務人者，與通知有同一之效力（民§297）。

(2) 債權讓與之通知，為讓與人或受讓人向債務人通知債權讓與事實之行為，其性質為觀念通知[80]。

(3) 通知債務人之目的，在於保護債務人，因此只要能使債務人知悉債權讓與之事實，並無限制通知之方法，「口頭或書面的告知」、「讓與字據之提示」均得為之。

(4) 債權之讓與，雖須經讓與人或受讓人通知債務人始生效力，但不以債務人之承諾為必要[81]。

2. 表見讓與（民 §298）

讓與人已將債權之讓與通知債務人者，縱未為讓與或讓與無效，債務人仍得以其對抗受讓人之事由，對抗讓與人。前述通知，非經受讓人之同意，不得撤銷。例如：債權人甲將其債權讓與給丙之事實通知債務人乙，但其實甲與丙間之讓與行為未完成或無效，甲仍是債權人。理論上，乙應向甲清償才能使債之關係消滅，若乙信賴甲所為債權讓與之通知，已對丙為清償之給付，乙得主張債務已消滅對抗讓與人甲。

3. 對於受讓人抗辯之援用與抵銷之主張（民 §299）

(1) 債務人於受通知時，所得對抗讓與人之事由，皆得以之對抗受讓人。所謂得對抗之事由，不以狹義之抗辯權為限，而應廣泛包括足以阻止或排斥債權之成立、存續或行使之事由在內[82]。

(2) 債務人於受通知時，對於讓與人有債權者，如其債權之清償期，先於所讓與之債權或同時屆至者，債務人得對於受讓人主張抵銷。

---

[80] 28 年上字第 1284 號判例。

[81] 42 年台上字第 626 號判例。

[82] 52 年台上字第 1085 號判例。

貳 債務承擔

免責的債務承擔

例如乙積欠甲債務無力清償，乙之父親丙為其承擔債務。

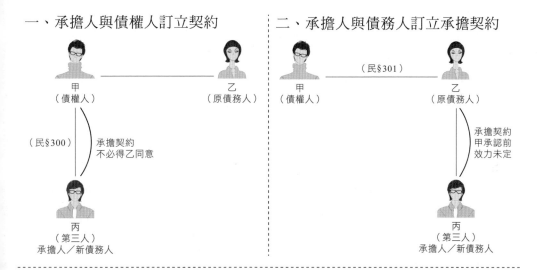

一、承擔人與債權人訂立契約

甲（債權人）　　　乙（原債務人）

（民§300）　承擔契約
不必得乙同意

丙（第三人）
承擔人／新債務人

二、承擔人與債務人訂立承擔契約

甲（債權人）　（民§301）　乙（原債務人）

承擔契約
甲承認前
效力未定

丙（第三人）
承擔人／新債務人

一、債務承擔之意義及種類

（一）債務承擔之意義

債務承擔指當事人約定或法律規定，將債務移轉於承擔人，僅債務人改變，而債之關係不失其同一性。

（二）債務承擔之種類

債務承擔，有「免責的債務承擔」及「併存的債務承擔」之別，「免責的債務承擔」於契約生效後原債務人脫離債務關係，「併存的債務承擔」為第三人加入債務關係與原債務人併負同一之債務，而原債務人並未脫離債務關係[83]。

---

[83] 49 年台上字第 2090 號判例。

二、免責的債務承擔

免責的債務承擔又稱為狹義的債務承擔，由承擔人代替原債務人負擔債務，而原債務人脫離債之關係，免除責任。免責的債務承擔其債務之同一性不變，移轉由新債務人承擔債務，為準物權行為。

（一）承擔人與債權人訂立契約

第三人與債權人訂立契約承擔債務人之債務者，其債務於契約成立時，移轉於該第三人（民 § 300）。此種承擔契約使債務人脫離債之關係，對原債務人而言有利無弊，只須第三人與債權人互相表示意思一致，其契約即為成立，不必得債務人之同意，故債務人縱對本件債務承擔契約不同意，亦不影響該契約之成立[84]。

（二）承擔人與債務人訂立契約

1. 第三人與債務人訂立契約承擔其債務者，非經債權人承認，對於債權人不生效力（民 § 301），因為承擔人之資力，對債權人之權益影響甚鉅，若承擔人無資力以清償債務，將損及債權人之權利，故須得債權人同意。債權人未同意前，效力未定。

2. 債權人承認前，債務人或承擔人得定相當期限，催告債權人於該期限內確答是否承認，如逾期不為確答者，視為拒絕承認。債權人拒絕承認時，債務人或承擔人得撤銷其承擔之契約（民 § 302）。

3. 承擔人與債務人訂立債務承擔契約，如未經債權人承認，僅對債權人不生效力而已，訂約之當事人仍受其拘束，債務人或承擔人如欲撤銷此項承擔契約，必須踐行民法第 302 條第 1 項所規定之定期催告債權人承認之程序，待債權人拒絕承認後，始得撤銷其承擔契約[85]。

---

[84] 52 年台上字第 925 號判例參閱。

[85] 68 年台上字第 1346 號判例參閱。

（三）免責的債務承擔之效力

1. 債務人抗辯權之援用及其限制（民§303）：

    (1) 承擔人得援用原債務人之抗辯：債務人因其法律關係所得對抗債權人之事由，承擔人亦得以之對抗債權人。但不得以屬於債務人之債權為抵銷。

    (2) 承擔人不得援用原因關係之抗辯：承擔人因其承擔債務之法律關係所得對抗債務人之事由，不得以之對抗債權人。

2. 從權利之存續及其例外（民§304）：

    (1) 原則：從屬於債權之權利，不因債務之承擔而妨礙其存在。

    (2) 例外：與債務人有不可分離之關係者，若分離者失其優先性，例如勞動報酬之債權對於僱主破產時之優先權，債務承擔後優先權不存續。

    (3) 由第三人就債權所為之擔保：若該第三人對於債務之承擔已為承認，則該擔保存續，若該第三人對於債務之承擔不為承認，則該擔保因債務之承擔而消滅。因為第三人是為原債務人擔保，除該第三人願為承擔人擔保而承認外，其所為之擔保因債務之承擔而消滅。

三、併存的債務承擔

題目 ....

併存的債務承擔（民§305、306）。

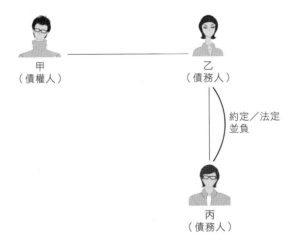

併存的債務承擔又稱為附加的債務承擔、重疊的債務承擔，乃第三人加入共同負責，原債務人並不脫離債之關係，其目的為確保債務履行，由原債務人與承擔人連帶負責，因為對債權人有利，故毋庸得其同意。

　　併存的債務承擔種類如下： - - - - - - - - - - - - - - - - -

> **要 點 檢 索**
> - 1. 概括承受
> 2. 營業合併

（一）概括承受（民 §305）

　　就他人之財產或營業，概括承受其資產及負債者，因對於債權人為承受之通知或公告，而生承擔債務之效力。前述情形，債務人關於到期之債權，自通知或公告時起，未到期之債權，自到期時起，2年以內，與承擔人連帶負其責任。

（二）營業合併

1. 營業與他營業合併，而互相承受其資產及負債者，與前條之概括承受同，其合併之新營業，對於各營業之債務，負其責任（民 §306）。

2. 營業合併之方式：

   (1) 吸收合併：例如甲營業與乙營業合併，合併後稱甲營業，乙營業為甲營業所吸收。此種合併，乙營業原有之債務由甲營業負責。

   (2) 新設合併：例如甲營業與乙營業合併，合併後稱為丙營業，此種合併甲、乙營業原有之債務由丙營業負責。

（B） 1. 甲與乙約定，甲不得將其對乙之非不得讓與的 A 金錢債權讓與予第三人。事後，甲卻違反與乙之約定，將 A 債權讓與予丙。就此情形，下列敘述何者最正確？ (A) 甲、乙之約定違反誠信原則，無效。甲、丙間之讓與契約有效 (B) 甲、乙之約定有效。但如丙為善意第三人，甲、乙之約定不得對抗丙 (C) 無論債權人如何變動，債務人乙皆須清償，故甲、乙間之約定無效 (D) 甲、乙之約定效力未定。甲、丙之讓與契約無效。

【101 年不動產經紀人】

詳解 第 294 條：

I. 債權人得將債權讓與於第三人。但下列債權，不在此限：

一、依債權之性質，不得讓與者。

二、依當事人之特約，不得讓與者。

三、債權禁止扣押者。

II. 前項第二款不得讓與之特約，不得以之對抗善意第三人。

第七節　債之消滅

 總　說

一、債之消滅之意義

依債之本旨，實現債務內容，使債之關係消滅。

二、債之消滅之原因

（一）民法之規定：清償、提存、抵銷、混同、免除等五種原因。

（二）法律行為之撤銷、契約解除……等。

三、債之消滅之共同效力

（一）從權利消滅

1. 債之關係消滅者，其債權之擔保及其他從屬之權利亦同時消滅（民§307）。
2. 例如：甲向乙借款，並以其所有之 A 地設定抵押權與乙。日後甲向乙清償借款，甲乙之間債之關係因為清償而消滅，抵押權（從權利）亦同時消滅。

（二）負債字據之返還或塗銷（民§308）

1. 債之全部消滅者，債務人得請求返還或塗銷負債之字據（如借據）。
2. 僅一部消滅或負債字據上載有債權人他項權利者，債務人得請求將消滅事由，記入字據。
3. 負債字據，如債權人主張有不能返還或有不能記入之事情者，債務人得請求給與債務消滅之公認證書。
4. 例如：甲（債務人）向乙（債權人）借款 20 萬元。
   (1) 若甲向乙清償 20 萬元借款（全部消滅），甲（債務人）得向乙請求返還借據。
   (2) 若甲僅清償 10 萬元（一部消滅），則甲可以請求將返還 10 萬元之情事記載在借據上。

貳 債消滅之原因

一、清償

（一）清償之意義

依債務之本旨以實現債務內容之行為（還債）。

（二）清償之主體

1. 清償人：

(1) 債務人或其代理人。

(2) 第三人：債之清償，得由第三人為之。但當事人另有訂定或依債之性質不得由第三人清償者，不在此限。第三人之清償，債務人有異議時，債權人得拒絕其清償。但第三人就債之履行有利害關係者，債權人不得拒絕（民 §311）。

① 原則：得由第三人以自己名義清償。

② 例外：債權人得拒絕第三人之清償。

A. 當事人另有訂定。

B. 債之性質不得由第三人清償者。

C. 債務人有異議，但第三人就債之履行有利害關係者，債權人不得拒絕。就債之履行有利害關係之第三人為清償者，於其清償之限度內承受債權人之權利，但不得有害於債權人之利益（民 §312）。所謂「有利害關係之第三人」例如：物上保證人、擔保物取得人……等。例如：甲（買受人）向乙（出賣人）購買A屋，已支付價金但尚未移轉登記，此時乙之債權人丙聲請強制執行查封A屋，為了避免A屋遭拍賣，甲（對乙與丙間債之關係而言，甲為第三人）得以自己的名義為清償之給付，丙（乙之債權人）不得拒絕。

第297條及第299條之規定，於第三人清償承受權利準用債權讓與規定（民 §313）。

2. 受領清償人：

   (1) 債權人或其代理人。

   (2) 收據持有人：持有債權人簽名之收據者，視為有受領權人。但債務人已知或因過失而不知其無權受領者，不在此限（民 §309）。持有債權人簽名之收據者為他人之表見代理人，造成此種情形，本人具有可歸責性，因為客觀上有權利之外觀存在，相對人有正當之信賴，基於信賴原則之權利外觀理論，收據持有人視為有受領權人。

   (3) 第三人：原則上向無受領權之第三人為清償之給付，不生清償之效力，但依民法第 310 條規定向第三人為清償，經其受領者，則例外生清償之效力。

   ① 經債權人承認或受領人於受領後取得其債權者，有清償之效力。

   ② 受領人係債權之準占有人者，以債務人不知其非債權人者為限，有清償之效力。「債權之準占有人」如持有債權證書者，雖非債權人，但主觀上以自己利益之意思，客觀上因為積極行使權利，依一般交易觀念，足使他人認其為債權人，因此若債務人不知其非債權人而向其清償，有清償之效力。例如：第三人憑真正之定期存單以及印章冒領存款，依其情形得認為該第三人為「債權之準占有人」，銀行不知其非債權人而給付，有清償之效力，存戶不得請求返還及損害賠償[86]。

   ③ 除前 2 款情形外，於債權人因而受利益之限度內，有清償之效力。

（三）清償之方法

1. 原則：依債之本旨（民 §309）。

2. 例外：

   (1) 一部清償、分期給付、緩期清償（民 §318）：

   ① 債務人無為一部清償之權利。但法院得斟酌債務人之境況，許其於無甚害於債權人利益之相當期限內，分期給付或緩期清償。

---

[86] 最高法院 81 年台上 1875 號判決。

② 法院許為分期給付者，債務人一期遲延給付時，債權人得請求全部清償。

③ 給付不可分者，法院得比照第①項但書之規定，許其緩期清償。

(2) 代物清償（民 §319）

債權人受領他種給付以代原定之給付者，其債之關係消滅。例如甲向乙訂購 1 匹馬，但因馬匹缺貨，乙跟甲商量用 2 頭牛代替 1 匹馬為給付，若甲同意受領，則債之關係消滅。

(3) 新債清償（間接給付）（民 §320）

因清償債務而對於債權人負擔新債務者，除當事人另有意思表示外，若新債務不履行時，其舊債務仍不消滅。例如：甲為了清償 20 萬元貨款，開立支票與乙以為支付，此為債之更新，成立新債務，消滅舊債務，若支票跳票（新債務不履行），甲仍須償還貨款（舊債務仍不消滅）。

（四）清償地（民 §314）

清償地，除法律另有規定或契約另有訂定，或另有習慣，或得依債之性質或其他情形決定者外，應依下列各款之規定：

1. 以給付特定物為標的者，於訂約時，其物所在地為之。例如：標的物為 A 屋，清償地為 A 屋之所在地。

2. 其他之債，於債權人之住所地為之。

（五）清償期（民 §315）

清償期，除法律另有規定或契約另有訂定，或得依債之性質或其他情形決定者外，債權人得隨時請求清償，債務人亦得隨時為清償。

依序為：1. 法律→ 2. 契約→ 3. 債之性質→ 4. 其他。

（六）清償費用（民 §317）

指清償債務所支出之必要費用，例如：包裝費、匯費、登記費、公證費、稅捐……等。

1. 原則：由債務人負擔。

2. 例外：由債權人負擔。

    (1) 法律或契約另訂。

    (2) 因債權人變更住所或其他行為，致增加清償費用者，其增加之費用，由債權人負擔。

（七）清償之抵充

1. 意義：債務人對一債權人負數宗債務時，給付之種類相同，而所提出之給付不足清償全部債額，決定由何宗債務優先受清償之制度。

2. 決定之方法：

    (1) 約定抵充：依當事人之約定。

    (2) 指定抵充：對於一人負擔數宗債務而其給付之種類相同者，如清償人所提出之給付，不足清償全部債額時，由清償人於清償時，指定其應抵充之債務（民 §321）。

    (3) 法定抵充（民 §322）：清償人若不指定者，則依下列之規定，定其應抵充之債務：

    ① 債務已屆清償期者，儘先抵充。

    ② 債務均已屆清償期或均未屆清償期者，以債務之擔保最少者，儘先抵充；擔保相等者，以債務人因清償而獲益最多者，儘先抵充；獲益相等者，以先到期之債務，儘先抵充。

    ③ 獲益及清償期均相等者，各按比例，抵充其一部。

    ④ 抵充之順序：抵充費用→抵充利息→抵充原本。

（八）清償之效力

1. 債之關係消滅。

2. 受領證書給與請求權（民 §324）

    例如請求給與收據、清償證明……。

3. 債權證書返還請求權（民 §325）

    例如請求返還借據、債權證書……。

二、提存

（一）提存之意義

清償人以消滅債務為目的，將給付物為債權人存放於地方法院提存所之行為。

（二）提存之原因（民§326）

債權人受領遲延，或不能確知孰為債權人而難為給付者，清償人得將其給付物，為債權人提存之。

1. 債權人受領遲延。
2. 不能確知孰為債權人而難為給付。

（三）提存之方法

1. 提存之處所：原則上於清償地地方法院提存所（民§327 I[87]）。
2. 提存之標的：提存之標的以金錢、有價證券或其他動產為限（提存法§6①）。給付物於必要時得拍賣或照市價出賣（民§331[88]、332[89]）後提存其價金。

（四）提存之費用

提存拍賣及出賣之費用，由債權人負擔（民§333）。

（五）提存之效力

1. 提存人與提存所間之效力：
   (1) 原則：債權人雖不領取，提存人亦不得請求返還。
   (2) 例外[90]：自提存翌日起 10 年內，有下列情形之一者，得聲請該管法院提存所返還提存物：

---

[87] 民§327：提存應於清償地之法院提存所為之。

[88] 民§331：給付物不適於提存，或有毀損滅失之虞，或提存需費過鉅者，清償人得聲請清償地之法院拍賣，而提存其價金。

[89] 民§332：前條給付物有市價者，該管法院得許可清償人照市價出賣，而提存其價金。

[90] 提存法§15。

① 提存出於錯誤者。

② 提存之原因已消滅者。

③ 受取權人同意返還者。

(3) 提存人聲請返還提存物：應自提存之翌日起 10 年內為之，逾期其提存物屬於國庫。

2. 債權人與提存所間之效力：

(1) 原則：債權人得隨時受領提存物（民 §329）。

(2) 例外：如債務人之清償，係對債權人之給付而為之者，在債權人未為對待給付或提出相當擔保前，得阻止其受取提存物（民 329）。

(3) 債權人關於提存物之權利：債權人應於提存後 10 年內行使之，逾期其提存物歸屬國庫（民 §330）。

3. 提存人與債務人間之效力：

(1) 債權消滅：

① 一經提存，債之關係消滅。

② 提存後，給付物毀損、滅失之危險，由債權人負擔（民 §328）。

③ 債務人亦無須支付利息，或賠償其孳息未收取之損害（民 §328）。

(2) 所有權之移轉：債務人→提存所→債權人。

三、抵銷

（一）抵銷之意義

二人互負債務，而其給付之種類相同，並均屆清償期時，各得使其債務與他方債務之同等額互為抵銷，使債同歸消滅之一方意思表示。

（二）抵銷之要件

1. 須二人互負債務。

2. 須雙方債務之給付之種類相同。

3. 須雙方債務均屆清償期。

4. 須非不能抵銷之債：

    (1) 依債之性質或特約不能抵銷[91]。當事人得就某特定債權債務約定不得抵銷，惟該特約不得對抗善意第三人（民 §334）。

    (2) 禁止扣押之債（民 §338[92]）。

    (3) 因故意侵權行為負擔之債務（民 §339[93]）。

    (4) 扣押後取得之債權（民 §340[94]）。

    (5) 約定向第三人給付之債務（民 §341[95]）。

（三）抵銷之方法

1. 應以意思表示為之（民 §335）：此意思表示為單獨行為，無須得他方同意，若附有條件或期限，無效。

2. 抵銷之順序：民 §342 準用 §321~323 抵充之規定。

（四）抵銷之效力

    其相互間債之關係，溯及最初得為抵銷時，按照抵銷數額而消滅（民 §335 I 後）。

四、免除

（一）免除之意義

    債權人向債務人表示免除其債務之意思者，債之關係消滅（民 §343）。

（二）免除之效力

1. 免除為單獨行為，因債權人一方之意思表示而生效（無須債務人同意），使債之關係消滅。

2. 免除是一種債權拋棄，一旦為意思表示，債之關係消滅。

---

[91] 民 §334 但書：但依債之性質不能抵銷或依當事人之特約不得抵銷者，不在此限。

[92] 民 §338：禁止扣押之債，其債務人不得主張抵銷。

[93] 民 §339：因故意侵權行為而負擔之債，其債務人不得主張抵銷。

[94] 民 §340：受債權扣押命令之第三債務人，於扣押後，始對其債權人取得債權者，不得以其所取得之債權與受扣押之債權為抵銷。

[95] 民 §341：約定應向第三人為給付之債務人，不得以其債務，與他方當事人對於自己之債務為抵銷。

五、混同

（一）混同之意義

債權與其債務同歸一人時，債之關係消滅（民§344）。

（二）混同之效力

1. 原則：債權與其債務同歸一人時，債之關係消滅。
2. 例外：債之關係不消滅。
   (1) 債權為他人權利之標的者。
   (2) 法律另有規定者。

習題 | REVIEW ACTIVITIS

(D) 1. 債權人受領他種給付以代原定給付，學理上稱為： (A) 債之更改 (B) 間接給付 (C) 任意之債 (D) 代物清償。 【102 年度高考法制】

(A) 2. 下列何者不能使債務人之債務消滅？ (A) 債權人之請求罹於消滅時效 (B) 債務人為債權人提存 (C) 債務人為代物清償 (D) 債權人免除債務人之債務。 【102 年公務員升等法制】

> **詳解** 債之消滅之原因，民法規定者有：清償、提存、抵銷、混同及免除等五種。

(C) 3. 甲欠乙購買電腦一台應付之價金五萬元，經乙同意，由甲簽發同額支票一張給乙，以清償該五萬元之債務。此一清償方式，法律上稱之為： (A) 代物清償 (B) 債之更改 (C) 間接給付 (D) 任意之債。

【101 年度高考法制】

> **詳解** 第 320 條：「因清償債務而對於債權人負擔新債務，除當事人另有意思表示外，若新債務不履行時，其舊債務仍不消滅。」此為間接給付，亦稱新債清償或新債抵舊。

(B) 4. 甲對乙有於今年（下同）5 月 31 日到期之買賣價金金錢債權，乙對甲有於 6 月 30 日到期之消費借貸金錢債權。甲於 7 月 1 日主張抵銷，乙於 7 月 5 日回履同意甲之抵銷的主張。試問：因甲主張抵銷而消滅之債之關係，於何時發生效力？ (A)5 月 31 日 (B)6 月 30 日 (C)7 月 1 日 (D)7 月 5 日。

【101 年不動產經紀人】

> **詳解** 第 335 條：I. 抵銷，應以意思表示，向他方為之。其相互間債之關係，溯及最初得為抵銷時，按照抵銷數額而消滅。II. 前項意思表示，附有條件或期限者，無效。

(C) 5. 下列關於提存之論述，何者錯誤？ (A) 債權人受領遲延，債務人難為給付時，債務人得將其應給付物，為債權人提存 (B) 提存應於清償地之法院提存所為之 (C) 提存標的物限於原給付物之提存，債務人不得將給付物出售而提存價金 (D) 提存後，給付物毀損滅失之危險，由債權人負擔，所以雙務契約的債務人仍得對債權人要求對待給付。 【98 年不動產經紀人】

> **詳解** 第 331 條：給付物不適於提存，或有毀損滅失之虞，或提存需費過鉅者，清償人得聲請清償地之法院拍賣，而提存其價金。

(C) 6. 下列有關提存之敘述，何者錯誤？ (A) 債權人受領遲延時，債務人可將給付物提存 (B) 債務人不確知孰為債權人而難為給付者，債務人可將給付物提存 (C) 提存後債權人受領前，給付物毀損滅失之危險，仍應由債務人負擔 (D) 提存拍賣及出賣之費用，應由債權人負擔。

【97 年不動產經紀人】

詳解 第 328 條：提存後，給付物毀損、滅失之危險，由債權人負擔，債務人亦無須支付利息，或賠償其孳息未收取之損害。

(C) 7. 甲積欠乙之貨款，遂以自己所開立之銀行支票對乙為清償，此種情形通稱為： (A) 代物清償 (B) 代位求償 (C) 新債清償 (D) 代替給付。

【96 年不動產經紀人】

詳解 此為間接給付，亦稱新債清償或新債抵舊（民 §320）。

CHAPTER **02**

各種之債

INTRODUCTION TO CIVIL LAW

第一節　買　賣

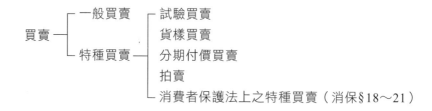

```
        ┌─ 一般買賣 ──┬─ 試驗買賣
        │            │   貨樣買賣
買賣 ───┤            │   分期付價買賣
        └─ 特種買賣 ──┤   拍賣
                     └─ 消費者保護法上之特種買賣（消保§18～21）
```

買賣契約（民§345）

甲　　　　　　　　　　　　　　乙
出賣人　　　　　　　　　　　　買受人

第1款　通　則

　　稱買賣者，謂當事人約定一方移轉財產權於他方，他方支付價金之契約（民§345 I）。至於買賣之價金，雖未具體約定，而依情形可得而定者，視為定有價金。價金約定依市價者，除契約另有訂定外，視為標的物清償時清償地之市價（民§346）。

　　買賣之種類除一般買賣外，民法尚規定四種類型之特種買賣：試驗買賣、貨樣買賣、分期付價買賣、拍賣。

第2款　買賣之性質

壹　有名契約

　　法律上依其類型賦與一定名稱之契約為有名契約。買賣於民法債編中列於各種之債第一節，為有名契約。

貳 雙務契約

雙方當事人互負對價關係：出賣人負移轉財產權之義務，買受人負支付價金之義務，有民法第 264 條之適用。

參 有償契約

買賣是有償契約，雙方當事人須互為給付，故於契約性質之許可範圍內，準用其他有償契約（民 §347）。

肆 不要物契約（諾成契約）

依契約自由原則，當事人就標的物及其價金互相同意時，買賣契約即為成立（民 §345 II）。

一、原則

不要式契約、不要物契約。

二、例外

不動產買賣契約為要式契約（民 §166-1）。

契約以負擔不動產物權之移轉、設定或變更之義務為標的者，應由公證人作成公證書。未依前項規定公證之契約，如當事人已合意為不動產物權之移轉、設定或變更而完成登記者，仍為有效。

第 3 款　買賣之效力

壹　對出賣人之效力

要點檢索
- 1. 出賣人移轉財產權之義務
- 2. 出賣人之瑕疵擔保責任

一、出賣人移轉財產權之義務

（一）物之出賣（民 §348 I）

物之出賣人，負交付其物於買受人，並使其取得該物所有權之義務。所謂「交付」即移轉占有於買受人，若有從物，原則上一併交付。所謂「使其取得該物所有權」，指使買受人在法律上取得該物之所有權，若買賣標的物為動產須交付占有（民 §761），標的物為不動產則須作成書面並為移轉之登記（民 §758）。

（二）權利之出賣（民 §348 II）

權利之出賣人，負使買受人取得其權利之義務，如因其權利而得占有一定之物者，並負交付其物之義務。

1. 權利之移轉：

   權利指所有權以外之財產權[1]，例如：債權、物權、準物權、無體財產權……等。出賣人負移轉權利之義務。

2. 物之交付：

   若得占有一定之物者，出賣人負交付其物於買受人之義務。例如：租賃權之交付占有租賃物、典權之交付占有典物、質權之交付占有質物……。

（三）出賣人違反移轉義務時，買受人得主張之權利

1. 依債務不履行之規定（民 §353）：

   (1) 給付不能（民 §226）。

   (2) 不完全給付（民 §227）。

   (3) 給付遲延（民 §231、232）。

---

[1] 若為所有權，則屬物之出賣，而非權利之出賣。

2. 若有違約金之約定，請求違約金（民 §250）。

3. 解除契約、請求損害賠償（民 §254、256）。

4. 若係雙務契約，得主張同時履行抗辯權（民 §264）。

二、出賣人之瑕疵擔保責任

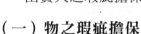

　試述出賣人物之瑕疵擔保責任，其內容、要件及效力如何？

　　瑕疵擔保責任指買賣契約之出賣人就買賣標的之權利或物之瑕疵，應負之**法定**、無過失責任。民法關於瑕疵擔保之責任，並非強制規定，除故意不告知瑕疵外，當事人得以特約限制、免除或加重之。

　　出賣人之瑕疵擔保責任之種類：

法定責任

(1) 出於法律之特別規定，而非當事人意思表示之結果。

(2) 但當事人得以特約加以限制或加重其責任。

（一）物之瑕疵擔保

　　物之出賣人對於買受人，應擔保其物依第 373 條之規定危險移轉於買受人時無滅失或減少其「價值」之瑕疵，亦無滅失或減少其「通常效用」或「契約預定效用」之瑕疵。但減少之程度，無關重要者，不得視為瑕疵。出賣人並應擔保其物於危險移轉時，具有其所保證之品質（民 §354）。

1. 物之瑕疵擔保之內容：

　(1) 價值瑕疵擔保（交換價值）：出賣人應擔保其物無滅失或減少其價值之瑕疵。

　(2) 效用瑕疵擔保（使用價值）：

　① 通常效用。

　② 契約預定效用。

　(3) 減少之程度，無關重要者，不得視為瑕疵。

2. 物之瑕疵擔保成立之要件：

   (1) 標的物有瑕疵。

   (2) 標的物之瑕疵於危險移轉時已存在。

   (3) 買受人不知且無重大過失（民§355）。

   (4) 買受人受領時就受領物已為檢查通知（民§356 I）。

   (5) 當事人間無免責之特約（民§366）。

   (6) 須非強制執行之拍賣。

3. 物之瑕疵擔保之效力：

   (1) 解除契約：

   買賣因物有瑕疵，而出賣人依民法第354~358條之規定，應負擔保之責者，買受人得解除其契約或請求減少其價金。但依情形，解除契約顯失公平者，買受人僅得請求減少價金（民§359）。

要 點 檢 索
1. 解除契約
2. 減少價金
3. 請求不履行之損害賠償
4. 另行交付無瑕疵物

   買受人主張物有瑕疵者，出賣人得定相當期限，催告買受人於其期限內是否解除契約（民§361）。買受人因物有瑕疵，而得解除契約或請求減少價金者，其解除權或請求權，於買受人依第356條規定為通知後6個月間不行使或自物之交付時起經過5年而消滅。前項關於6個月期間之規定，於出賣人故意不告知瑕疵者，不適用之。買受人於前項期限內不解除契約者，喪失其解除權（民§365）。

   ① 解除之效力

   買賣雙方當事人互負回復原狀之義務（民§259）。

   ② 除斥期間（民§365）

   A. 原則：瑕疵通知後6個月間不行使或自物之交付時起經過5年而消滅。

   B. 例外：出賣人故意不告知瑕疵者，不適用通知後6個月之規定。

   (2) 減少價金（民§359）：

   解除契約顯失公平者，買受人僅得請求減少價金。除斥期間依第365條規定。

(3) 請求不履行之損害賠償（民§360）：

買賣之物，缺少出賣人所保證之品質者，買受人得不解除契約或請求減少價金，而請求不履行之損害賠償；出賣人故意不告知物之瑕疵者亦同。

(4) 另行交付無瑕疵物（民§364）：

買賣之物，僅指定種類者，如其物有瑕疵，買受人得不解除契約或請求減少價金，而即時請求另行交付無瑕疵之物。出賣人就前項另行交付之物，仍負擔保責任。

（二）權利之瑕疵擔保

1. 權利之瑕疵擔保之內容：

要點檢索
1. 權利無缺之擔保
2. 權利存在之擔保

(1) 權利無缺之擔保（民§349）：

出賣人應擔保第三人就買賣之標的物，對於買受人不得主張任何權利。即出賣人應擔保標的之權利完整無缺，第三人有主張之權利時，出賣人即應負擔保責任。例如：

① 權利全部屬於第三所有：所有權非出賣人所有之情形。

② 權利之一部屬於第三所有：所有權（或權利）為出賣人與他人所共有。

③ 權利受第三人之權利所限制：

　A. 物之出賣：第三人於其上設有典權、地上權、農育權、抵押權、留置權……等。

　B. 權利之出賣：債權之出賣，而債務人有同時履行抗辯權、抵銷權、撤銷權……等。

(2) 權利存在之擔保（民§350）：

債權或其他權利之出賣人，應擔保其權利確係存在。有價證券之出賣人，並應擔保其證券未因公示催告而宣示無效。

① 債權及其他權利存在之擔保：債權或其他權利之出賣人，應擔保其權利確係存在。債務人不僅擔保權利確係有效成立，而且尚未消滅，若權利尚未有效成立，或已消滅，債務人均應負擔保責任。

② 有價證券未經宣告無效之擔保：有價證券之出賣人，並應擔保其證券未因公示催告而宣示無效。有價證券被盜或遺失，其執票人得依民事訴訟法聲請公示催告後宣告無效，若有此情形，債務人應負擔保責任。

2. 權利瑕疵擔保之要件：

　(1) 權利瑕疵之原因於契約成立時已存在：若契約訂定後才發生，則屬於債務不履行或危險負擔之情形。

　(2) 買受人為善意。

　(3) 權利瑕疵之原因於契約成立後未能除去。

　(4) 必須無限制或免除瑕疵擔保之特約。

3. 權利瑕疵擔保之效力

　　出賣人不履行第348條至第351條所定之義務者，買受人得依關於債務不履行之規定，行使其權利（民§353），由於權利瑕疵擔保與債務不履行並非立於同一基礎，僅效力相同而已，因此民法第353條乃法律效果之準用。

貳 買受人之效力

　　買受人對於出賣人，有交付約定價金及受領標的物之義務（民§367）。

一、支付價金

（一）買受人對於出賣人，有交付約定價金之義務（民§367）。

（二）價金支付拒絕權（民§368）：

　　買受人有正當理由，恐第三人主張權利，致失其因買賣契約所得權利之全部或一部者，得拒絕支付價金之全部或一部。但出賣人已提出相當擔保者，不在此限。買受人行使價金支付拒絕權時，出賣人得請求買受人提存價金。

（三）價金交付時期（民§369）：

　　買賣標的物與其價金之交付，除法律另有規定或契約另有訂定或另有習慣外，應同時為之。

（四）價金交付期限之推定（民§370）：

　　標的物交付定有期限者，其期限，推定其為價金交付之期限。

二、受領標的物（民§367）

買受人對於出賣人，有交付約定價金及受領標的物之義務。

參 對於買賣雙方之效力

一、利益承受及危險負擔

（一）標的物利益與危險之承受負擔（民§373）

買賣標的物之利益及危險，自交付時起，均由買受人承受負擔，但契約另有訂定者，不在此限。

（二）送交清償地以外處所之標的物危險之負擔（民§374）

買受人請求將標的物送交清償地以外之處所者，自出賣人交付其標的物於為運送之人或承攬運送人時起，標的物之危險，由買受人負擔。

（三）交付前負擔危險之買受人費用返還義務（民§375）

標的物之危險，於交付前已應由買受人負擔者，出賣人於危險移轉後，標的物之交付前，所支出之必要費用，買受人應依關於委任之規定，負償還責任。前述情形，出賣人所支出之費用，如非必要者，買受人應依關於無因管理之規定，負償還責任。

（四）出賣人違反特別指示之損害賠償（民§376）

買受人關於標的物之送交方法，有特別指示，而出賣人無緊急之原因，違其指示者，對於買受人因此所受之損害，應負賠償責任。

（五）以權利為買賣標的之利益與危險之承受負擔（民§377）

以權利為買賣之標的，如出賣人因其權利而得占有一定之物者，準用民法第373~376條之規定。

二、買賣費用之負擔（民 §378）

買賣費用之負擔，除法律另有規定或契約另有訂定或另有習慣外，依下列之規定。

（一）買賣契約之費用，由當事人雙方平均負擔。

（二）移轉權利之費用，運送標的物至清償地之費用及交付之費用，由出賣人負擔。

（三）受領標的物之費用，登記之費用及送交清償地以外處所之費用，由買受人負擔。

第4款 特種買賣

 **買　回**

一、買回之意義

以出賣人之買回意思表示為停止條件（條件成就時發生效力），而買回其已出賣之標的物之再買回契約。民法第 379 條第 1 項：「出賣人於買賣契約保留買回之權利者，得返還其所受領之價金，而買回其標的物。」

二、買回之期限

買回之期限，不得超過 5 年，如約定之期限較長者，縮短為 5 年（民 §380）。

三、買回之效力

買回係以出賣人之買回意思表示為停止條件，條件成就時發生效力，出賣人表示買回時條件成就，買回發生效力。

（一）買回人義務

1. 價金返還（民 §379）：出賣人於買賣契約保留買回之權利者，得返還其所受領之價金，而買回其標的物。買回之價金，另有特約者，從其特約。原價金之利息，與買受人就標的物所得之利益，視為互相抵銷。

2. 費用償還：

    (1) 買賣及買回費用（民§381）：買賣費用由買受人支出者，買回人應與買回價金連同償還之。買回之費用，由買回人負擔。

    (2) 改良及有益費用（民§382）：買受人為改良標的物所支出之費用及其他有益費用，而增加價值者，買回人應償還之。但以現存之價值額為限。

（二）買受人義務

1. 交付標的物（民§383 I）：買受人對於買回人，負交付標的物及其附屬物之義務。

2. 損害賠償（民§383 II）：買受人因可歸責於自己之事由，致不能交付標的物或標的物顯有變更者，應賠償因此所生之損害。

貳 試驗買賣

一、試驗買賣之意義（民§384）

試驗買賣，為以買受人之承認標的物為停止條件而訂立之契約。

二、容許試驗義務（民§385）

試驗買賣之出賣人，有許買受人試驗其標的物之義務。

三、視為拒絕承認標的物（民§386）

標的物經試驗而未交付者，買受人於約定期限內，未就標的物為承認之表示，視為拒絕；其無約定期限，而於出賣人所定之相當期限內，未為承認之表示者亦同。

四、視為承認標的物（民§387）

標的物因試驗已交付於買受人，而買受人不交還其物，或於約定期限或出賣人所定之相當期限內不為拒絕之表示者，視為承認。買受人已支付價金之全部或一部，或就標的物為非試驗所必要之行為者，視為承認。

參 貨樣買賣

一、貨樣買賣之意義

按照貨物之樣本而決定標的物之特種買賣。按照貨樣約定買賣者，視為出賣人擔保其交付之標的物與貨樣有同一之品質（民 §388）。

二、貨樣買賣之效力

加重出賣人之瑕疵擔保責任，若出賣人之給付與貨樣品質不符時，出賣人即應負瑕疵擔保責任。

肆 分期付價買賣

一、分期付價買賣之意義

係附有分期支付價金約款之特種買賣（先享受後分期付款）。

二、分期付價買賣之約款

（一）期限利益喪失之約款（民 §389）

分期付價之買賣，如約定買受人有遲延時，出賣人得即請求支付全部價金者，除買受人遲付之價額已達全部價金五分之一外，出賣人仍不得請求支付全部價金。出賣人請求支付全部價金之要件：

1. 須買受人連續 2 次給付遲延。
2. 價額累計達全部價金五分之一。

（二）解約扣款之限制（民 §390）

如約定出賣人解除契約時得扣留其所受領之價金，其扣留之數額，不得超過標的物使用之代價及標的物受有損害時之賠償額。

伍 拍 賣

一、拍賣之意義

因拍賣人拍板或依其他慣用方法（如按鈴等），為賣定之表示而成立之特種買賣（民§391）。

二、拍賣之成立

（一）成立（民§391）

拍賣，因拍賣人拍板或依其他慣用之方法為賣定之表示而成立。

1. 拍賣之表示：要約之引誘。

2. 應買之表示：要約。

3. 賣定之表示：承諾。其表示之方法通常以拍板為之，其他慣用之方法如按鈴，亦可。

（二）拍賣人應買之禁止（民§392）

拍賣人對於其所經管之拍賣，不得應買，亦不得使他人為其應買。

三、拍賣程序

（一）拍賣物之拍定

拍賣人除拍賣之委任人有反對之意思表示外，得將拍賣物拍歸出價最高之應買人（價高者得）。

（二）拍定之撤回

拍賣人對於應買人所出最高之價，認為不足者，得不為賣定之表示而撤回其物。

NOTE

標賣

1. 與拍賣同屬競價買賣，但以投標之方式為之，各投標人均不知悉他人之條件，無再行提出條件之機會。

2. 招標人招標之表示：要約之引誘。競標人之出標：要約。招標人之定標：承諾。

（三）應買表示之效力

應買人所為應買之表示，自有出價較高之應買或拍賣物經撤回時，失其拘束力。

四、拍賣之效力

（一）拍賣之買受人應於拍賣成立時，或拍賣公告所定之時，以現金支付買價（民 §396）。

（二）若不按時支付價金，拍賣人得解除契約，再行拍賣。再行拍賣所得之價金，若少於原拍賣之價金及再行拍賣之費用者，原買受人應負賠償其差額之責任（民 §397）。

習題｜ REVIEW ACTIVITIS ✎

（B）1. 甲向乙建設公司購買房屋 1 間，交屋後發現該屋因有施工不良之嫌，致下大雨時屋內有輕微漏水之現象。關於甲行使相關權利，下列敘述何者錯誤？ (A) 該屋之漏水，如係因乙建設公司工人施作不良所致者，甲可以依據不完全給付之規定請求乙修補漏水之情形　(B) 甲根據買賣契約瑕疵擔保之規定，可以請求解除契約　(C) 甲根據買賣契約瑕疵擔保之規定，可以請求減少價金　(D) 甲欲主張乙之瑕疵擔保責任時，應於依民法第 356 條規定為通知後 6 個月內，或自物之交付時起 5 年內行使相關權利。

【102 年公務員升等法制】

詳解 (A)民法第 227 第 1 項；(B)民法第 359 條但書：「但依情形，解除契約顯失公平者，買受人僅得請求減少價金。」；(C) 民法 359 條；(D) 民法 365 條

（A）2. 甲向乙購買房屋，雙方簽訂買賣契約後，乙將房屋交付於甲，但尚未辦理所有權移轉登記，突然發生地震致使房屋全毀。下列敘述何者正確？　(A) 甲雖未取得房屋所有權，但仍需交付約定之房屋價金　(B) 甲因未取得房屋所有，故毋需交付約定之房屋價金　(C) 甲已受領房屋之交付，故需交付約定之房屋價金之一半　(D) 甲已受領房屋之交付，僅需付相當於使用房屋之租金。　【102 年不動產經紀人】

詳解 第 373 條：買賣標的物之利益及危險，自交付時起，均由買受人承受負擔，但契約另有訂定者，不在此限。

(D) 3. 在貨樣買賣之情形，若出賣人交付之標的物，雖與所供貨權種類相同，惟未具與貨權有同一之品質，而當事人間對此未另有特約，法律效果如何？ (A) 買賣契約無效，且出賣人不負物之瑕疵擔保責任 (B) 買賣契約無效，但出賣人應負物之瑕疵擔保責任 (C) 買賣契約有效，但出賣人不負物之瑕疵擔保責任 (D) 買賣契約有效，且出賣人應負物之瑕疵擔保責任。

【101 年度高考法制】

詳解 民法第 388 條；貨樣買賣之目的在於加重出賣人之瑕疵擔保責任，故如出賣人交付之標的物與貨樣不符，出賣人應負瑕疵擔保責任。

(A) 4. 出賣人甲依其與買受人乙間之動產買賣契約，於約定之日合法提出給付，卻遭乙拒絕受領。依實務見解，就乙拒絕受領之法律效果，下列敘述何者最正確？ (A) 甲得解除契約 (B) 甲不得向乙請求繼續保管給付物之必要費用 (C) 甲得拋棄對於該動產之占有 (D) 甲對標的物之保管，僅就故意負其責任。 【101 年不動產經紀人】

詳解 第 234 條：債權人對於已提出之給付，拒絕受領或不能受領者，自提出時起，負遲延責任。
第 254 條：契約當事人之一方遲延給付者，他方當事人得定相當期限催告其履行，如於期限不履行時，得解除其契約。

(B) 5. 甲出售土地給乙，交付土地後乙發現實際坪數比契約書所載坪數少 5%。下列敘述，何者錯誤？ (A) 若無顯失公平之情形，乙可以請求減少價金或解除契約 (B) 瑕疵擔保責任自土地交付起經過三年而消滅 (C) 此瑕疵若乙於契約成立時知悉而甲不知，甲不負擔保責任 (D) 乙若不通知甲坪數短少，視為承認其所受領之物。 【100 年不動產經紀人】

詳解 (A) 民法第 359 條；(B) 買受人依第 356 條規定，為通知後 6 個月間不行使或自物之交付時起，經過五年而消滅（民 § 365 I）；(C) 民法 355 條；(D) 民法 356 條。

(D) 6. 甲因急需錢週轉，於是將其從乙繼承的三十萬元債權，賣給丙二十五萬元。事後才發現在乙生前，債務人 A 經乙的同意已經清償該債務。以下對於甲丙間的法律關係論述何者正確？ (A) 買賣契約以有形財產權為限，所以甲丙間所成立契約，非買賣契約 (B) 該債權已經清償，所以甲丙間的買賣契約契約無效 (C) 甲造成丙受有二十五萬元的損失，所以甲對丙有

二十五萬元的侵害債權的侵權行為損害賠償責任　(D) 甲對於丙負有權利瑕疵之損害賠償責任，應賠償三十萬元。　　　　　　【98 年不動產經紀人】

詳解 (A) 不限有形財產權；(B) 契約有效，但買賣之權利有瑕疵；(C) 權利瑕疵擔保責任；(D) 民法 348 條。

(D) 7. 買賣因物有瑕疵，而出賣人依法應負擔保之責者，下列何者為買受人不得向出賣人提出之主張？　(A) 解除契約　(B) 減少價金　(C) 債務不履行之損害賠償　(D) 契約無效。　　　　　　　　　　【97 年不動產經紀人】

詳解 民法第 359、360、364 條。

(B) 8. 買受人發現物有瑕疵，而通知出賣人者，最遲應於何時主張物之瑕疵擔保責任：　(A) 通知後 3 個月內　(B) 通知後 6 個月內　(C) 通知後 1 年內　(D) 通知後 2 年內。　　　　　　　　　　　　　　　【96 年不動產經紀人】

詳解 民法第 365 條。

第二節　互　易

壹 互易之意義

　　互易乃當事人雙方約定互相移轉金錢以外之財產權者，準用關於買賣之規定（民 §398）。換言之，互易就是以物易物，例如：甲以 1 隻鵝與乙交換 2 隻鴨，這種以物易物的契約，準用關於買賣的規定。

貳 互易之效力

　　互易契約準用關於買賣之規定（民 §398），因此當事人互相移轉金錢以外之財產權，亦準用買賣瑕疵擔保之規定，互負瑕疵擔保責任。此外，民法第 399 條：「當事人之一方，約定移轉前條所定之財產權，並應交付金錢者，其金錢部分，準用關於買賣價金之規定。」若互易之契約附有補足金之約定，則補足金準用買賣價金之規定。

第三節　交互計算

交互計算之意義

　　稱交互計算契約，是一種結帳方式之約定，指當事人約定以其相互間之交易所生之債權債務為定期計算，互相抵銷，而僅支付其差額之契約（民§400）。交互計算之債務以交易所生之債務為限，且應為金錢債務。

| 請掃描 QR Code P.26~27 有詳細補充資料說明 |

第四節　贈與

　　　贈與契約（民§406）　　　

甲　　　　　　　　　　　　　　　　　乙
贈與人　　　　　　　　　　　　　　受贈人

壹　贈與之意義

一、稱贈與者，謂當事人約定，一方以自己之財產無償給與他方，他方允受之契約（民 §406）。

二、所謂「財產」不包含給付勞務。

三、贈與之性質為契約，須他方允受。法諺有云：「恩惠不得強制接受。」單獨之施恩行為並非贈與。

貳　贈與之性質

一、無償契約。

二、單務契約。

三、 不要式契約。

四、 債權契約。

 參 贈與之效力

要 點 檢 索
- 1. 贈與人給付之義務
- 2. 贈與人之債務不履行責任
- 3. 贈與人之瑕疵擔保責

一、贈與人給付之義務

（一）原則：贈與人有給付之義務。

　　贈與人有移轉財產權之義務，贈與人應依約定給付贈與物。贈與人就經公證之贈與，或為履行道德上義務而為之贈與給付遲延時，受贈人得請求交付贈與物；其因可歸責於自己（贈與人）之事由致給付不能時，受贈人得請求賠償贈與物之價額（民 §409）。

（二）例外：贈與人主張**窮困抗辯**，暫時拒絕履行。

　　贈與人於贈與約定後，其經濟狀況顯有變更，如因贈與致其生計有重大之影響，或妨礙其扶養義務之履行者，得拒絕贈與之履行（民 §418）。

 NOTE

窮困抗辯
贈與契約成立後，因情事變更，贈與人之經濟狀況惡化，貧乏無以自存，所得主張之暫時性抗辯權。

二、贈與人之債務不履行責任

（一）贈與人僅就未經撤銷或不得撤銷之贈與契約負債務不履行責任。贈與物權利未移轉前：

1. 原則：贈與人得撤銷贈與。

　　贈與物之權利未移轉前，贈與人得撤銷其贈與。其一部已移轉者，得就其未移轉之部分撤銷之（民 §408）。

2. 例外：經公証或為履行道德義務之贈與，不得任意撤銷（民 §480 II）。

（二）贈與人之債務不履行責任：

1. 給付遲延

　　受贈人得請求交付贈與物（民 §409 I）。

2. 給付不能

(1) 因可歸責於贈與人自己之事由致給付不能，受贈人得請求賠償贈與物之價額（民§409 I）。

(2) 贈與人僅就其故意或重大過失，對於受贈人負給付不能之責任（民§410）。

3. 受贈人不得請求遲延利息或其他不履行之損害賠償（民§409 II）。

三、贈與人之瑕疵擔保責任（民§411）

（一）原則：不負瑕疵擔保責任。

贈與之物或權利如有瑕疵，贈與人不負擔保責任。

（二）例外：下列情形時，贈與人負擔保責任。對於受贈人因瑕疵所生之損害，負賠償之義務。

1. 贈與人故意不告知。

2. 贈與人保證無瑕疵。

肆 贈與之撤銷

一、贈與撤銷之原因

（一）任意撤銷

贈與物之權利未移轉前，贈與人得撤銷其贈與。其一部已移轉者，得就其未移轉之部分撤銷之（民§408 I）。

（二）附負擔贈與之撤銷

贈與附有負擔者，如贈與人已為給付而受贈人不履行其負擔時，贈與人得請求受贈人履行其負擔，或撤銷贈與（民§412 I）。

（三）忘恩背義行為之撤銷

1. 撤銷權之事由：受贈人對於贈與人，有下列情事之一者，贈與人得撤銷其贈與（民§416）。

(1) 受贈人有忘恩行為：對於贈與人、其配偶、直系血親、三親等內旁系血親或二親等內姻親，有故意侵害之行為，依刑法有處罰之明文者。

(2) 受贈人有背義行為：對於贈與人有扶養義務而不履行者。

2. 忘恩背義行為撤銷權之消滅：

(1) 撤銷權，自贈與人知有撤銷原因之時起，1 年內不行使而消滅。

(2) 贈與人對於受贈人已為宥恕之表示者，撤銷權消滅。

（四）不法行為之撤銷

1. 撤銷權之事由：受贈人因故意不法之行為，致贈與人死亡或妨礙其為贈與之撤銷者，贈與人之繼承人，得撤銷其贈與（民 §417）。

2. 不法行為撤銷權之消滅：撤銷權自知有撤銷原因之時起，6 個月間不行使而消滅（民 §417）。

二、贈與撤銷之方法

向受贈人以意思表示為之（民 419 I[2]）。

三、贈與撤銷之效力

依不當得利之規定（民 419 II）。

四、贈與撤銷之消滅

（一）除斥期間屆滿

1. 忘恩背義行為之撤銷權：贈與人知有撤銷原因之時起，1 年內不行使而消滅（民 416 II）。

2. 不法行為之撤銷權：贈與人之繼承人，撤銷其贈自知有撤銷原因之時起，6 個月間不行使而消滅（民 §417）。

---

[2] 民法第 419 條：
　I. 贈與之撤銷，應向受贈人以意思表示為之。
　II. 贈與撤銷後，贈與人得依關於不當得利之規定，請求返還贈與物。

（二）贈與人已為寬恕（民§416 II）。

（三）受贈人已死亡（民§420）。

伍 特種贈與

一、附負擔贈與

（一）附負擔贈與之意義

1. 使受贈人負一定給付義務之贈與。

2. 例如：公費留學，負須回國服務之負擔。

（二）附負擔贈與之性質：無償、單務契約

（三）附負擔贈與之效力

1. 受贈人負擔之履行：

(1) 依負擔之本旨為之。

(2) 附有負擔之贈與，其贈與不足償其負擔者，受贈人僅於贈與之價值限度內，有履行其負擔之責任（民§413）。

(3) 負擔以公益為目的者，於贈與人死亡後，主管機關或檢察官得請求受贈人履行其負擔。例如：王善人贈與賈新興1億元興建運動中心，但要求興建完成後必須供民眾免費使用3年（負擔），若運動中心完工時王善人已經過世，而賈新興並未開放予民眾免費使用，則主管機關或檢察官得請求賈新興履行開放予民眾免費使用3年之負擔。

2. 贈與人之瑕疵擔保責任：附有負擔之贈與，其贈與之物或權利如有瑕疵，贈與人於受贈人負擔之限度內，負與出賣人同一之擔保責任（民§414）。

二、定期給付贈與

（一）定期的、繼續的為財產給付之贈與（民§415）。例如：每年贈與10萬元。

（二）定期給付之贈與：

1. 原則：

（1）定有期限：期限屆滿，失其效力。

（2）未定有期限：因贈與人或受贈人之死亡，失其效力。

2. 例外：贈與人有反對之意思表示者，不在此限。

三、死因贈與

（一）贈與人生前與受贈人訂立，以贈與人死亡而生效之契約。

（二）須相對人承諾而生效

（三）因贈與人死亡而生效。

習題 | REVIEW ACTIVITIS ✎

（D）1. 下列關係贈與契約之敘述何者正確？ (A) 贈與契約之贈與人對其贈與之物有瑕疵時，原則上贈與人應負物之瑕疵擔保責任 (B) 贈與契約為無償契約，所以贈與人均可撤銷其贈與 (C) 定期給付之贈與，不因贈與人死亡而失其效力 (D) 贈與人僅就其故意或重大過失，對於受贈人負給付不能之責。 【100年不動產經紀人】

詳解 (A) 民法第411條；(B) 民法第408條；(C) 民法第420條；(D) 民法第410條。

（B）2. 甲男與乙女為男女朋友關係，甲同意將其名下之豪宅贈與乙，以下之敘述何者錯誤？ (A) 甲在未移轉該屋之所有權給乙之前，隨時可以向乙表示反悔，撤銷贈與 (B) 贈與為單獨行為 (C) 甲在未移轉房屋所有權給乙之前，因為電線走火將該屋燒毀時，除非甲有故意重大過失，否則無庸負給付不能之責任 (D) 甲移轉該屋之所有權給乙，乙搬入該屋之後，即使發現該屋漏水嚴重，原則上亦無法請求甲修繕。 【99年不動產經紀人】

詳解 (A) 民法第 408 條。

(B) 第 406 條：稱贈與者，謂當事人約定，一方以自己之財產無償給與他方，他方允受之契約。

(C) 民法第 410 條。

(D) 民法第 411 條。

(C) 3. 甲換 A 新車，答應父親乙，贈與其 B 舊車，交付 B 車前甲酒駕發生車禍而車毀。下列論述何者錯誤？　(A) 甲若不想花錢修 B 車，則可以直接撤銷對乙之贈與，對乙即不負贈與給付義務　(B) 甲酒駕發生車禍，對於 B 車之毀損有重大過失，對於乙負有給付不能之責　(C) 因對父親乙之贈與，屬於履行道義上之義務，所以甲不得撤銷對父親乙之贈與　(D) 車毀係因甲之過失所造成，受贈人乙得對甲請求賠償贈與物 B 車之價額。

【98 年不動產經紀人】

詳解 民法第 408 條。

(B) 4. 甲從小貧窮，國小老師乙對甲，一再鼓勵與照顧，後來甲工作賺錢，因感謝教師乙過去多年的照顧，贈與乙之子丙，一部汽車。惟丙不學無術，經常向乙要錢，若乙不給錢，則對乙施以暴力，甲獲知事實後想撤銷對丙之贈與。下列論述何者錯誤？　(A) 甲對丙所贈與之汽車，為無償之贈與，甲在贈與物未移轉交付前，可以隨時撤銷其贈與　(B) 由於丙對乙有暴力傷害行為，所以甲可以依民法第 416 條規定撤銷其贈與　(C) 若丙對甲欲撤銷贈與之行為不滿，而開車故意撞傷甲，甲受傷住院，不治死亡，甲的繼承人得撤銷贈與人甲對丙之贈與　(D)贈與之撤銷為單方意思表示行為，所以撤銷權人單方向受贈人為撤銷意思表示即可，不需受贈人同意。

【98 年不動產經紀人】

詳解 (B) 民法第 416 條贈與人之撤銷權乃針對受贈人有忘恩背義行為之情形，受贈人與贈與人須為特定親屬關係或有扶養義務不履行之情形，然甲、丙並無此親屬或扶養義務之情形，故不能適用民法第 416 條。

(B) 5. 贈與人因贈與物給付不能對受贈人所負之責任，係屬何種責任？　(A) 故意責任　(B) 故意或重大過失責任　(C) 具體輕過失責任　(D) 抽象輕過失責任。

【104 年公務員關務】

詳解 民法第 410 條：「贈與人僅就其故意或重大過失，對於受贈人負給付不能之責任」。

（B）6. 下列有關贈與之敘述何者正確？ (A) 贈與之撤銷權不因受贈人死亡而消滅 (B) 贈與為無償契約 (C) 贈與物未移轉前，贈與人得撤銷其贈與，縱經公證者亦同 (D) 贈與人不論何種情況均不負物或權利瑕疵擔保責任。

【97 年不動產經紀人】

詳解 (A) 第 420 條：贈與之撤銷，因受贈人死亡而消滅。

(C) 第 408 條：I.贈與物之權利未移轉前，贈與人得撤銷其贈與。其一部已移轉者，得就其未移轉之部分撤銷之。II. 前項規定，於經公證之贈與，或為履行道德上義務而贈與者，不適用之。

(D) 第 411 條：贈與之物或權利如有瑕疵，贈與人不負擔保責任。但贈與人故意不告知其瑕疵或保證其無瑕疵者，對於受贈人因瑕疵所生之損害，負賠償之義務。

（C）7. 下列何者之情形，贈與人得撤銷其贈與？ (A) 經公證之贈與 (B) 履行道德上義務之贈與 (C) 立有字據之贈與 (D) 贈與物之權利已移轉。

【96 年不動產經紀人】

詳解 民法第 408 條。

第五節　租賃

租賃契約（民§421）

甲
出租人

乙
承租人

壹　租賃之意義

　　稱租賃者，謂當事人約定，一方以物租與他方使用收益，他方支付租金之契約（民 §421）。

一、出租人

不以物之所有權人為限,典權人、地上權人、占有人、房屋之承租人[3] 亦得為出租人。

二、租賃之客體

動產、不動產(不含權利)。例如:土地、房屋、鋼琴、車、船……。

貳 租賃契約之性質

雙務、有償、諾成、債權、不要式契約。

參 租賃之期限

一、約定期限

(一)自由約定。

(二)未約定者,視為不定期租賃。

二、法定期限

(一)租賃契約之期限,不得逾20年。逾20年者,縮短為20年(民§449)。

(二)不動產之租賃契約,其期限逾1年者,應以字據訂立之,未以字據訂立者,視為不定期限之租賃(民§422)。

(三)租賃期限屆滿後,承租人仍為租賃物之使用收益,而出租人不即表示反對之意思者,視為以不定期限繼續契約;即視為默示更新(民§451)。

---

[3] 民法第443條(轉租之效力):
I. 承租人非經出租人承諾,不得將租賃物轉租於他人。但租賃物為房屋者,除有反對之約定外,承租人得將其一部分轉租於他人。II. 承租人違反前項規定,將租賃物轉租於他人者,出租人得終止契約。

肆 租賃之效力

一、對出租人之效力

要 點 檢 索
- 1. 租賃物之交付及合於
     易狀態之保持
- 2. 租賃物之修繕
- 3. 瑕疵擔保
- 4. 稅捐之負擔及有益費
     之償還
- 5. 不動產出租人之留置

（一）租賃物之交付及合於用易狀態之保持（民 §423）

出租人應以合於所約定使用收益之租賃物，交付承租人，並應於租賃關係存續中，保持其合於約定使用、收益之狀態。

（二）租賃物之修繕

1. 修繕費用（民 §429[4]）：
   (1) 原則：由出租人負擔。
   (2) 例外：契約另有訂定或另有習慣，由承租人負擔。
2. 出租人違反修繕義務之效力（民 §430[5]）：

   (1) 承租人得定相當期限，催告出租人修繕。
   (2) 出租人於其期限內不為修繕者，承租人得終止契約或自行修繕而請求出租人償還其費用或於租金中扣除之。

---

[4] 民法第 429 條（出租人之修繕義務）：
    租賃物之修繕，除契約另有訂定或另有習慣外，由出租人負擔。出租人為保存租賃物所為之必要行為，承租人不得拒絕。

[5] 民法第 430 條（修繕義務不履行之效力）：
    租賃關係存續中，租賃物如有修繕之必要，應由出租人負擔者，承租人得定相當期限，催告出租人修繕，如出租人於其期限內不為修繕者，承租人得終止契約或自行修繕而請求出租人償還其費用或於租金中扣除之。

（三）瑕疵擔保

1. 權利瑕疵擔保（民§436[6]）：承租人因第三人就租賃物主張權利，致不能為約定之使用、收益者得請求減少租金或終止契約。

2. 物之瑕疵擔保（民§424）：

   (1) 租賃物為房屋或其他供居住之處所者，如有瑕疵，危及承租人或其同居人之安全或健康時，承租人得終止契約。

   (2) 承租人雖於訂約時已知其瑕疵，或已拋棄其終止契約之權利，仍得終止契約。

（四）稅捐之負擔及有益費用之償還

1. 租賃物稅捐之負擔（民§427）：

   (1) 租賃物稅捐：指以租賃物為課稅對象之稅捐，例如：地價稅、房屋稅……等（不包含出租人之所得稅）。

   (2) 就租賃物應納之一切稅捐，由出租人負擔。

2. 有益費用之償還及工作物之取回（民§431）：

   (1) **有益費用**之償還：承租人就租賃物支出有益費用，因而增加該物之價值者，如出租人知其情事而不為反對之表示，於租賃關係終止時，應償還其費用。但以其現存之增價額為限。

   (2) 工作物之取回：承租人就租賃物所增設之工作物，得取回之。但應回復租賃物之原狀。

NOTE

請求有益費用之要件
1. 須該費用有益於租賃物。
2. 須因此而增加租賃物之價值。
3. 須出租人不反對。

3. 消滅時效期間及其起算點（民§456）：

   (1) 消滅時效期間：出租人就租賃物所受損害對於承租人之賠償請求權，承租人之償還費用請求權及工作物取回權，均因2年間不行使而消滅。

---

[6] 民法第 436 條：
前條規定，於承租人因第三人就租賃物主張權利，致不能為約定之使用、收益者準用之。

(2) 消滅時效期間之起算點：

① 於出租人，自受租賃物返還時起算。

② 於承租人，自租賃關係終止時起算。

（五）不動產出租人之留置權

1. 就租賃所生之債權，對承租人留置於不動產之物有留置權（民 §445）[7]。

2. 效力：留置標的物、就標的物取償。

3. 留置權消滅：

(1) 承租人取去留置物：承租人將前條留置物取去者，出租人之留置權消滅（民 §446 I[8]）。

(2) 承租人提出擔保：承租人得提出擔保，以免出租人行使留置權，並得提出與各個留置物價值相當之擔保，以消滅對於該物之留置權（民 §448）。

> **要 點 檢 索**
> 1. 租賃權之內容及其物權化
> 2. 支付租金之義務
> 3. 保管租賃物之義務
> 4. 返還租賃物

二、對承租人之效力

（一）租賃權之內容及其物權化（民 §425、426[9]）

題目

何謂「買賣不破租賃」？在何種情形下，承租人始可主張「買賣不破租賃」原則？ 【94 年地政士】

---

[7] 民法第 445 條（不動產出租人之留置權）：
I. 不動產之出租人，就租賃契約所生之債權，對於承租人之物置於該不動產者，有留置權。但禁止扣押之物，不在此限。
II. 前項情形，僅於已得請求之損害賠償及本期與以前未交之租金之限度內，得就留置物取償。

[8] 民法第 446 條（留置權之消滅與出租人之異議）：
I. 承租人將前條留置物取去者，出租人之留置權消滅。但其取去係乘出租人之不知，或出租人曾提出異議者，不在此限。
II. 承租人如因執行業務取去其物，或其取去適於通常之生活關係，或所留之物足以擔保租金之支付者，出租人不得提出異議。

[9] 民法第 425 條（租賃物所有權之讓與）：
I. 出租人於租賃物交付後，承租人占有中，縱將其所有權讓與第三人，其租賃契約，對於受讓人仍繼續存在。
II. 前項規定，於未經公證之不動產租賃契約，其期限逾 5 年或未定期限者，不適用之。
民法第 426 條（就租賃物設定物權之效力）：
出租人就租賃物設定物權，致妨礙承租人之使用收益者，準用第 425 條之規定。

買賣不破租賃原則：

1. 租賃關係存續中，承租人對於取得租賃物所有權或其他物權之人，亦得主張其租賃權繼續存在，具有對抗之效力。

2. 又稱：租賃權物權化。

3. 買賣不破租賃之要件：

    (1) 須租賃關係存續中。

    (2) 出租人將租賃物之所有權讓與第三人，或就租賃物設定其他物權。

    (3) 須其讓與或設定在租賃物交付承租人後，且承租人占有中。

    (4) 須非未經公證且期限逾 5 年或未定期限之不動產租賃契約。

    ① 契約經公證或期限未逾 5 年：適用「買賣不破租賃」。

    ② 契約未經公證且期限逾 5 年或未定期限之不動產租賃契約：不適用「買賣不破租賃」。

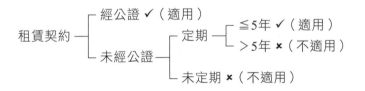

4. 買賣不破租賃之效力：

    受讓人承繼讓與人與承租人之租賃契約之地位，不因所有權移轉而使租賃契約消滅。

    (1) 承租人得主張其租賃權繼續存在（即：取得租賃物所有權或其他物權之人承受原出租人之地位）。

    (2) 承租人對於取得租賃物所有權或其他物權之人具有對抗之效力。

    (3) 性質：法定之契約承擔。

（二）支付租金之義務

1. 支付之時期（民 §439[10]）：

   (1) 依約定日期。

   (2) 無約定者，依習慣。

   (3) 無約定亦無習慣者，應於租賃期滿時支付（採後付主義）。

2. 租金支付遲延之效力（民 §440）：

   (1) 承租人租金支付有遲延者，出租人得定相當期限，催告承租人支付租金，如承租人於其期限內不為支付，出租人得終止契約。

   (2) 出租人終止契約：

   ① 租賃物為房屋者，遲付租金之總額，須達 2 個月之租額。

   ② 租用建築房屋之基地，遲付租金之總額，須達 2 年之租額。

3. 租金之減免（民 §435、436、441[11]）：

   (1) 不可歸責於承租人之事由所致，承租人得請求減少租金。

   ① 租賃物之一部滅失者：承租人得按滅失之部分，請求減少租金。

   ② 承租人因第三人就租賃物主張權利，致租賃物不能為約定之使用、收益者。

   (2) 可歸責於承租人之事由所致，承租人不得請求減少租金。

4. 租金之調整（民 §442）：租賃物為不動產者，因其價值之升降，當事人得聲請法院增減其租金。但其租賃定有期限者，不在此限。

---

[10] 民法第 439 條（支付租金之時期）：

承租人應依約定日期，支付租金；無約定者，依習慣；無約定亦無習慣者，應於租賃期滿時支付之。如租金分期支付者，於每期屆滿時支付之。如租賃物之收益有季節者，於收益季節終了時支付之。

[11] 民法第 435 條（租賃物一部滅失之效果）：

I. 租賃關係存續中，因不可歸責於承租人之事由，致租賃物之一部滅失者，承租人得按滅失之部分，請求減少租金。

II. 前項情形，承租人就其存餘部分不能達租賃之目的者，得終止契約。

民法第 436 條（權利瑕疵之效果）：

前條規定，於承租人因第三人就租賃物主張權利，致不能為約定之使用、收益者準用之。

民法第 441 條（租金之續付）：

承租人因自己之事由，致不能為租賃物全部或一部之使用、收益者，不得免其支付租金之義務。

（三）保管租賃物之義務

1. 承租人應負善良管理人之注意義務（民 §432 I）：承租人應以善良管理人之注意，保管租賃物，租賃物有生產力者，並應保持其生產力。

2. 承租人應負損害賠償責任之情形：

   (1) 違反保管義務致租賃物毀損、滅失（民 §432 II）：

   承租人違反善良管理人之注意義務，致租賃物毀損、滅失者，負損害賠償責任。但依約定之方法或依物之性質而定之方法為使用、收益，致有變更或毀損者，不在此限。

   (2) 因歸責於第三人之事由致租賃物毀損、滅失（民 §433）：

   因承租人之同居人或因承租人允許為租賃物之使用、收益之第三人應負責之事由，致租賃物毀損、滅失者，承租人負損害賠償責任。

   (3) 承租人失火致租賃物毀損、滅失：

   租賃物因承租人之重大過失，致失火而毀損、滅失者，承租人對於出租人負損害賠償責任（民 §434）（注意！只限「重大過失」！）。

   ① 其立法原意係在貫徹保護承租人之本旨，減輕其賠償責任。惟此規定雖為特別規定，但非強制規定，倘當事人間合意約定承租人如未盡善良管理人之注意，致房屋因失火而毀損滅失者，應負損害賠償責任者，乃在加重承租人對火災之注意義務，其約定並未違背強制或禁止規定，應無不可[12]。故當事人如以特約約定承租人就輕過失之失火亦應負責，其特約仍屬有效[13]。

   ② 租賃物因承租人失火而毀損滅失者，以承租人有重大過失為限，始對出租人負損害賠償責任，承租人之失火僅為輕過失時，出租人自不得以侵權行為為理由，依民法第184條第1項之規定，請求損害賠償[14]。

---

[12] (74) 廳民一字第 387 號，民事法律問題研究彙編，第 4 輯 91 頁。

[13] 最高法院 83 年台上字第 151 號判決。

[14] 22 年上字第 1311 號判例。

題目

　　甲向乙承租 A 屋，租期 2 年。若甲遷入該屋後乙將 A 屋出售予丁，而丁主張所有物返還請求權，甲得主張何種權利？若 A 屋因甲之子丙之輕過失，致房屋失火燒毀，丁得否向甲請求負損害賠償？

　　擬答：甲向乙承租房屋，甲乙之間成立民法第 421 條之租賃契約。甲為承租人，乙為出租人。

(1) 甲得向乙依買賣不破租賃原則，主張租賃權繼續存在：

① 買賣不破租賃原則又稱為租賃權物權化，係指租賃關係存續中，承租人對於取得租賃物所有權或其他物權之人，亦得主張其租賃權繼續存在，具有對抗之效力。民法第 425 條：「出租人於租賃物交付後，承租人占有中，縱將其所有權讓與第三人，其租賃契約，對於讓人仍繼續存在。前項規定，於未經公證之不動產租賃契約，其期限逾 5 年或未定期限者，不適用之。」其要件為：

A. 須租賃關係存續中。

B. 租賃物交付承租人後，且承租人占有中。

C. 須出租人將租賃物之所有權讓與第三人，或就租賃物設定其他物權。

D. 須非未經公證且期限逾 5 年或未定期限之不動產租賃契約

② 甲、乙之租賃契約適用「買賣不破租賃」原則，其效力：

A. 承租人甲得主張其租賃權繼續存在，由取得租賃物所有權人丁承受原出租人之地位。

B. 承租人甲對於取得租賃物所有權人丁具有對抗之效力。

③ 故甲得向乙依買賣不破租賃原則，主張租賃權繼續存在。

(2) 丁不得向甲請求負損害賠償：

① 民法第 434 條：「租賃物因承租人之重大過失，致失火而毀損、滅失者，承租人對於出租人負損害賠償責任。」民法第 433 條：「因承租人之同居人或因承租人允許為租賃物之使用、收益之第三人應負責之事由，致租賃物毀損、滅失者，承租人負損害賠償責任。」

② 民法第 434 條之立法原意係在貫徹保護承租人之本旨，減輕其賠償責任。僅於承租人有重大過失時始須負責。惟本題爭點在於若非承租人本身行為而係同居人丙所致，是否仍有民法 434 條減輕責任規定之適用？通說認為，此時為貫徹保護承租人之立法目的，民法 433 條應類推民法第 434 條，限於同居人有重大過失時，承租人始就該毀損、滅失負責。

③ 本題丙僅具有輕過失，則甲仍應依前揭法條之規定，無須就租賃物之毀損、滅失負責。故丁不得向甲請求負損害賠償。

題 目 ....

　甲向乙承租公寓，因甲之子丙之過失，房屋失火燒毀，試分依丙失火之過失程度，說明乙對甲之權利。　　　　　　　　　　　　【96 地政士】

租賃物毀損之責任類型：

	一般毀損	失火毀損
承租人毀損（甲）	乙→甲 抽象輕過失責任（民 §184 I 前段） 乙→甲 抽象輕過失責任（民 §432 II）	乙→甲 重大過失責任（民 §184 I 前段） 乙→甲 重大過失責任（民 §434）
同居人毀損（丙）	乙→丙 抽象輕過失責任（民 §184 I 前段） 乙→甲 抽象輕過失責任（民 §432 II）+（民 §433）	乙→丙 ？過失責任（民 §184 I 前段） 乙→甲 重大過失（民 §434）+（民 §433）
第三人毀損（與承租人無關者）	乙→丁 抽象輕過失責任（民 §184 I 前段） 乙→甲 無請求權	乙→丁 抽象輕過失責任（民 §184 I 前段） 乙→甲 無請求權

3. 附屬義務：

(1) 飼養義務（民 §428）：租賃物為動物者，其飼養費由承租人負擔。

(2) 容忍義務（民 §429 II）：出租人為保存租賃物所為之必要行為，承租人不得拒絕。

(3) 通知義務（民§437）：

① 原則：承租人應即通知出租人。租賃關係存續中，租賃物如有修繕之必要，應由出租人負擔者，或因防止危害有設備之必要，或第三人就租賃物主張權利者，承租人應即通知出租人。

② 例外：出租人已知。

③ 違反通知義務之損害賠償責任：承租人怠通知，致出租人不能及時救濟者，應賠償出租人因此所生之損害。

（四）返還租賃物（民§455）

承租人於租賃關係終止後，應返還租賃物；租賃物有生產力者，並應保持其生產狀態，返還出租人。

伍 基地租賃

指以建築房屋為目的而租賃他人之建築用地。

一、租賃關係之推定（民§425-1）

土地及其土地上之房屋同屬一人所有，而僅將土地或僅將房屋所有權讓與他人，或將土地及房屋同時或先後讓與相異之人時，土地受讓人或房屋受讓人與讓與人間或房屋受讓人與土地受讓人間，推定在房屋得使用期限內，有租賃關係。其期限不受第四百四十九條第一項規定之限制。

二、出租人就租賃物設定物權之效力（民§426）

出租人就租賃物設定物權，致妨礙承租人之使用收益者，準用第425條之規定。

三、基地承租人移轉房屋所有權之效力（民§426-1）

租用基地建築房屋，承租人房屋所有權移轉時，其基地租賃契約，對於房屋受讓人，仍繼續存在。

四、優先購買權（民§426-2）

租用基地建築房屋，出租人出賣基地時，承租人有依同樣條件優先承買之權。承租人出賣房屋時，基地所有人有依同樣條件優先承買之權。

前項情形，出賣人應將出賣條件以書面通知優先承買權人。優先承買權人於通知達到後十日內未以書面表示承買者，視為放棄。

出賣人未以書面通知優先承買權人而為所有權之移轉登記者，不得對抗優先承買權人。

陸 租賃關係消滅

> **要 點 檢 索**
> 1. 期限屆滿
> 2. 契約終止

一、期限屆滿

（一）租賃契約限屆滿時之消滅（民§450[15]）

租賃定有期限者，其租賃關係，於期限屆滿時消滅。

（二）租賃契約之默示更新（民§451）

租賃期限屆滿後，承租人仍為租賃物之使用收益，而出租人不即表示反對之意思者，視為以不定期限繼續契約。

二、契約終止

（一）未定期限

1. 租賃未定期限者，各當事人得隨時終止契約。但有利於承租人之習慣者，從其習慣。

2. 終止契約，應依習慣先期通知（民§450 II）。

---

[15] 民法第 450 條（租賃契約之消滅）：

　I. 租賃定有期限者，其租賃關係，於期限屆滿時消滅。

　II. 未定期限者，各當事人得隨時終止契約。但有利於承租人之習慣者，從其習慣。

　III. 前項未定期限者，各當事人得隨時終止契約。但有利於承租人之習慣者，從其習慣。但不動產之租金，以星期、半個月或 1 個月定其支付之期限者，出租人應以曆定星期、半個月或 1 個月之末日為契約終止期，並應至少於 1 星期、半個月或 1 個月前通知之。

（二）定期租賃

1. 租賃定有期限者，其租賃關係，於期限屆滿時消滅。

2. 定有期限之租賃契約，如約定當事人之一方於期限屆滿前，得終止契約者，其終止契約，應依第 450 條第 3 項之規定，先期通知（民 §453）。

（三）出租人之終止權

1. 未依法使用、收益租賃物（民 §438）：

   (1) 承租人應依約定方法，為租賃物之使用、收益；無約定方法者，應以依租賃物之性質而定之方法為之。

   (2) 承租人違反前項之規定為租賃物之使用、收益，經出租人阻止而仍繼續為之者，出租人得終止契約。

2. 遲延後經催告仍未支付租金（民 §440）：

   (1) 承租人租金支付有遲延者，出租人得定相當期限，催告承租人支付租金，如承租人於其期限內不為支付，出租人得終止契約。

   (2) 租賃物為房屋者，遲付租金之總額，非達 2 個月之租額，不得經催告後終止契約。其租金約定於每期開始時支付者，並應於遲延給付逾 2 個月時，始得終止契約。租用建築房屋之基地，遲付租金之總額，達 2 年之租額時，適用前述之規定。

3. 承租人違法轉租（民 §443[16]）：

   (1) 房屋以外之其他租賃物：須出租人同意，才可轉租。

   (2) 房屋租賃：

   ① 原則：可轉租。

   ② 例外：有反對之約定，則不可轉租。

   (3) 承租人違反之效力：出租人得終止契約。

---

[16] 民法第 443 條（轉租之效力）：

　I. 承租人非經出租人承諾，不得將租賃物轉租於他人。但租賃物為房屋者，除有反對之約定外，承租人得將其一部分轉租於他人。

　II. 承租人違反前項規定，將租賃物轉租於他人者，出租人得終止契約。

4. 承租人趁出租人不知或不顧其提出異議，取去留置物[17]，出租人得終止契約。

習題 | REVIEW ACTIVITIS ✏

(D) 1. 承租人就租賃物支出有益費用，因而增加該物之價值，如出租人知其情事而不為反對之表示，若當事人間未另有特約，其法律效果為何？ (A) 承租人得隨時請求償還全部其所支出之有益費用 (B) 承租人須俟租賃契約終了時，始得請求償還全部其所支出之有益費用 (C) 承租人得隨時在租賃物現存之增價額範圍內，請求償還有益費用 (D) 承租人僅得於租賃關係終了時，在租賃物現存之增價額範圍內，請求償還有益費用。

【102 年度高考法制】

> **詳解** 第 431 條：I. 承租人就租賃物支出有益費用，因有增加該物之價值者，如出租人知其情事而不為反對之表示，於租賃關係終止時，應償還其費用。但以其現存之增價額為限。II. 承租人就租賃物所增設之工作物，得取回之。但應回復租賃物之原狀。

(D) 2. 甲、乙二人，共同向丙承租房屋，嗣後經丙一再催告，仍未支付租金，丙乃依法終止租賃契約。下列敘述，何者正確？ (A) 丙終止契約之意思表示，必須以存證信函為之 (B) 丙終止契約之意思表示，得向甲、乙二人任何一人為之 (C) 丙終止契約後，雙方互負回復原狀之義務 (D) 丙終止契約後，不妨礙其對甲、乙二人之損害賠償請求。

【102 年公務員升等郵政】

> **詳解** 終止契約指當事人之一方行使終止權，使契約之效力向將來消滅，故無回復原狀之問題。終止之意思表示亦不以特定方式為限。

---

[17] 民法第 447 條（出租人之自助權）：
I. 出租人有提出異議權者，得不聲請法院，逕行阻止承租人取去其留置物；如承租人離去租賃之不動產者，並得占有其物。
II. 承租人乘出租人之不知或不顧出租人提出異議而取去其物者，出租人得終止契約。

（B）3. 關係租賃與使用借貸契約，下列敘述何者錯誤？　(A) 租賃契約必為有償契約，使用借貸必為無償契約　(B) 除有禁止之約定外，房屋之承租人得將其一部分轉租他人。使用借貸之借用人亦得將借用物交付第三人使用　(C) 租賃契約必為雙務契約，使用借貸必為單務契約　(D) 租賃契約為諾成契約，使用借貸為要物契約。　　　　　　　　　　【102 年公務員升等法制】

> 詳解 第 472 條：有下列各款情形之一者，貸與人得終止契約：
> 一、貸與人因不可預知之情事，自己需用借用物者。
> 二、借用人違反約定或依物之性質而定之方法使用借用物，或未經貸與人同意允許第三人使用者。
> 三、因借用人怠於注意，致借用物毀損或有毀損之虞者。
> 四、借用人死亡者。

（C）4. 甲向乙承租房屋居住，因火災致房屋毀損滅失，乙請求甲損害賠償。下列敘述何者正確？　(A) 甲因火災致乙之房屋毀損滅失，構成侵權行為，應負抽象輕過失責任　(B) 甲因火災致乙之房屋毀損滅失，構成侵權行為，應負具體輕過失責任　(C) 甲因火災致乙之房屋毀損滅失，承租人甲僅負重大過失責任　(D) 甲因火災致乙之房屋毀損滅失，承租人甲僅負故意責任。　　　　　　　　　　　　　　　　　　　　　　【102 年不動產經紀人】

> 詳解 民法第 434 條：租賃物因承租人之「重大」過失，致失火而毀損、滅失者，承租人對於出租人負損害賠償責任。

（B）5. 甲房東將其所有 A 屋出租給乙房客，嗣甲因財務問題將 A 屋出售與丙。下列敘述何者正確？　(A) 丙擁有 A 屋的所有權，所以丙可以要求乙房客搬遷　(B) 若甲、乙之間的房屋租賃契約未經公證且超過 5 年者，丙可以要求乙房客搬遷　(C) 若甲、乙之間的房屋租賃契約未定期限者，丙可主張隨時終止租賃契約，要求房客搬遷　(D) 租期屆滿後，乙得向丙主張返還二個月的押租金。　　　　　　　　　　　　　　　　　　　　【102 年不動產經紀人】

> 詳解 第 425 條：I. 出租人於租賃物交付後，承租人占有中，縱將其所有權讓與第三人，其租賃契約，對於受讓人仍繼續存在。II. 前項規定，於未經公證之不動產租賃契約，其期限逾五年或未定期限者，不適用之。

（C）6. 甲與乙訂立租賃契約，向乙承租房屋，雙方約定租賃期限為二年，未以書面為之，且甲亦未交付押金。下列敘述何者正確？　(A) 租賃契約於甲交付押金後始成立　(B) 租賃契約於甲交付押金後始生效　(C) 租賃契約未以

書面為之，視為不定期限之租賃　(D) 租賃契約未以書面為之，出租人得撤銷租賃契約。　　　　　　　　　　　　　　【102 年不動產經紀人】

詳解 第 422 條：不動產之租賃契約，其期限逾一年者，應以字據訂立之，未以字據訂立者，視為不定期限之租賃。此外，租賃契約為諾成、不要式契約，不以押租金之交付為必要。

(D) 7. 不動產之出租人，就租賃契約所生之債權，對於何種物品得主張留置權？
(A) 承租人之所有財產　(B) 承租人自租賃契約開始後所取得之物　(C) 承租人之任何不動產　(D) 置於該租賃之不動產內之承租人之物。

【101 年地方特考三等】

詳解 第 445 條：不動產之出租人，就租賃契約所生之債權，對於承租人之物置於該不動產者，有留置權。但禁止扣押之物，不在此限。

(B) 8. 關於租賃契約，下列何者錯誤？　(A) 出租人不以所有權人為限　(B) 未立字據之租約無效　(C) 租賃契約之承租人為租賃之直接占有人，出租人為間接占有人　(D) 租賃契約為有償契約。　　　【100 年不動產經紀人】

詳解 第 421 條：I. 稱租賃者，謂當事人約定，一方以物租與他方使用收益，他方支付租金之契約。故租賃契約屬有償契約。
(B) 租賃契約為諾成、不要式契約，故未立字據不影響其效力。

(C) 9. 下列何者，非民法所規定關於出租人之義務？　(A) 租賃物之交付義務
(B) 對租賃物之修繕義務　(C) 租賃物為動物時，其飼料費之支出　(D) 租賃物為房屋時，該房屋所應繳納之稅金。　　　【100 年不動產經紀人】

詳解 第 423 條：出租人應以合於所約定使用收益之租賃物，交付承租人，並應於租賃關係存續中，保持其合於約定使用、收益之狀態。
第 427 條：就租賃物應納之一切稅捐，由出租人負擔。
第 428 條：租賃物為動物者，其飼養費由承租人負擔。
第 429 條：租賃物之修繕，除契約另有訂定或另有習慣外，由出租人負擔。
出租人為保存租賃物所為之必要行為，承租人不得拒絕。

(D) 10. 乙承租甲所有之土地種植果樹，約定租期二年，未訂立字據。關於此案例，下列敘述何者正確？　(A) 此為定期租賃契約　(B) 乙於契約成立後，得請求甲為地上權之登記　(C) 若甲於土地交給乙占有後，將土地所有權移轉給丙，乙仍可主張租賃契約對丙成立　(D) 就租賃物應納之一切稅捐，由出租人甲負擔。　　　【100 年不動產經紀人】

詳解 (A) 民法第 422 條；(B) 民法第 850-1 條；(C) 民法第 425 條；(D) 民法第 427 條。

(C) 11. 以下有關租賃關係之敘述何者正確？ (A) 租賃物如有修繕之必要，基於使用者付費之原則，應由承租人負擔修繕之費用 (B) 承租人有使用收益租賃物之權利，所以可以自行將房間分租，當二房東 (C) 甲將其房出租與乙，言明租期 3 年，有訂立契約書但未公證。至第 2 年時甲將房屋所有權讓與丙，乙得向丙主張該租賃契約仍存在 (D) 租賃之房屋因電線走火發生火災，房屋因而受損時，因承租人未盡善良管理人之責，應負損害賠償責任。 【99 年不動產經紀人】

詳解 (A) 第 423 條：出租人應以合於所約定使用收益之租賃物，交付承租人，並應於租賃關係存續中，保持其合於約定使用、收益之狀態。
(B) 第 443 條：I. 承租人非經出租人承諾，不得將租賃物轉租於他人。但租賃物為房屋者除有反對之約定外，承租人得將其一部分轉租於他人。II. 承租人違反前項規定，將租賃物轉租於他人者，出租人得終止契約。
(C) 民法第 425 條第 1 項。
(D) 第 434 條：租賃物因承租人之「重大」過失，致失火而毀損、滅失者，承租人對於出租人負損害賠償責任。

(C) 12. 雕刻家甲承租乙的房子為店面，因租賃關係，甲積欠乙五萬元租金，對於甲放置於租賃房屋內之物，乙可以行使何種權利，以擔保其租金債權？
(A) 抵押權 (B) 典權 (C) 留置權 (D) 動產質權。【98 年不動產經紀人】

詳解 民法第 445 條：「不動產之出租人，就租賃契約所生之債權，對於承租人之物置於該不動產者，有留置權。」

(B) 13. 甲乙訂立一年的有效房屋租賃契約，甲為出租人，乙承租人，租賃期限屆滿之後，承租人乙未搬出，仍繼續對該房屋使用收益，而出租人甲也未立即表示反對，乙繼續給付租金，而甲收取乙所交付之租金，則甲乙間之法律關係為何？ (A) 使用借貸 (B) 不定期租賃 (C) 定期租賃 (D) 消費借貸。 【98 年不動產經紀人】

詳解 第 451 條：租賃期限屆滿後，承租人仍為租賃物之使用收益，而出租人不即表示反對之意思者，視為以不定期限繼續契約。

(A) 14. 租用基地建築房屋，承租人房屋所有權移轉時，其基地租賃契約對房屋受讓人之效力為何？ (A) 仍繼續存在 (B) 無效 (C) 效力未定 (D) 須得基地出租人同意，始生效力。 【97 年不動產經紀人】

詳解 第 426-1 條：租用基地建築房屋，承租人房屋所有權移轉時，其基地租賃契約，對於房屋受讓人，仍繼續存在。

（B） 15. 甲向乙承租一透天厝，月租 3 萬元，押租金 6 萬元，租期為民國 96 年 1 月 1 日至民國 98 年 1 月 1 日，請問下列何者為真？　(A) 甲乙間之租賃契約，租期逾 1 年，卻未以字據訂立，因此無效　(B) 甲於屋內釘掛壁畫及吊飾，不慎造成牆壁破洞，應對乙負賠償責任　(C) 甲因母喪需至美國處理後事，將離開台灣 3 個月，依法得請求免除未使用租賃期間之租金　(D) 甲住進透天厝 1 個月後才發現，後陽台加蓋部分之鐵皮已破損，隨時可能砸傷自己，因此主張撤銷契約，並有法律上之依據。　【96 年不動產經紀人】

詳解 (A) 第 422 條：不動產之租賃契約，其期限逾一年者，應以字據訂立之，未以字據訂立者，視為不定期限之租賃。

(B) 第 432 條：I. 承租人應以善良管理人之注意，保管租賃物，租賃物有生產力者，並應保持其生產力。II. 承租人違反前項義務，致租賃物毀損、滅失者，負損害賠償責任。但依約定之方法或依物之性質之方法為使用、收益，致有變更或毀損者，不在此限。

(C) 第 441 條：承租人因自己之事由，致不能為租賃物全部或一部之使用、收益者，不得免其支付租金之義務。

(D) 第 424 條：租賃物為房屋或其他供居住之處所者，如有瑕疵，危及承租人或其同居人之安全或健康時，承租人雖於訂約時已知其瑕疵，或已拋棄其終止契約之權利，仍得終止契約。

第六節　借貸

```
          ┌ 使用借貸 ┌ 交付 ─ 借用物（非金錢或其他代替物）
          │          └ 返還 ─ 使用後原物返還
借貸 ─────┤
          └ 消費借貸 ┌ 移轉所有權 ─ 金錢或其他代替物
                     └ 返還 ─ 種類、品質、數量相同之物
```

壹 使用借貸

交付—借用物
使用借貸契約（民§464）

原物返還

甲
貸與人

乙
借用人

一、使用借貸之意義及成立

（一）使用借貸之意義

　　稱使用借貸者，謂當事人一方以物交付他方，而約定他方於無償使用後返還其物之契約（民§464）。將物貸與他方使用者為貸與人，他方則為借用人，貸與之標的包含動產及不動產。

（二）使用借貸之成立

　　使用借貸契約必須雙方當事人合意，且貸與人必須交付借用物予借用人占有而成立，故為要物契約。

（三）使用借貸之性質

1. 要物契約。
2. 單務契約。
3. 無償契約。
4. 不要式契約。

二、使用借貸之效力

（一）借用人之權利義務

1. 依約定方法使用借用物義務（民§467）：借用人應依約定方法，使用借用物；無約定方法者，應以依借用物之性質而定之方法使用之。借用人非經貸與人之同意，不得允許第三人使用借用物。

🔍 要 點 檢 索 ◎

- 1. 依約定方法使用借用物義務
- 2. 保管義務
- 3. 返還借用物之義務
- 4. 借用人之連帶責任

2. 保管義務：

(1) 保管義務（民§468）：借用人應以善良管理人之注意，保管借用物。借用人違反前項義務，致借用物毀損、滅失者，負損害賠償責任。但依約定之方法或依物之性質而定之方法使用借用物，致有變更或毀損者，不負責任。

(2) 通常保管費之負擔及工作物之取回（民§469）：借用物之通常保管費用，由借用人負擔。借用物為動物者，其飼養費亦同。借用人就借用物支出有益費用，因而增加該物之價值者，準用第431條第1項之規定。借用人就借用物所增加之工作物，得取回之。但應回復借用物之原狀。

(3) 消滅時效期間及其起算（民§473）：借用人依第466條所定之賠償請求權、第469條所定有益費用償還請求權及其工作物之取回權，均自借貸關係終止時起算因6個月間不行使而消滅。

3. 返還借用物之義務（民§470）：借用人應於契約所定期限屆滿時，返還借用物；未定期限者，應於依借貸之目的使用完畢時返還之。但經過相當時期，可推定借用人已使用完畢者，貸與人亦得為返還之請求。借貸未定期限，亦不能依借貸之目的而定其期限者，貸與人得隨時請求返還借用物。

4. 借用人之連帶責任（民§471）：數人共借一物者，對於貸與人，連帶負責。

（二）貸與人之權利義務

1. 損害賠償責任（民§466）：

> **要 點 檢 索**
> ● 1. 損害賠償責任
> 　 2. 借用物損害之損害賠償請求權

(1) 故意不告知瑕疵之損害賠償責任（民§466）：貸與人故意不告知借用物之瑕疵，致借用人受損害者，負賠償責任。

(2) 消滅時效期間（民§473）：借用人依第466條所定之賠償請求權因自借貸關係終止時6個月間不行使而消滅。

2. 借用物損害之損害賠償請求權：

   (1) 借用人應以善良管理人之注意，保管借用物。借用人違反注意義務致借用物毀損、滅失者，負損害賠償責任（民 §468）。

   (2) 貸與人就借用物所受損害，對於借用人之賠償請求權，自受借用物返還時起算因 6 個月間不行使而消滅（民 §473）。

三、使用借貸之消滅

（一）借貸期限屆滿（民 §470）

借用人應於契約所定期限屆滿時，返還借用物；未定期限者，應於依借貸之目的使用完畢時返還之。但經過相當時期，可推定借用人已使用完畢者，貸與人亦得為返還之請求。借貸未定期限，亦不能依借貸之目的而定其期限者，貸與人得隨時請求返還借用物。

（二）貸與人終止契約（民 §472）

有下列各款情形之一者，貸與人得終止契約：

1. 貸與人因不可預知之情事，自己需用借用物者。

2. 借用人違反約定或依物之性質而定之方法使用借用物，或未經貸與人同意允許第三人使用者。

3. 因借用人怠於注意，致借用物毀損或有毀損之虞者。

4. 借用人死亡者。

貳 消費借貸

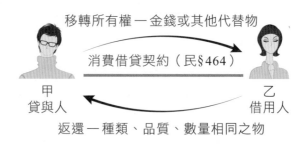

移轉所有權—金錢或其他代替物

消費借貸契約（民§464）

甲　　　　　　　　　　　　　乙
貸與人　　　　　　　　　　借用人

返還一種類、品質、數量相同之物

一、消費借貸之意義及成立

（一）消費借貸之意義（民 §474）

　　稱消費借貸者，謂當事人一方移轉金錢或其他代替物之所有權於他方，而約定他方以種類、品質、數量相同之物返還之契約。當事人之一方對他方負金錢或其他代替物之給付義務而約定以之作為消費借貸之標的者，亦成立消費借貸。

（二）消費借貸之成立

　　消費借貸契約必須雙方當事人合意，且移轉金錢或其他代替物之所有權於他方而成立，故為要物契約。消費借貸之預約，若約定之消費借貸有利息或其他報償，當事人之一方於預約成立後，成為無支付能力者，預約貸與人得撤銷其預約。消費借貸之預約，其約定之消費借貸為無報償者，準用第465 條之 1 之規定（民 §475-1）。

（三）消費借貸之性質

1. 要物契約。
2. 單務契約。
3. 不要式契約。
4. 有償契約或無償契約：
   (1) 消費借貸契約若約定借用人有付利息或其他報酬者，屬有償契約。
   (2) 消費契約若無利息或報酬等之約定，則為無償契約。

二、消費借貸之效力

（一）借用人之效力

1. 返還借用物義務（民 §478）：借用人應於約定期限內，返還與借用物種類、品質、數量相同之物，未定返還期限者，借用人得隨時返還，貸與人亦得定 1 個月以上之相當期限，催告返還。

2. 返還不能之補償（民 §479）：借用人不能以種類、品質、數量相同之物返還者，應以其物在返還時、返還地所應有之價值償還之。返還時或返還地未約定者，以其物在訂約時或訂約地之價值償還之。

3. 金錢借貸之返還（民 §480）：

金錢借貸之返還，除契約另有訂定外，應依下列之規定：

(1) 以通用貨幣為借貸者，如於返還時已失其通用效力，應以返還時有通用效力之貨幣償還之。

(2) 金錢借貸，約定折合通用貨幣計算者，不問借用人所受領貨幣價格之增減，均應以返還時有通用效力之貨幣償還之。

(3) 金錢借貸，約定以特種貨幣為計算者，應以該特種貨幣，或按返還時、返還地之市價，以通用貨幣償還之。

4. 折價借貸（民 §481）：以貨物或有價證券折算金錢而為借貸者，縱有反對之約定，仍應以該貨物或有價證券按照交付時交付地之市價所應有之價值，為其借貸金額。

5. 消費借貸報償之支付時期（民 §477）：利息或其他報償，應於契約所定期限支付之；未定期限者，應於借貸關係終止時支付之。但其借貸期限逾1年者，應於每年終支付之。

（二）貸與人之效力（民 §476 II、III）

消費借貸為無報償者，如借用物有瑕疵時，借用人得照有瑕疵原物之價值，返還貸與人。前述情形，貸與人如故意不告知其瑕疵者，借用人得請求損害賠償。

習題 | REVIEW ACTIVITIS ✏

（B）1. 甲乙訂立 A 車使用借貸契約，甲為貸與人，乙為借用人，下列對於甲乙之
法律關係之論述，何者錯誤？ (A) 貸與人甲不得對借用人乙要求給付使
用 A 車之對價 (B) 借用人乙得依個人需要時 A 車為使用收益 (C)A 車有
瑕疵，導致乙受有損害，若甲對該瑕疵不知情，則甲不負損害賠償責任
(D) 借用人乙不得將 A 車，再借給其好友丙使用。 【98 年不動產經紀人】

詳解 第 467 條：I. 借用人應依約定方法，使用借用物；無約定方法者，應以依借用物
之性質而定之方法使用之。II. 借用人非經貸與人之同意，不得允許第三人使用
借用物。

第七節 僱 傭

　　　　僱傭契約（民§482）　　　　

甲　　　　　　　　　　　　　　　　　　乙
僱用人　　　　　　　　　　　　　　　　受僱人

題目 ……………………………………………………………………………………

何謂僱傭？其效力如何？試說明僱傭契約與承攬、委任契約之區別。

壹 僱傭之意義

僱傭乃當事人約定，一方於一定或不定之期限內為他方服勞務，他方給
付報酬之契約（民 §482）。

貳 僱傭之性質

不要式、諾成、雙務、有償契約。

參 僱傭之成立

當事人意思表示一致（不要式）（民§153 I）。

肆 僱傭之效力

一、受僱人之權利義務

要 點 檢 索
• 1. 勞務供給義務
2. 報酬給付請求權
3. 損害賠償請求權

（一）勞務供給義務

1. 勞務供給之專屬性：

有專屬性者非經僱用人同意，不得使第三人代服勞務。

當事人之一方違反前項規定時，他方得終止契約（民§484）。

例如：邀請世界三大男高音之一到台北小巨蛋演唱，若男高音不克前往演唱，除非已得主辦單位（僱用人）同意，否則不得使第三人代替。如有違反，主辦單位（僱用人）得終止契約（民§484）。

2. 特種技能之保證：

受僱人明示或默示保證其有特種技能時，如無此種技能時，僱用人得終止契約（民§485）。

例如：駕駛大客車必須有大車駕駛執照，若應徵大客車駕駛而受僱，卻無該執照，僱用人得因此終止僱契約。

（二）報酬給付請求權

1. 報酬給付期：原則採「後付主義」（民§486）：

(1) 報酬應依約定之期限給付之。

(2) 報酬無約定者，依習慣給付之。

(3) 報酬無約定亦無習慣者，依下列之規定：

① 報酬分期計算者，應於每期屆滿時給付之。

② 報酬非分期計算者，應於勞務完畢時給付之。

2. 僱用人受領遲延時,受僱人之報酬給付請求(民 §487):

(1) 僱用人受領勞務遲延者,受僱人無補服勞務之義務,仍得請求報酬。例如:僱用人僱工前往山區採收水梨,受僱人已依約於集合地點搭上僱用人準備之車輛,但因車輛故障修繕而延遲3小時,此即為僱用人受領遲延,受僱人無補服勞務之義務,仍得請求工資報酬。

(2) 但受僱人因不服勞務所減省之費用,或轉向他處服勞務所取得,或故意怠於取得之利益,僱用人得由報酬額內扣除之。

(三)損害賠償請求權

1. 受僱人服勞務,因非可歸責於自己之事由,致受損害者,得向僱用人請求賠償。前項損害之發生,如別有應負責任之人時,僱用人對於該應負責者,有求償權(民 §487-1)。例如:楊過僱用阿牛上山採藥,為了採集千年靈芝而進入杳無人煙的深山,若阿牛因為採藥被毒蛇咬傷,得向僱用人楊過請求賠償。

2. 立法理由:基於危害責任原則(無過失責任),為自己利益而使用他人從事具有一定危險性之事務者,縱無過失,亦應賠償他人因從事該項事物所遭受之損害。

二、僱用人之權利義務

(一)保護義務(危險預防義務)

受僱人服勞務,其生命、身體、健康有受危害之虞者,僱用人應按其情形為必要之預防(民 §483-1)。

(二)報酬給付義務

1. 如依情形,非受報酬即不服勞務者,視為允與報酬。未定報酬額者,按照價目表所定給付之;無價目表者,按照習慣給付(民 §483)。

2. 採後付主義(民 §486)。

> 🔍 **要 點 檢 索** ⊙
> - 1. 保護義務
> - 2. 報酬給付義務
> - 3. 勞務請求權

（三）勞務請求權

　　僱傭契約具專屬性，僱用人非經受僱人同意，不得將其勞務請求權讓與第三人，受僱人非經僱用人同意，不得使第三人代服勞務。

　　當事人之一方違反前項規定時，他方得終止契約（民 §484）。

伍 僱傭之消滅

一、期限屆滿

　　僱傭定有期限者，其僱傭關係，於期限屆滿時消滅（民 §488 I）。

二、終止契約

（一）僱傭未定期限（民 §488 II[18]）

1. 原則：各當事人得隨時終止契約。
2. 例外：
　　(1) 依勞務之性質或目的能定其期限者。
　　(2) 有利於受僱人之習慣者，從其習慣。

（二）因重大事由而終止（民 §489[19]）。

（三）違反勞務專屬性之終止（民 §484）。

（四）違反特種技能保證之終止（民 §485[20]）。

---

[18] 民法第 488 條（僱傭關係之消滅（一）－屆期與終止契約）：
　I. 僱傭定有期限者，其僱傭關係，於期限屆滿時消滅。
　II. 僱傭未定期限，亦不能依勞務之性質或目的定其期限者，各當事人得隨時終止契約。但有利於受僱人之習慣者，從其習慣。

[19] 民法第 489 條（僱傭關係之消滅（二）－遇重大事由之終止）：
　I. 當事人之一方，遇有重大事由，其僱傭契約，縱定有期限，仍得於期限屆滿前終止之。
　II. 前項事由，如因當事人一方之過失而生者，他方得向其請求損害賠償。

[20] 民法第 485 條（特種技能之保證）：
　受僱人明示或默示保證其有特種技能時，如無此種技能時，僱用人得終止契約。

習題 | REVIEW ACTIVITIS ✏

(C) 1. 下列敘述，何者錯誤？ (A) 僱用人非經受僱人同意，不得將其勞務請求權讓與第三人 (B) 受僱人非經僱用人同意，不得使第三人代服勞務 (C) 僱用人受領勞務遲延者，受僱人應補服勞務，但得請求報酬 (D) 受僱人默示保證其有特種技能者，如無此種技能時，僱用人得終止契約。

【102 年公務員升等郵政】

詳解 (A)(B) 第 484 條：I. 僱用人非經受僱人同意，不得將其勞務請求權讓與第三人，受僱人非經僱用人同意，不得使第三人代服勞務。II. 當事人之一方違反前項規定時，他方得終止契約。

(C) 第 487 條：僱用人受領勞務遲延者，受僱人無補服勞務之義務，仍得請求報酬。

(D) 民法第 485 條。

🔥 第八節　承　攬

甲
定作人

承攬契約（民§490）

乙
承攬人

承攬之意義

一、 稱承攬者，謂當事人約定，一方為他方完成一定之工作，他方俟工作完成，給付報酬之契約。約定由承攬人供給材料者，其材料之價額，推定為報酬之一部（民 §490）。

二、 完成工作之一方為承攬人，給付報酬之一方為定作人。

| 請掃描 QR Code P.28~34 有詳細補充資料說明及補充習題 |

第十五節　倉　庫

倉庫契約（民§613~621）

甲
寄託人

乙
倉庫營業人

倉庫之意義

　　稱倉庫營業人者，謂以受報酬而為他人堆藏及保管物品為營業之人（民§613）。倉庫營業人與寄託人所訂立之契約為倉庫契約。除本節有規定者外，準用關於寄託之規定（民§614）。

| 請見 P.327 QR Code P.57~59 有詳細補充資料說明 |

第十六節　運　送

運送 ┬ 物品運送
　　　└ 旅客運送

第 1 款　通　則

運送之意義

　　所謂運送係指以運送物品或旅客為目的，而收取運費之營業。稱運送人者，謂以運送物品或旅客為營業而受運費之人（民§622）。運送契約必須由以運送為業之運送人為之，運送人須收受運費，運送契約為有償契約，可分為物品運送以及旅客運送。

| 請 P.327 QR Code P.60~67 有詳細補充資料說明 |

第十節　委任

委任

甲
委任人

委任契約（民§528）

乙
受任人 ┬ 有償：善良管理人之注意義務
　　　　　（抽象輕過失責任）
　　　　└ 無償：自己的注意義務
　　　　　（具體輕過失責任）

壹　委任之意義

　　所謂委任，指當事人約定，一方委託他方處理事務，他方允為處理之契約（民§528）。委任的目的在於一定事務之處理，「一定事務」之範圍廣泛，可能為法律行為，亦可能有關生活之一切事務，諸如交水電費、接送小孩…等。除當事人另有約定外，受任人得在授權範圍內，自行裁量決定處理一定事務之方法，以完成委任之目的。委託他人處理事務的一方稱委任人，處理事務之他方稱為受任人。處理事務者必須提供勞務，日常生活中委託他人提供勞務之契約型態繁多，如果該關係不屬於法律所定其他契約之種類者，則適用關於委任之規定（民§529）。

貳　委任之成立

　　委任事務之處理，依契約當事人之約定，可能是委任繳交電費、打掃、澆花、倒垃圾…等事實行為；也可能是委任買賣房屋、出租房屋、簽約…等法律行為。委任契約之成立：

一、原則為不要式契約

　　當事人意思合致，則委任契約成立（民§153 I）。

二、例外為要式契約

為委任事務之處理，須為法律行為，而該法律行為，依法應以文字為之者，其處理權之授與，亦應以文字為之。其授與代理權者，代理權之授與亦同（民 §531）。

三、擬制允為委任

有承受委託處理一定事務之公然表示者，如對於該事務之委託，不即為拒絕之通知時，視為允受委託（民 §530）。

參 委任之效力

一、受任人之權利義務

要 點 檢 索

1. 事務處理權
2. 受任人之事務處理義務
3. 受任人事務處理上之附隨義務
4. 損害賠償責任

（一）事務處理權

1. 委任事務處理權之授與（民 §531）：為委任事務之處理，須為法律行為，而該法律行為，依法應以文字為之者，其處理權之授與，亦應以文字為之。其授與代理權者，代理權之授與亦同。

2. 受任人之權限－特別委任或概括委任（民 §532）：受任人之權限，依委任契約之訂定。未訂定者，依其委任事務之性質定之。委任人得指定一項或數項事務而為特別委任。或就一切事務，而為概括委任。

    (1) 特別委任（民 §533）：受任人受特別委任者，就委任事務之處理，得為委任人為一切必要之行為。

    (2) 概括委任（民 §534）：受任人受概括委任者，得為委任人為一切行為。但為下列行為，須有特別之授權：

    ① 不動產之出賣或設定負擔。

    ② 不動產之租賃其期限逾 2 年者。

    ③ 贈與。

    ④ 和解。

⑤ 起訴。

⑥ 提付仲裁。

（二）受任人之事務處理義務

1. 服從指示義務（民§536）：受任人非有急迫之情事，並可推定委任人若知有此情事亦允許變更其指示者，不得變更委任人之指示。

　　(1) 原則：不可變更指示。

　　(2) 例外：得變更指示。

　　① 急迫性。

　　② 可推知的允許。

2. 注意義務（民§535）：受任人處理委任事務，應依委任人之指示，並與處理自己事務為同一之注意，其受有報酬者，應以善良管理人之注意為之。因此：

　　(1) 無報酬：自己注意義務。

　　(2) 有報酬：善良管理人之注意義務。

3. 自己處理原則與複委任：

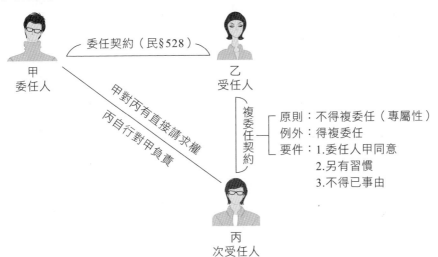

合法複委任

甲
委任人

乙
受任人

委任契約（民§528）

甲對丙有直接請求權
丙自行對甲負責

複委任契約

原則：不得複委任（專屬性）
例外：得複委任
要件：1.委任人甲同意
　　　2.另有習慣
　　　3.不得已事由

丙
次受任人

違法複委任

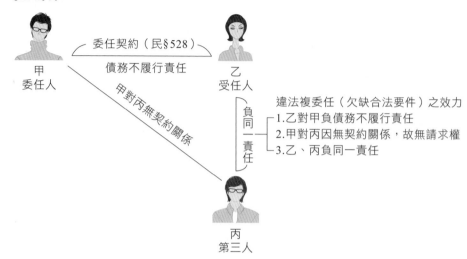

委任契約（民§528）

債務不履行責任

甲
委任人

乙
受任人

甲對丙無契約關係

負同一責任

違法複委任（欠缺合法要件）之效力
1.乙對甲負債務不履行責任
2.甲對丙因無契約關係，故無請求權
3.乙、丙負同一責任

丙
第三人

(1) 委任事務專屬性與複委任（民§537）：受任人應自己處理委任事務。但經委任人之同意或另有習慣或有不得已之事由者，得使第三人代為處理。

① 原則：受任人應自己處理委任事務。

② 例外：得複委任（合法複委任）。合法複委任之要件：

　A. 委任人之同意。

　B. 另有習慣。

　C. 有不得已之事由。

(2) 複委任之效力：

① 合法複委任：受任人依前條之規定，使第三人代為處理委任事務者，僅就第三人之選任及其對於第三人所為之指示，負其責任（民§538 II）。受任人使第三人代為處理委任事務者，委任人對於該第三人關於委任事務之履行，有直接請求權（民§539）。

② 違法複委任：受任人違反前條之規定，使第三人代為處理委任事務者，就該第三人之行為，與就自己之行為，負同一責任（民§538 I）。

（三）受任人事務處理上之附隨義務

1. 報告義務（民§540）：受任人應將委任事務進行之狀況，報告委任人，委任關係終止時，應明確報告其顛末。

2. 交付金錢物品及孳息（民§541）：受任人因處理委任事務，所收取之金錢、物品及孳息，應交付於委任人。受任人以自己之名義，為委任人取得之權利，應移轉於委任人。

3. 交付利息與損害賠償（民§542）：受任人為自己之利益，使用應交付於委任人之金錢或使用應為委任人利益而使用之金錢者，應自使用之日起，支付利息。如有損害，並應賠償。

（四）損害賠償責任

1. 受任人因處理委任事務有過失，或因逾越權限之行為所生之損害，對於委任人應負賠償之責（民§544）。

2. 有償委任之受任人應負擔「抽象輕過失」之善良管理人責任，無償委任之受任人則應負擔「具體輕過失」之與處理自己事務為同一之注意義務（民§535）。

二、委任人之權利義務

（一）處理委任事務請求權（民§543）

委任人非經受任人之同意，不得將處理委任事務之請求權，讓與第三人。

> **要 點 檢 索**
> 1. 處理委任事務請求權
> 2. 費用之預付及償還義務
> 3. 債務之清償或提供擔保
> 4. 損害賠償
> 5. 支付報酬

（二）費用之預付及償還義務（民§545、546 I）

1. 委任人因受任人之請求，應預付處理委任事務之必要費用（民§545）。

2. 受任人因處理委任事務，支出之必要費用，委任人應償還之，並付自支出時起之利息（民§546 I）。

（三）債務之清償或提供擔保（民§546 II）

受任人因處理委任事務，負擔必要債務者，得請求委任人代其清償，未至清償期者，得請求委任人提出相當擔保。

（四）損害賠償（民§546 III、IV）

受任人處理委任事務，因非可歸責於自己之事由，致受損害者，得向委任人請求賠償。前述損害之發生，如別有應負責任之人時，委任人對於該應負責者，有求償權。

（五）支付報酬（民§547、548）

1. 報酬縱未約定，如依習慣或依委任事務之性質，應給與報酬者，受任人得請求報酬（民§547）。

2. 受任人應受報酬者，除契約另有訂定外，非於委任關係終止及為明確報告顛末後，不得請求給付。委任關係，因非可歸責於受任人之事由，於事務處理未完畢前已終止者，受任人得就其已處理之部份，請求報酬（民§548）。

肆 委任關係之消滅

🔍 **要點檢索** ⊗

- 1. 委任契約終止
- 2. 當事人死亡、破產或喪失行為能力

一、委任契約終止（民§549）

當事人之任何一方，得隨時終止委任契約。當事人之一方，於不利於他方之時期終止契約者，應負損害賠償責任。但因非可歸責於該當事人之事由，致不得不終止契約者，不在此限。

二、當事人死亡、破產或喪失行為能力

（一）委任關係消滅事由發生（民§550）

委任關係，因當事人一方死亡、破產或喪失行為能力而消滅。但契約另有訂定，或因委任事務之性質不能消滅者，不在此限。

（二）委任事務之繼續處理（民§551）

委任關係消滅事由發生，如委任關係之消滅，有害於委任人利益之虞時，受任人或其繼承人或其法定代理人，於委任人或其繼承人或其法定代理人能接受委任事務前，應繼續處理其事務。

（三）委任關係之視為存續（民 §552）

委任關係消滅之事由，係由當事人之一方發生者，於他方知其事由或可得而知其事由前，委任關係視為存續。

伍 與委任相類似之概念

委任、僱傭與承攬

	委任	僱傭	承攬
意義	稱委任者，謂當事人約定，一方委託他方處理事務，他方允為處理之契約（民 §528）。	稱僱傭者，謂當事人約定，一方於一定或不定之期限內為他方服勞務，他方給付報酬之契約（民 §482）。	稱承攬者，謂當事人約定，一方為他方完成一定之工作，他方俟工作完成，給付報酬之契約（民 §490）。
給付內容	最概括之勞務給付內容之契約，以一定事務之處理來界定。	勞務給付之內容，以時間、地點來界定。	勞務給付之內容，以一定之工作完成來界定。
獨立性	獨立性中等：除當事人另有約定者外，受任人得在授權範圍內，自行裁量決定處理一定事務之方法，以完成委任之目的。	獨立性低：僱傭之目的，在於受僱人僅單純提供勞務，自己並無任何裁量權，受僱人必須在僱用人之指揮監督下服勞務。	獨立性高：承攬之目的，在於工作之完成，承攬人對於工作完成之方法有裁量權。
專屬性	有專屬性： 1. 受任人非經委任人同意，不得使第三人處理事務。 2. 委任人非經受任人同意，不得將事務處理請求權讓予第三人。	有專屬性： 1. 受僱人非經僱用人同意，不得使第三人代服勞務。 2. 僱用人非經受僱人同意，不得將勞務給付請求權讓予第三人。	無專屬性。 承攬人得將工作全部或一部使第三人完成。
報酬	依當事人合意	無論有無結果，均須給付報酬	完成一定工作，須給付報酬

相對人指揮監督的強度

弱 —————————————————→ 強
　　　　　承攬　　　　　委任　　　　　僱傭

習題 | REVIEW ACTIVITIS ✎

(A)　1.　關於民法中規定之勞務性契約，下列敘述何者錯誤？　(A) 委任、僱傭及
承攬契約皆為有償契約　(B) 承攬契約報酬請求權之消滅時效期間為 2 年
(C) 受僱人非經僱用人之同意，不得使第三人代服勞務　(D) 原則上受任人
應自己處理委任事務。　　　　　　　　　　　【102 年公務員升等法制】

詳解 (A) 委任契約未必為有償契約。

(B)　2.　甲為房屋仲介公司之員工，經甲之斡旋乙同意將其所有房屋出售於丙，乙
丙雙方皆委任甲處理登記及付款事宜並授與代理權，事成之後乙丙應支付
甲相當之報酬。以下敘述何者錯誤？　(A) 此時雖屬所謂雙方代理，但因
已經本人許諾，故可有效　(B) 甲有要事需出國，乃將辦理登記事宜委託
同事丁代為處理，因丁之疏失致丙受損害，由於甲並無過失，可以無庸負
責　(C) 由於委任之事項中包含不動產登記事宜，就此部分包含代理權之
授與應做成書面契約　(D) 甲處理相關事務時，應以善良管理人之注意程
度，謹慎為之。　　　　　　　　　　　　　　【99 年不動產經紀人】

詳解 (B) 第 537 條：受任人應自己處理委任事務。但經委任人之同意或另有習慣或有
不得已之事由者，得使第三人代為處理。
第 538 條：I. 受任人違反前條之規定，使第三人代為處理委任事務者，就該第三
人之行為，與就自己之行為，負同一責任。II. 受任人依前條之規定，使第三人
代為處理委任事務者，僅就第三人之選任及其對於第三人所為之指示，負其責
任。

(D)　3.　甲受乙委任代售房屋一棟，卻將所售屋款挪為己用。問下列敘述何者正確？
(A) 甲應支付利息，但如乙受有損害，甲不須賠償　(B) 甲無須支付利息，
但如乙受有損害，甲須賠償　(C) 甲僅於乙受有損害時，須賠償並支付利
息　(D) 甲應支付利息，且如乙受有損害，甲須賠償。

【97 年不動產經紀人】

詳解 第 542 條：受任人為自己之利益，使用應交付於委任人之金錢或使用應為委任人利益而使用之金錢者，應自使用之日起，支付利息。如有損害，並應賠償。

第十一節 經理人及代辦商

經理人契約（民§553）
具有委任性質

甲
商號

乙
經理人

經理人

經理人之意義

稱經理人者，謂由商號之授權，為其管理事務及簽名之人（民 §553 I）。

| 請掃描 QR Code P.43~45 有詳細補充資料說明 |

第十二節 居間

居間契約（民§565）

甲
委託人

乙
居間人

壹 居間之意義

稱居間者，謂當事人約定，一方為他方報告訂約之機會或為訂約之媒介，他方給付報酬之契約（民 §565）。

貳 居間之性質

一、不要式契約

二、諾成契約

三、雙務契約

四、有償契約

參 居間之成立

當事人意思表示合致而成立（不要式）（民 §153I）。

肆 居間之效力

一、居間人之義務

（一）居間人據實報告及妥為媒介義務（民 §567）

居間人關於訂約事項，應就其所知，據實報告於各當事人。對於顯無履行能力之人，或知其無訂立該約能力之人，不得為其媒介。以居間為營業者，關於訂約事項及當事人之履行能力或訂立該約之能力，有調查之義務。

（二）隱名居間之人義務（民 §575）

當事人之一方，指定居間人不得以其姓名或商號告知相對人者，居間人有不告知之義務。居間人不以當事人一方之姓名或商號告知相對人時，應就該方當事人由契約所生之義務，自己負履行之責，並得為其受領給付。

（三）居間人無為給付或受領給付之權（民 §574）

居間人就其媒介所成立之契約，無為當事人給付或受領給付之權。

二、居間人之權利

（一）報酬請求權

1. 報酬及報酬額（民§566）：如依情形，非受報酬即不為報告訂約機會或媒介者，視為允與報酬。未定報酬額者，按照價目表所定給付之。無價目表者，按照習慣給付。

2. 報酬請求之時期（民§568）：居間人，以契約因其報告或媒介而成立者為限，得請求報酬。契約附有停止條件者，於該條件成就前，居間人不得請求報酬。

3. 報酬之給付義務人（民§570）：居間人因媒介應得之報酬，除契約另有訂定或另有習慣外，由契約當事人雙方平均負擔。

4. 報酬之酌減（民§572）：約定之報酬，較居間人所任勞務之價值，為數過鉅失其公平者，法院得因報酬給付義務人之請求酌減之。但報酬已給付者，不得請求返還。

5. 婚姻居間之報酬無請求權（民§573）：因婚姻居間而約定報酬者，就其報酬無請求權。

（二）費用償還請求之限制（民§569）

居間人支出之費用，非經約定，不得請求償還。前項規定，於居間人已為報告或媒介而契約不成立者適用之。

（三）報酬及費用償還請求權之喪失（民§571）

居間人違反其對於委託人之義務，而為利於委託人之相對人之行為，或違反誠實及信用方法，由相對人收受利益者，不得向委託人請求報酬及償還費用。

習題 | REVIEW ACTIVITIS ✎

(D) 1. 甲、乙間約定甲幫乙為訂約之媒介,並由乙給付報酬予甲。甲、乙所定契約之名稱為下列何者? (A) 承攬契約 (B) 代辦契約 (C) 僱傭契約 (D) 居間契約。 【102 年不動產經紀人】

詳解 民法第 565 條。

(D) 2. 當事人約定,一方為他方報告訂約之機會,而他方給付報酬之契約,稱之為: (A) 委任 (B) 承攬 (C) 行紀 (D) 居間。 【101 年度高考法制】

詳解 第 565 條:稱居間者,謂當事人約定,一方為他方報告訂約之機會或為訂約之媒介,他方給付報酬之契約。

(D) 3. 甲委託乙婚友社代為尋覓適婚的對象,並約定若甲與乙所介紹對象結婚,則給予報酬新台幣二十萬元,詎事成後甲卻拒絕支付約定報酬。關於乙之權利,下列敘述何者正確? (A) 乙得對甲訴請履行報酬之給付 (B) 乙、甲間之報酬約定無效 (C) 乙、甲間之契約無效 (D) 乙對甲無報酬請求權。 【101 年地方特考三等】

詳解 第 573 條:因婚姻居間而約定報酬者,就其報酬無請求權。

第十三節　行 紀

行紀契約（民§577）

甲
委託人

乙
行紀人

行紀之意義

　　稱行紀者,謂以自己之名義,為他人之計算,為動產之買賣或其他商業上之交易,而受報酬之營業(民§576)。行紀,除本節有規定者外,適用關於委任之規定(民§577)。行紀為他人為商業上之交易,但須以自己之名義為之,此與代理必須以本人名義為之有所不同,故稱行紀為間接代理。

| 請見 P.327 QR Code P.46~48 有詳細補充資料說明 |

第十四節　　寄　託

寄託契約(民§589)

| 甲 | 乙 |
| 寄託人 | 受寄人 |

第 1 款　寄託之意義、性質及種類

寄託之意義

　　稱寄託者,謂當事人一方以物交付他方,他方允為保管之契約(民§589 I)。

| 請掃描目錄 QRCode 有詳細補充資料說明及補充習題 P.49~56 |

第十五節　倉庫

倉庫契約（民§613~621）

甲　　　　　　　　　　　　乙
寄託人　　　　　　　　　倉庫營業人

倉庫之意義

　　稱倉庫營業人者，謂以受報酬而為他人堆藏及保管物品為營業之人（民§613）。倉庫營業人與寄託人所訂立之契約為倉庫契約。除本節有規定者外，準用關於寄託之規定（民§614）。

| 請見 P.327 QR Code P.57~59 有詳細補充資料說明 |

第十六節　運送

運送 ┬ 物品運送
　　　└ 旅客運送

第 1 款　通　則

運送之意義

　　所謂運送係指以運送物品或旅客為目的，而收取運費之營業。稱運送人者，謂以運送物品或旅客為營業而受運費之人（民§622）。運送契約必須由以運送為業之運送人為之，運送人須收受運費，運送契約為有償契約，可分為物品運送以及旅客運送。

| 請掃描目錄 QRCode 有詳細補充資料說明 P.60~67 |

第十七節 承攬運送

承攬運送（民§660）

甲
委託人

乙
承攬運送人

承攬運送人

　　稱承攬運送人者，謂以自己之名義，為他人之計算，使運送人運送物品而受報酬為營業之人（民 §660 I）。

| 請見 P.327 QR Code P.68~70 有詳細補充資料說明 |

第十八節 合 夥

甲
合夥人

合夥契約
（民§667）

乙
合夥人

丙
合夥人

壹 合夥之意義

稱合夥者，謂 2 人以上互約出資以經營共同事業之契約（民 §667）。合夥的目的在於透過相互出資的手段，以經營共同事業，至於出資，得為金錢或其他財產權，或以勞務、信用或其他利益代之。金錢以外之出資，應估定價額為其出資額。未經估定者，以他合夥人之平均出資額視為其出資額。

貳 合夥契約之性質

一、不要式契約 [21]

二、諾成契約 [22]

三、雙務契約

四、有償契約

參 合夥之成立

合夥因當事人意思表示一致而成立，為不要式契約（民 §153 I）。

肆 合夥之效力

一、合夥人間之內部關係

（一）出資及合夥財產

1. 合夥人之出資（民 §667 II、 III）：合夥之出資，得為金錢或其他財產權，或以勞務、信用或其他利

> 要 點 檢 索
> • 1. 出資及合夥財產
> 2. 合夥事務之決議、執
>   及監察
> 3. 損益分配

---

[21] 32 年上字第 4718 號判例：
合夥非要式行為，除當事人間有以作成書據為成立要件之約定外，苟二人以上已互約出資以經營共同事業，雖未訂立書據，其合夥亦不得謂未成立。

[22] 最高法院 18 年上字第 2524 號判例：
合夥契約為諾成契約，苟經合法表示入夥意思，則股金是否實交，股票是否收執，均非所問，而合同議單之有無，自亦不得認為合夥之要件。

益代之。金錢以外之出資，應估定價額為其出資額。未經估定者，以他合
夥人之平均出資額視為其出資額。

2. 合夥人不增資權利（民§669）：合夥人除有特別訂定外，無於約定出資
   之外增加出資之義務。因損失而致資本減少者，合夥人無補充之義務。

3. 合夥財產之公同共有（民§668）：各合夥人之出資及其他合夥財產，為
   合夥人全體之公同共有。

4. 合夥財產分析與抵銷之禁止（民§682）：合夥人於合夥清算前，不得請
   求合夥財產之分析。對於合夥負有債務者，不得以其對於任何合夥人之債
   權與其所負之債務抵銷。

（二）合夥事務之決議、執行及監察

1. 合夥之決議（民§670）：合夥之決議，應以合夥人全體之同意為之。前
   項決議，合夥契約約定得由合夥人全體或一部之過半數決定者，從其約
   定。但關於合夥契約或其事業種類之變更，非經合夥人全體 3 分之 2 以上
   之同意，不得為之。

2. 合夥人之表決權（民§673）：合夥之決議，其有表決權之合夥人，無論
   其出資之多寡，推定每人僅有一表決權。

3. 合夥事務之執行（民§671）：合夥之事務，除契約另有訂定或另有決議
   外，由合夥人全體共同執行之。合夥之事務，如約定或決議由合夥人中數
   人執行者，由該數人共同執行之。合夥之通常事務，得由有執行權之各合
   夥人單獨執行之。但其他有執行權之合夥人中任何一人，對於該合夥人之
   行為有異議時，應停止該事務之執行。

4. 合夥人之注意義務（民§672）：合夥人執行合夥之事務，應與處理自己
   事務為同一注意。其受有報酬者，應以善良管理人之注意為之。

5. 合夥事務執行人之辭任與解任（民§674）：合夥人中之一人或數人，依
   約定或決議執行合夥事務者，非有正當事由不得辭任。前項執行合夥事務
   之合夥人，非經其他合夥人全體之同意，不得將其解任。

6. 合夥人之事務檢查權（民§675）：無執行合夥事務權利之合夥人，縱契
   約有反對之訂定，仍得隨時檢查合夥之事務及其財產狀況，並得查閱帳簿。

7. 費用及報酬請求權（民 §678）：合夥人因合夥事務所支出之費用，得請求償還。合夥人執行合夥事務，除契約另有訂定外，不得請求報酬。

（三）損益分配

1. 決算及損益分配之時期（民 §676）：合夥之決算及分配利益，除契約另有訂定外，應於每屆事務年度終為之。

2. 損益分配之成數（民 §677）：分配損益之成數，未經約定者，按照各合夥人出資額之比例定之。僅就利益或僅就損失所定之分配成數，視為損益共通之分配成數。以勞務為出資之合夥人，除契約另有訂定外，不受損失之分配。

二、合夥之對外關係

要 點 檢 索
• 1. 合夥執行人之對外代表權
2. 合夥人對外之責任

（一）合夥執行人之對外代表權（民 §679）

合夥人依約定或決議執行合夥事務者，於執行合夥事務之範圍內，對於第三人，為他合夥人之代表。

（二）合夥人對外之責任

1. 合夥人之補充連帶責任（民 §681）：合夥財產不足清償合夥之債務時，各合夥人對於不足之額，連帶負其責任。

2. 債權人代位權行使之限制（民 §684）：合夥人之債權人，於合夥存續期間內，就該合夥人對於合夥之權利，不得代位行使。但利益分配請求權，不在此限。

3. 合夥人股份之扣押及其效力（民 §685）：合夥人之債權人，就該合夥人之股份，得聲請扣押。前述扣押實施後兩個月內，如該合夥人未對於債權人清償或提供相當之擔保者，自扣押時起，對該合夥人發生退夥之效力。

伍 合夥之變更

合夥團體能保持其同一性，而合夥人（主體）或其內容（客體）有所改變。

一、合夥契約或事業種類之變更（民 §670）

合夥之決議，應以合夥人全體之同意為之。前項決議，合夥契約約定得由合夥人全體或一部之過半數決定者，從其約定。但關於合夥契約或其事業種類之變更，非經合夥人全體 3 分之 2 以上之同意，不得為之。

二、合夥人之變更

（一）入夥（民 §691）

合夥成立後，非經合夥人全體之同意，不得允許他人加入為合夥人。加入為合夥人者，對於其加入前合夥所負之債務，與他合夥人負同一之責任。

（二）退夥

1. 聲明退夥：
   (1) 合夥人之聲明退夥（民 §686）：合夥未定有存續期間，或經訂明以合夥人中一人之終身，為其存續期間者，各合夥人得聲明退夥，但應於 2 個月前通知他合夥人。合夥人之聲明退夥，不得於退夥有不利於合夥事務之時期為之。合夥縱定有存續期間，如合夥人有非可歸責於自己之重大事由，仍得聲明退夥。
   (2) 合夥人股份之扣押及其效力（民 §685）：合夥人之債權人，就該合夥人之股份，得聲請扣押。扣押實施後兩個月內，如該合夥人未對於債權人清償或提供相當之擔保者，自扣押時起，對該合夥人發生退夥之效力。

2. 法定退夥：
   (1) 法定退夥事由（民 §687）：
       合夥人除依 686、687 條規定退夥外，因下列事項之一而退夥：
       ① 合夥人死亡者。但契約訂明其繼承人得繼承者，不在此限。
       ② 合夥人受破產或監護之宣告者。
       ③ 合夥人經開除者。合夥人之開除，以有正當理由為限。應以他合夥人全體之同意為之，並應通知被開除之合夥人（民 §688）。

(2) 退夥之結算與股分之抵還（民 §689）：退夥人與他合夥人間之結算，應以退夥時合夥財產之狀況為準。退夥人之股分，不問其出資之種類，得由合夥以金錢抵還之。合夥事務，於退夥時尚未了結者，於了結後計算，並分配其損益。

3. 退夥人之責任（民 §690）：合夥人退夥後，對於其退夥前合夥所負之債務，仍應負責。

（三）股份轉讓（民 §683）

合夥人非經他合夥人全體之同意，不得將自己之股分轉讓於第三人。但轉讓於他合夥人者，不在此限。

陸 合夥之消滅

一、解散

（一）合夥之解散事由（民 §692）

合夥因下列事項之一而解散：

1. 合夥存續期限屆滿者。
2. 合夥人全體同意解散者。
3. 合夥之目的事業已完成或不能完成者。

（二）不定期繼續合夥契約（民 §693）

合夥所定期限屆滿後，合夥人仍繼續其事務者，視為以不定期限繼續合夥契約。

二、清算

（一）清償債務與返還出資（民 §697）

合夥財產，應先清償合夥之債務。其債務未至清償期，或在訴訟中者，應將其清償所必需之數額，由合夥財產中劃出保留之。依前項清償債務，或劃出必需之數額後，其賸餘財產應返還各合夥人金錢或其他財產權之出資。

金錢以外財產權之出資，應以出資時之價額返還之。為清償債務及返還合夥人之出資，應於必要限度內，將合夥財產變為金錢。

（二）出資額之比例返還（民 §698）

合夥財產不足返還各合夥人之出資者，按照各合夥人出資額之比例返還之。

（三）賸餘財產之分配（民 §699）

合夥財產，於清償合夥債務及返還各合夥人出資後，尚有賸餘者，按各合夥人應受分配利益之成數分配之。

習題 | REVIEW ACTIVITIS ✏

(D) 1. 下列何者，非為法定退夥之原因？ (A) 合夥人死亡 (B) 合夥人受破產之宣告 (C) 合夥人經開除者 (D) 合夥之目的事業已完成或不能完成者。

【102 年公務員升等郵政】

詳解 第 687 條：合夥人除依前二條規定退夥外，因下列事項之一而退夥：
一、合夥人死亡者。但契約訂明其繼承人得繼承者，不在此限。
二、合夥人受破產或監護之宣告者。
三、合夥人經開除者。

(A) 2. 甲、乙、丙三人締結合夥契約，並以每月三萬元租金租用甲所有之房屋為共同經營事業之場所。惟因合夥事業經營不順致合夥解散，解散後已無合夥財產清償累計三個月未支付之租金。就積欠之九萬元租金，出租人甲得向乙、丙為如何之主張？ (A) 甲僅得分別向乙、丙請求各應支付三萬元 (B) 甲僅得分別向乙、丙請求各應支付四萬五千元 (C) 甲僅得向乙或丙請求應支付六萬元 (D) 甲僅得向乙或丙請求應支付九萬元。

【101 年不動產經紀人】

詳解 合夥財產不足清償合夥之債務時，各合夥人對於不足之額，連帶負其責任（民 §681）。而連帶債務人相互間，除法律另有規定或契約另有訂定外，應平均分擔義務（民 §280）。

(B) 3. 下列對於合夥人之出資義務之論述，何者錯誤？　(A) 合夥人之出義務不以金錢為限，亦可以其他具有財務價值之物、勞務或信用為出資內容　(B) 各合夥人之出資及其他合夥財產，為合夥人全體分別共有　(C) 合夥因損失而致資本減少時，除非合夥契約有特別訂立，否則合夥人無補充之增資義務　(D) 合夥人之出資額，不以等額為限。　　【98 年不動產經紀人】

詳解 (B) 民法 668：各合夥人之出資及其他合夥財產，為合夥人全體之「公同共有」。

(D) 4. 下列何者非法定退夥事由？　(A) 合夥人死亡　(B) 合夥人受禁治產宣告　(C) 合夥人經開除者　(D) 合夥人聲明退夥。　　【98 年不動產經紀人】

詳解 民法第 687 條。

(D) 5. 合夥財產不足清償合夥債務時，各合夥人對不足部分應如何負責？　(A) 不用負責　(B) 平均負責　(C) 依出資比例負責　(D) 連帶負其責任。

【97 年不動產經紀人】

詳解 第 681 條：合夥財產不足清償合夥之債務時，各合夥人對於不足之額，連帶負其責任。

第十九節　隱名合夥

　　隱名合夥契約（民§700）　　

甲
隱名合夥人
（僅出資）

乙
營業人
（僅出名或出名又出資）

隱名合夥之意義

　　稱隱名合夥者，謂當事人約定，一方對於他方所經營之事業出資，而分受其營業所生之利益，及分擔其所生損失之契約（民 §700）。隱名合夥人僅出資而不參與營業，出名之營業人，可能僅經營事業而不出資，亦可能既出名經營事業同時也出資。

| 請掃描 QR Code P.71~73 有詳細補充資料說明 |

第十九之一節　合 會

```
         ┌─ 團體性合會
合會 ─────┤
         └─ 單線性合會
```

合會之意義

　　稱合會者，謂由會首邀集 2 人以上為會員，互約交付會款及標取合會金之契約。其僅由會首與會員為約定者，亦成立合會（民 §709-1）。

| 請見 P.340 QR Code P.74~78 有詳細補充資料說明及補充習題 |

第二十節　指示證券

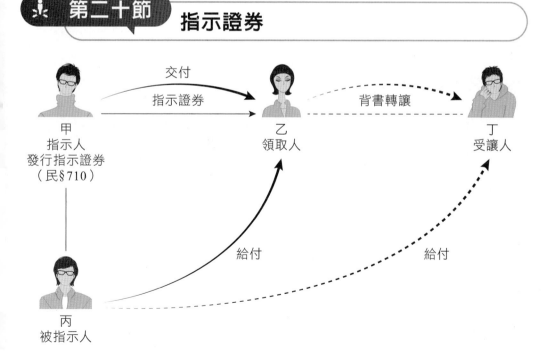

甲
指示人
發行指示證券
（民§710）

乙
領取人

丁
受讓人

交付
指示證券

背書轉讓

丙
被指示人

給付

給付

指示證券之意義

　　稱指示證券者，謂指示他人將金錢、有價證券或其他代替物給付第三人之證券。發行指示證券者（前例：甲）為指示之人，稱為指示人。被指示之他人（丙），指被指示人所指示而為給付之人，稱為被指示人。受給付之第三人（乙），稱為領取人（民 §710 I）。

| 請見 P.340 QR Code P.79~81 有詳細補充資料說明 |

第二十一節　無記名證券

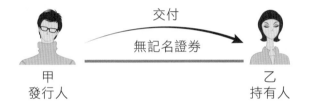

交付

無記名證券

甲
發行人

乙
持有人

無記名證券之意義

　　稱無記名證券者，謂持有人對於發行人，得請求其依所記載之內容為給付之證券（民 §719）。例如：商品禮券或百貨公司、大賣場之提貨券。無記名證券為有價證券，發行人發行證券並自為給付，給付之內容則不限於金錢，金錢以外之物，亦得為給付之標的。而無記名證券並不記載權利人姓名，因而與票據法之無記名本票相當。

| 請見 P.340 QR Code P.82~84 有詳細補充資料說明 |

第二十二節　終身定期金

終身定期金契約（民§729）

甲
債務人

乙
債權人

終身定期金之意義

　　稱終身定期金契約者，謂當事人約定，一方於自己或他方或第三人生存期內，定期以金錢給付他方或第三人之契約（民§729）。

　| 請見 P.340 QR Code P.85~86 有詳細補充資料說明 |

第二十三節　和　解

和解契約（民§736）

甲
當事人

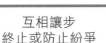
互相讓步
終止或防止紛爭

乙
當事人

和解之意義及成立

　　稱和解者，謂當事人約定，互相讓步，以終止爭執或防止爭執發生之契約（民§736），和解因雙方意思表示一致而成立，為不要式及諾成契約。惟和解既是以終止或是防止爭執之發生，為求明確審慎以資遵守，習慣上大多訂有和解書。

　| 請見 P.340 QR Code P.87~88 有詳細補充資料說明 |

第二十四節　保　證

保　證

保證之意義

　　稱保證者，謂當事人約定，一方於他方之債務人不履行債務時，由其代負履行責任之契約（民§739）。換言之，保證契約乃約定保證人於債務人不履行債務時，代替債務人履行責任之契約。本節所規定保證人之權利，除法律另有規定外，不得預先拋棄（民§739-1）。

　　| 請見 P.340 QR Code P.89~97 有詳細補充資料說明及補充習題 |

第二十四之一節　人事保證

人事保證之意義

　　稱人事保證者，謂當事人約定，一方於他方之受僱人將來因職務上之行為而應對他方為損害賠償時，由其代負賠償責任之契約（民§756-1 I）。保證人就僱傭或其他職務關係所可能產生之債務代負賠償責任，而受僱人則不以定有僱傭契約者為限，凡客觀上為他人服勞務而受監督之關係均屬之。

　　| 請見 P.340 QR Code P.98~100 有詳細補充資料說明及補充習題 |

第三編

物　權

CHAPTER 01

通　則

壹 物權之意義

物權是得對任何人主張之財產權。物權乃對物直接支配之權利。例如民法第 765 條:「所有人,於法令限制之範圍內,得自由使用、收益、處分其所有物,並排除他人之干涉。」

貳 物權之種類

一、物權法定主義

「物權法定主義」指物權之種類及內容,須依法律之規定,當事人不得自由創設。民法第 757 條:「物權除依法律或習慣外,不得創設。」

二、物權之分類

民法物權編所定之物權有:所有權、地上權、農育權、不動產役權、抵押權、質權、典權、留置權,共計 8 種,並有「占有」之規定,可歸納為:

(一)完全物權

1. 指權利人得享受及支配標的物所提供之一切權利之物權:所有權。
2. 所有權為完全物權,民法第 765 條:「所有人,於法令限制之範圍內,得自由使用、收益、處分其所有物,並排除他人之干涉。」

(二)定限物權

定限物權為所有權以外之其他物權,指權利人僅得於限定範圍內享受、支配標的物權利之物權。定限物權可區分為:

1. 用益物權:
   (1) 用益物權乃將所有物供他人利用以收取對價之物權,其偏重於物之使用價值,指對於他人之物於一定範圍內,得使用、收益之物權。
   (2) 用益物權有地上權、農育權、不動產役權、典權。

2. 擔保物權：
   (1) 擔保物權乃將所有物供擔保以獲取信用之物權，其偏重於物之交換價值，指以標的物供債權之擔保為目的之物權。
   (2) 擔保物權有抵押權、質權、留置權。

物權之分類

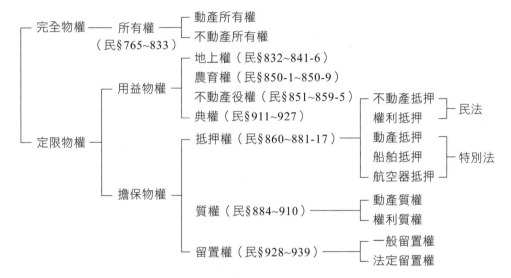

```
         ┌ 完全物權 ─── 所有權 ─┬ 動產所有權
         │            （民§765~833） └ 不動產所有權
         │
         │                    ┌ 地上權（民§832~841-6）
         │                    │ 農育權（民§850-1~850-9）
         │          ┌ 用益物權 ┤ 不動產役權（民§851~859-5）
         │          │          └ 典權（民§911~927）
         │          │                                  ┌ 不動產抵押 ┐
         │          │                                  │            ├ 民法
         │          │                     抵押權      ┌ 權利抵押 ┘
         │          │                   （民§860~881-17）┤ 動產抵押 ┐
         └ 定限物權 ┤                                  │ 船舶抵押 ├ 特別法
                    │                                  └ 航空器抵押 ┘
                    │          ┌                       ┌ 動產質權
                    └ 擔保物權 ┤ 質權（民§884~910）──┤
                               │                       └ 權利質權
                               │                       ┌ 一般留置權
                               └ 留置權（民§928~939）─┤
                                                       └ 法定留置權
```

 物權之取得、移轉及消滅

一、物權之取得

　　物權之取得有「原始取得」與「繼受取得」之分，原始取得指非依他人之權利而取得物權者，例如無主物之先占、時效取得及善意受讓取得所有權等。而繼受取得則是指依據他人之權利而取得物權，例如因為讓與、繼承而取得物之所有權。依其取得程序之不同可區分為：

題目 ....

何謂不動產之設權登記？何謂不動產之宣示登記？試分別說明之。

【88 經紀人特考】

（一）不動產物權

1. 依法律行為而取得：

   民法第 758 條：「不動產物權，依法律行為而取得、設定、喪失及變更者，非經登記，不生效力。前項行為，應以書面為之。」不動產物權依法律行為而變動時，須辦理登記；未經登記，不生不動產物權變動之效力；所謂「**登記**」，指將不動產物權之變動事項，依法完成登記，記入登記簿，如經登記，即生創設物權之效力，此即為學說上所稱之「不動產之設權登記」。所謂「**書面**」指物權移轉之書面。

2. 依法律行為以外之原因而取得：

   民法第 759 條：「因繼承、強制執行、徵收、法院之判決或其他非因法律行為，於登記前已取得不動產物權者，應經登記，始得處分其物權。」因繼承、強制執行、公用徵收或法院之判決[1]，於登記前已取得不動產物權者，將已成立之物權變動，昭示於眾的登記為「**宣示登記**」。權利人於取得不動產物權後辦理登記，乃具有宣示之性質，而非創設物權之效力，權利人須經登記方得處分其物。

---

[1] (1)繼承：第 1147 條規定：「繼承，因被繼承人**死亡**而開始。」
 (2)強制執行：強制執行法第 98 條第 1 項規定：「拍賣之不動產，買受人自領得執行法院所**發給權利移轉證書之日**起，取得該不動產所有權。」
 (3)公用徵收：土地法第 235 條前段規定：「被徵收土地之所有權人，對於其土地之權利義務，於應受之**補償發給完竣時**終止。」
 (4)法院之判決：係指以判決之宣告足生物權法上取得某不動產之效果之形成判決，於**判決確定時**，即生不動產物權變動之效果。

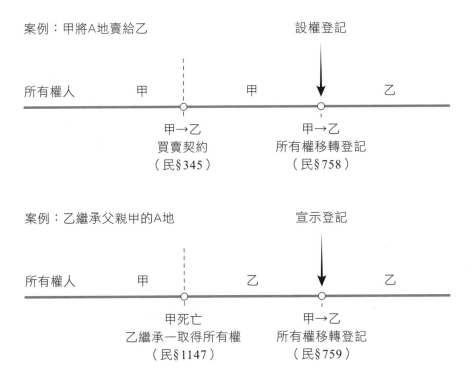

案例：甲將A地賣給乙

設權登記

所有權人　　　　甲　　　　　　　　甲　　　　↓　　　　　乙

甲→乙
買賣契約
（民§345）

甲→乙
所有權移轉登記
（民§758）

案例：乙繼承父親甲的A地

宣示登記

所有權人　　　　甲　　　　　　　　乙　　　　↓　　　　　乙

甲死亡
乙繼承─取得所有權
（民§1147）

甲→乙
所有權移轉登記
（民§759）

（二）動產物權

1. 原始取得：動產物權之原始取得，如無主物之先占、埋藏物之發現及善意取得等。

2. 設定：如質權之設定而取得動產質權。

二、物權之移轉

狹義的物權移轉指物權之讓與，廣義的物權移轉則包含繼承、強制執行等。物權移轉之要件：

（一）不動產物權移轉

不動產物權依法律行為而移轉者，非經登記不生效力，並應以書面為之（民§758）。故不動產所有權移轉之要件：

1. 登記。

2. 書面。

（二）動產物權移轉

動產物權之讓與，非將動產交付，不生效力（民 §761）。故動產讓與所有權移轉之要件為：

1. 讓與所有權之合意。

2. 交付動產：

   所謂「**交付**」指移轉占有，動產物權以占有為公示，動產物權之讓與則以交付為公示。交付之方式，依民法第 761 條可區分為：

   (1) 現實交付：指動產物權之讓與人將動產現實的、直接的支配管領力移轉於受讓人。

   (2) 觀念交付：非真正的交付，而是占有觀念的移轉，以代替現實交付，其情形有：

   ① 簡易交付：受讓人已占有動產者，於讓與合意時，即生效力（民 §761 I 但書）。

   ② 占有改定：讓與動產物權，而讓與人仍繼續占有動產者，讓與人與受讓人間得訂立契約，使受讓人因此取得間接占有，以代交付（民 §761 II）。

   ③ 指示交付：讓與動產物權，如其動產由第三人占有時，讓與人得以對於第三人之返還請求權，讓與於受讓人，以代交付。（民 §761 III）

三、登記與占有之效力

（一）登記之效力

1. 登記之推定力（民 §759-1 I）：不動產物權經登記者，推定登記權利人適法有此權利。

2. 登記之公信力（民 §759-1 II）：因信賴不動產登記之善意第三人，已依法律行為為物權變動之登記者，其變動之效力，不因原登記物權之不實而受影響。

（二）占有之效力

1. 占有之推定力（民§943）：占有人於占有物上行使之權利，推定其適法有此權利。

2. 占有之公信力（民§801、948）：動產之受讓人占有動產，而受關於占有規定之保護者，縱讓與人無移轉所有權之權利，受讓人仍取得其所有權。

四、物權之消滅

（一）混同

要 點 檢 索
1. 混同
2. 拋棄

　　混同指兩種無併存必要之物權同歸一人所有時，其他物權因混同而消滅。民法第762條：「同一物之所有權及其他物權，歸屬於一人者，其他物權因混同而消滅。」混同之情形：

1. 原則：權利之強者吸收弱者，權利弱者因此消滅。

    (1) 所有權與他物權混同：

    　　例如甲將其所有之A地為乙設定地上權，嗣後又將A地所有權讓與乙，則A地之所有權與地上權同歸乙一人所有，此時此二種物權無併存之必要，屬定限物權（權利弱者）之地上權，為完全物權（權利強者）之所有權吸收而消滅。

    (2) 所有權以外之物權，及以該物權為標的物之權利混同：例如乙在甲之A地設地上權（所有權以外之物權），又將該地上權設定抵押權（以地上權為標的之權利）與丙，嗣後丙取得A地之地上權，此時地上權與抵押權歸丙一人所有，無併存之必要，其抵押權因混同而消滅。

2. 例外：雖混同，但不消滅。

    (1) 「所有權以外之物權」之存續於所有人或第三人有法律上利益時，則不消滅（民§762但書）。例如：甲將其所有之A地設定第一順位抵押權與乙，又設定第二順位抵押權與丙，嗣後乙取得A地之所有權，此時A地之所有權與第一順位抵押權同歸乙一人所有，但若第一順位抵押權因混同而消滅，則丙遞升為第一順位抵押權人，此時乙遭受不利益，因此，為了所有人乙之利益，第一順位抵押權不消滅。

(2) 「以所有權以外之物權為標的物之權利」之存續於所有人或第三人有法律上利益時，則不消滅（民§763 II）。例如乙在甲之 A 地設地上權（所有權以外之物權），又將該地上權設定抵押權（以所有權以外之物權為標的之權利）與丙，丙則將該抵押權為丁設定權利質權，嗣後丙取得 A 地之地上權，此時抵押權與地上權歸丙一人所有，但若抵押權因混同而消滅，則權利質權將無所附麗，因此，抵押權為第三人丁之利益而不消滅。

（二）拋棄

1. 物權除法律另有規定外，因拋棄而消滅（民§764 I）。拋棄指權利人放棄權利，係單獨行為，同時不需任何方式，故為不要式行為。

2. 第三人有以該物權為標的物之其他物權或於該物權有其他法律上之利益者，則非經該第三人同意，不得拋棄（民§764 II）。

3. 拋棄之方法：原則上由權利人一方為意思表示，即生拋棄之效力。

   (1) 拋棄動產物權：應拋棄動產之占有（民§764 III）。拋棄動產之占有即顯示權利人拋棄之意思。

   (2) 拋棄不動產物權：拋棄不動產除須為意思表示外，須向登記機關辦理「塗銷登記」。

肆 債權與物權之區別

	物權	債權
立法目的	注重公益	注重私益
意義	以物權之得、喪、變更為內容之法律行為,乃對物直接支配之權利。	僅係請求特定人行為、不行為之權利。
處分	物權行為以處分權人有處分權為必要。	債權行為為負擔行為,不以有處分權為必要。
移轉原因	物權讓與(廣義包含繼承及強制執行)。	債權讓與、債務承擔。
消滅原因	混同、拋棄。	清償、提存、抵銷、免除、混同。

物權法的基本原則			債權法的基本原則	
項目	原則	定義	原則	定義
性質	物權絕對性	這是物權之基本性格(以下強制性、排他性、優先性、追及性均源自於此)。 1. 物權乃直接支配特定物之權利,具有對世效力。 2. 任何人均不得任意干涉或侵入。 3. 所有權人可以對抗任何人的侵害。	相對效力	1. 乃特定人向有債之關係之特定人請求特定行為。 2. 債權是「對人權」,具有相對性,對象上有相對的侷限性,只能向特定有債之關係之人主張。
種類	物權法定主義(強制性)	1. 物權之種類及內容,非依法律或習慣之規定不得創設。 2. 因為物權具有對世效力,牽涉第三人之利益,基於物權絕對性,並兼顧物盡其用、保護交易安全及交易便捷之目的,而有此規定。	契約自由原則(任意性)	債權因僅具有相對性,除法律規定(如侵權行為、不當得利)之外,原則上當事人得依契約加以創設(私法關係中,一切權利之取得、義務之負擔,在不違反法律規範範圍內,得經由個人之意志自由為之)。

物權法的基本原則			債權法的基本原則	
項目	原則	定義	原則	定義
效力	一物一權主義（排他性）	1. 指同一個標的物上不許同時成立同一內容，或內容互相衝突的二個以上物權： (1) 所有權：一物只能成立一個所有權，同一標的物上有所有權，其後被他人善意或時效取得時，前一所有權即消滅。 (2) 用益物權與用益物權： ① 原則：不能並存，同一標的物上也不能有二個均以**占有使用標的物**為內容之物權，例如：地上權、農育權或典權。 ② 例外：無排他關係時例外得並存，同一土地上可以成立數個內容相同但不以**占有使用標的物**為內容之物權。如汲水、通行之不動產役權及區分地上權。 (3) 用益物權與擔保物權： ① 原則：得並存。 ② 例外：質權須占有質物，與用益物權不能並存。	平等性	

物權法的基本原則			債權法的基本原則	
項目	原則	定義	原則	定義
效力	一物一權主義（排他性）	(4)擔保物權與擔保物權 ① 原則：得並存。 ② 例外：當事人特約禁止。 2. 此為物權之排他效力。 3. 物權之計算以一物為單位，物之一部分不能單獨成立一個物權。		
	物權優先效力（優先性）	同一物上有二個以上不同內容或性質之物權存在，或該物亦為債權給付之標的物時： 1. 物權與物權相互之間： (1)定限物權與所有權：定限物權優先，例如抵押權優先於所有權。 (2)擔保物權與擔保物權：以成立在先的物權效力優先於成立於後之物權效力。 (3)用益物權與擔保物權：不相排斥者，以成立在先的物權效力優先於成立於後之物權效力。 2. 物權對於債權之間： (1)原則：物權有優先於債權之效力。 (2)例外：買賣不破租賃（民§425）。	平等效力（無優先效力）	1. 債權無論發生之先後，均居於同等地位。 2. 分配時，債權人係依債權額之比例受償。
	追及性	1. 原則：物權之標的物不論為何人所占有，權利人都得追及物之所在，而行使其權利。 2. 例外：對動產之善意受讓人，無追及性。	無	

物權法的基本原則			債權法的基本原則	
項目	原則	定義	原則	定義
變動	物權行為無因性、公示原則、公信原則	1. 無因性：物權之變動不受其他原因行為之影響，債權行為雖不成立、被撤銷或無效，物權行為並不因此而無效或失其存在。 2. 公示性：物權變動以**登記**及**交付**作為公示表徵，使第三人可以察悉其變動，避免因為物權之排他性而遭受損害。公示之方式： (1) 不動產：登記（民§578）。 (2) 動產：交付（民§761）。 3. 公信原則：對於信賴依公示方法所表彰之物權變動，而為交易之人予以保障，使其原始取得該物之所有權，以保障交易安全。 (1) 不動產：民§759-1。 (2) 動產：民§801、948。	有因性、隱密性	1. 有因性：以原因之有效存在為債權行為成立之前提。 2. 隱密性：債權行為強調私益，不涉公益，故無公示表徵之必要。

習題 | REVIEW ACTIVITIS 🖉

(D) 1. 物權行為之無因性，發生於下列何種場合？　(A) 債權行為與物權行為均有效成立之場合　(B) 債權行為與物權行為均未有效成立之場合　(C) 債權行為有效成立，但物權行為未有效成立之場合　(D) 債權行為未有效成立，但物權行為有效成立之場合。　　　　　　　　　　【102 年高考法制】

　　詳解 物權行為無因性指原因超然屹立於物權行為之外，不以原因之欠缺致物權行為之效力受其影響。當債權行為不成立、不生效力、被撤銷或無效時，物權行為並不因此受影響，所以債權行為未有效成立但物權行為有效成立即為無因性之展現。

(A) 2. 以特定物為權利客體之財產權為何？　(A) 物權　(B) 準物權　(C) 無體財產權　(D) 人格權。　　　　　　　　　　　　　　【96 年不動產經紀人】

　　詳解 物權，係以特定物為權利客體之財產權。

(D) 3. 物權，除民法或其他法律有規定外，不得創設，通稱為：　(A) 物體獨立主義　(B) 物權無因主義　(C) 物權分離主義　(D) 物權法定主義。
　　　　　　　　　　　　　　　　　　　　　　　　【96 年不動產經紀人】

　　詳解 物權法定主義：指物權之種類以及內容，非依法律或習慣之規定不得創設（民§ 757）。

(B) 4. 甲乙結婚膝下無子，甲死亡後乙單獨繼承甲之房屋，請問以下何者為真？　(A) 乙於辦妥繼承登記後，取得甲之房屋所有權　(B) 乙於甲死亡時，取得甲之房屋所有權　(C) 乙於取得房屋所有權時，即得處分該房屋　(D) 乙須占有該房屋之後，方得處分該屋。　　　　　　　　【96 年不動產經紀人】

　　詳解 第 759 條：因繼承、強制執行、徵收、法院之判決或其他非因法律行為，於登記前已取得不動產物權者，應經登記，始得處分其物權。

(C) 5. 下列何者為擔保物權？　(A) 地役權　(B) 典權　(C) 抵押權　(D) 人格權。
　　　　　　　　　　　　　　　　　　　　　　　　【96 年不動產經紀人】

　　詳解 擔保物權有抵押權、質權及留置權。

所有權

INTRODUCTION TO CIVIL LAW

第一節　通 則

壹　所有權之意義

　　所有權指於法令限制內，對於所有物為全面性、永久性支配之物權。

貳　所有權之權能

　　民法第 765 條：「所有人，於法令限制之範圍內，得自由使用、收益、處分其所有物，並排除他人之干涉。」

一、積極權能：對於所有物之 1. 占有、2. 使用、3. 處分、4. 收益。

二、消極權能：排除他人干涉。

　　　「排除他人干涉」，為所有權之消極權能，所謂「干涉」指不法之妨害，所有權具有絕對性，不容許他人不法之妨害，如有妨害，法律上自應加以保護，「物上請求權」則為法律上保護所有權，將妨害排除之手段。

　　　「物上請求權」之立法目的在於保護所有權之圓滿行使，可區分為：

（一）所有物返還請求權

1. 所有人對於無權占有或侵奪其所有物者，得請求返還之（民 §767 前段）。所謂「無權占有」指無占有之權利，卻仍占有其物者，例如：租賃契約期限屆至，仍占有租賃物而不返還者。所謂「侵奪其所有物」指違反所有權人之意願，以不法之手段強行取去其物，如搶奪及竊盜等。

2. 要件：

　　(1) 所有物返還請求權之權利人為所有權人或依法得行使所有權之人，所有物返還請求權之請求權人，原則為喪失占有之所有權人，例外之情形則為依法得行使所有權之人，如破產管理人、遺產管理人或代位之債權人，亦得為請求權人。

　　(2) 相對人為無權占有或侵奪所有物之人。

（二）所有權妨害除去請求權

1. 對於妨害其所有權者，得請求除去之（民§767中段）。

2. 所謂「妨害」指占有以外之不法之侵害或阻礙，致所有權人不能圓滿行使其所有權。例如：土地遭人傾倒廢土或越界建築……等。

   (1) 原則：對已生妨害之事實，請求除去。

   (2) 例外：基於相鄰關係，則有容忍義務。

（三）所有權妨害預防請求權

1. 有妨害其所有權之虞者，得請求防止之（民§767後段）。

2. 所謂「妨害之虞」指依一般社會通念判斷，被妨害之可能性極大，有防患未然之必要，妨害雖尚未發生，應許所有權人於妨害現實發生之前避免其發生。例如，建築房屋開挖地下室，卻無保護鄰房之保護措施，鄰房之所有人為避免發生房屋傾頹之情形，得主張妨害預防請求權。

題目

「物上請求權」是否因時效經過而消滅？

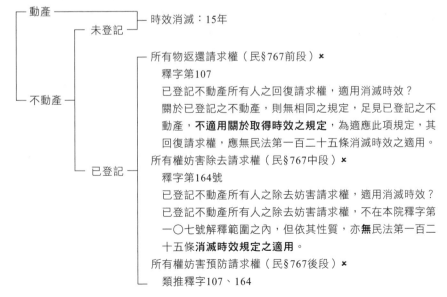

「物上請求權」（民§767）

- 動產
  - 未登記 —— 時效消滅：15年
- 不動產
  - 已登記
    - 所有物返還請求權（民§767前段）✗
      釋字第107
      已登記不動產所有人之回復請求權，適用消滅時效？
      關於已登記之不動產，則無相同之規定，足見已登記之不動產，**不適用關於取得時效之規定**，為適應此項規定，其回復請求權，應無民法第一百二十五條消滅時效之適用。
    - 所有權妨害除去請求權（民§767中段）✗
      釋字第164號
      已登記不動產所有人之除去妨害請求權，適用消滅時效？
      已登記不動產所有人之除去妨害請求權，不在本院釋字第一〇七號解釋範圍之內，但依其性質，亦**無民法第一百二十五條消滅時效規定之適用**。
    - 所有權妨害預防請求權（民§767後段）✗
      類推釋字107、164

所有權之取得時效

一、所有權之取得時效之意義及性質

（一）意義：占有他人之動產或不動產，繼續達一定期間，而取得其所有權或得請求登記為所有人；或事實上繼續行使所有權以外之財產權，繼續達一定期間，而取得其權利或得請求登記為權利人之制度。

（二）立法理由：所有權之取得時效係對現有事實狀態之尊重，因為一定事實狀態之存續，社會必認為有正當性而信賴之，因此應尊重而加以確認。其次，持續狀態是否與真實一致，時間久遠即難以取證，且權利睡眠者亦不值得保護，故而有時效制度。

（三）所有權時效取得之性質為原始取得。

二、動產所有權取得時效之要件

（一）占有

　　所謂「占有」指對於該動產有事實上之管領能力，得直接支配管領該動產。動產所有權時效取得之占有必須是：自主、和平、公然之占有。

1. 自主占有：指以**自己所有**之意思占有他人之動產。換言之，以自己之意思占有該動產，期與物之所有人居於同一之支配地位，主張自主占有者，僅須證明占有之事實，民法第 944 條[1] 即推定為自主占有，而不論其是否**自信為所有人**或**取得所有權**之意思。

2. 和平占有：指占有之始及保持均非暴力脅迫，且所有權人未曾爭執。

3. 公然占有：「公然」指不隱密。

---

[1] 民法第944條：「占有人推定其為以所有之意思，善意、和平、公然及無過失占有。經證明前後兩時為占有者，推定前後兩時之間，繼續占有。」

（二）一定期間經過（繼續占有）

繼續之占有，必須於一定期間持續不間斷。一定期間之長短，因占有人主觀上為善意或惡意而有不同：

1. 惡意或有過失：10 年。

 以所有之意思，10 年間和平、公然、繼續占有他人之動產者，取得其所有權（民 §768）。

2. 善意且無過失：5 年。

 (1) 以所有之意思，5 年間和平、公然、繼續占有他人之動產，而其占有之始為善意並無過失者，取得其所有權（民 §768-1）。

 (2) 例如甲繼承其父乙之遺產，乙生平喜愛收藏古人字、畫，乙之書房中字、畫堆積如山，其中一幅名畫外觀無可辨識屬何人所有，事實為丙所有，但甲並不知情，此即屬善意且無過失之占有。

（三）他人之動產

占有之標的，須非自己之物或非無主物[2]。

三、不動產所有權取得時效之要件

（一）占有

1. 自主占有。

2. 和平占有。

3. 公然占有：指公開不隱密占有他人之不動產，若在他人土地暗闢地下室、地窖……，即屬隱密之占有，而非公然占有，不能主張所有權取得時效。

---

[2] 占有無主物，依民法第 802 條：「以所有之意思，占有無主之動產者，除法令另有規定外，取得其所有權。」占有人係直接取得所有權。

（二）一定期間經過（繼續占有）

1. 惡意或有過失：20 年。

   以所有之意思，20 年間和平、公然、繼續占有他人未登記之不動產者，得請求登記為所有人（民 §769）。

2. 善意且無過失：10 年。

   以所有之意思，10 年間和平、公然、繼續占有他人未登記之不動產，而其占有之始為善意並無過失者，得請求登記為所有人（民 §770）。

（三）他人未登記之不動產

　　時效取得不動產限他人「未登記」之不動產。占有他人已登記之不動產，其所有權人之物上請求權，如前所述並無時效消滅規定之適用（釋字 107、164），故他人已登記之不動產不適用時效取得所有權之規定。

四、取得時效之效力

（一）因時效完成取得權利，乃原始取得，原權利人之權利消滅。

（二）占有人因時效完成取得所有權，係依法律規定，不生不當得利之問題。

（三）取得所有權之時點：

1. 占有動產：占有人「立即」取得該動產所有權（民 §768、§768 之 1）。

2. 占有不動產：占有人僅得「請求登記為所有權人」（民 §769、§770），並非直接取得所有權。

動產時效取得

例如：A車為乙所有

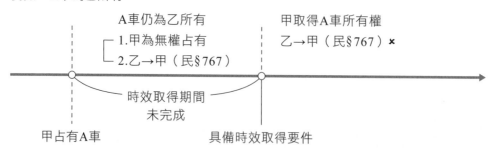

不動產時效取得

例如：乙所有之A屋為違章建築

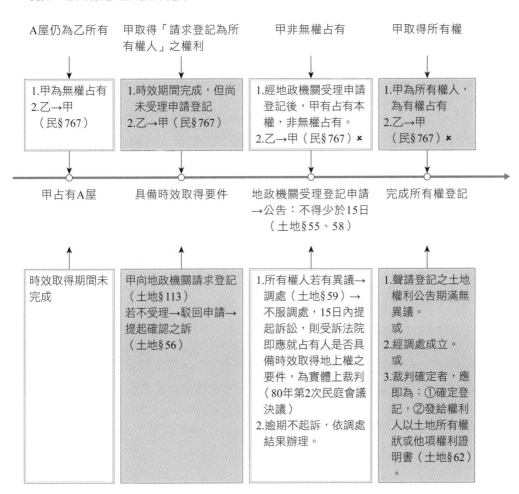

五、取得時效之中斷

（一）意義：取得時效進行中，因一定事實之發生，而使已進行之期間全歸
　　　無效。

（二）原因（民 §771）

1. 占有人自行中斷占有。

2. 占有人變為不以所有之意思而占有。

3. 變為非和平或非公然占有。

4. 占有被他人侵奪而未依法恢復。

5. 所有人依民法第 767 條規定，起訴請求占有人返還占有物者，占有人之所有權取得時效因而中斷。

六、所有權以外財產之取得時效

民法第 772 條：「前 5 條之規定，於所有權以外財產權之取得，準用之。於已登記之不動產，亦同。」所有權以外之財產權，例如：地上權、不動產役權。

 第二節　不動產所有權

 不動產所有權範圍

一、土地所有權範圍（民 §773）

（一）除法令限制外，於其行使有利益範圍內，及於土地之上下。

（二）他人之干涉，無礙所有權之行使者，不得排除之。

二、建築物所有權範圍

（一）建築物

1. 建築物[3] 指附著於土地但非土地之部分，而獨立於土地之外之物。

2. 建築物與土地兩者分別有其獨立之所有權。

3. 建築法第 4 條：「本法所稱建築物，為定著於土地上或地面下具有頂蓋、樑柱或牆壁，供個人或公眾使用之構造物或雜項工作物。」

（二）建築物所有權之範圍：及於構造物或工作物之全部。

---

[3]　建築物在民法總則中稱為定著物，在債編（民 §191、494）及物權編（民 §799）稱為建築物。

貳 不動產相鄰關係

一、土地之相鄰關係

（一）營建設施關係

1. 鄰地損害之防免：

   (1) 鄰地損害之防免（民§774）：土地所有人經營事業或行使其所有權，應注意防免鄰地之損害。

   (2) 損害鄰地地基或工作物危險之預防義務（民§794）：土地所有人開掘土地或為建築時，不得因此使鄰地之地基動搖或發生危險，或使鄰地之建築物或其他工作物受其損害。

   (3) 工作物傾倒危險之預防（民§795）：建築物或其他工作物之全部，或一部有傾倒之危險，致鄰地有受損害之虞者，鄰地所有人，得請求為必要之預防。

   (4) 鄰地使用權（民§792）：土地所有人因鄰地所有人在其地界或近旁，營造或修繕建築物或其他工作物有使用其土地之必要，應許鄰地所有人使用其土地。但因而受損害者，得請求償金。

2. 越界建築：

   土地所有人建築房屋非因故意或重大過失逾越地界者，鄰地所有人如知其越界而不即提出異議，不得請求移去或變更其房屋。但土地所有人對於鄰地因此所受之損害，應支付償金。前述情形，鄰地所有人得請求土地所有人，以相當之價額購買越界部分之土地及因此形成之畸零地，其價額由當事人協議定之；不能協議者，得請求法院以判決定之（民§769）。

   (1) 要件：

   ① 越界建築者須為土地所有人或其他利用權人。

   ② 須非因故意或重大過失而逾越疆界。

   ③ 逾越疆界之建築物須為**房屋**或**具有與房屋價值相當之其他建築物**。

   ④ 須鄰地所有人**知**其越界而**不即**提出異議。

(2) 效果：

① 鄰地所有人有容忍義務（不得請求移去或變更其建築物）。

② 鄰地所有人有土地購買請求權。

③ 鄰地所有人有損害賠償請求權。

(3) 越界建築效力之例外（民§796-1）：

① 土地所有人建築房屋逾越地界，鄰地所有人請求移去或變更時，法院得斟酌公共利益及當事人利益，免為全部或一部之移去或變更。但土地所有人故意逾越地界者，不適用之。民法第796條第1項但書及第2項規定，於前項情形準用之。

② 土地所有人如因法院之判決，免為全部或一部房屋之移去或變更者，為示公允，鄰地所有人對於越界部分之土地及因此形成之畸零地，得以相當之價格請求土地所有人購買，如有損害，並得請求賠償。

（二）流水用水關係

1. 流水：

(1) 土地所有人不得妨阻由鄰地自然流至之水。自然流至之水為鄰地所必需者，土地所有人縱因其土地利用之必要，不得妨阻其全部（民§775）。

(2) 蓄水等工作物破潰阻塞之修繕疏通或預防（民§776）：土地因蓄水、排水、或引水所設之工作物、破潰、阻塞，致損害及於他人之土地，或有致損害之虞者，土地所有人應以自己之費用，為必要之修繕、疏通或預防。但其費用之負擔，另有習慣者，從其習慣。

(3) 土地所有人不得設置屋簷、工作物或其他設備，使雨水或其他液體直注於相鄰之不動產（民§777）。

(4) 水流如因事變在鄰地阻塞，土地所有人得以自己之費用，為必要疏通之工事。但鄰地所有人受有利益者，應按其受益之程度，負擔相當之費用。前項費用之負擔，另有習慣者，從其習慣（民§778）。

(5) 土地所有人因使浸水之地乾涸，或排泄家用或其他用水，以至河渠或溝道，得使其水通過鄰地。但應擇於鄰地損害最少之處所及方法為之（民§779 I）。前項情形，有通過權之人對於鄰地所受之損害，應支付償金（民§779 II）。前二項情形，法令另有規定或另有習慣者，從其規定或習慣（民§779 III）。第一項但書之情形，鄰地所有人有異議時，有通過權之人或異議人得請求法院以判決定之（民§779 IV）。

(6) 土地所有人因使其土地之水通過，得使用鄰地所有人所設置之工作物。但應按其受益之程度，負擔該工作物設置及保存之費用（民§780）。

2. 用水：

(1) 水源地、井、溝渠及其他水流地之所有人得自由使用其水。但法令另有規定或另有習慣者，不在此限（民§781）。

(2) 水源地或井之所有人對於他人因工事杜絕、減少或污染其水者，得請求損害賠償。如其水為飲用或利用土地所必要者，並得請求回復原狀；其不能為全部回復者，仍應於可能範圍內回復之。前項情形，損害非因故意或過失所致，或被害人有過失者，法院得減輕賠償金額或免除之（民§782）。

(3) 土地所有人因其家用或利用土地所必要，非以過鉅之費用及勞力不能得水者，得支付償金，對鄰地所有人請求給與有餘之水（民§783）。

(4) 水流地對岸之土地屬於他人時，水流地所有人不得變更其水流或寬度。兩岸之土地均屬於水流地所有人者，其所有人得變更其水流或寬度。但應留下游自然之水路。前二項情形，法令另有規定或另有習慣者，從其規定或習慣（民§784）。

(5) 水流地所有人有設堰之必要者，得使其堰附著於對岸。但對於因此所生之損害，應支付償金。對岸地所有人於水流地之一部屬於其所有者，得使用前項之堰。但應按其受益之程度，負擔該堰設置及保存之費用。前二項情形，法令另有規定或另有習慣者，從其規定或習慣（民§785）。

（三）通行侵入關係

1. 通行：

「袋地通行權」乃為「地盡其利」之目的而設。民法第 787 條：「土地因與公路無適宜之聯絡，致不能為通常使用時，除因土地所有人之任意行為所生者外，土地所有人得通行周圍地以至公路。前項情形，有通行權人應於通行必要之範圍內，擇其周圍地損害最少之處所及方法為之；對於通行地因此所受之損害，並應支付償金。第 779 條第 4 項規定，於前項情形準用之。」

(1) 袋地之意義：土地為他土地所圍繞而不通公路者為「袋地」；土地雖有他道可通公路，但費用過鉅且有危險或非常不便者，稱為「準袋地」。

(2) 袋地通行權之要件：

① 須為土地所有人。

② 須土地與公路無適宜的聯絡。

③ 須為土地使用之必要。

④ 非因土地所有人任意所致。

(3) 袋地通行權之效力：

民法第 788 條：「有通行權人於必要時，得開設道路。但對於通行地因此所受之損害，應支付償金。前項情形，如致通行地損害過鉅者，通行地所有人得請求有通行權人以相當之價額購買通行地及因此形成之畸零地，其價額由當事人協議定之；不能協議者，得請求法院以判決定之。」

① 通行鄰地的權利（鄰地通行權）：須在損害最小之必要範圍內。

② 支付價金之義務：

A. 原則：應支付價金。

B. 例外：因分割或讓與致成為袋地時[4]。

民法第 789 條：「因土地一部之讓與或分割，而與公路無適宜之
聯絡，致不能為通常使用者，土地所有人因至公路，僅得通行受
讓人或讓與人或他分割人之所有地。數宗土地同屬於一人所有，
讓與其一部或同時分別讓與數人，而與公路無適宜之聯絡，致不
能為通常使用者，亦同。前述情形，有通行權人，無須支付償
金。」

(A) 只能通行受讓人或讓與人或他分割人之所有地。

(B) 無須支付償金。

③ 必要時得開闢道路：應支付償金，若損害過鉅時通行地所有人得請求
購買通行地。

④ 通行權不得拋棄：因為袋地通行權之立法目的，在於地盡其利之公益，
並非為袋地所有人之私利，故袋地之所有人不得拋棄通行權。

2. 侵入：

(1) 土地之禁止侵入與例外（民 §790）：土地所有人得禁止他人侵入其
地內。但有下列情形之一，不在此限：

① 他人有通行權者。

② 依地方習慣，任他人入其未設圍障之田地、牧場、山林刈取雜草，採
取枯枝枯幹，或採集野生物，或放牧牲畜者。

(2) 因尋查取回物品或動物之允許侵入（民 §791）：土地所有人，遇他
人之物品或動物偶至其地內者，應許該物品或動物之占有人或所有人
入其地內，尋查取回。前項情形，土地所有人受有損害者，得請求賠
償。於未受賠償前，得留置其物品或動物。

(3) 鄰地使用權（民 §792）：土地所有人因鄰地所有人在其地界或近旁，
營造或修繕建築物或其他工作物有使用其土地之必要，應許鄰地所有
人使用其土地。但因而受損害者，得請求償金。

---

[4] 分割或讓與，為當事人可得預期，若可能形成袋地，應預先避免，若不避免，則須自我承擔，不能因自己行
為造成他人負擔，或將不利益轉嫁他人，故因分割或讓與所形成之袋地有例外之規定。

(4) 氣響侵入之禁止（民 §793）：土地所有人於他人之土地、建築物或其他工作物有瓦斯、蒸氣、臭氣、煙氣、熱氣、灰屑、喧囂、振動及其他與此相類者侵入時，得禁止之。但其侵入輕微，或按土地形狀、地方習慣，認為相當者，不在此限。

（四）根枝果實關係

1. 根枝越界之刈除：

民法第797條：「土地所有人遇鄰地植物之枝根有逾越地界者，得向植物所有人，請求於相當期間內刈除之。植物所有人不於前項期間內刈除者，土地所有人得刈取越界之枝根，並得請求償還因此所生之費用。越界植物之枝根，如於土地之利用無妨害者，不適用前二項之規定。」

(1) 土地所有人得請求於相當期間內刈除。

(2) 竹木所有人不於期間內刈除時，土地所有人得：

① 刈取越界根枝。

② 並可請求償還因此所生之費用。

2. 鄰地果實之獲取：

民法第798條：「果實自落於鄰地者，視為屬於鄰地所有人。但鄰地為公用地者，不在此限。」

果實自落鄰地：

(1) 視為屬於鄰地所有人。

(2) 鄰地若為公用地，則果實仍為果樹所有人所有。

二、建築物之相鄰關係

（一）建築物之區分所有（民 §799）

1. 區分所有建築物：

數人區分一建築物而各專有其一部，就專有部分有單獨所有權，並就該建築物及其附屬物之共同部分共有之建築物。

2. 專有部分：

   (1) 指區分所有建築物在構造上及使用上可獨立，且得單獨為所有權之標的者。

   (2) 原則上專有專用，但專有部分得經其所有人之同意，依規約之約定供區分所有建築物之所有人共同使用。

   (3) 專有部分與其所屬之共有部分及其基地之權利，不得分離而為移轉或設定負擔。

3. 共有部分：

   (1) 共有部分，指區分所有建築物專有部分以外之其他部分，及不屬於專有部分之附屬物。

   (2) 區分所有人就區分所有建築物共有部分及基地之應有部分，依其專有部分面積與專有部分總面積之比例定之。但另有約定者，從其約定。

   (3) 共有部分除法律另有規定外，得經規約之約定供區分所有建築物之特定所有人使用。

   (4) 共有部分之修繕費及其他負擔，由各所有人按其應有部分分擔之。但規約另有約定者，不在此限。

（二）建築物之費用分擔（民§799-1）

1. 區分所有建築物共有部分之修繕費及其他負擔，由各所有人按其應有部分分擔之。但規約另有約定者，不在此限。

2. 前項規定，於專有部分經依民法第 799 條第 3 項之約定供區分所有建築物之所有人共同使用者，準用之。

3. 規約之內容依區分所有建築物之專有部分、共有部分及其基地之位置、面積、使用目的、利用狀況、區分所有人已否支付對價及其他情事，按其情形顯失公平者，不同意之區分所有人得於規約成立後 3 個月內，請求法院撤銷之。

4. 區分所有人間依規約所生之權利義務，繼受人應受拘束；其依其他約定所生之權利義務，特定繼受人對於約定之內容明知或可得而知者，亦同。

規約對於受讓人之拘束力

（民§799-1、公寓大廈管理條例§24）

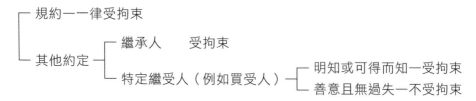

（三）同一建築物之所有人區分（§799-2）

同一建築物屬於同一人所有，經區分為數專有部分登記所有權者，準用第 799 條規定。

（四）他人正中宅門之使用（民 §800）

第 799 條情形，其專有部分之所有人，有使用他專有部分所有人正中宅門之必要者，得使用之。但另有特約或另有習慣者，從其特約或習慣。因前項使用，致他專有部分之所有人受損害者，應支付償金。使用他人正中門宅之要件：

1. 有使用之必要。
2. 應賠償因使用所生之損害。

（五）準用範圍（民 §800-1）

第 774 條至 800 條規定，於地上權人、農育權人、不動產役權人、典權人、承租人、其他土地、建築物或其他工作物利用人準用之。

 **第三節** 動產所有權

壹 善意受讓

一、善意受讓之意義與立法目的

（一）「善意受讓」又稱為「善意取得」或「即時取得」，指動產讓與人與受讓人之間，以移轉或成立動產物權為目的，由讓與人將動產交付於受讓人，縱使讓與人無處分動產之權利，受讓人仍善意受讓該動產之所有權。

（二）善意受讓制度之目的，在於保護交易安全，使第三人不因讓與人欠缺處分權而遭受損失。

二、善意受讓之要件

（一）標的物須為動產。

（二）讓與人須為動產占有人。

（三）讓與人無移轉所有權之權利（無權處分）。

（四）須有移轉動產所有權之合意。

（五）受讓人善意受讓並占有標的物。

善意受讓之適用

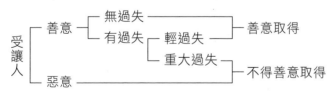

三、善意受讓之效力

（一）原則：受讓人取得所有權（民 §801、948）

1. 民法第 801 條：「動產之受讓人占有動產，而受關於占有規定之保護者，縱讓與人無移轉所有權之權利，受讓人仍取得其所有權。」所謂「關於占有規定之保護」指民法第 948 條：「以動產所有權，或其他物權之移轉或設定為目的，而善意受讓該動產之占有者，縱其讓與人無讓與之權利，其占有仍受法律之保護。但受讓人明知或因重大過失而不知讓與人無讓與之權利者，不在此限。動產占有之受讓，係依第 761 條第 2 項規定為之者，以受讓人受現實交付且交付時善意為限，始受前項規定之保護。」

2. 受讓人即時取得所有權之效力，乃基於法律之規定，而非讓與之行為，故其性質為原始取得。

（二）例外：盜贓、遺失物、非因己意喪失占有之物（民 §949、950）

民法第 949 條：「占有物如係盜贓、遺失物或其他非基於原占有人之意思而喪失其占有者，原占有人自喪失占有之時起 2 年以內，得向善意受讓之現占有人請求回復其物。依前項規定回復其物者，自喪失其占有時起，回復其原來之權利。」

民法第 950 條：「盜贓、遺失物或其他非基於原占有人之意思而喪失其占有之物，如現占有人由公開交易場所，或由販賣與其物同種之物之商人，以善意買得者，非償還其支出之價金，不得回復其物。」

1. 原則：無償回復，2 年內（民 §949）。
2. 例外：
   (1) 有償回復（民 §950）：由公開交易場所或由販賣與其物同種之物之商人，以善意買得者。
   (2) 不得請求回復（民 §951）：金錢、無記名證券。

善意受讓之案例類型

因為……（原因：可能是偷竊、寄託、委任…）乙持有甲之A物（可能是動產、不動產），乙將A物讓與善意的丙，當事人之法律關係：

甲、乙間
債之關係
之類型
- 1.契約責任：債務不履行之損害賠償
- 2.不當得利：請求返還（民§179）
- 3.侵權行為：損害賠償（民§184）
- 4.無因管理：本人得享有管理所得之利益（民§177 II）

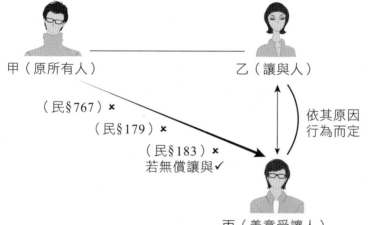

甲（原所有人）　　　　　　　乙（讓與人）

（民§767）✗
（民§179）✗
（民§183）✗
若無償讓與✓

依其原因
行為而定

丙（善意受讓人）
1.A物為動產：民§801、948
2.A物為不動產：民§759-1

貳 無主物之先占

一、意義：以所有之意思，占有無主之動產，而取得其所有權（民§802）。

二、要件：

（一）以所有之意思占有。

（二）無主物。

（三）動產。

（四）法無禁止規定。

三、效力

（一）占有人取得該物之所有權。

（二）原始取得：負擔消滅。

參 遺失物之拾得

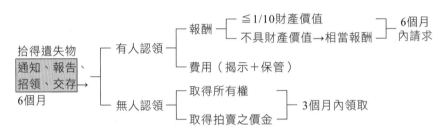

遺失物之拾得

一、遺失物拾得之意義：發現他人遺失之動產，而占有之一種法律事實。

二、遺失物拾得之要件

（一）須為遺失物。

（二）須為他人遺失之動產。

（三）須有拾得之行為。

三、遺失物拾得之效力

（一）拾得人之義務

通知、報告、招領、交存（民§803、804）。

1. 遺失物拾得者之招領報告義務（民§803）：

拾得遺失物者應從速通知遺失人、所有人、其他有受領權之人或報告警察、自治機關。報告時，應將其物一併交存。但於機關、學校、團體或其他公共場所拾得者，亦得報告於各該場所之管理機關、團體或其負責人、管理人，並將其物交存。前項受報告者，應從速於遺失物拾得地或其他適當處所，以公告、廣播或其他適當方法招領之。

2. 招領後無人認領之處置：交存遺失物（民§804）：

依民法第803條第1項為通知或依第2項由公共場所之管理機關、團體或其負責人、管理人為招領後，有受領權之人未於相當期間認領時，拾得人或招領人應將拾得物交存於警察或自治機關。警察或自治機關認原招領之處所或方法不適當時，得再為招領之。

（二）拾得人之權利

1. 費用償還請求權：

遺失物自通知或最後招領之日起6個月內，有受領權之人認領時，拾得人、招領人、警察或自治機關，於通知、招領及保管之費用受償後，應將其物返還之（民§805 I）。

2. 報酬請求權：

(1) 原則（民§805II、III）：有受領權之人認領遺失物時，拾得人得請求報酬。但不得超過其物財產上價值十分之一；其不具有財產上價值者，拾得人亦得請求相當之報酬。有受領權人依前項規定給付報酬顯失公平者，得請求法院減少或免除其報酬。報酬請求權，因6個月間不行使而消滅。

(2) 例外：不得請求（民§805之1）。

有下列情形之一者，不得請求民法第805條第二項之報酬：

① 在公眾得出入之場所或供公眾往來之交通設備內，由其管理人或受僱人拾得遺失物。

② 拾得人未於七日內通知、報告或交存拾得物，或經查詢仍隱匿其拾得遺失物之事實。

③ 有受領權之人為特殊境遇家庭、低收入戶、中低收入戶、依法接受急難救助、災害救助，或有其他急迫情事者。

3. 留置權（民§805 IV）：

費用之支出者或得請求報酬之拾得人，在其費用或報酬未受清償前，就該遺失物有留置權；其權利人有數人時，遺失物占有人視為為全體權利人占有。

4. 遺失物所有權取得（民§807、§807-1）：

(1) 逾期未認領之遺失物之歸屬：拾得人取得所有權（民§807）：

遺失物自通知或最後招領之日起逾6個月，未經有受領權之人認領者，由拾得人取得其所有權。警察或自治機關並應通知其領取遺失物或賣得之價金；其不能通知者，應公告之。

拾得人於受前項通知或公告後3個月內未領取者，其物或賣得之價金歸屬於保管地之地方自治團體。

(2) 小額遺失物之歸屬（民§807-1）：

遺失物價值在新臺幣500元以下者，拾得人應從速通知遺失人、所有人或其他有受領權之人。其有第803條第1項但書之情形者，亦得依該條第1項但書及第2項規定辦理（民§807-1Ⅰ）。遺失物於下列期間未經有受領權之人認領者，由拾得人取得其所有權或變賣之價金：

① 自通知或招領之日起逾15日。

② 不能依第807-1條第1項規定辦理，自拾得日起逾1個月。

肆 漂流物或沉沒物之拾得

民法第810條：「拾得漂流物、沈沒物或其他因自然力而脫離他人占有之物者，準用關於拾得遺失物之規定。」

伍 埋藏物之發現

一、意義

指發現埋藏物而占有之一種法律事實。所謂「埋藏物」指隱藏於他物中之動產，不知屬於何人所有之物。

二、發現埋藏物之效力（民§808、809）

（一）原則：採發現人取得所有權主義。

發見埋藏物而占有者，取得其所有權。但埋藏物係在他人所有之動產或不動產中發見者，該動產或不動產之所有人與發見人，各取得埋藏物之半（民§808）。

（二）例外：採公有主義。

發見之埋藏物足供學術、藝術、考古或歷史之資料者，其所有權之歸屬，依特別法之規定（民§809）。

陸 添附

所謂「添附」為附合、混合、加工三種法律事實之總稱，指以增添附加之方法，將二個原本屬於不同人所有之物結合成一體，而成為新物之法律事實。因為非法律行為，所以當事人因而取得所有權者，不須有完全行為能力及取得所有權之意思。

其立法目的，在於使所有權單一化，以充分物之經濟效用（而非為解決當事人之紛爭），因此，重新分配添附物所有權歸屬時，著重於使所有權單一化，禁止添附物再分割。

一、添附之種類、要件及效力

（一）附合

1. 動產與不動產之附合（民§811）：

   動產因附合而為不動產之重要成分者，不動產所有人，取得動產所有權。例如甲的油漆，漆在乙的房屋牆壁。乙取得油漆之所有權，而甲的所有權消滅。

2. 動產與動產之附合（民§812）：

   動產與他人之動產附合，非毀損不能分離，或分離需費過鉅者，各動產所有人，按其動產附合時之價值，共有合成物。前項附合之動產，有可視為主物者，該主物所有人，取得合成物之所有權。

（二）混合（民§813）

動產與他人之動產混合，不能識別，或識別需費過鉅者，準用民法第812條之規定。例如：甲的雞蛋和乙的麵粉，做成蛋糕，甲乙共有蛋糕。甲的排骨和乙的糖做成糖醋排骨，則由主物所有人甲擁有糖醋排骨的所有權。

（三）加工（民 §814）

1. 原則：加工於他人之動產者，其加工物之所有權，屬於材料所有人。例如：甲將乙的木材做成一張桌子，桌子的所有權歸材料的所有人乙所有。

2. 例外：因加工所增之價值顯逾材料之價值者，其加工物之所有權屬於加工人。例如：畢卡索在乙的紙張上作畫，因為加工所增加之價值顯逾材料之價值，加工物之所有權屬於加工人畢卡索。

（四）添附之共通效力

1. 其他權利亦同消滅（民 §815）：

   依民法第 811~814 條之規定，動產之所有權消滅者，該動產上之其他權利亦同消滅。

2. 補償請求（民 §816）：

   因前 5 條之規定而受損害者，得依關於不當得利之規定，請求償還價額。

二、附合、混合、加工之比較

種類	要件		效力	
附合	動產＋不動產（民 §811）	1. 動產附合於不動產。 2. 動產附合為不動產之重要成分。 3. 不屬於同一人所有。	不動產所有人取得動產所有權。	1. 一方之動產所有權消滅；附隨於該動產上之其他權利亦同歸消滅（民 §815）。 2. 喪失權利而受損害之一方得依「不當得利」之規定請求償金（民 §816）。
	動產＋動產（民 §812）	1. 動產與動產附合。 2. 非經毀損不能分離，或分離需費過鉅。 3. 不屬於同一人所有。	1. 共有合成物。 2. 有可視為主物者由主物所有人專有。	
混合（民 §813）	1. 動產與動產混合。 2. 混合後不能識別或識別需費過鉅。 3. 不屬於同一人所有。		1. 共有混合物。 2. 有可視為主物者由主物所有人專有。	
加工（民 §814）	1. 加工於他人之動產。 2. 因加工而成為新物。		1. 原則：材料所有人取得所有權。 2. 例外：加工價值顯逾材料價值者，則加工者取得所有權。	

第四節 共 有

壹 共有之意義及種類

一、共有之意義

數人同時對一物有所有權為共有。發生共有之原因，可能基於當事人之意思，亦可能基於法律規定。

二、共有之種類

共有分為三類：分別共有、公同共有及準共有。

共有

```
┌─ 分別共有（民§817）：數人按其應有部分對一物有所有權
│     ┌─ 使用收益（民§818）：對於共有物之全部有使用收益之權
│     │         ┌─ 應有部分（民§819 I）：自由處分
│     ├─ 處分 ─┤
│     │         └─ 共有物 （民§819 II）：共有人全體同意
│     └─ 管理（民§820）：過半數同意
├─ 公同共有（民§827）：數人基於公同關係共有一物
│     處分共有物（民§828）：共有人全體之同意/法律另定
└─ 準共有（民§831）
```

貳 分別共有

一、分別共有之意義

數人基於法律規定或法律行為，按其應有部分，對於一物有所有權者，為共有人（民 §817），此種共有關係為分別共有。

二、分別共有之效力

（一）對內效力

1. 共有人之使用收益權：

    (1) 各共有人，除契約另有約定外，按其應有部分，對於共有物之全部，有使用收益之權（民 §818）。

    (2) 應有部分：

    ① 共有人對於共有物之所有權所享有權利之一定比例。即分別共有人行使權利範圍之比例。

    ② 應有部分抽象存在共有物之任一部分，而非具體侷限於某特定部分。因此，特定部分之使用收益仍須徵得共有人全體之同意。

    (3) 共有人逾越應有部分使用收益之效力：

【題目】⋯⋯⋯⋯⋯⋯⋯⋯⋯⋯⋯⋯⋯⋯⋯⋯⋯⋯⋯⋯⋯⋯⋯⋯⋯⋯⋯⋯⋯⋯⋯⋯⋯

　　共有人中一人，越其應有部分行使所有權時，他共有人對該共有人得否行使物上請求權？　　　　　　　　　　　　　　　　　　【94 地政士】

    ① 他共有人之**物上請求權**：

    共有物，除契約另有訂定外，由共有人共同管理之，民法第 818 條、第 820 條第 1 項定有明文。是未經共有人協議分管之共有物，共有人對共有物之特定部分占用收益，須徵得他共有人全體之同意。如未經他共有人同意而就共有物之全部或一部任意占用收益，他共有人得本於所有權請求除去其妨害或請求向全體共有人返還占用部分[5]。

    ② 逾越其權利範圍之使用收益，**構成不當得利**：

    民法第 818 條所定，各共有人按其應有部分，對於共有物之全部，有使用收益之權，係指各共有人就共有物之全部，於無害他共有人之權利限度內，得按其應有部分行使使用收益權而言。故共有人如逾越其應

---

[5] 最高法院 91 年台上字第 1902 號判決。

有部分之範圍而為使用收益時，其就超越其權利範圍而為使用收益所受之利益，係無法律上原因，而使用應歸屬於他共有人之權利，受有利益，致他共有人受損害，構成不當得利[6]。

③ 逾越應有部分之使用收益，**構成侵權行為：**

共有人對共有物之特定部分使用收益，仍須徵得他共有人全體之同意，如共有人不顧他共有人之利益，而就共有物之全部或一部任意使用收益，不論其是否超過應有部分，均屬侵害他共有人之權利[7]。

2. 共有人之處分權：

所謂「處分」指事實上處分（如拆除房屋）或法律上處分（如移轉所有權）之處分行為，而不包含負擔行為（如買賣契約）。

(1) 應有部分：各共有人得自由處分其應有部分（民 §819 I）。例如移轉、設定擔保物權。

(2) 共有部分：共有物之處分、變更及設定負擔[8]，應得共有人全體之同意（民 §819 II）。惟共有人全體同意有時取得不易，可能導致無法物盡其用，土地法第 34-1 條第 1 項規定：「共有土地或建築改良物，其處分、變更及設定地上權、農育權、不動產役權或典權，應以共有人過半數及其應有部分合計過半數之同意行之。但其應有部分合計逾三分之二者，其人數不予計算。」係採「多數決」原則，因土地法 34-1 條為民法第 819 條第 2 項之特別規定，因此在「不動產共有」之情形優先適用土地法第 34-1 條多數決之規定，但若為「動產共有」則仍適用民法第 819 條第 2 項全體同意之規定。

---

[6] 參閱最高法院 87 年台上字第 2123 號；89 年台上字第 1968 號判決。

[7] 參閱最高法院 89 年台上字第 1147 號判決。

[8] (1)變更：指改變物之本質或用途。例如將農田變更為漁塭。
(2)設定負擔：例如設定用益物權或擔保物權。

3. 共有物之管理（民§820）：

共有物之管理原則

```
┌─ 原則：過半數
│       共有人>1/2，及其應有部分合計>1/2 同意
│       但應有合計>2/3，人數不予統計
└─ 例外：請求裁定變更
        ┌─ 1.顯失公平→不同意之共有人請求
        └─ 2.情勢變更難以繼續→任何共有人請求
```

有故意或重大過失，致共有人受損害：對不同意之共有人連帶損害賠償

(1) 共有物之管理，除契約另有約定外，應以共有人過半數及其應有部分合計過半數之同意行之。但其應有部分合計逾三分之二者，其人數不予計算（民§820）。

(2) 依前述規定之管理顯失公平者，不同意之共有人得聲請法院以裁定變更之。

(3) 共有物之管理，因情事變更難以繼續時，法院得因任何共有人之聲請，以裁定變更之。

(4) 共有人依第一項規定為管理之決定，有故意或重大過失，致共有人受損害者，對不同意之共有人連帶負賠償責任。

(5) 共有物之簡易修繕及其他**保存行為**，得由各共有人單獨為之。

> **NOTE**
>
> **保存行為**：為防止共有物毀損、滅失、價格下跌等目的，所為之維持共有物現狀之行為，例如共有之山坡地，邊坡滑落，因而進行加強邊坡之施工，因為此種行為對共有人而言為有利行為，且須迅速為之，故無須其他共有人同意。

題目

　　甲、乙、丙共有一筆土地，每人應有部分均等，對該地之管理，甲、乙、丙三人始終無法達成協議，甲遂徵得乙同意，決定將該地分成三等分有自己與乙占有較佳區為部分使用。請問：

(1) 對甲、乙所為的管理決定，丙有何救濟方法？

(2) 若丙將其應有部分讓與丁，該管理決定對丁有無拘束力？【99年地政士】

答：

　　人數：甲、乙之協議，乃共有人過半數，且應有部分合計過半數，故分管契約有效（民§820）。

(1) 丙之救濟方法：

① 請求法院裁定變更管理方法：依民法第 820 條第 2 項：依前項規定之管理顯失公平者，不同意之共有人得聲請法院以裁定變更之。

② 若因此受有損害，且甲、乙有重大過失：依民法第 820 條第 4 項求連帶損害賠償。

　　民法第 820 條第 4 項：共有人依第 1 項規定為管理之決定，有故意或重大過失，致共有人受損害者，對不同意之共有人連帶負賠償責任。

(2) 分管協議之拘束力：

① 不動產共有人間關於共有物使用、管理、分割或禁止分割之約定或依第 820 條第 1 項規定所為之決定，於登記後，對於應有部分之受讓人或取得物權之人，具有效力。其由法院裁定所定之管理，經登記後，亦同（民§826-1 I）。

② 動產共有人間就共有物為前項之約定、決定或法院所為之裁定，對於應有部分之受讓人或取得物權之人，以受讓或取得時知悉其情事或可得而知者為限，亦具有效力（民§826-1 II）。

----

4. 共有物費用之分擔（民§822）：

(1) 共有物之管理費及其他負擔，除契約另有約定外，應由各共有人按其應有部分分擔之。

(2) 共有人中之一人，就共有物之負擔為支付，而逾其所應分擔之部分者，對於其他共有人得按其各應分擔之部分，請求償還。

（二）對外效力：共有人對第三人之權利（民§821）

　　各共有人對於第三人，得就共有物之全部為本於所有權之請求。但回復共有物之請求，僅得為共有人全體之利益為之。

三、共有物之分割

（一）分割自由

各共有人，除法令另有規定外，得隨時請求分割共有物（民§823 I）。

（二）共有物分割之限制（民§823）

1. 因物之使用目的不能分割[9]或契約訂有不分割之期限者，不得自由分割。

2. 約定不分割之期限，不得逾5年；逾5年者，縮短為5年。但共有之不動產，其契約訂有管理之約定時，約定不分割之期限，不得逾30年；逾30年者，縮短為30年。

3. 約定不分割，如有重大事由，共有人仍得隨時請求分割。

（三）分割之方法

1. 協議分割（民§824 I）：

共有人自共有物分割之效力發生時起，取得分得部分之所有權。

共有物之分割，依共有人協議之方法行之。共有人之協議必須全體同意。

2. 裁判分割（民§824 II）：

(1) 裁判分割之原因：

① 分割之方法不能協議決定。

② 協議決定後因消滅時效完成經共有人拒絕履行者。

(2) 裁判分割之分配方式：

法院得因任何共有人之請求，命為下列之分配：

① 原物分配：法院得裁定以原物分配於各共有人。但各共有人均受原物之分配顯有困難者，得將原物分配於部分共有人。以原物為分配時，如共有人中有未受分配，或不能按其應有部分受分配者，得以金錢補

---

[9] 因物之使用目的不能分割：
(1)因物之使用目的不能分割，此係指共有物繼續供他物之用，而為該物之利用所不可缺，或為一權利之行使不可缺而言（50台上970例）。
(2)例如：界標、界牆、區分所有建築物之共有基地、共有之通路等均是（58台上2431例）。

償之。以原物為分配時，因共有人之利益或其他必要情形，得就共有物之一部分仍維持共有。

② 變價分配：原物分配顯有困難時，得變賣共有物，以價金分配於各共有人；或以原物之一部分分配於各共有人，他部分變賣，以價金分配於各共有人。變賣共有物時，除買受人為共有人外，共有人有依相同條件優先承買之權，有二人以上願優先承買者，以抽籤定之。

③ 合併分割：共有人相同之數不動產，除法令另有規定外，共有人得請求合併分割。共有人部分相同之相鄰數不動產，各該不動產均具應有部分之共有人，經各不動產應有部分過半數共有人之同意，得適用前項規定，請求合併分割。但法院認合併分割為不適當者，仍分別分割之。

（四）分割之效力（民 §824-1 I）

1. 取得單獨所有權（民 §824-1 I）：

共有人自共有物分割之效力發生時起，取得分得部分之所有權。

共有物分割，因分割之方法不同，其取得所有權之時點亦有不同。

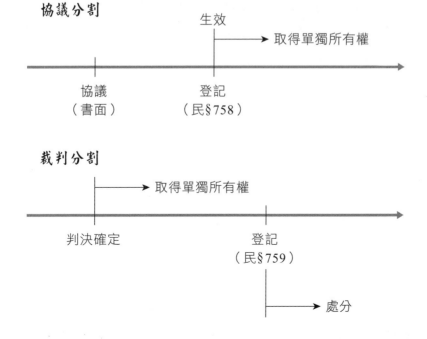

2. 對應有部分有抵押權或質權之效力：

應有部分有抵押權或質權者，其權利不因共有物之分割而受影響。但有下列情形之一者，其權利移存於抵押人或出質人所分得之部分：(1) 權利人同意分割；(2) 權利人已參加共有物分割訴訟；(3) 權利人經共有人告知訴訟而未參加（民§824-1 II）。前述情形，於以價金分配或以金錢補償者，準用第 881 條第 1 項、第 2 項或第 899 條第 1 項規定（民§824-1 III）。

3. 對應受補償之共有人之保護：

民法第 824 條第 3 項之情形，如為不動產分割者，應受補償之共有人，就其補償金額，對於補償義務人所分得之不動產，有抵押權（民§824-1 IV）。前述裁判分割而應受補償共有人之抵押權應於辦理共有物分割登記時，一併登記，其次序優先於第 2 項但書應有部分抵押權人之抵押權（民§824-1 V）。

4. 分得物之擔保責任（民§825）：

各共有人，對於他共有人因分割而得之物，按其應有部分，負與出賣人同一之擔保責任。

5. 所得物與共有物證書之保管（民§826）：

共有物分割後，各分割人應保存其所得物之證書。共有物分割後，關於共有物之證書，歸取得最大部分之人保存之，無取得最大部分者，由分割人協議定之，不能協議決定者，得聲請法院指定之。各分割人，得請求使用他分割人所保存之證書。

題目 ....

甲乙共同出資興建違章建築建築物一棟，嗣後甲將其居住之部分轉售於丙。試問：

(1) 甲與丙之間，建物所有權移轉之法律關係。

(2) 甲可否主張分割該共有物？ 【89 年地政士】

延伸閱讀

◎ 違章建築之買賣

(1) 本辦法所稱之違章建築，為建築法適用地區內，依法應申請當地主管建築機關之審查許可並發給執照方能建築，而擅自建築之建築物（違章建築處理辦法第 2 條）。

(2) 因為凡是有建築行為的，即必須依照建築法第 25 條第 1 項之規定，向直轄市、縣（市）（局）主管建築機關依法請領建築許可執照，然後才可動工建造。沒有請領建築許可執照之前，就擅自先行動工興建的建築物即屬違章建築。

(3) 違章建築之讓與，因不能為移轉登記，故不能為不動產所有權之讓與。

(4) 違章建築之買賣，受讓人與讓與人間如無相反之約定，應認為讓與人已將該違章建築之**事實上處分權**讓與受讓人。

(5) 違章建築物雖不能為移轉登記，但仍為給付可能之交易標的，原建築人出售該建築物時，依一般規則，仍負有交付其物於買受人之義務（買賣契約並非給付不能→買賣契約，有效）。

(6) 出賣人事後若以不能登記之弱點，主張所有權為其原始取得，訴請確認，勢無以確保交易之安全，即屬所謂無即受確認判決之法律上利益，應予駁回。

甲、乙共同出資興建：該違章建築係甲、乙原始取得、分別共有。

(1) 甲與丙之間，因違章建築不能為移轉登記，故不能為不動產所有權之讓與。應認為丙僅受讓**事實上處分權**。

① 違章建築買賣契約有效：違章建築物雖不能為移轉登記，但仍為給付可能之交易標的，並非給付不能，買賣契約有效。

② 移轉所有權之物權契約：

　A. 違章建築未為保存登記：未有所有權登記。

　B. 丙並未取得所有權（所有權仍為甲所有）。

　　就未辦理保存登記之建築物為讓與時，雖因未辦理保存登記致不能辦理所有權移轉登記，該建築物之所有權不能發生讓與之效

力，但受讓人與讓與人間非不得約定將該建築物之事實上處分權讓與於受讓人 [10]。

    C. 丙僅取得事實上處分權：居住、使用、收益⋯。

延伸閱讀

若甲有債權人丁，以該違章建築聲請強制執行：

(1) 丁得為強制執行：因為該違章建築物之所有權為債務人甲所有。

(2) 丙得代位甲提起異議之訴→但無法阻止強制執行（48 台上 209 例；95 台上 673 決）。

(3) 丙僅能聲請參與分配→惟不能優先受償、不能阻止強制執行。

因為丙：是甲之普通債權人，而非該違章建築之所有權人，依債權平等原則，丙無優先權。

(4) 拍定人→取得所有權（原始取得）＋事實上處分權。

---

(2) 甲不能主張分割共有物 [11]：

① 分割共有物：對物之權利有所變動，為處分行為之一種，不因協議分割或裁判分割而有所不同。

② 共有之違章建築未為辦理第一次所有權登記（保存登記）前，不得請求辦理共有物之分割。

③ 共有之違章建築仍維持共有關係。

題目

甲乙共有土地一筆，應有部分甲為五分之四，乙為五分之一，請附理由回答下列問題：

(1) 該筆土地被丙無權占有，乙可否單獨提起請求返還共有物之訴？

---

[10] 最高法院 74 年台上字第 1317 號判決。

[11] 參閱最高法院 68 年度第 13 次民事庭庭推總會議決議（二）：按分割共有物既對於物之權利有所變動，即屬處分行為之一種，凡因繼承於登記前已取得不動產物權者，其取得雖受法律之保護，不以其未經繼承登記而否認其權利，但繼承人如欲分割其因繼承而取得公同共有之遺產，因屬於處分行為，依民法第 759 條規定，自非先經繼承登記，不得為之。

(2) 甲請求分割共有物，因與乙無法達成協議，遂提起分割共有物之訴，經法院判決，該共有土地分配予甲，並命甲補償 100 萬元予乙，乙對於甲之補償金債權，民法設有何補償機制？　　　　　　　　【101 年地政士】

(1) 乙得單獨提起請求返還共有物之訴：

① 各共有人對於第三人，得就共有物之全部為本於所有權之請求。但回復共有物之請求，僅得為共有人全體之利益為之（民 §821）。

② 乙得為共有人全體之利益主張：民法第 767 條回復共有物之請求。

③ 故乙得單獨提起請求返還共有之訴，但僅得請求返還共有物予共有人全體。

(2) 乙就其補償金額，對於補償義務人甲所分得之不動產，有法定抵押權。

① 共有物以原物為分配時，如共有人中有未受分配，或不能按其應有部分受分配者，得以金錢補償之（民 §824 III）。

② 如為不動產分割，以原物為分配時，應受補償之共有人，就其補償金額，對於補償義務人所分得之不動產，有抵押權（民 §824-1 III）。

③ 甲訴請分割共有物，法院判甲補償乙 100 萬元，乙就補償金債權，對甲所分得之土地有法定抵押權，並得一併申請登記：

A. 乙對甲之法定抵押權。

B. 共有物分割登記。

延伸閱讀

◎ 優先購買權

(1) 立法目的：簡化、進而消滅共有關係。

(2) 優先購權之效力。

① 債權效力之優先購買權：

A. 土地法 §34-1 IV 共有人之優先購買權。

B. 違反之效力：

(A) 僅負損害賠償責任（並非契約無效）。

(B) 優先購買權人不得請求塗銷。

② 物權效力之優先購買權：

    A. 土地法 §104、107、民法 §426-2。

    B. 違反之效力。

    (A) 契約不得對抗優先購買權人。

    (B) 優先購買權人得主張物權契約不生效力→請求塗銷。

(3) 債權效力、物權效力優先購權之競合：

① 物權效力之優先購買權優先：

    甲、乙共有 A 地，甲欲出售其應有之 1/2，共有人乙、承租人丙均主張其優先購買權，何人優先？

    A. 乙為共有人：土地法 §34-1IV 共有人之優先購買權→債權效力。

    B. 丙為承租人：土地法 §104、民法 §426-2 →物權效力。

    C. 物權效力之優先購買權優先→丙優先於乙。

② 共有人相互買賣應有部分：

    甲、乙、丙共有 A 地，甲欲出售其應有之 1/3 出售與乙，丙可否主張優先購買權？

    A. 甲出售其應有之 1/3 與乙→簡化共有關係（共有人 3 人→ 2 人）。

    B. 符合土地法 §34-1 之立法目的→故丙不得主張土地法 §34-1 之適用。

    C. 因此丙不得主張優先購買權。

③ 優先順位相同時：

如權利性質相同而未能定其順序，亦無先後之分者，則由其等按權利比例共同承買之。但部分主張優先權之共有人如棄權，其餘共有人仍得就拍賣不動產之全部共同或單獨優先承買 [12]。

----

[12] 行政函釋：99 年度署聲議字第 2 號。

四、共有物讓與之責任（民§826-1）

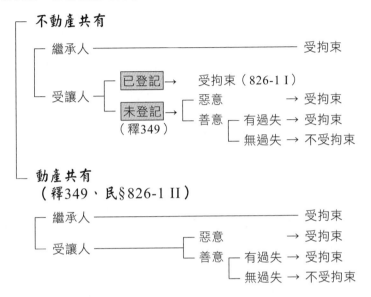

分管契約、分割協議之拘束力

不動產共有
- 繼承人 ——————————————————— 受拘束
- 受讓人
  - 已登記 → 受拘束（826-1 I）
  - 未登記
（釋349）
    - 惡意 → 受拘束
    - 善意
      - 有過失 → 受拘束
      - 無過失 → 不受拘束

動產共有
（釋349、民§826-1 II）
- 繼承人 ——————————————————— 受拘束
- 受讓人
  - 惡意 → 受拘束
  - 善意
    - 有過失 → 受拘束
    - 無過失 → 不受拘束

（一）不動產

　　不動產共有人間關於共有物使用、管理、分割或禁止分割之約定或依第820條第1項規定所為之決定，於登記後，對於應有部分之受讓人或取得物權之人，具有效力。其由法院裁定所定之管理，經登記後，亦同（民§826-1 I）。

（二）動產

　　動產共有人間就共有物為前項之約定、決定或法院所為之裁定，對於應有部分之受讓人或取得物權之人，以受讓或取得時知悉其情事或可得而知者為限，亦具有效力（民§826-1 II）。

（三）應有部分讓與

　　共有物應有部分讓與時，受讓人對讓與人就共有物因使用、管理或其他情形所生之負擔連帶負清償責任（民§826-1 III）。

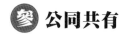

參 公同共有

一、公同共有之意義

數人因一定原因成立公同關係，基於公同關係而共有一物，為公同共有。民法第827條第1項：「依法律規定、習慣或法律行為，成一公同關係之數人，基於其公同關係，而共有一物者，為公同共有人。」

二、公同共有之成立

公同關係之成立，可能依法律規定、習慣或法律行為：

（一）依法律規定

例如遺產之公同共有，民法第1151條：「繼承人有數人時，在分割遺產前，各繼承人對於遺產全部為公同共有。」

（二）依習慣

例如祭祀公業之派下員對祭祀公業財產為公同共有。

（三）依法律行為

例如合夥財產之公同共有（民 §668）。

三、公同共有之效力

（一）對內效力

1. 公同共有人之權利：
   (1) 各公同共有人之權利，及於公同共有物之全部（民 §827 III）。
   (2) 公同共有人之權利義務，依其公同關係所由成立之法律、法律行為或習慣定之（民 §828 I）。
   (3) 民法第820條（共有物之管理）、第821條（共有物請求權）及第826-1條（共有物之管理或協議分割）規定，於公同共有準用之（民 §828 II）。

2. 公同共有物之處分：公同共有物之處分及其他之權利行使，除法律另有規定外，應得公同共有人全體之同意（民§828 III）。

（二）對外效力

公同共有人對於第三人之關係，應依公同關係所由規定之法律或契約定之，例如：合夥財產不足清償合夥之債務時，各合夥人對於不足之額，連帶負其責任（民§681）；繼承人對於被繼承人之債務，以因繼承所得遺產為限，負連帶責任（民§1153 I）。

四、公同共有之消滅

（一）公同共有關係消滅之原因

公同共有之關係，自公同關係終止，或因公同共有物之讓與而消滅（民§830 I）。

（二）公同共有物之分割

1. 公同關係存續中，各公同共有人，不得請求分割其公同共有物（民§829）。

2. 公同共有物之分割，除法律另有規定外，準用關於共有物分割之規定（民§830 II）。

五、公同共有與分別共有之區別

	分別共有	公同共有
特色	以各共有人相互間之關係為要件，且重在共有人應有部分之支配，個人色彩較強（民§817）。	以公同共有關係為前提，重在共有人相互牽制之公同關係，團體色彩較強（民§827）。
發生原因	1. 法律行為。 2. 法律規定。	1. 法律規定：繼承。 2. 習慣：祭祀公業。 3. 契約：合夥。

	分別共有	公同共有
應有部分	1. 共有物之所有權係共有人按其應有之一定比例，屬於各共有人分別共有。 2. 各共有人各有其應有部分。	1. 各公同共有人無「應有部分」，共有物之所有權，屬於全體共有人公同共有。除非公同共有關係消滅，否則各共有人無應有部分。 2. 應有部分係隱藏存在，稱之為「潛在之應有部分」，例如：繼承之「應繼分比例」、合夥之「股份比例」、祭祀公業之「派下權比例」。
處分共有物	1. 各共有人得自由處分其應有部分，而共有物之處分，則應得共有人全體之同意（民§819）。 2. 原則上並得隨時請求分割（§民823）。	1. 處分共有物應得全體共有人之同意（民§828）。 2. 公同關係存續中不得請求分割（民§819）。
共有關係之消滅	各共有人得隨時請求分割共有物消滅共有關係（民§823）。	民§830： 1. 公同關係終止。 2. 因公同共有物之讓與而消滅。

肆 準共有

關於共有之規定，於所有權以外之財產權如地上權、典權、公司之股份……等，由數人共有或公同共有者準用之（民§831）。

習題 | REVIEW ACTIVITIS ✎

(B) 1. 甲在路上拾得乙所遺失金錶一只，遂私下據為己有，甲可依下列何種方式
取得該金錶之所有權？　(A) 動產善意受讓　(B) 動產時效取得　(C) 無主
物之先占　(D) 遺失物之拾得。　　　　　　　　　　　　【102 年高考法制】

> **詳解** (A) 甲不具備善意受讓之條件。
> (B) 甲符合民法第 768 條之規定。
> (C) 金錶為遺失物而非無主物。
> (D) 甲係私下將金錶據為己有，不能取得所有權（民法第 805-1）。

(C) 2. 甲同意將其所有之 A 地出售予乙，約定買賣價金為新台幣（下同）3 千萬
元。翌日不知情之丙表示願出 5 千萬元購買，甲欣然同意，並將 A 地之所
有權移轉登記予丙。試問：A 地屬於何人所有？理由為何？　(A) 甲，因
為甲丙間之意思表示係屬通謀虛偽意思表示，無效　(B) 乙，因為乙已先
向甲購買 A 地　(C) 丙，因為甲丙間已完成 A 地之移轉登記　(D) 丙，因
為丙出價高對甲較有利。　　　　　　　　　　　　　　【102 年高考法制】

> **詳解** 民法第 758 條：不動產之物權，依法律行為而取得、設定、喪失及變更者，非經
> 登記，不生效力。前項行為，應以書面為之。

(A) 3. 不動產物權，因繼承而取得者，何時發生效力？　(A) 於被繼承人死亡時
(B) 於辦妥繼承登記時　(C) 於遺產分割完成時　(D) 於完納繼承稅時。
　　　　　　　　　　　　　　　　　　　　　　　　　【102 年公務員升等郵政】

> **詳解** 第 759 條（宣示登記─登記處分要件）：因繼承、強制執行、徵收、法院之判決
> 或其他非因法律行為，於登記前已取得不動產物權者，應經登記，始得處分其物
> 權。

(B) 4. 區分所有建築物之所有人間，以規約所生之權利義務，繼受人是否受拘束？
(A) 以明知或可得而知者為限，應該受到拘束　(B) 不論是否明知或可得而
知，都應該受到拘束　(C) 繼受人若是善意，則不受拘束　(D) 繼受人若是
善意而且無過失，則不受拘束。　　　　　　　　　　【102 年公務員升等郵政】

> **詳解** 民法第 799-1 條第 4 項：「區分所有人間依規定所生之權利義務，繼受人受拘束；
> 其依其他約定所生之權利義務，特定繼受人對於約定之內容明知或可得而知者，
> 亦同。」

（ A ） 5. 下列何種定著物非因故意或重大過失逾越地界者，可以適用民法第796條有關越界建築規定？ (A) 簡單房屋 (B) 圍牆 (C) 豬欄 (D) 狗舍。

【102年公務員升等郵政】

詳解 第796條：土地所有人建築「房屋」非因故意或重大過失逾越地界者，鄰地所有人如知其越界而不即提出異議，不得請求移去或變更其房屋。

（ A ） 6. 甲、乙、丙、丁、戊5人共有A車，應有部分各五分之一，某日甲駕車出遊時A車爆胎須送修車廠補胎，則下列敘述，何者正確？ (A) 甲得不經乙、丙、丁、戊之同意，單獨為之 (B) 甲須經共有人過半數應有部分合計過半數之同意，始得為之 (C) 甲須經共有人應有部分合計逾三分之二之同意，始得為之 (D) 甲須經全體共有人之同意始得為之。

【102年公務員升等郵政】

詳解 第820條第5項：「共有物之簡易修繕及其他保存行為，得由各共有人單獨為之。」

（ D ） 7. 下列何項之物權同屬一人時，不生混同之問題？ (A) 抵押權與所有權 (B) 地上權與所有權 (C) 地上權與權利抵押權 (D) 權利抵押權與所有權。

【102年公務員升等郵政】

詳解 第762條：同一物之所有權及其他物權，歸屬於一人者，其他物權因混同而消滅。但其他物權之存續，於所有人或第三人有法律上之利益者，不在此限。

（ A ） 8. 所有權的權能包括使用權、收益權及處分權。請問下列關於所有權與處分權的敘述，何者正確？ (A) 一個對某物有所有權的人，原則上對於該物就有處分權，但是有例外情形，有時有所有權但是沒有處分權；有時則是沒有所有權，但是有處分權 (B) 有所有權的人一律有處分權 (C) 沒有所有權的人一律沒有處分權 (D) 所有權人是否有處分權，必須視前手是否授權而定。

【102年公務員升等郵政】

詳解 所有權人原則上對該物有處分權，但例外亦有單獨讓與處分權之情形，例如違章建築之買賣，因為違章建築無法為所有權移轉登記，受讓人因此而未取得其所有權，僅取得事實上之處分權，此時原所有人則屬例外無處分權之情形。

（ C ） 9. 甲將其所有之名貴腳踏車委由好友乙代為保管，乙趁機向不知情之丙表示該腳踏為自己所有，願以1萬元割愛，雙方成立買賣契約並互相交付完畢。日後甲目擊丙騎乘該腳踏車健身，請求交還。下列敘述何者正確？ (A)

該車之所有權為甲所有，甲之主張有理由　(B) 乙丙之買賣契約無效　(C)
該車之所有權已屬丙所有，甲之主張無理由　(D) 乙丙之買賣契約效力未
定。　　　　　　　　　　　　　　　　　　　　　【102年公務員升等法制】

詳解 乙無權處分甲之腳踏車，將其讓與給善意（不知情）的丙，丙受讓並占有該車，
具備善意受讓之要件，依民法第801、948條之規定取得腳踏車之所有權。

(B) 10. 甲於受監護宣告中，將自己所有土地與乙成立買賣契約。於監護宣告撤銷
後，為履行債務，甲協同乙前往地政機關辦理所有權移轉登記完畢。下列
敘述何者正確？　(A)買賣契約有效　(B)土地之所有權已歸屬乙所有　(C)
土地所有權之移轉登記無效　(D)買賣契約為效力未定。

　　　　　　　　　　　　　　　　　　　　　【102年公務員升等法制】

詳解 (A) 甲為買賣契約時為受監護宣告人，無行為能力，買賣契約無效。
(B) 甲於監護宣告撤銷後辦理所有權移轉登記，甲有行為能力，移轉之物權行為
有效，且不動產所有權移轉已具備民法第758條規定之書面及登記要件。所
有權已歸屬於乙所有。
(C) 土地所有權移轉登記有效。
(D) 買賣契約無效。

(C) 11. 甲為其父之單獨繼承人，因其父死亡而繼承家傳之土地1筆，及由其父建
造未辦理保存登記之房屋一間。於未完成繼承登記之前，甲已先與乙訂立
買賣契約，將土地及房屋以新臺幣1,000萬元出售，並交付乙使用。下列
敘述何者正確？　(A)該買賣契約無效　(B)該筆土地之所有權因甲乙之交
易，已移轉為乙所有　(C)該屋之所有權仍歸甲所有　(D)該屋之所有權仍
歸甲父所有。　　　　　　　　　　　　　　　　【102年公務員升等法制】

詳解 第759條：「因繼承、強制執行、徵收、法院之判決或其他非因法律行為，於登
記前已取得不動產物權者，應經登記，始得處分其物權。」
甲為單獨繼承人，登記前已取得不動產所有權，為土地之所有權人。
(A) 買賣契約有效。
(B) 土地所有權因為尚未完成登記要件，所有權尚未移轉，仍為甲所有。
(D) 房屋所有權為甲所有。

（ D ） 12. 關於共有物之禁止分割約定，下列敘述何者錯誤？ (A) 禁止分割約定之期限不得逾 5 年 (B) 以遺囑禁止遺產之分割時，其禁止之效力最長為 10 年 (C) 共有物如訂有管理之約定時，約定不分割之期限，不得逾 30 年 (D) 為維持共有不動產之不分割約定之穩定性，應有部分之受讓人亦應受其拘束。 【102 年公務員升等法制】

詳解 第 823 條。

（ B ） 13. 甲有一宗土地，與乙訂立買賣契約，將該宗土地賣給乙。雙方訂立買賣契約後，因土地飆漲，甲藉故不願履行契約上之義務。乙起訴請求甲移轉買賣標的物之所有權，法院判決乙勝訴確定。下列敘述何者正確？ (A) 乙因法院之判決，取得不動產物權，故於判決確定時，即已取得該土地之所有權 (B) 乙必須根據確定判決，辦畢所有權移轉登記後，始能取得該土地之所有權 (C) 甲依法院之確定判決，將土地交付於乙，乙即取得該土地之所有權 (D) 甲依法院之確定判決，將土地之所有權狀交付於乙時，乙即取得該土地之所有權。 【102 年不動產經紀人】

詳解 民法第 759 條：「因…法院之判決或…，於登記前已取得不動產物權者。…」所謂「法院之判決」係指形成判決，不包含其他判決在內（65 年台上字第 1797 號判）。乙訴請甲移轉買賣標的物所有權之確定判決，性質上非形成判決，必須乙根據該確定判決辦畢所有權移轉登記後，始能取得所有權。

（ D ） 14. 甲有一棟房屋，與乙訂立買賣契約，將該房屋賣給乙。下列敘述何者正確？ (A) 買賣契約有效成立時，立刻使乙取得房屋之所有權 (B) 甲將房屋交付給乙時，立刻使乙取得房屋之所有權 (C) 甲將房屋所有權狀交付給乙前，乙無法取得房屋之所有權 (D) 甲將房屋所有權移轉登記給乙前，乙無法取得房屋之所有權。 【102 年不動產經紀人】

詳解 買賣為法律行為，不動產所有權因法律行為而取得，依民法第 758 條：「不動產物權，依法律行為而取得、設定、喪失及變更者，非經登記，不生效力。前項行為，應以書面為之。」

（ C ） 15. 甲死亡時，遺有子女乙、丙二人為繼承人，及房屋一棟。下列敘述何者正確？ (A) 甲對房屋之所有權，並不因甲死亡，而發生所有權之移轉 (B) 房屋為不動產，乙丙二人非經登記，無法取得房屋所有權 (C) 乙丙二人縱使未辦理登記，仍然因繼承而取得房屋所有權 (D) 乙丙二人縱使未辦理登記，仍因繼承而得處分房屋所有權。 【102 年不動產經紀人】

詳解 第 759 條（宣示登記─登記處分要件）：因繼承、強制執行、徵收、法院之判決或其他非因法律行為，於登記前已取得不動產物權者，應經登記，始得處分其物權。

（C）16. 甲因負債，為避免債權人強制執行，故與乙訂立虛偽買賣契約，將甲僅有之一棟房屋賣給乙，並將房屋所有權移轉登記於乙（均為通謀虛偽意思表示）。乙將該屋賣給善意之丙，並將房屋所有權移轉登記於善意之丙。下列敘述何者正確？ (A) 乙只是登記名義人，並非真正所有權人，故丙無法取得房屋之所有權 (B) 乙不只是登記名義人，亦是真正所有權人，故丙可以取得房屋之所有權 (C) 丙因信賴不動產之登記，並已依法辦理所有權移轉登記，故取得房屋之所有權 (D) 丙雖信賴不動產之登記，並已依法辦理所有權移轉登記，但仍然無法取得房屋之所有權。

【102 年不動產經紀人】

詳解 1. 甲與乙訂立虛偽買賣契約，並為所有權移轉登記，依民法第 87 條第 1 項，甲、乙所為之債權契約及物權契約之意思表示無效，房屋之所有權雖已移轉至乙，但乙僅為登記上之名義人，並未真實取得房屋之所有權，房屋之所有權仍屬甲所有，但為保護交易安全，民法第 87 條第 2 項規定，不得以其無故對抗善意第三人，因此，甲、乙不得以其無效對抗善意之丙。

2. 為保護善意信賴不動產之登記，民法第 759-1 條：「不動產物權經登記者，推定登記權利人適法有此權利。因信賴不動產登記之善意第三人，已依法律行為為物權變動之登記者，其變動之效力，不因原登記物權之不實而受影響。」因此，因信賴不動產登記並已依法辦理所有權登記之善意第三人丙，善意取得房屋之所有權。

（D）17. 甲所有的 A 地與乙所有的 B 地相鄰，甲在 A 地上建築房屋及圍牆，其中圍牆有一部分越界建築在 B 地上。下列敘述何者正確？ (A) 乙如果知道甲有越界建築之情事而不即提出異議者，不得請求甲拆除越界的圍牆 (B) 甲對於乙所受之傷害，應支付償金，但得不拆除越界的圍牆 (C) 乙得請求甲以相當之價額購買越界部分的土地，不得請求甲拆除越界的圍牆 (D) 乙得請求甲拆除越界的圍牆，返還被占用的土地。【102 年不動產經紀人】

詳解 第 796 條：I. 土地所有人建築「房屋」非因故意或重大過失逾越地界者，鄰地所有人如知其越界而不即提出異議，不得請求移去或變更其房屋。

(D) 18. 以時效取得地上權之不動產，其限制為何？　(A) 限於已登記之不動產　(B) 限於未登記之不動產　(C) 限於無主之不動產　(D) 已登記之不動產及未登記之不動產皆可。　　　　　　　　　　　　【101 年高考法制】

> **詳解** 時效取得地上權之不動產，不限他人未登記之不動產，換言之，已登記或未登記之不動產皆可。

(D) 19. 甲、乙、丙共有土地 1 筆，每人各有三分之一，後經協議分割，由甲、乙各取得一半之土地，丙則由乙為價金補償，下列關於共有之敘述，何者正確？　(A) 丙就該價金補償請求權，於乙因分割所有取得之土地上享有法定抵押權　(B) 乙於協議完成後，即取得應分得之土地所有權　(C) 甲對該價金之補償，應與乙負連帶責任　(D) 協議完成後，經過 15 年，丙得拒絕協同辦理移轉登記。　　　　　　　　　　　　【101 年高考法制】

> **詳解** (A) 不動產分割並以原物分配情形，應受補償之共有人，就其補償金額，對於補償義務人所分得之不動產，有法定抵押權者，應以裁判分割為限，並不包括協議分割在內（法務部 98 年 10 月 6 日法律字第 0980036364 號函）。甲、乙、丙為協議分割，不適用該規定。
> (B) 協議分割不動產，分割效力發生於辦畢分割登記時，乙於協議完成時，尚未取得土地所有權。
> (C) 不動產分割者，應受補償之共有人，就其補償金額，對於補償義務人所分得之不動產，有抵押權（民 §824-1 IV）。故應為丙對乙分得之土地有抵押權。

(B) 20. 出賣人主張其所為之不動產讓與無效，而請求買受人塗銷登記者，須主張下列何種請求權？　(A) 所有物返還請求權　(B) 除去妨害請求權　(C) 防止妨害請求權　(D) 占有防止請求權。　　　　　　　　【101 年地方特考三等】

> **詳解** 出賣人請求塗銷登記，係請求除去現已存在對其所有權妨害之不動產移轉登記，故須主張民法第 767 條中段之除去妨害請求權。

(D) 21. 甲有 A、B 二地，因出賣 A 地給乙，致 B 地與公路無適宜之連絡，不能為通常之使用。下列敘述何者正確？　(A) 甲可以任擇 A 地或其他相鄰之地而通行之　(B) 甲通行鄰地已造成鄰地負擔，不得再主張開設道路　(C) 甲通行鄰地時，為求便利，可任意選擇通行之處所　(D) 若甲不主張開設道路而通行 A 地，無須支付乙償金。　　　　　　　　　　　　【100 年不動產經紀人】

詳解 第 789 條：I. 因土地一部之讓與或分割，而與公路無適宜之聯絡，致不能為通常使用者，土地所有人因至公路，**僅得通行或受讓人或讓與人或他分割人之所有地**。II. 數宗土地同屬於一人所有，讓與其一部或同時分別讓與數人，而與公路無適宜之聯絡，致不能為通常使用者，亦同。III. 前項情形，有通行權人，**無須支付償金**。

(B) 22. 下列有關公同共有之情形，何者不能準用分別共有之規定？　(A) 公同共有物之分割　(B) 公同共有人應有部分之自由處分　(C) 公同共有物之管理　(D) 公同共有物分割後之權利義務關係。　　　　　【99 年不動產經紀人】

　　詳解 (A) 公同共有之分割，除法律另有規定外，準用關於共有物分割之規定（民 §830 II）。

　　　　 (B) 公同共有係基於公同關係，而共有一物（民 §827），公同共有人並**無應有部分**，共有物之所有權，屬於全體共有人公同共有，公同共有人處分共有物應得全體共有人同意（民 §828）。

　　　　 (C) 依民法第 828 條第 2 項。

　　　　 (D) 依民法第 830 條第 2 項。

(C) 23. 甲出售 A 屋給乙，其後又將該屋讓售給丙，並辦理所有權移轉登記給丙。下列有關甲乙丙間的法律關係論述何者正確？　(A)因甲乙買賣成立在先，乙得對甲主張甲丙間之買賣契約對其不生效力　(B) 因為甲乙間之契約成立在先，所以乙得對甲、丙主張，甲應該將房屋移轉讓與給他，因為其債權有優先性　(C) 丙已經取得所有權，甲無法再對乙履行交付房屋之債務，所以甲對乙成立給付不能之債務不履行責任　(D) 一屋不得二賣，所以甲丙間的買賣契約侵害乙之債權，乙得以債權受到侵害，聲請法院撤銷甲與丙間的法律行為。　　　　　　　　　　　【98 年不動產經紀人】

　　詳解 (A) 買賣契約為債權契約，債權僅具有相對性，即限特定人（債權人）得向特定人（債務人）主張，甲、丙間之債權契約之效力如何，僅甲、丙有權主張，乙不得主張。

　　　　 (B) 債權不具有優先權。

　　　　 (C) 依民法第 226 條。

　　　　 (D) 丙已依法取得房屋之所有權（已辦理所有權移轉登記），乙不得主張撤銷。

（D）24. 甲乙丙共有一筆土地，應有部分均等，下列何者錯誤？　（A）應有部分指分別共有人對所有權在量上之比例　（B）甲得不經乙丙之同意而自由將其應有部分設定抵押權予第三人　（C）若甲欲出賣其應有部分予第三人時，乙丙得以同一價格共同主張優先購買　（D）設甲乙丙約定出賣應有部分時應得其他共有人之同意，而甲違反約定將其應有部分移轉登記予第三人，則乙丙得主張該移轉無效而請求第三人塗銷登記。【98 年不動產經紀人】

> 詳解 (D) 甲乙丙所為之約定，僅具有債權效力，基於債之相對性，僅對甲、乙、丙有拘束力，若甲違反約定將其應有部分移轉登記予第三人，依民法第 819 條第 1 項，甲對其應有部分本有自由處分之權，其所為之移轉登記具有物權效力，因此即使甲有違反約定，乙、丙亦僅得主張債務履行之損害賠償請求，而不得請求塗銷有效之所有權移轉登記。

（A）25. 關於共有不動產之分管契約，下列敘述何者錯誤？　（A）分管契約應由共有人全體協議訂立，若不能協議者得訴請法院裁判定之　（B）共有人就分管之特定部分出租於第三人時，毋庸得其他共有人之同意　（C）分管契約經登記後，對應有部分之受讓人亦具有效力　（D）分管契約訂有期限者，於期限屆滿前仍得經共有人全體協議而終止分管契約。

【98 年不動產經紀人】

> 詳解 (A) 民法第 820：I. 共有物之管理，除契約另有約定外，應以共有人過半數及其應有部分合計過半數之同意行之。但其應有部分合計逾三分之二者，其人數不予計算。II. 依前項規定之管理顯失公平者，不同意之共有人得聲請法院以裁定變更之。

（C）26. 下列關於共有之敘述何者錯誤？　（A）各共有人得自由處分收益其應有部分　（B）共有物除契約另有約定外，由共有人共同管理之　（C）共有物之簡易修繕，須由共有人全體為之　（D）各共有人對第三人，得就共有物之全部，為本於所有權之請求。【97 年不動產經紀人】

> 詳解 (A) 民法第 819 條第 1 項。
> (B) 民法第 820 條。
> (C) 民法第 820 條第 5 項：「共有物之簡易修繕及其他保存行為，得由各共有人**單獨為之。**」
> (D) 民法第 821 條。

（A）27. 以所有之意思和平繼續占有他人未登記之不動產，而其占有之時，為善意並無過失者，得請求登記為所有人之時效為幾年？　（A)10 年　(B)5 年　(C)15 年　(D)20 年。【96 年不動產經紀人】

詳解 民法第 770 條：「以所有之意思，十年間和平、公然、繼續占有他人未登記之不動產者，得請求登記為所有人。」

(B) 28. 甲遺失價值拾萬元之金戒指一只，被大學生乙拾得並依法招領。下列敘述，何者錯誤？　(A) 自通知或最後招領之日起逾六個月，若甲未認領者，由乙取得該戒指所有權　(B) 乙於受領取通知或公告後六個月內未領取者，該戒指歸屬於保管地之地方自治團體　(C) 甲認領該戒指時，乙可向甲請求壹萬元報酬　(D) 乙對甲之報酬請求權，因六個月間不行使而消滅。

【104 年不動產經紀人】

詳解 (A)(B) 民法第 807 條第一項：「遺失物自通知或最後招領之日起逾 6 個月，未經有受領權之人認領者，由拾得人取得其所有權」。

(C) 依民法第 805 條第二項：「有受領權之人認領遺失物時，拾得人得請求報酬。但不得超過其物財產上價值十分之一…」，遺失之戒指價值拾萬元，拾得人乙得請求不超過該戒指價值十分之一（壹萬元）之報酬。

(D) 依民法第 805 條第四項：「第二項報酬請求權，因 6 個月間不行使而消滅」。

(C) 29. 關於區分所有建築物，下列敘述何者錯誤？　(A) 稱區分所有建築物者，謂數人區分一建築物而各專有其一部，就專有部分有單獨所有權，並就該建築物及其附屬物之共同部分共有之建築物　(B) 區分所有建築物共有部分，指區分所有建築物專有部分以外之其他部分及不屬於專有部分之附屬物　(C) 區分所有建築物共有部分除法律另有規定外，不得經規約之約定，供區分所有建築物之特定所有人使用　(D) 區分所有建築物專有部分得經其所有人之同意，依規約之約定，供區分所有建築物之所有人共同使用。

【104 年不動產經紀人】

詳解 (C) 民法第 799 條第 3 項後段：「共有部分除法律另有規定外，得經規約之約定供區分所有建築物之特定所有人使用」。

(D) 30. 公車司機甲於下班後，清掃公車時，發現乘客乙之畢業證書留在公車座椅上，於是向公車站長報告，並經公告招領。乙認領時，甲乙間之權利義務關係，下列敘述，何者正確？　(A) 甲得向乙請求畢業證書價值十分之三以內之報酬　(B) 甲得向乙請求畢業證書價值十分之一以內之報酬　(C) 甲得向乙請求相當之報酬　(D) 甲不得向乙請求報酬。【105 年司律第一試】

詳解 民法第 805-1 條：「有下列情形之一者，不得請求前條第二項之報酬：一、在公眾得出入之場所或供公眾往來之交通設備內，由其管理人或受僱人拾得遺失物。…」

(D) 31. 下列有關相鄰關係之敘述，何者錯誤？ (A) 聲響之侵入係偶發、輕微或依地方習慣認為相當者，彼此仍應於合理程度範圍內忍受，不得請求損害賠償 (B) 相鄰關係重在不動產利用人間權利義務關係之調和，不以各該不動產相互緊鄰為必要 (C) 土地所有人拆除舊建物時，致相鄰樓房發生傾斜、龜裂等，應依民法第 184 條第 2 項負損害賠償責任 (D) 土地所有人非因故意或重大過失建築房屋逾越疆界者，鄰地所有人無論何時均得提出異議，請求移去或變更其建築物。 【106 不動產經紀人】

詳解 (D) 民法第 796 條：「土地所有人建築房屋非因故意或重大過失逾越地界者，鄰地所有人如知其越界而不即提出異議，不得請求移去或變更其房屋。…」

| 請掃描 QR Code P.104~112 有補充習題 |

CHAPTER 03

地上權

壹 普通地上權

一、普通地上權之意義

（一）民法第 832 條：「稱普通地上權者，謂以在他人土地之上下有建築物或其他工作物為目的而使用其土地之權。」

（二）地上權之目的在於利用他人土地，故不以現有建築物或工作物為限。地上權具有永續性，在期限屆至前不因工作物之滅失而消滅[1]。

二、普通地上權之取得

（一）依法律行為而取得

1. 地上權設定。

2. 因基地租賃而設定：

   (1) 地上權登記之請求（民 §422-1）：

   　租用基地建築房屋者，承租人於契約成立後，得請求出租人為地上權之登記。

   (2) 土地法第 102 條：「租用基地建築房屋，應由出租人與承租人於契約訂立後二個月內，聲請該管直轄市或縣（市）地政機關為地上權之登記。」

3. 地上權讓與（民 §838）：

   (1) 地上權人得將其權利讓與他人或設定抵押權。但契約另有約定或另有習慣者，不在此限。前述約定，非經登記，不得對抗第三人。

   (2) 地上權與其建築物或其他工作物，不得分離而為讓與或設定其他權利。

（二）依法律規定而取得

　依法律規定而取得地上權，如繼承、徵收、時效取得、法定地上權等。

1. 繼承。

---

[1] 院字第 15 號解釋。

2. 徵收：

(1) 大眾捷運系統因工程上之必要，得穿越公、私有土地及其土地改良物之上空或地下，或得將管、線附掛於沿線之建物上。但應擇其對土地及其土地改良物之所有人、占有人或使用人損害最少之處所及方法為之，並應支付相當之補償（大眾捷運法§19 I）。

(2) 前項須穿越私有土地及其土地改良物之上空或地下之情形，主管機關得就其需用之空間範圍，在施工前，於土地登記簿註記，或與土地所有權人協議設定地上權，協議不成時，準用土地徵收條例規定徵收取得地上權（大眾捷運法§19 II）。

3. 時效取得：

(1) 所有權以外財產權準用取得時效之規定（民§772準用769、770）。

(2) 僅供耕作使用之農地，不得申請登記之時效取得地上權登記[2]。

題目

甲、乙、丙三人繼承土地乙筆，甲在該地蓋有房屋乙棟，乙、丙長期在外，並不知情，嗣後甲主張取得時效，試問甲以時效取得所有權或時效取得地上權而請求登記，是否有理？請說明之。　　　　　【91年估價師】

甲乙丙因繼承土地而共有，依民法第1151條：「繼承人有數人時，在分割遺產前，各繼承人對於遺產全部為公同共有。」

(1) 因不具備要件，甲主張時效取得所有權為無理由。

① 取得時效之要件（詳如前文所述）。

② 甲不具備時效取得之要件：

　A. 甲在該地蓋有房屋，而乙、丙長居在外並不知情，甲係屬自主、公然、和平占有該地。

　B. 共有人占有公同共有之土地：

---

[2] 大法官解釋釋字第408號：地上權者，謂以在他人土地上有建築物，或其他工作物，或竹木為目的而使用其土地之權。故設定地上權之土地，以適於建築房屋或設置其他工作物或種植竹林者為限。

(A) 是占有「他人」之不動產：依大法官釋字第 451 號解釋 [3]，「共有人逾越其應有部分之範圍而為使用收益，即係損及他共有人之利益而與侵害他人之所有權同。」共有人占有公同共有之土地亦是占有「他人」之不動產。

(B) 非他人「未登記」之不動產：該地為甲、乙、丙三人繼承而得，為已登記之不動產，非時效取得之標的。

C. 甲所占有之土地非他人「未登記」之不動產，故不具備取得時效之要件。

(2) 因具備要件，甲主張時效取得地上權為有理由：

① 時效取得地上權之要件（民 §772 準用 769、770）：

A. 占有：應為自主占有、和平占有、公然占有。

B. 一定期間經過（繼續占有）：

(A) 惡意或有過失：20 年。以所有之意思，二十年間和平、公然、繼續占有他人未登記之不動產者，得請求登記為地上權人（民 §772 準用民 §769）。

(B) 善意且無過失：10 年。以所有之意思，十年間和平、公然、繼續占有他人未登記之不動產，而其占有之始為善意並無過失者，得請求登記為地上權人（民 §772 準用民 §770）。

C. 占有他人之不動產：

(A) 公同共有土地屬他人不動產：如前所述。

(B) 不動產不以未登記為限：占有須行使於他人之不動產上，且此項不動產不以未登記為限，因地上權為他項權利，其登記必須於辦理土地所有權登記同時或其後為之，如係未登記之土地即無法聲請為取得地上權之登記。實務認為無論他人土地已否登記，均得請求登記為地上權人，並不以未登記為必要 [4]。故所有權以外財產

---

[3] 大法官解釋釋字第 451 號解釋：土地之共有人本於所有權之作用，對於共有物之全部，雖有使用收益之權，惟此使用收益權仍應按其應有部分而行使，若共有人逾越其應有部分之範圍而為使用收益，即係損及他共有人之利益而與侵害他人之所有權同。

[4] 60 年台上字第 1317 號判例。

權民法第 772 條增定對於已登記之不動產亦得準用取得時效之規定。但取得時效完成後，僅是取得登記請求權，須經登記始能取得地上權人之地位。

② 共有物亦得因共有人全體之同意而設定負擔，自得為共有人之一人或數人設定地上權。於公同共有之土地上為公同共有人之一人或數人設定地上權者亦同。是共有人或公同共有人之一人或數人以在他人之土地上行使地上權之意思而占有共有或公同共有之土地者，自得依民法第 772 條準用同法第 769 條及第 770 條取得時效之規定，請求登記為地上權人 [5]。

| 請掃描 QR Code P.114~115 有補充題目 |

4. 法定地上權

題目 ....

何謂法定地上權？又何種租賃得請求登記地上權，請就民法規定說明之。
【91 年地政士】

法定地上權為法定物權之一種，指在特定狀況下，依據法律規定成立之物權。法定地上權不具永續性，因建築物之滅失而消滅（民 §838-1 II）。

民法規定成立法定地上權的時機如下：

(1) 建物及土地因**強制執行**之拍賣，拍定所有人各異時（民法 838-1）：
土地及其土地上之建築物同屬於一人時，因強制執行拍賣，拍定時所有人各異，視為已有地上權之設定，其範圍、期間及租金由當事人協議之，協議不成由聲請法院判決定之。僅以土地或建物拍賣時亦同。

(2) 建物或土地因**抵押物拍賣**，致建物或土地所有人各異時（民法 876）：

....
[5]　大法官解釋釋字第 451 號解釋。

① 設定抵押權，土地及其土地上之建物同屬於一人所有，而僅以建物或僅以土地為抵押者，於執行拍賣時，視為已有地上權設定，其範圍、期間及租金由當事人協議之，協議不成時，得聲請法院判決定之（民§876 I）。此種法定地上權之要件，必須抵押權設定時：

A. 土地及土地上建物（設定抵押權時建物已存在）同屬一人所有。

B. 僅以建物或僅以土地為抵押者。

　其效力為：執行拍賣時，視為已有地上權設定。

② 設定抵押權時，土地及其土地上之建物同屬於一人所有，以土地及建物為抵押者，於經拍賣，土地與建築物拍定人各異時，適用前項之規定（民§876 II）。此種法定地上權之要件，必須抵押權設定時：

A. 土地及其土地上之建物同屬於一人所有。

B. 經拍賣，土地與建築物拍定人各異。

　其效力為：執行拍賣時，視為已有地上權設定。

(3) 租用基地建築房屋（民§422-1）：

租用基地建築房屋者，承租人於契約成立後，得請求出租人為地上權之登記。

(4) 典權人之法定地上權（民§927 III）：

出典人願依民法第927條第3項規定為補償而就時價不能協議時，得聲請法院裁定之；其不願依裁定之時價補償者，於回贖時亦視為已有地上權之設定。

(5) 區分地上權準用地上權之規定（民§841-6）：

區分地上權，除本節另有規定外，準用關於普通地上權之規定。

三、普通地上權之期間

（一）定有存續期間

1. 地上權定有存續期間者，期限屆至，地上權消滅。

2. 期間之長短，原則尊重當事人約定。地上權定有期限，而有支付地租之約定者，地上權人得支付未到期之3年分地租後，拋棄其權利（民§835 I）。

（二）未定有存續期間

1. 原則：地上權無支付地租之約定者，地上權人得隨時拋棄其權利（民
   §834）。

2. 例外：地上權未定有期限，而有支付地租之約定者，地上權人拋棄權利
   時，應於一年前通知土地所有人，或支付未到期之 1 年分地租（民 §835
   II）。因不可歸責於地上權人之事由，致土地不能達原來使用之目的時，
   地上權人於支付前二項地租二分之一後，得拋棄其權利；其因可歸責於土
   地所有人之事由，致土地不能達原來使用之目的時，地上權人亦得拋棄其
   權利，並免支付地租（民 §835 III）。

四、普通地上權之效力

（一）地上權人之權利

1. 使用收益權（民 §832）。

2. 相鄰關係之準用（民 §800-1 準用民 §774~798）。

3. 物上請求權（民 §767 II）。

4. 處分權：

   (1) 地上權之讓與或設定抵押權：

   ① 權利之讓與（民 §838）：地上權人得將其權利讓與他人或設定抵押
      權。但契約另有約定或另有習慣者，不在此限。前述約定，非經登記，
      不得對抗第三人。地上權與其建築物或其他工作物，不得分離而為讓
      與或設定其他權利。

   ② 強制執行拍賣之協定（民 §838-1）：土地及其土地上之建築物，同
      屬於一人所有，因強制執行之拍賣，其土地與建築物之拍定人各異時，
      視為已有地上權之設定，其地租、期間及範圍由當事人協議定之；不
      能協議者，得請求法院以判決定之。其僅以土地或建築物為拍賣時，
      亦同。前述地上權，因建築物之滅失而消滅。

(2) 地上權之拋棄：

地上權人原則上得任意拋棄其地上權，惟地上權若設有抵押權，則地上權之拋棄，須經抵押權人同意，未經其同意者，對抵押權人不生效力，地上權仍繼續存在。

① 有償地上權（民§835）：

A. 定有期限：地上權定有期限，而有支付地租之約定者，地上權人得支付未到期之 3 年分地租後，拋棄其權利。

B. 未定有期限：地上權未定有期限，而有支付地租之約定者，地上權人拋棄權利時，應於 1 年前通知土地所有人，或支付未到期之 1 年分地租。

C. 因不可歸責於地上權人之事由，致土地不能達原來使用之目的時，地上權人於支付前二項地租二分之一後，得拋棄其權利；其因可歸責於土地所有人之事由，致土地不能達原來使用之目的時，地上權人亦得拋棄其權利，並免支付地租。

② 無償地上權（民§834）：地上權無支付地租之約定者，地上權人得隨時拋棄其權利。

（二）地上權人之義務

1. 支付地租

(1) 地租支付延遲之終止契約（民§836）：

① 地上權人積欠地租達 2 年之總額，除另有習慣外，土地所有人得定相當期限催告地上權人支付地租，如地上權人於期限內不為支付，土地所有人得終止地上權。

② 地上權終止之要件：

A. 須積欠地租達 2 年之總額：指累積達 2 年之租金總額，而非連續欠地租 2 年，所謂「另有習慣」指有利於地上權人之習慣。

B. 須定期催告。

③ 終止權之行使：
    A. 向地上權人為意思表示：終止權具形成權性質，終止權之行使，應向地上權人以意思表示為之。
    B. 通知抵押權人：地上權經設定抵押權者，並應同時將該催告之事實通知抵押權人。若不通知抵押權人，對於抵押權人因此所受損害，應負賠償責任。
④ 地租之約定經登記者，地上權讓與時，前地上權人積欠之地租應併同計算。受讓人就前地上權人積欠之地租，應與讓與人連帶負清償責任。

(2) 請求地租之增減（民§835-1）：
① 地上權設定後，因土地價值之昇降，依原定地租給付顯失公平者，當事人得請求法院增減之。
② 未定有地租之地上權，如因土地之負擔增加，非當時所得預料，仍無償使用顯失公平者，土地所有人得請求法院酌定其地租。

2. 返還土地
地上權消滅時，地上權人有返還土地於所有權人之義務。

五、普通地上權之消滅

　　地上權人違反民法第 836-2 條第一項維護土地資源永續利用之規定，經土地所有人阻止而仍繼續為之者，土地所有人得終止地上權。地上權經設定抵押權者，並應同時將該阻止之事實通知抵押權人（民§836-3）。地上權不因建築物或其他工作物之滅失而消滅（民§841）。

（一）地上權消滅之事由

1. 地上權存續期間屆滿。
2. 地上權拋棄。
3. 地上權終止。
4. 約定事由發生（例如附解除條件）。
5. 第三人時效取得。

（二）地上權消滅之效力

1. 地上權人之取回權及取回之期限（民§839）：

   地上權消滅時，地上權人得取回其工作物。但應回復土地原狀。

   地上權人不於地上權消滅後一個月內取回其工作物者，工作物歸屬於土地所有人。其有礙於土地之利用者，土地所有人得請求回復原狀。

2. 土地所有人之時價購買權（民§839 III）：

   地上權人取回其工作物前，應通知土地所有人。土地所有人願以時價購買者，地上權人非有正當理由，不得拒絕。

3. 建築物之時價補償或地上權之期間延長（民§840 I）：

   地上權人之工作物為建築物者，如地上權因存續期間屆滿而消滅，地上權人得於期間屆滿前，定一個月以上之期間，請求土地所有人按該建築物之時價為補償。但契約另有約定者，從其約定。時價補償請求權之要件：

   (1) 工作物須為建築物。

   (2) 地上權因存續期間屆滿而消滅。

   (3) 契約另無規定。

   (4) 土地所有人未請求延長地上權期間。

貳 區分地上權

一、區分地上權之意義（民§841-1）

（一）稱區分地上權者，謂以在他人土地上下之一定空間範圍內設定之地上權。

（二）民法修正新增區分地上權，乃由於人類文明進步，科技與建築技術日新月異，土地之利用不再侷限於地面，而逐漸向空中與地下發展，由平面之利用趨向立體化之利用，而產生土地分層利用之結果，故而有區分地上權。

二、區分地上權之效力

（一）區分使用收益之權益限制（民 §841-2）

1. 區分地上權人得與其設定之土地上下有使用、收益權利之人，約定相互間使用收益之限制。其約定未經土地所有人同意者，於使用收益權消滅時，土地所有人不受該約定之拘束。前項約定，非經登記，不得對抗第三人。

2. 所謂「不得對抗第三人」指未經登記不得對抗：

   (1) 該區分地上權之受讓人。

   (2) 對該不動產有使用收益權利之善意無過失之受讓人。

（二）權利行使之優先效力

1. 同一土地有區分地上權與以使用收益為目的之物權同時存在者，其後設定物權之權利行使，不得妨害先設定之物權（民 §841-5）。

2. 區分地上權與其他用益物權同時存在時，如何定其優先效力？

   (1) 原則：依物權設定之先後定之

   先登記者優先於後登記者，後設定之區分地上權或其他用益物權不得妨害先設定之其他用益物權或區分地上權之權利行使。

   (2) 例外：先登記者同意使後登記者優先

   若後設定之區分地上權或其他用益物權得先存在之用益物權或區分地上權人之同意而設定者，後設定之區分地上權或用益物權，則得優先行使其權利。

三、區分地上權之消滅

（一）第三人利益之斟酌（民 §841-3）

　　法院依第 840 條第 4 項定區分地上權之期間，足以影響第三人之權利者，應併斟酌該第三人之利益。

（二）對第三人利益之補償（民 §841-4）

區分地上權依第 840 條規定，以時價補償或延長期間，足以影響第三人之權利時，應對該第三人為相當之補償。補償之數額以協議定之；不能協議時，得聲請法院裁定之。

習題 | REVIEW ACTIVITIS ✏

(C) 1. 下列何者不符合普通地上權之使用他人土地之目的？　(A) 橋樑　(B) 銅像
(C) 培植茶樹　(D) 房屋。　　　　　　　　　　　　　　【101 年高考法制】

> **詳解** 民法第 832 條：「稱普通地上權者，謂在他人土地之上下有**建築物**或**其他工作物**
> 為目的而使用其土地之權。」

(C) 2. 甲以其土地設定地上權於乙後，乙以該地上權設定抵押權於丙。下列敘述
何者最正確？　(A) 原則上如乙未得甲之同意，丙所設定之抵押權無效
(B) 如乙繼承甲之土地，地上權因混同而消滅　(C) 非得丙之同意，乙不得
拋棄其地上權　(D) 甲不須乙、丙同意，得自由拋棄其土地所有權。

【101 年不動產經紀人】

> **詳解** (A) 民法第 882 條：「地上權、農育權及典權，均得為抵押權之標的物。」且依
> 民法第 838 條第 1 項：「地上權人得將其權利讓與他人或設定抵押權。」
> (B) 第 762 條：同一物之所有權及其他物權，歸屬於一人者，其他物權因混合而
> 消滅。
> (C)(D) 第 764 條：物權除法律另有規定外，因拋棄而消滅。
> 前項拋棄，第三人有以該物權為標的物之其他物權或於物權有其他法律上之利
> 益者，非經該第三人同意，不得為之。

(A) 3. 甲以其土地設定地上權於乙。下列敘述何者最正確？　(A) 定有期限之地
上權原則上不因建築物於所定期限內滅失而消滅　(B) 甲、乙間不得設定
未定有期限之地上權　(C) 甲、乙間不得設定未定有地租之地上權　(D) 因
不可抗力致妨礙土地之使用時，乙得請求減免租金。

【101 年不動產經紀人】

> **詳解** (A) 第 841 條：地上權不因建築物或其他工作物之滅失而消滅。
> (B) 第 833-1 條：地上權未定有期限者，存續期間逾二十年或地上權成立之目的
> 　　已不存在時，法院得因當事人之請求，斟酌地上權成立之目的、建築物或工
> 　　作物之種類、性質及利用狀況等情形，定其存續期間或終止其地上權。
> (C) 第 834 條：地上權無支付地租之約定者，地上權人得隨時拋棄其權利。
> (D) 第 837 條：地上權人，縱因不可抗力，妨礙其土地之使用，不得請求免除減
> 　　少租金。

(C) 4. 甲將其所有土地出租予乙建築房屋。下列敘述何者錯誤？ (A) 契約成立後，乙得請求甲為地上權之登記 (B) 乙將房屋所有權移轉予丙時，原基地租賃契約對於丙仍繼續存在 (C) 乙出賣房屋時，甲無依同樣條件優先承買之權利 (D) 甲、乙得約定由乙負擔就土地應納之一切稅捐。

【101 年不動產經紀人】

詳解 (C) 民法第 426-2 條：「租用基地建築房屋，出租人出賣基地時，承租人有依同樣條件優先承買之權。承租人出賣房屋時，基地所有人有依同樣條件優先承買之權。」

(B) 5. 下列關於地上權之敘述，何者正確？ (A) 稱普通地上權者，謂以在他人土地之上下有建築物或種植竹木為目的而使用其土地之權 (B) 地上權不因建築物或其他工作物之滅失而消滅 (C) 地上權人均得隨時拋棄其權利 (D) 土地所有權讓與時，已預付之地租，均不得對抗第三人。

【100 年不動產經紀人】

詳解 (A) 民法第 832 條：「稱普通地上權者，謂以在他人土地之上下有建築物或其他工作物為目的而使用其土地之權。
(B) 民法第 841 條：「地上權不因建築物或其他工作物之滅失而消滅。」
(C) 民法第 834 條：「地上權無支付地租之預約者，地上權得隨時拋棄其權利。」
(D) 民法第 836-1 條：「土地所有權讓與時，已預付之地租，非經登記，不得對抗第三人。

(D) 6. 以下關於地上權之敘述何者錯誤？ (A) 地上權可以訂有期限，或為未定期限之地上權 (B) 地上權可以為有償，亦可為無償 (C) 以在他人土地上下之一定空間範圍內設定之地上權稱為區分地上權 (D) 地上權如有支付地租之約定時，地上權人仍可以隨時拋棄其權利。 【99 年不動產經紀人】

詳解 (A) 第 833-1 條：「地上權未定有期限者，存續期間逾二十年或地上權成立之目的已不存在時，法院得因當事人之請求，斟酌地上權成立之目的、建築物或工作物之種類、性質及利用狀況等情形，定其存續期間或終止其地上權。」
由本條可知地上權可訂有期限或未定有期限。
(B) 地上權有支付地租之約定時為有償，亦可為無償。
(C) 第 841-1 條：「稱區分地上權者，謂以在他人土地上下之一定空間範圍內設定之地上權。」
(D) 第 835 條：「地上權定有期限，而有支付地租之約定者，地上權人得支付未到期之三年分地租後，拋棄其權利。
地上權未定有期限，而有支付地租之約定者，地上權人拋棄權利時，應於一年前通知土地所有人，或支付未到期之一年分地租。」

（D）7. 關於地上權之消滅情形，下列敘述何者錯誤？　（A）地上權未定有期限且未約定地租者，地上權人原則上得隨時拋棄其權利　（B）地上權未定有期限，但有支付地租之約定者，地上權人應於一年前通知土地所有人或支付一年分地租始得拋棄　（C）地上權人積欠地租達兩年總額，經土地所有人定期催告，逾期仍不支付者，土地所有人得撤銷（終止）地上權　（D）地上權因地上之工作物或竹木之滅失而消滅。　【98 年不動產經紀人】

詳解 (D) 第 841 條：地上權不因建築物或其他工作物之滅失而消滅。

（A）8. 關於時效取得地上權，下列敘述何者錯誤？　（A）時效取得地上權之土地，以他人未登記之土地為限　（B）占有人以建築物為目的而主張時效取得地上權者，不以該建築物係合法建築物者為限　（C）共有人之一人以在他共有人土地行使地上權之意思而占有共有土地者，亦得主張時效取得地上權（D）占有人於取得時效完成後，仍須辦理地上權登記完畢後始取得地上權。

【98 年不動產經紀人】

詳解 (A) 時效取得地上權之土地，「不」以他人未登記之不動產為限（民 §772）。因為地上權為他項權利，其登記必須於辦理土地所有權登記同時或其後為之，故實務認為無論他人土地已登記否，均得請求登記為地上權人，並不以未登記為必要（60 年台上字第 1317 號判例）。

（D）9. 甲將 A 地設定地上權於乙，供乙在其上興建 B 屋居住。下列何種情形，除甲、乙另有約定外，乙得請求甲按時價補償？　（A）地上權因解除條件成就而消滅者　（B）地上權因拋棄而消滅者　（C)地上權因終止而消滅者　（D）地上權因存續期間屆滿而消滅者。　【106 年司律第一試】

詳解 民法第 840 條：「Ⅰ地上權人之工作物為建築物者，如地上權因存續期間屆滿而消滅，地上權人得於期間屆滿前，定一個月以上之期間，請求土地所有人按該建築物之時價為補償。但契約另有約定者，從其約定。」

CHAPTER 04

農育權

農育權之意義

　　所謂農育權，指在他人土地為農作、森林、養殖、畜牧、種植竹木或保育之權（民 §850-1 I）。無特別規定時準用普通地上權（民 §850-9）。農育權為：

一、 在他人土地之用益物權

二、 以農作、森林、養殖、畜牧、種植竹木或保育為目的

三、 不以支付地租為必要

　　│ 請掃描 QR Code P.118~123 有詳細補充資料說明及補充習題 │

不動產役權

不動產役權之意義

　　稱不動產役權者，謂以他人不動產供自己不動產通行、汲水、採光、眺望、電信或其他以特定便宜之用為目的之權（民§851）。

　│ 請掃描 QR Code P.126~136 有詳細補充資料說明及補充習題 │

抵押權

壹 普通抵押權

一、普通抵押權之意義

民法第 860 條：「稱普通抵押權者，謂債權人對於債務人或第三人不移轉占有而供其債權擔保之不動產，得就該不動產賣得價金優先受償之權。」抵押權係債權之擔保，為擔保物權。抵押權人即為債權人，而抵押人可能為債務人亦可能為第三人。抵押權之設定則須依民法第 758 條規定，應以書面為之，並且須經登記，始發生效力。

二、普通抵押權之特性

🔍 要 點 檢 索 ✕

- 1. 從屬性
- 2. 不可分性
- 3. 物上代位性

（一）從屬性

抵押權為從屬於債權之權利，為從權利，具有從屬性。

1. 成立上從屬性：抵押權為擔保債權而成立，其成立之前提必須債權有效成立。換言之，主債權有效成立，抵押權始能成立，若無債權即無抵押權。

2. 移轉上從屬性：抵押權不得由債權分離而為讓與，或為其他債權之擔保（民§870 條）。故債權讓與時，抵押權亦隨同移轉於受讓人。

3. 消滅上從屬性：民法第 307 條：「債之關係消滅者，其債權之擔保及其他從屬之權利亦同時消滅。」抵押權為債權之從權利，原則上債之關係消滅，抵押權亦隨之消滅。但債之關係因混同而消滅，而抵押權之存續於所有人或第三人有法律上之利益者，不在此限（民法第 762）。

（二）不可分性

1. 抵押物分割（民§868）：

   (1) 原則：抵押之不動產如經分割，或讓與其一部，或擔保一債權之數不動產而以其一讓與他人者，其抵押權不因此而受影響。

   (2) 例外：為民法第 824-1 條規定之情形者，其權利移存於抵押人或出質人所分得之部分。

2. 債權分割（民 §869）：

以抵押權擔保之債權，如經分割或讓與其一部者，其抵押權不因此而受影響。前述規定，於債務分割或承擔其一部時適用之。

（三）物上代位性

抵押權除法律另有規定外，因抵押物滅失而消滅。但抵押人因滅失得受賠償或其他利益者，不在此限。抵押權人對於前項抵押人所得行使之賠償或其他請求權有權利質權，其次序與原抵押權同（民 §881 I、II）。

三、普通抵押權之取得

（一）依法律行為而取得

抵押權依法律行為而取得者，通常基於當事人間債權契約，為擔保債權而為抵押權之設定，當事人間為抵押權之設定應作成物權之書面契約及辦理登記（民 §758）。

（二）非依法律行為而取得

非依法律行為而取得抵押權之情形，例如：因繼承、善意取得或依法律規定而取得之法定抵押權。此等取得亦須依民法第 759 條規定辦理登記。

四、普通抵押權之效力

題目 ....

請依我國民法的規定，說明抵押權的意義及抵押權所擔保的債權的範圍。

【89 年地政士】

（一）擔保債權範圍（民 §861）

1. 除契約另有約定者外，抵押權所擔保者為：

(1) 原債權。

(2) 利息。

(3) 遲延利息。

(4) 違約金。

(5) 實行抵押權之費用。

2. 得優先受償之利息、遲延利息、1 年或不及 1 年定期給付之違約金債權，以於抵押權人實行抵押權聲請強制執行前 5 年內發生及於強制執行程序中發生者為限。

（二）抵押物範圍

要點檢索
- 1. 從物
- 2. 抵押建築物之附加物
- 3. 從權利
- 4. 變形物
- 5. 孳息
- 6. 代位物

題目

試述抵押權標的物之範圍。甲向乙貸款新臺幣 200 萬元，以其二層樓房一棟設定抵押權給乙作擔保。嗣後，甲在樓頂增建三樓，該增建之三樓部分是否為抵押權效力所及？請就民法物權編新修正條文之相關規定說明之。　　　　　　　　　　　　　　　　【98 年地政士】

1. 從物：抵押權之效力，及於抵押物之從物（民 §862 I）。

2. 抵押建築物之附加物：以建築物為抵押者，其附加於該建築物而不具獨立性之部分，亦為抵押權效力所及。但其附加部分為獨立之物，如係於抵押權設定後附加者，準用第 877 條併附拍賣但不優先受償之規定（民 §862 III）。

抵押權優先效力（民§866）

| 興建建築物
不併拍＋法定地上權 | 設定抵押權 | 建築物（具獨立性，非從物）
併付拍賣、不優先受償 |

設定用益物權
拍賣標的：附有用益物權之不動產　　　　　　　設定用益物權、租賃關係
除去或終止後拍賣

概念：

以抵押權設定之時間加以區分
- 1.抵押權設定前已存在者，不論是已興建之建築物或已設定之用益物權，抵押權人只能容忍，因為此種不利益之情形，抵押權人於設定時為明知或可得而知，故無特別加以保護之必要。
- 2.抵押權設定後始存在者，為使抵押權得圓滿迅速實現，嗣後興建之建築物以之併付拍賣，而設定之用益物權或成立租賃關係，則於必要時除去或終止後拍賣。

「抵押建築物之附加物」

考題類型
- 是否為抵押權效力所及？
- 可否併附拍賣？
- 抵押權人可否優先受償？

判斷順序：

1.是否具有獨立性？

獨立性
(1)使用上之獨立性
(2)構造上之獨立性

✕ → 不具有獨立性
(1)抵押人所建（附屬物）：抵押權效力所及。因為係原抵押建築物之一部分
(2)非抵押人所建（附合物）：抵押權效力所及。依民第811條附合之效果

✓ → 具有獨立性

2.是否為從物

從物（民§68）
(1)非主物之成分
(2)常助主物之效用
(3)與主物同屬一人所有

✓ → 從物
抵押權效力所及

✕ → 不是從物

3.屬於何時興建？

抵押設定前興建
- (1)押抵人所建造：
  - ①不適用併付拍賣之規定（民§862 III 準用877）
  - ②拍定後有法定地上權：對基地應有部分有地上權（民§876）
- (2)非抵押人所建造：抵押權效力不及，不論是否有權加建，拍賣後有法定地上權（民§876）

抵押設定後興建
- (1)抵押人所建造：併付拍賣，但無優先受償權（民§862 III 準用877）
- (2)非抵押人所建造：
  - ①有權加建：併付拍賣、不優先受償（民§866、877 II 準用877 I）
  - ②無權加建：拆屋還地（民§767）

抵押權效力所及 ↕ 抵押權效力不及
判斷可否併附拍賣？優先受償？

口訣（以諧音記憶）
非毒、蟲→吉（不做違法的事→諸事大吉！）
非毒（獨）：不具獨立性
蟲：從物
→ 抵押權效力所及（抵押權人優先受償；不論興建之時間點）
非毒蟲以外→不吉（具有獨立性，但非從物→抵押權效力不及）

3. 從權利：

(1) 抵押權之效力，及於從權利。第三人於抵押權設定前，就從物取得之權利，不受前項規定之影響（民 §862 I、II）。

(2) 以建築物設定抵押權者，於法院拍賣抵押物時，其抵押物存在所必要之權利得讓與者，應併付拍賣。但抵押權人對於該權利賣得之價金，無優先受清償之權（民 §877-1）。

(3) 從權利之範圍

① 及於本質上的從權利：例如需役地抵押時，抵押權及於地役權。

② 不包含抵押權存在所必須之權利：如以建築物抵押時，建築物對基地之利用權，如地上權、租賃權等。例如：甲將第 A 地出租予乙建築 B 屋，嗣後乙將 B 屋設定抵押權與丙銀行，丙實行抵押權，拍賣 B 屋時，租賃權（租賃物存在所必要且得讓與之權利）應併付拍賣、但無優先受償權。

4. 變形物（民 §862-1）：

(1) 殘餘物：抵押物滅失之殘餘物，仍為抵押權效力所及。

(2) 分離物：抵押物之成分非依物之通常用法而分離成為獨立之動產者，亦為抵押權效力所及。抵押權人得請求占有該殘餘物或動產，並依質權之規定，行使其權利。

5. 孳息：

(1) 天然孳息（民 §863）：抵押權之效力，及於抵押物扣押後自抵押物分離，而得由抵押人收取之天然孳息。

(2) 法定孳息（民 §864）：抵押權之效力，及於抵押物扣押後抵押人就抵押物得收取之法定孳息。但抵押權人，非以扣押抵押物之事情，通知應清償法定孳息之義務人，不得與之對抗。

6. 代位物（民 §881）：

(1) 抵押權除法律另有規定外，因抵押物滅失而消滅。但抵押人因滅失得受賠償或其他利益者，不在此限。

(2) 抵押權人對於前述抵押人所得行使之賠償或其他請求權有權利質權，其次序與原抵押權同。

(3) 給付義務人因故意或重大過失向抵押人為給付者，對於抵押權人不生效力。

(4) 抵押物因毀損而得受之賠償或其他利益，如徵收之補償金，亦準用前述之規定。

（三）抵押人權利

1. 使用收益抵押物：抵押權是價值權，抵押人不移轉占有，使用收益抵押物之權利歸屬於抵押人。

2. 處分抵押物

   (1) 設定多數抵押權（民§865）：不動產所有人，因擔保數債權，就同一不動產，設定數抵押權者，其次序依登記之先後定之。

   (2) 設定地上權或其他用益權利（先擔保再用益）：

   ① 不動產所有人設定抵押權後，於同一不動產上，得設定地上權或其他以使用收益為目的之物權，或成立租賃關係。但其抵押權不因此而受影響（民§866 I）。前述情形，抵押權人實行抵押權受有影響者，法院得除去該權利或終止該租賃關係後拍賣之（民§866 II）。不動產所有人設定抵押權後，於同一不動產上，成立第一項以外之權利者，準用前述之規定（民§866 III）。

   ② 土地所有人於設定抵押權後，在抵押之土地上營造建築物者，抵押權人於必須時，得於強制執行程序中聲請法院將其建築物與土地併付拍賣。但對於建築物之價金，無優先受清償之權（民§877 I）。

   前述規定，於第866條第2項及第3項之情形，如抵押之不動產上，有該權利人或經其同意使用之人之建築物者，準用之（民§877 II）。

3. 讓與抵押物所有權：

   (1) 不動產所有人設定抵押權後，得將不動產讓與他人。但其抵押權不因此而受影響（民§867）。

(2) 基於物權追及力，抵押權隨所有權移轉，亦即，受讓人所受讓的是「帶有抵押權負擔的所有權」。

（四）抵押權人權利

題目 ....

　　甲以土地為抵押，向乙借款 1000 萬元，併為設定抵押權之登記，試問：乙因該抵押權而擁有何種權利？　　　　　　　　　　　　　【96 年經紀人】

　　乙因該抵押權之設定而擁有抵押權人之權利，如下：

1. 普通抵押權之次序權（民 §870-1）：

   (1) 同一抵押物有多數抵押權者，抵押權人得以下列方法調整其可優先受償之分配額。但他抵押權人之利益不受影響：

   ① 次序讓與：指抵押權人為特定抵押權人之利益，讓與其抵押權之次序，亦即指同一抵押物之先次序或同次序抵押權人，為特定後次序或同次序抵押權人之利益，其可優先受償之分配額讓與該後次序或同次序抵押權人之謂。此時讓與人與受讓人仍保有原抵押權及次序，讓與人與受讓人仍依其原次序受分配，惟依其次序所能獲得分配之合計金額，由受讓人優先受償，如有剩餘，始由讓與人受償。

   ② 相對拋棄：指抵押權人為特定後次序抵押權人之利益，拋棄其抵押權之次序，亦即指同一抵押物之先次序抵押權人，為特定後次序抵押權人之利益，拋棄其優先受償利益。此時各抵押權人之抵押權歸屬與次序並無變動，僅係拋棄抵押權次序之人，因拋棄次序之結果，與受拋棄利益之抵押權人成為同一次序，將其所得受分配之金額共同合計後，按各人債權額之比例分配之。

   ③ 絕對拋棄：指抵押權人為全體後次序抵押權人之利益，拋棄其抵押權之次序之謂。此時後次序抵押權人之次序各依次序昇進，而拋棄人退處於最後之地位，但於拋棄後新設定之抵押權，其次序仍列於拋棄者之後。

(2) 前述抵押權次序之讓與或拋棄，非經登記，不生效力。並應於登記前，通知債務人、抵押人及共同抵押人。

(3) 因抵押權次序調整而受利益之抵押權人，亦得實行調整前次序在先之抵押權。

(4) 調整優先受償分配額時，其次序在先之抵押權所擔保之債權，如有第三人之不動產為同一債權之擔保者，在因調整後增加負擔之限度內，以該不動產為標的物之抵押權消滅。但經該第三人同意者，不在此限。

(5) 抵押權次序調整之後保證人責任（民§870-2）：調整可優先受償分配額時，其次序在先之抵押權所擔保之債權有保證人者，於因調整後所失優先受償之利益限度內，保證人免其責任。但經該保證人同意調整者，不在此限。

2. 普通抵押權之處分權（民§870）：抵押權不得由債權分離而為讓與，或為其他債權之擔保。

3. 普通抵押權之保全：

(1) 抵押物價值減少之防止（民§871）：抵押人之行為，足使抵押物之價值減少者，抵押權人得請求停止其行為。如有急迫之情事，抵押權人得自為必要之保全處分。因前項請求或處分所生之費用，由抵押人負擔。其受償次序優先於各抵押權所擔保之債權。

(2) 抵押物價值減少之補救（民§872）：

① 抵押物之價值因可歸責於抵押人之事由致減少時，抵押權人得定相當期限，請求抵押人回復抵押物之原狀，或提出與減少價額相當之擔保。

② 抵押人不於前項所定期限內，履行抵押權人之請求時，抵押權人得定相當期限請求債務人提出與減少價額相當之擔保。屆期不提出者，抵押權人得請求清償其債權。

③ 抵押人為債務人時，抵押權人得不再為前述抵押物價值減少之補救請求，逕行請求清償其債權。

④ 抵押物之價值因不可歸責於抵押人之事由致減少者，抵押權人僅於抵押人因此所受利益之限度內，請求提出擔保。

4. 普通抵押權之實行：

(1) 聲請法院拍賣抵押物：法院拍賣抵押物之性質，採私法買賣說：抵押人為出賣人，拍定人為買受人，而法院則代表抵押人位於出賣人地位。

① 抵押權效力所及：從物、從權利、變形物、孳息、代位物（民§862、862-1、863、864）

② 拍賣物之擴張：併付拍賣。

　A. 營造建築物併付拍賣（民§877）：
　　要件：

(A) 建築物必須之設定抵押權後所建。

(B) 實施抵押權時建築物為抵押人所有。

(C) 有併付拍賣之必要。

　B. 以建築物設定抵押權者，於法院拍賣抵押物時，其抵押物存在所必要之權利得讓與者，應併付拍賣。但抵押權人對於該權利賣得之價金，無優先受清償之權（民§877-1）。

(2) 訂立契約取得抵押物所有權（民§873-1）：

① 流抵契約：約定於債權已屆清償期而未為清償時，抵押物之所有權移屬於抵押權人之契約，稱為流抵契約，非經登記，不得對抗第三人。故流抵契約須經登記始具物權效力，未經登記者，僅具債權效力，不得對抗第三人。

② 抵押權人負清算義務：抵押權人請求抵押人為抵押物所有權之移轉時，抵押物價值超過擔保債權部分，應返還抵押人；不足清償擔保債權者，仍得請求債務人清償。

③ 抵押人在抵押物所有權移轉於抵押權人前，得清償抵押權擔保之債權，以消滅該抵押權。

(3) 拍賣以外其他方法處分抵押物（民§878）：抵押權人於債權清償期屆滿後，為受清償，得訂立契約，取得抵押物之所有權或用拍賣以外之方法，處分抵押物，但有害於其他抵押權人之利益者，不在此限。

NOTE

抵押物效力範圍
口訣：吃便當，附蟲蟲

1. 孳息 → 吃
2. 變形物 → 便
3. 代位物 → 當
4. 附屬物 → 附
5. 從物 → 蟲
6. 從權利 → 蟲

題目

　　債務人甲在其抵押物上分別有乙、丙、丁第一、二、三次序依次為新臺幣（以下同）180萬元、120萬元、60萬元之抵押權。甲之抵押物拍賣所得價金為280萬元。乙、丙、丁在下列情形中，各得分配之金額如何？

(1) 乙將第一優先次序讓與丁。

(2) 乙將其第一次序之優先受償權利拋棄予丁。

(3) 乙將其第一次序之優先受償權利為絕對之拋棄。

普通抵押權之次序權
（書面＋登記）

	第一順位	第二順位	第三順位
原順序	乙：180萬	丙：120萬	丁：60萬
次序讓與： 乙讓與丁	丁先，乙後 並列同順位，先後受償	丙	丁先，乙後 並列同順位，先後受償
相對拋棄： 乙為丁拋棄	乙＝乙／（乙＋丁） *180萬元 丁＝丁／（乙＋丁） *180萬元 並列同順位，比例受償	丙	乙＝乙／（乙＋丁） *60萬元 丁＝丁／（乙＋丁） *60萬元 並列同順位，比例受償
絕對拋棄 乙為全體拋棄	丙：120萬	丁：60萬	乙：100萬
次序變更	民法未規定禁止，學者通說與實務見解多表贊同，次序變更指順序及金額同時變更，因為涉及全體之利益，故須抵押權人全體同意。例如變更為：丁（60萬）→乙（180萬）→丙（120萬）		

(1) 次序之讓與：

① 次序之讓與係指抵押權人為特定抵押權人之利益，讓與其抵押權之次序之謂，亦即指同一抵押物之先次次序抵押權人，為特定後次序或同次序抵人之利益，將其可優先受償之分配額讓與該後次序或同次序抵押權人。此時讓與人與受讓人仍保有原抵押權及次序，讓與人與受讓人仍依其原次序受分配，惟依其次序所能獲得分配之合計金額，由受讓人優先受償，如有剩餘，始由讓與人受償。

② 乙將第一優先次序讓與丁，甲之抵押物拍賣所得價金為 280 萬元，則丁分得 60 萬元，乙分得 120 萬元，丙分得 100 萬元。

  A. 第一順位抵押權：乙、丁共享 180 萬元抵押權，乙將第一優先次序讓與丁，丁先受償 60 萬元，乙受償 120 萬元。

  B. 第二順位抵押權：丙分得 100 萬元。

(2) 次序之拋棄：有相對拋棄及絕對拋棄兩種，分述如下：

① 相對拋棄：

  A. 相對拋棄係指抵押權人為特定後次序抵押權人之利益，拋棄其抵押權之次謂，亦即指同一抵押物之先次序抵押權人，為特定後次序抵押權人之利益，拋棄其優先受償利益。此時各抵押權人之抵押權歸屬與次序並無變動，僅係拋棄抵押權次序之人，因拋棄次序之結果，與受拋棄利益之抵押權人成為同一次序，將其所得受分配之金額共同合計後，按各人債權額之比例分配之。

  B. 乙將其第一次序之優先受償權利拋棄予丁，則乙、丁同列於第一、三次序，甲抵押物拍賣所得價金為 280 萬元，則乙、丁所得分配之債權總額為 180 萬元（如乙未為拋棄，則乙之應受分配額為 180 萬元，丁之應受分配額為零），乙拋棄後，依乙、丁之債權額比例分配（3：1），乙分得 135 萬元，丁分得 45 萬元，丙仍分得 100 萬元不受影響。

② 絕對拋棄：

  A. 絕對拋棄係指抵押權人為全體後次序抵押權人之利益，拋棄其抵押權之次序之謂，亦即指先次序抵押權人並非專為某一特定後次序抵押權人之利益，拋棄優先受償利益之謂。此時後次序抵押權人之次序各依次序昇進，而拋棄人退處於最後之地位，但於拋棄後新設定之抵押權，其次序仍列於拋棄者之後。

  B. 甲之抵押物拍賣所得價金為 280 萬元，乙絕對拋棄其抵押權之第一次序，則丙昇進為第一順位分得 120 萬元，丁昇進為第二順位分得 60 萬元、乙僅得 100 萬元。

| 請掃描 QR Code P.138~141 有補充題目及習題 |

五、共同普通抵押權—多數物保

（一）抵押權人之自由選擇權

　　債權人在對有多數擔保之同一債權行使權利時，債權人得本其其擔保權之內容，自由選擇行使之。民法第 875 條：「為同一債權之擔保，於數不動產上設定抵押權，而未限定各個不動產所負擔之金額者，抵押權人得就各個不動產賣得之價金，受債權全部或一部之清償。」

（二）各抵押權對擔保債權之內部分擔額

1. 共同抵押之取償順序（民 §875-1）：為同一債權之擔保，於數不動產上設定抵押權，抵押物全部或部分同時拍賣時，拍賣之抵押物中有為債務人所有者，抵押權人應先就該抵押物賣得之價金受償。

2. 共同抵押之金額分擔（民 §875-2）：為同一債權之擔保，於數不動產上設定抵押權者，各抵押物對債權分擔之金額，依下列規定計算之：
   (1) 未限定各個不動產所負擔之金額時，依各抵押物價值之比例。
   (2) 已限定各個不動產所負擔之金額時，依各抵押物所限定負擔金額之比例。各抵押物所限定負擔金額較抵押物價值為高者，以抵押物之價值為準。
   (3) 僅限定部分不動產所負擔之金額時，依各抵押物所限定負擔金額與未限定負擔金額之各抵押物價值之比例。
   (4) 計算 (2)(3) 二款分擔金額時，各抵押物所限定負擔金額較抵押物價值為高者，以抵押物之價值為準。

（三）實施共同抵押權之價金分配方法

1. 同時拍賣之價金分配方式（民 §875-3）：
   為同一債權之擔保，於數不動產上設定抵押權者，在抵押物全部或部分同時拍賣，而其賣得價金超過所擔保之債權額時，經拍賣之各抵押物對債權分擔金額之計算，準用民法第 875-2 條之規定。

2. 分別拍賣之求償權及承受權（民 §875-4）：

為同一債權之擔保，於數不動產上設定抵押權者，在各抵押物分別拍賣時，適用下列規定：

(1) 經拍賣之抵押物為債務人以外之第三人所有，而抵押權人就該抵押物賣得價金受償之債權額超過其分擔額時，該抵押物所有人就超過分擔額之範圍內，得請求其餘未拍賣之其他第三人償還其供擔保抵押物應分擔之部分，並對該第三人之抵押物，以其分擔額為限，承受抵押權人之權利。但不得有害於該抵押權人之利益。

(2) 經拍賣之抵押物為同一人所有，而抵押權人就該抵押物賣得價金受償之債權額超過其分擔額時，該抵押物之後次序抵押權人就超過分擔額之範圍內，對其餘未拍賣之同一人供擔保之抵押物，承受實行抵押權人之權利。但不得有害於該抵押權人之利益。

六、物上保證人與保證人間責任分配

（一）採物保與人保平等說

（二）物上保證人與保證人間之求償關係

題目 ....

甲向乙貸款，以丙所有之 A 屋設定抵押權於乙作為擔保，請附理由說明下列問題：

貸款清償期屆至，甲無力償還，丙為避免其房屋被查封拍賣，遂代甲清償債務，丙對於甲得主張何種權利？ 【95 年地政士】

丙為甲之物上保證人，丙得主張物上保證人之求償權（民 §879 I）：

1. 物上保證人對於債務人之求償權（民 §879 I）：為債務人設定抵押權之第三人，代為清償債務，或因抵押權人實行抵押權致失抵押物之所有權時，該第三人於其清償之限度內，承受債權人對於債務人之債權。但不得有害於債權人之利益。

2. 物上保證人對於保證人之求償權（民 §879 II）：債務人如有保證人時，保證人應分擔之部分，依保證人應負之履行責任與抵押物之價值或限定之金額比例定之。抵押物之擔保債權額少於抵押物之價值者，應以該債權額為準。前項情形，抵押人就超過其分擔額之範圍，得請求保證人償還其應分擔部分。

3. 物上保證人之免除責任（民 §879-1）：第三人為債務人設定抵押權時，如債權人免除保證人之保證責任者，於前條第 2 項保證人應分擔部分之限度內，該部分抵押權消滅。

七、普通抵押權之消滅

（一）被擔保之債權消滅

債之關係消滅者，其債權之擔保及其他從屬之權利亦同時消滅（民 §307）。抵押權為債權之從權利，被擔保之債權消滅，抵押權亦同時消滅。

（二）抵押權除斥期間經過

1. 以抵押權、質權或留置權擔保之請求權，雖經時效消滅，債權人仍得就其抵押物、質物或留置物取償（民 §145）。

2. 以抵押權擔保之債權，其請求權已因時效而消滅，如抵押權人，於消滅時效完成後，五年間不實行其抵押權者，其抵押權消滅（民 §880）。

（三）抵押物完全滅失（民 §881）

抵押權除法律另有規定外，因抵押物滅失而消滅。但抵押人因滅失得受賠償或其他利益者，不在此限。

題目

　　甲向乙貸款，以丙所有之 A 屋設定抵押權於乙作為擔保，請附理由說明下列問題：

　　丙將 A 屋拆毀，而在原地興建 B 屋時，乙對於 B 房屋有無抵押權？

【95 年地政士】

　　A 屋拆毀，於乙作為擔保之抵押物滅失，抵押權除法律另有規定外，因抵押物滅失而消滅[1]。丙在原地另建 B 房屋已非甲所提供之擔保，故乙對 B 房屋無抵押權。

（四）抵押權實施

 **最高限額抵押權**

題目

1. 何謂最高限額抵押權？試舉例說明之。【93 年地政士】
2. 最高限額抵押權所擔保之債權有何特性？所謂「最高限額」，其範圍包括那些？　　　　　　　　　　　　　　　　　　　　　　　　【100 地政士】

　　對於持續性的法律關係，將來可能發生之債權，預定其最高限額，而以抵押物擔保之特殊抵押權，稱為最高限額抵押權。

一、最高限額抵押權意義

　　稱最高限額抵押權者，謂債務人或第三人提供其不動產為擔保，就債權人對債務人一定範圍內之不特定債權，在最高限額內設定之抵押權。

（一）不特定性：指擔保之債權自抵押權設定時起至確定時，具不特定性。

（二）變動性：指擔保之債權在確定前，不斷的發生、消滅，具變動性。

---

[1]　民事法律問題研究彙編第 2 輯 188 頁。

二、最高限額抵押權效力

（一）擔保債權之範圍

1. 限於一定範圍：限於「一定法律關係所生之債權或基於票據所生之權利」為限，否認概括最高限額抵押權。

2. 基於票據所生之權利：除本於與債務人間依前項一定法律關係取得者外，如抵押權人係於債務人已停止支付、開始清算程序，或依破產法有和解、破產之聲請或有公司重整之聲請，而仍受讓票據者，不屬最高限額抵押權所擔保之債權。但抵押權人不知其情事而受讓者，不在此限。

（二）最高限額：採債權最高額（民 §881-2）

　　以下優先受償之範圍，須受最高額之限制：

1. 已確定之原債權。

2. 債權之利息、遲延利息、違約金。

3. 實施抵押權之費用。

（三）最高限額抵押權所擔保之原債權確定日期

1. 約定確定期日（民 §881-4）：

   (1) 最高限額抵押權得約定其所擔保原債權應確定之期日，並得於確定之期日前，約定變更之。

   (2) 前項確定之期日，自抵押權設定時起，不得逾 30 年。逾 30 年者，縮短為 30 年。

   (3) 前項期限，當事人得更新之。

2. 未約定確定期日（民 §881-5）：最高限額抵押權所擔保之原債權，未約定確定之期日者，抵押人或抵押權人得隨時請求確定其所擔保之原債權。除抵押人與抵押權人另有約定外，自請求之日起，經 15 日為其確定期日。

三、最高限額抵押權變更

（一）當事人合意變更

1. 債權範圍及債務人之變更：民法第 881-3：「原債權確定前，抵押權人與抵押人得約定變更第 881 條之 1 第 2 項所定債權之範圍或其債務人。前項變更無須得後次序抵押權人或其他利害關係人同意。」

2. 約定確定期日之變更：民法第 881-4 條第 1 項：「最高限額抵押權得約定其所擔保原債權應確定之期日，並得於確定之期日前，約定變更之。」

（二）擔保債權移轉之效力

1. 債權讓與（民 §881-6 I）：

   最高限額抵押權所擔保之債權，於原債權確定前讓與他人者，其最高限額抵押權不隨同移轉。第三人為債務人清償債務者，亦同。

2. 債務承擔（民 §881-6 II）：最高限額抵押權所擔保之債權，於原債權確定前經第三人承擔其債務，而債務人免其責任者，抵押權人就該承擔之部分，不得行使最高限額抵押權。

（三）最高限額抵押權之概括繼承

1. 法人合併、營業合併及法人之分割（民 §881-7）：

   原債權確定前，最高限額抵押權之抵押權人或債務人為法人而有合併之情形者，抵押人得自知悉合併之日起 15 日內，請求確定原債權。但自合併登記之日起已逾 30 日，或抵押人為合併之當事人者，不在此限。有前述之請求者，原債權於合併時確定。合併後之法人，應於合併之日起 15 日內通知抵押人，其未為通知致抵押人受損害者，應負賠償責任。前述之規定，於第 306 條或法人分割之情形，準用之。

2. 繼承之概括繼受（民 §881-11）

   最高限額抵押權不因抵押權人、抵押人或債務人死亡而受影響。但經約定為原債權確定之事由者，不在此限。

（四）最高限額抵押權之單獨讓與（民 §881-8）

1. 原債權確定前，抵押權人經抵押人之同意，得將最高限額抵押權之全部或分割其一部讓與他人。

2. 原債權確定前，抵押權人經抵押人之同意，得使他人成為最高限額抵押權之共有人。

四、最高限額抵押權確定（民 §881-12）

最高限額抵押權所擔保之原債權因下列事由之一而確定：

（一）約定之原債權確定期日屆至者。

（二）擔保債權之範圍變更或因其他事由，致原債權不繼續發生者。

（三）擔保債權所由發生之法律關係經終止或因其他事由而消滅者。

（四）債權人拒絕繼續發生債權，債務人請求確定者。其確定期日除抵押人與抵押權人另有約定外，自請求之日起，經 15 日為其確定期日（準用第 881-5 II）。

（五）最高限額抵押權人聲請裁定拍賣抵押物，或依第 873 條之 1 之規定為抵押物所有權移轉之請求時，或依第 878 條規定訂立契約者。

（六）抵押物因他債權人聲請強制執行經法院查封，而為最高限額抵押權人所知悉，或經執行法院通知最高限額抵押權人者。但抵押物之查封經撤銷時，不在此限。抵押物之查封經撤銷於原債權確定後，已有第三人受讓擔保債權，或以該債權為標的物設定權利者，不適用之。

（七）債務人或抵押人經裁定宣告破產者。但其裁定經廢棄確定時，不在此限。宣告破產裁定經廢棄確定於原債權確定後，已有第三人受讓擔保債權，或以該債權為標的物設定權利者，不適用之。

五、最高限額抵押權確定之效力

（一）請求結算（民 §881-13）

最高限額抵押權所擔保之原債權確定事由發生後，債務人或抵押人得請求抵押權人結算實際發生之債權額，並得就該金額請求變更為普通抵押權之登記。但不得逾原約定最高限額之範圍。

（二）擔保之原債權額確定（民 §881-14）

最高限額抵押權所擔保之原債權確定後，除本節另有規定外，其擔保效力不及於繼續發生之債權或取得之票據上之權利。

（三）清償最高限額為度之金額及塗銷抵押權（民 §881-16）

最高限額抵押權所擔保之原債權確定後，於實際債權額超過最高限額時，為債務人設定抵押權之第三人，或其他對該抵押權之存在有法律上利害關係之人，於清償最高限額為度之金額後，得請求塗銷其抵押權。

六、最高限額抵押權之共有（民 §881-9）

（一）最高限額抵押權為數人共有者，各共有人按其債權額比例分配其得優先受償之價金。但共有人於原債權確定前，另有約定者，從其約定。

（二）共有人得依前項按債權額比例分配之權利，非經共有人全體之同意，不得處分。但已有應有部分之約定者，不在此限。

七、共同最高限額抵押權（民 §881-10）

為同一債權之擔保，於數不動產上設定最高限額抵押權者，如其擔保之原債權，僅其中一不動產發生確定事由時，各最高限額抵押權所擔保之原債權均歸於確定。

八、時效完成後最高限額抵押權之實行

最高限額抵押權所擔保之債權，其請求權已因時效而消滅，如抵押權人於消滅時效完成後，五年間不實行其抵押權者，該債權不再屬於最高限額抵押權擔保之範圍（民 §881-15）。

其他抵押權

一、權利抵押權

以權利為標的物之抵押權稱為權利抵押權，民法第 882 條：「地上權、農育權及典權，均得為抵押權之標的物。」故地上權人、農育權人及典權人得以其地上權、農育權或典權設定抵押權，民法第 883 條：「普通抵押權及最高限額抵押權之規定，於前條抵押權及其他抵押權準用之。」

二、法定抵押權

題目

何謂法定抵押權？試舉例說明之。 【90 年地政士】

（一）法定抵押權

1. 指依法律規定而成立之抵押權，具備法定要件時發生，不需登記即可生效，惟依民法第 759 條規定，須經登記始得處分。法定抵押權與其他抵押權之次序，仍依其成立之日期定之。

2. 例如：

   (1) 共有物分割補償金之法定抵押權：依民法第 824 條第 3 項：「共有物之分割，以原物為分配時，如共有人中有未受分配，或不能按其應有部分受分配者，得以金錢補償之。」如為不動產分割者，應受補償之共有人，就其補償金額，對於補償義務人所分得之不動產，有抵押權（民 §824-1 IV）。

   (2) 質權人之法定抵押權（民 §906-1）：為質權標的物之債權，以不動產物權之設定或移轉為給付內容者，於其清償期屆至時，質權人得請求債務人將該不動產物權設定或移轉於出質人，並對該不動產物權有抵押權。

   (3) 國宅之法定抵押權：政府出售國宅，於買賣契約簽訂後，應即將所有權移轉於承購人。其因貸款所生之債權，自契約簽訂日起債權人對該住宅及其基地，享有第一順位之抵押權，優先受償。

（二）修正後承攬人之抵押權

民法第 513 條：「承攬之工作為建築物或其他土地上之工作物，或為此等工作物之重大修繕者，承攬人得就承攬關係報酬額，對於其工作所附之定作人之不動產，請求定作人為抵押權之登記；或對於將來完成之定作人之不動產，請求預為抵押權之登記。前項請求，承攬人於開始工作前亦得為之。前項之抵押權登記，如承攬契約已經公證者，承攬人得單獨申請之。」

1. 承攬人抵押權之性質：
   (1) 此項抵押權非經登記已無從成立，亦即承攬人並非取得抵押權，而係取得「登記請求權」，承攬人必須經過登記，方可享有抵押權之權能。學者認為承攬人之此項抵押權性質上已非法定抵押權，而係「意定抵押權」，謝在全教授稱之為「強制性之意定抵押權」[2]。
   (2) 惟亦有學者認為修正後之民法第 513 條承攬人抵押權之性質因其設定是出於法律所強制，仍屬「法定抵押權」，承攬契約如具備要件，承攬人即取得請求登記之權利，如其請求無效果，須經起訴後，憑確定判決聲請登記。不過，承攬契約經公證者，則承攬人無庸經向定作人請求，即得單獨申請為法定抵押權之登記[3]。

2. 抵押權之登記：
   (1) 原則：承攬人與定作人共同為之。經由承攬人為抵押權登記之請求後，定作人有會同為登記申請之義務。
   (2) 例外：承攬人單獨為之。
   ① 承攬人勝訴判決確定：定作人拒絕辦理，承攬人自得訴請定作人協同辦理登記，並於獲勝訴判決確定後，依土地登記規則第 27 條第 4 款規定單獨申請登記。
   ② 承攬契約經公證：訂立承攬契約時即辦理公證，依修正後民法第 513 條第 3 項規定，承攬契約經公證，承攬人即得單獨為抵押權之申請登記（土地登記規則§27 ⑭）。

---

[2] 謝在全，民法物權論（下），4 版，頁 151~153。
[3] 邱聰智，新訂債法各論（中），頁 99。

習題 | REVIEW ACTIVITIS ✏

(B) 1. 甲為擔保其對乙銀行之 500 萬元債務，提供自己所有之土地 1 筆為乙設定抵押權。關於抵押權之實行，下列敘述何者錯誤？　(A) 甲乙得於抵押權設定之時，約定於債權已屆清償期而未為清償時，抵押物之所有權移屬於抵押權人乙。此時，乙如請求移轉抵押物之所有權，應就抵押物之價值與所擔保之債權額加以結算，多退少補　(B) 抵押權人乙於債權清償期屆滿後，為受清償，得與甲訂立契約，以取得抵押物所有權之方式，處分抵押物，此時依法律之規定，應就抵押物之價值與所擔保之債權額加以結算，多退少補　(C) 抵押權人乙，於債權已屆清償期，為受清償，得與甲約定以自己尋找買家之方式實行抵押權　(D) 抵押權人乙，於債權已屆清償期，為受清償，得聲請法院拍賣抵押物。　　　　　　　【102 年公務員升等法制】

> **詳解** (B) 流抵契約應於**抵押權設定時訂立**（民 §873-1）。若於債權清償期屆滿後，為受清償而訂立契約，取得抵押物之所有權或用拍賣以外之方法，處分抵押物，則應依民法第 878 條規定。

(B) 2. 甲為 A 地之所有權人，乙為 A 地的抵押權人，丙為 A 地的地上權人。關於當事人間的權利義務，下列敘述何者錯誤？　(A) 乙的抵押權設定後，甲仍得將 A 地設定地上權給丙　(B) 若乙的抵押權設定在地上權之後，日後乙實行抵押權受有影響時，法院得除去丙的地上權後拍賣 A 地　(C) 若乙的抵押權設定後，甲在 A 地上蓋造 B 屋，日後乙實行抵押權受有影響時，得聲請法院將 B 屋與 A 地併付拍賣　(D) 乙的抵押權設定後，擔保債權未受清償前，甲得將 A 地售予丁。　　　　　　　【102 年不動產經紀人】

> **詳解** (B) 第 866 條第 1 項：不動產所有人設定抵押權後，於同一不動產上，得設定地上權或其他以使用收益為目的之物權，或成立租賃關係。但其抵押權不因此而受影響。
> 但乙之抵押權設定在地上權之後，並不適用民法第 866 條第 1 項。

（C） 3. 甲將其土地為乙設定抵押權後，在該土地上建造房屋一間，乙於強制執行程序中聲請法院將甲之房屋與土地併付拍賣，對該房屋拍賣之價金，法院應如何處置？　(A) 由乙優先受償　(B) 由甲、乙按比例受償　(C) 由甲取得　(D) 由法院酌定。　　　　　　　　　　　　　【101 年高考法制】

> **詳解** 第 877 條第 1 項：土地所有人於設定抵押權後，在抵押之土地上營造建築物者，抵押權人於必要時，得於強制執行程序中聲請法院將其建築物與土地併付拍賣。但對於建築物之價金，無優先受清償之權。

（A） 4. 下列何者非擔保物權之特性？　(A) 排他性　(B) 物上代位性　(C) 從屬性　(D) 不可分性。　　　　　　　　　　　　　　　　　　　　【101 年高考法制】

> **詳解** 擔保物權之特性為：
> 1. 從屬性。
> 2. 不可分性。
> 3. 物上代位性。

（D） 5. 甲將 A 屋設定普通抵押權給乙銀行後，甲又將該 A 屋出租給丙，下列敘述何者為正確？　(A) 甲乙間之抵押權無效　(B) 甲丙間之租約無效　(C) 甲乙間之抵押權不因此而受影響，但 A 屋之租金由乙收取之　(D) 甲乙間之抵押權不因此而受影響，A 屋之租金仍由甲收取之。

【100 年不動產經紀人】

> **詳解** 民法第 860 條：稱普通抵押權者，謂債權人對於債務人或第三人不移轉占有而供其債權擔保之不動產，得就該不動產賣得價金優先受償之權。
> 抵押權之設定不須移轉占有，甲就其 A 屋仍得使用、收益。因此，甲將 A 屋出租給丙，甲得收取租金，抵押權亦不受影響。

（D） 6. 關於普通抵押權之敘述，下列何者錯誤？　(A) 抵押權之設定須以書面為之，並辦理登記　(B) 抵押人設定抵押權時，對於抵押物須有所有權及處分權　(C) 以抵押權所擔保之債權，經讓與其一部者，抵押權仍不受影響　(D) 於抵押權所擔保之債權全部被清償時，抵押權仍不消滅。

【100 年不動產經紀人】

> **詳解** (D) 抵押權具有從屬性，從屬於其所擔保之債權，抵押權所擔保之債權全部被清償時（債權消滅），抵押權亦隨同消滅，此為抵押權消滅之從屬性。

（A） 7. 約定於債權已屆清償期而未為清償時，抵押物之所有權移屬於抵押權人者，此一約定之效力為何？　(A) 非經登記，不得對抗第三人　(B) 非經登記，不生效力　(C) 效力未定　(D) 得撤銷。　　　　　　　【99 年不動產經紀人】

詳解 民法第 873-1 條：約定於債權已屆清償期而未為清償時，抵押物之所有權移屬於
抵押權人者，非經登記，不得對抗第三人。

(C) 8. 債務人甲在其 3000 萬元之抵押土地上，有乙、丙、丁第一、第二及第三順
位依次序為 1000 萬元、2000 萬元及 800 萬元之普通抵押權，乙為丁抵押
權人之利益，而將其第一順位讓與丁。此稱之為： (A) 次序之絕對拋棄
(B) 次序之相對拋棄 (C) 次序之讓與 (D) 次序之互易。
【99 年不動產經紀人】

詳解 民法第 870-1 條第 1、2 項：同一抵押物有多數抵押權者，抵押權人得以下列方
法調整其可優先受償之分配額。但他抵押權人之利益不受影響：
一、為特定抵押權人之利益，讓與其抵押權之次序。
二、為特定後次序抵押權人之利益，拋棄其抵押權之次序。
三、為全體後次序抵押權人之利益，拋棄其抵押權之次序。
前項抵押權次序之讓與或拋棄，非經登記，不生效力。並應於登記前，通知債務
人、抵押人及共同抵押人。

(C) 9. 甲將其土地設定抵押權於乙，其後該抵押權因擔保債權清償而消滅，但乙
不塗銷抵押權登記，則甲得對乙行使何種權利以塗銷該抵押權登記？ (A)
所有物返還請求權 (B) 占有物返還請求權 (C) 所有權除去妨害請求權
(D) 占有除去妨害請求權。 【98 年不動產經紀人】

詳解 抵押權之設定乃妨害所有權之完整性，因此甲得主張民法第 767 條：「…對於妨
害其所有權者，得請求除去之…。」之所有權除去妨害請求權。

(C) 10. 下列何種物權不得作為權利抵押權之標的物？ (A) 地上權 (B) 永佃權
（農育權） (C) 地役權 (D) 典權。 【98 年不動產經紀人】

詳解 民法第 882 條：地上權、農育權及典權，均得為抵押權之標的物。

(D) 11. 最高限額抵押權得約定其所擔保原債權應確定之期日，該確定之期日，自
抵押權設定時起不得逾幾年？ (A)5 年 (B)10 年 (C)20 年 (D)30 年。
【97 年不動產經紀人】

詳解 民法第 881-4 條：I. 最高限額抵押權得約定其所擔保原債權應確定之期日，並得
於確定之期日前，約定變更之。II. 前項確定之期日，自抵押權設定時起，不得
逾三十年。逾三十年者，縮短為三十年。

（D） 12. 甲向乙借款新台幣 100 萬元整，甲並將自己房屋一棟設定同額抵押權予乙以供擔保，之後乙將上開債權中 50 萬元部分讓與給丙，然清償期屆至時，甲僅對乙給付新台幣 20 萬元即無力清償其餘債務，請問：乙對甲享有多少額度之抵押權？　(A) 新台幣 100 萬元之抵押權　(B) 新台幣 80 萬元之抵押權　(C) 新台幣 50 萬元之抵押權　(D) 新台幣 30 萬元之抵押權。

【97 年不動產經紀人】

詳解 1. 依民法第 869 條第 1 項：「以抵押權擔保之債權，如經分割或讓與其一部者，其抵押權不因此而受影響。」因此乙讓與丙之債權以及自己保留之 50 萬債權，均受抵押權之擔保，此為抵押權之不可分性。

2. 債權讓與丙之後，乙對甲仍有 50 萬元之債，嗣後甲對乙給付 20 萬元，則乙之債權僅餘 30 萬元（50 萬元－20 萬元＝30 萬元），因此乙對甲享有 30 萬債權額之抵押權擔保。

（D） 13. 土地及其土地上之建築物，同屬於一人所有，而僅以建築物為抵押者，於抵押物拍賣時，拍定人與土地所有權人間之關係為：　(A) 拍定人視為取得抵押權　(B) 拍定人視為取得租賃權　(C) 拍定人視為取得使用借貸權　(D) 拍定人視為取得地上權。　【96 年不動產經紀人】

詳解 第 876 條第 1 項：「設定抵押權時，土地及其土地上之建築物，同屬於一人所有，而僅以土地或僅以建築物為抵押者，於抵押物拍賣時，**視為已有地上權之設定**，其地租、期間及範圍由當事人協議定之。不能協議者，得聲請法院以判決定之。

（B） 14. 最高限額抵押權所擔保之債權，其請求權已因時效而消滅，則抵押權人應於消滅時效完成幾年內實行其抵押權，否則該債權則不再屬於最高限額抵押權擔保之範圍？　(A)10 年　(B)5 年　(C)15 年　(D)20 年。

【96 年不動產經紀人】

詳解 民法第 881-15 條：最高限額抵押權所擔保之債權，其請求權已因時效而消滅，如抵押權人於消滅時效完成後，五年間不實行其抵押權者，該債權不再屬於最高限額抵押權擔保之範圍。

CHAPTER 07

質　權

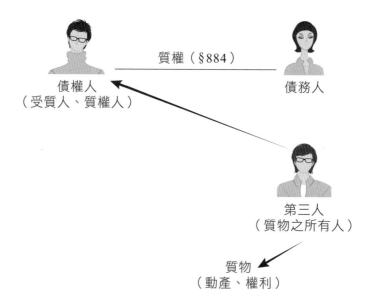

| 請掃描 QR Code P.144~152 有詳細補充資料說明及補充習題 |

典　權

典權之意義

　　稱典權者，謂支付典價在他人之不動產為使用、收益，於他人不回贖時，取得該不動產所有權之權（民 §911）。

| 請見 P.458 QR Code P.154~161 有詳細補充資料說明及補充習題 |

留置權

留置權之意義

　　稱留置權者，謂債權人占有他人之動產，而其債權之發生與該動產有牽連關係，於債權已屆清償期未受清償時，得留置該動產之權（民§928 I）。

　　| 請見 P.458 QR Code P.164~169 有詳細補充資料說明及補充習題 |

占　有

占有之意義及種類

一、占有之意義

占有指對物有事實上之管領力，必須對於物有確定且繼續性之支配關係。對於物有事實上管領力者，為占有人（民§940）。占有是一種事實，而非權利，因此占有人不須有占有之意思，但須有事實行為之意思。

｜請見 P.458 QR Code P.172~180 有詳細補充資料說明及補充習題｜

親屬

第四編

CHAPTER 01

通 則

壹 親屬之種類

親屬的種類

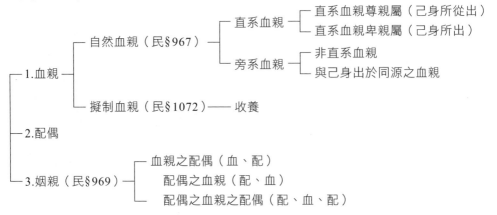

一、血親

血親指因血統關係而生之親屬。有下列二種：

（一）自然血親

自然血親又稱為天然血親，係指源自共同的祖先而有血統連繫之親屬，只要出自同源便屬於自然血親，故不以姓氏相同為要件，且不論父系或母系、全血緣（同父同母）或半血緣（同父異母或同母異父），均為自然血親。

（二）法定血親

法定血親又稱為擬制血親，係指本無血統聯繫，而是經由法律擬制成為血親關係，此種經由法律擬制而來之血親，稱為法定血親。民法第 1072 條：「收養他人之子女為子女時，其收養者為養父或養母，被收養者為養子或養女。」經由收養，養父母係養子女之直系血親尊親屬，養父母之血親。亦即為養子女之血親[1]。

---

[1] 司法院解釋：院解字第 3004 號。

二、姻親

所謂姻親指因婚姻而產生之親屬關係。稱姻親者，謂血親之配偶、配偶之血親及配偶之血親之配偶（民§969）。可分為以下三類：

（一）血親之配偶

例如：直系血親卑親屬之配偶，如子媳、女婿；直系血親尊親屬之配偶，如繼父、繼母[2]；旁系血親之配偶，如嫂嫂、弟媳、姊夫、妹夫…等。

（二）配偶之血親

例如：配偶之父母（稱呼為岳父母、公婆）、配偶之兄弟姊妹（稱呼為大姑、小姑、大伯、小叔）、配偶之祖父母…等。

（三）配偶之血親之配偶

例如：配偶之兄弟姊妹之配偶（稱呼為妯娌、連襟）。

但是血親之配偶之血親。不在民法第九百六十九條所定姻親範圍之內[3]。例如甲乙之女A嫁與丙丁之兒B，甲乙和丙丁為俗稱之兒女親家，但無姻親關係。

貳 親系

所謂親系，指親屬關係連絡之系別，我國民法親屬編採男女平等原則，因此不以父系親或母系親以為區分，僅區分為直系親屬與旁系親屬二種：

一、直系親屬

直系親屬包括直係血親與直係姻親。

---

[2] 司法院解釋：
院解字第 2241 號：依民法第 970 條第 2 款第 967 條之規定。續娶之妻為前妻所生子之直系姻親。續娶後所生子女為前妻所生子旁系血親。

[3] 司法院解釋：院解字第 2209 號。

（一）直系血親

民法第 967 條第 1 項：「稱直系血親者，謂己身所從出或從己身所出之血親。」己身所從出者為直系血親尊親屬，如父母、祖父母、曾祖父母…。己身所出者為直系血親卑親屬，如子女、孫子女、曾孫子女…等。

（二）直系姻親

直系血親之配偶為直系姻親，直系血親尊親屬之配偶，如繼父或繼母[4]，直系血親卑親屬之配偶，如媳婦、女婿，均為直系姻親。配偶之直系血親尊親屬，如公婆、岳父母，配偶之直系血親卑親屬，如繼子女等亦為直系姻親。此外，配偶之直系血親之配偶，如配偶之繼父或繼母等均為直系姻親。

二、旁系親屬

旁系親屬包括旁係血親與旁係姻親。

（一）旁系血親

民法第 967 條第 2 項：「稱旁系血親者，謂非直系血親，而與己身出於同源之血親。」旁系血親亦有尊卑之分，旁系血親尊親屬如伯父、叔父、姑母、姨母、舅父…等，而卑親屬則如甥、侄等。至於與自己同輩之旁系血親，包含同父同母之兄弟姊妹、同父異母或同母異父[5]之兄弟姊妹、父母所收養之養兄弟姊妹[6]，以及堂兄弟姊妹、表兄弟姊妹等。

---

[4] 最高法院 28 年上字第 2400 號判例：「父所娶之後妻為父之配偶，而非己身所從出之血親，故在舊律雖稱為繼母，而在民法上則為直系姻親而非直系血親。」

[5] 司法院解釋：
院解字第 2241 號：「依民法第 970 條第 2 款第 967 條之規定。續娶之妻為前妻所生子之直系姻親。續娶後所生子女為前妻所生子旁系血親。」
院解字第 735 號：「民法第 1138 條第 1 項第 3 款所稱兄、弟、姊、妹者。凡同父異母或同母異父之兄、弟、姊、妹均為該款同一順序之繼承人。」

[6] 司法院解釋：
院解字第 2989 號：「同父異母或同母異父之兄弟。及養子與養父母之婚生子。均為同胞兄弟。」

（二）旁系姻親

　　旁系血親之配偶為旁系姻親，旁系血親尊親屬之配偶，如伯母、叔母、舅母、姨丈、姑丈，旁系血親卑親屬之配偶，如甥媳、姪媳…等，均為旁系姻親。此外，配偶之旁系血親、配偶之旁系血親之配偶，均為旁系姻親。

參　親等

　　所謂親等指測定親屬關係遠近之尺度。

一、血親親等之計算

　　民法第 968 條：「血親親等之計算，直系血親，從己身上下數，以一世為一親等；旁系血親，從己身數至同源之直系血親，再由同源之直系血親，數至與之計算親等之血親，以其總世數為親等之數。」

（一）直系血親

　　從己身上下數，以一世代為一親等，二世代則為二親等。例如父子為一親等，祖孫則為二親等。

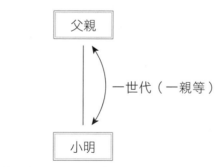

小明與父親：一親等直系血親

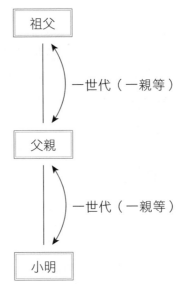

小明與祖父：二親等直系血親

（二）旁系血親

從己身數至同源之直系血親，再由同源之直系血親，數至與之計算親等之血親，以其總世數為親等之數。

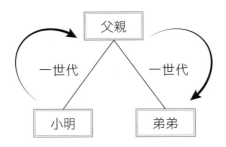

自小明出發→經過同源的父親→至弟弟：共二世代
小明與弟弟：二親等旁系血親

二、姻親親等之計算

民法第 970 條：「姻親之親系及親等之計算如左：

（一）血親之配偶，從其配偶之親系及親等。

（二）配偶之血親，從其與配偶之親系及親等。

（三）配偶之血親之配偶，從其與配偶之親系及親等。」

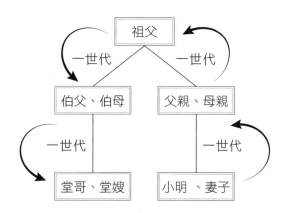

自小明的妻子出發→經過同源的祖父→至堂嫂：共四世代
小明的妻子與小明的堂嫂：四親等旁系姻親

肆 親屬關係之發生與消滅

一、親屬之發生

（一）血親

1. 出生：

   (1) 婚生子女：妻之受胎，係在婚姻關係存續中者，推定其所生子女為婚生子女（民 §1063 I）。

   (2) 非婚生子女：非婚生子女與其生母之關係，視為婚生子女，無須認領（民 §1065 II）。

2. 認領：

非婚生子女經生父認領者，視為婚生子女。其經生父撫育者，視為認領（民 §1065 I）。

3. 準正：

非婚生子女，其生父與生母結婚者，視為婚生子女（民 §1064）。

4. 收養：

收養他人之子女為子女時，其收養者為養父或養母，被收養者為養子或養女（民 §1072）。

（二）姻親

因結婚而發生配偶間之親屬關係。

二、親屬之消滅

（一）血親之消滅

1. 死亡：

死亡使死者與生存之血親關係消滅，但死者以外之其他親屬關係則不受影響。例如，小明之父親死亡，則父親與小明之血親關係消滅，但小明與兄弟姊妹親屬關係仍然存在，死亡是自然血親關係消滅之唯一原因，夫妻離婚後再婚，與親生子孫之血親關係並不消滅，出養為他人養子，與生身父母之血親關係亦不消滅；此外，血親關係亦非當事人間所能以同意使其消滅，縱有脫離父子關係之協議，亦不生法律上之效力[7]。

2. 終止收養：

(1) 合意終止：養父母與養子女之關係，得由雙方合意終止之（民 §1080 I）。

(2) 判決終止：養父母、養子女之一方，有判決終止收養之事由之一者，法院得依他方、主管機關或利害關係人之請求，宣告終止其收養關係（民 §1081）。

---

[7] 41 台上字第 1151 號判例。

3. 撤銷收養：

收養經撤銷時準用終止收養之規定（民§1097-2），宜視為血親消滅之原因。

（二）姻親之消滅

1. 死亡：

(1) 原則：生存之配偶與死者親屬之姻親關係不消滅。

死亡使死者與生存配偶一方之姻親關係消滅，但尚生存之配偶與死者親屬間之姻親關係則不受影響。例如，小玉之夫死亡，則夫與小玉（妻）一方之親屬姻親關係消滅，但小玉與夫之親屬仍然維持姻親關係，並不因夫之死亡而消滅。

(2) 例外：小玉於夫死亡後再婚，姻親關係則因而消滅[8]。

2. 離婚：

姻親關係，因離婚而消滅（民§971）。

3. 婚姻之撤銷：

結婚經撤銷者，姻親關係消滅（民§971）。

---

[8] 22年上字第2083號判例：妻於夫死亡後再婚，不過姻親關係因而消滅，其所生之子則為從己身所出之血親，此項血親關係並不因此消滅。

習題 | REVIEW ACTIVITIS ✐

（ B ）1. 連襟（姊妹之配偶）間，係屬於下列何種親屬？ (A) 一親等旁系姻親 (B) 二親等旁系姻親 (C) 三親等旁系姻親 (D) 四親等旁系姻親。

【101 年地方特考三等】

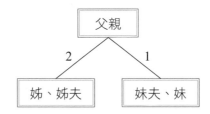

依民法第 967 II、968、969、970 條，連襟（姊妹之配偶）為姻親，姊夫與妹夫為配偶之血親之配偶，從其配偶之親系及親等，故應從姊妹之親系及親等，而姊妹為旁系血親二親等，故姊夫與妹夫為旁系二親等之姻親。

（ B ）2. 甲乙為兄弟，則甲之配偶與乙之配偶為： (A) 二親等旁系血親 (B) 二親等旁系姻親 (C) 四親等旁系姻親 (D) 無法律上之親屬關係。

【98 年不動產經紀人】

詳解 依據如前題。

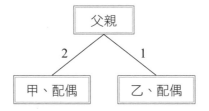

婚 姻

> ## 第一節　婚約

壹　婚約之意義

　　婚約一般稱為訂婚，是男女雙方以將來結婚為目的而為「結婚之預約」，僅是對將來共組家庭之承諾，並無強制力，不得請求強制履行。結婚不以先有婚約為必要，有無婚約並不影響結婚之效力。

貳　婚約之要件及成立

一、婚約之要件

（一）須自主訂定

1. 婚約，應由男女當事人自行訂定（民 §972）。成年男女訂立婚約，應雙方意思一致始能認為合法成立。

2. 由父母代為訂定之婚約當然無效。

3. 婚約之訂定不得代理，縱令本人對於父母代訂之婚約為承認，亦不適用關於無權代理行為得由本人一方承認之規定。但如由當事人雙方承認，應認為是新訂之婚約，而非無權代理行為之本人事後承認[1]。

> **要 點 檢 索**
> - 1. 須自主訂定
>   2. 須達法定年齡
>   3. 未成年人須得法定代理人同意

（二）須達法定年齡（民 §973）

　　男女未滿 17 歲者，不得訂定婚約[2]。

（三）未成年人須得法定代理人同意

1. 未成年人訂定婚約，應得法定代理人之同意（民 §974）。

---

[1] 參閱 37 年上字第 8219 號判例、33 年上字第 1723 號判例。

[2] 本條自 112 年 1 月 1 日施行。

2. 未成年人訂定婚約應得法定代理人同意之規定，指未成年人自行訂定婚約，以得法定代理人之同意為要件，非認法定代理人有為未成年人訂定婚約之權[3]。

二、婚約之成立

婚約，因男女雙方互相表示意思一致而成立。不以有書面為必要，並無一定之方式。男女當事人雙方承認其婚約之訂立，即生效力。為不要式契約。惟男女雙方必須親自訂定，不得由他人代理為之，而未成年人須得法定代理人同意為之。

 ## 婚約之效力

一、不發生身分關係

訂婚之當事人雖然互稱未婚夫、妻，但在法律上並無任何身分關係，因此若僅訂有婚約而未結婚者，不負與他方同居之義務[4]。訂婚期間受胎而生之子女仍屬非婚生子女。

婚約當事人之一方再與他人訂定婚約或結婚者，民法僅許他方解除婚約並請求賠償損害，並未認其有請求阻止結婚之權[5]。婚約當事人之一方再與他人結婚者，亦不生重婚之問題。

二、不得請求強迫履行

（一）婚約，不得請求強迫履行（民§975）。

（二）婚約當事人之一方違反婚約，雖無民法第976條之婚約解除之理由，他方亦僅得依民法第978條之規定，請求賠償因此所受之損害，不得提起履行婚約之訴[6]。

---

[3] 29年上字第1193號判例。

[4] 23年上字第937號判例。

[5] 30年上字第649號判例。

[6] 27年上字第695號判例。

肆 婚約之解除

一、解除之原因（民 §976 I）

婚約當事人之一方，有下列情形之一者，他方得解除婚約：

（一）婚約訂定後，再與他人訂定婚約或結婚者。

（二）故違結婚期約者。

（三）生死不明已滿 1 年者。

（四）有重大不治之病者。

（五）婚約訂定後與他人合意性交。

（六）婚約訂定後受徒刑之宣告者。

（七）有其他重大事由者。

二、解除之方法

（一）原則應向他方為解除婚約之意思表示

婚約之解除，乃有解除權之一方行使解除權，而解除權之行使，應向他方當事人以意思表示為之（民 §258）。婚約之解除，由一方當事人向他方當事人為意思表示為已足，初無待於他方之同意或意思表示一致，方能生效[7]。

（二）解除婚約者，如事實上不能向他方為解除之意思表示時，無須為意思表示，自得為解除時起，不受婚約之拘束（民 §976 II）。

三、解除之效果

（一）解除婚約之賠償（民 §977）

> 要 點 檢 索
> 1. 解除婚約之賠償
> 2. 贈與物之返還

依民法第 976 條之法定理由而婚約解除時，無過失之一方，得向有過失之他方，請求賠償其因此所受之損害。

---

[7] 最高法院 69 年台上字第 3479 號判決。

1. 請求賠償之要件：
   (1) 須請求權人無過失。
   (2) 須他方有過失。
   (3) 請求權人因解除婚約受有損害。
2. 損害賠償之範圍：
   (1) 財產上之損害賠償：以所受損害（積極損害）為限，例如訂婚喜餅、喝茶紅包、訂婚喜宴費用…等，但不包括所失利益（消極損害）例如結婚後可能取得之扶養費等期待利益。
   (2) 非財產上之損害賠償：
   ① 解除婚約時，雖非財產上之損害，受害人亦得請求賠償相當之金額。至於慰撫金之多寡，應斟酌雙方之身分、地位、資力與加害之程度及其他各種情形核定相當之數額。其金額是否相當，自應依實際加害情形與被害人所受之痛苦及雙方之身分、地位、經濟狀況等關係決定之 [8]。
   ② 慰撫金請求權不得讓與或繼承。其性質應係人格權受侵害之一種，人格權受侵害僅本人得求償，並應受民法第 18 條第 2 項以法律有特別規定者為限 [9]。但已依契約承諾，或已起訴者，不在此限。

（二）贈與物之返還

1. 因訂定婚約而為贈與者，婚約無效、解除或撤銷時，當事人之一方，得請求他方返還贈與物（民 §979-1）。例如返還聘金、聘禮…等。
2. 贈與物返還之請求權，因 2 年間不行使而消滅（民 §979-2）。

---

[8]　最高法院 85 年台上字第 460 號判決。
[9]　司法院第一期司法業務研究會（民國 71 年 03 月 13 日）。

伍 違反婚約之損害賠償

一、財產上損害賠償

　　婚約當事人之一方，無第 976 條之解除婚約之法定理由而違反婚約者，對於他方因此所受之損害，應負賠償之責（民 §978）。

二、非財產上損害賠償

　　違反婚約時，雖非財產上之損害，受害人亦得請求賠償相當之金額。但以受害人無過失者為限。前述請求權，不得讓與或繼承。但已依契約承諾或已起訴者，不在此限（民 §979）

第二節　結婚

壹 結婚之意義及要件

　　結婚乃男女雙方締結互為配偶、共組家庭之身分契約，經結婚而發生之配偶身分，除離婚或撤銷外，終身存在。

一、形式要件

　　結婚之形式要件，舊法採儀式婚，民法第 982 條所謂結婚應有公開之儀式，及二人以上之證人。所謂**公開儀式**係指舉行結婚儀式係屬公然，使一般不特定之人均可共見，即為公開之儀式。至於**證人**，雖不必載明於婚書。但必須當時在場親見，並願負證明責任之人[10]。但由於對於公開儀式之認定，時有爭議，進而影響結婚之效力，且儀式婚之公示性薄弱，查證不易，容易衍生重婚問題。

　　96 年修法改採登記婚，並於 97 年 5 月 23 日起施行。民法第 982 條：「結婚應以書面為之，有二人以上證人之簽名，並應由雙方當事人向戶政機關為

---

[10]　參閱司法院解釋：院字第 859 號。

結婚之登記。」故登記婚之形式要件為：

（一）須以書面為之，應有二人以上證人簽名。結婚證書列名之證人，以曾經到場者為限，僅有一人到場者。其未到場之一人。不得認為證人 [11]。

（二）須雙方當事人親向戶政機關為結婚登記。

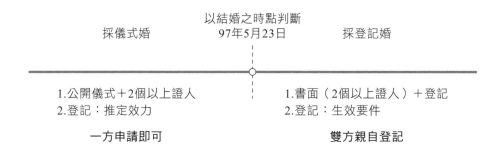

以結婚之時點判斷
97年5月23日

採儀式婚　　　　　　　　　　　　　　　採登記婚

1.公開儀式＋2個以上證人　　　　　　1.書面（2個以上證人）＋登記
2.登記：推定效力　　　　　　　　　　2.登記：生效要件

一方申請即可　　　　　　　　　　雙方親自登記

二、實質要件

要 點 檢 索

• 1. 須有結婚之真意
　2. 須有結婚能力
　3. 須無結婚之限制
　4. 須非不能人道
　5. 須非在無意識或精神錯亂中結婚
　6. 須非被詐欺脅迫而結婚

（一）須有結婚之真意

雙方均出自真實心意，而無**真意保留**或**通謀虛偽**之情形。

（二）須有結婚能力

結婚年齡（民 §980）：男女未滿 18 歲者，不得結婚。

（三）須無結婚之限制

1. 須無親屬關係之限制：

　(1) 民法第 983 條：

　　「與下列親屬，不得結婚：

　① 直系血親及直系姻親。

　② 旁系血親在六親等以內者。但因收養而成立之四親等及六親等旁系血

---

[11] 司法院解釋 院字第 1701 號。

　　親，輩分相同者，不在此限。

③ 旁系姻親在五親等以內，輩分不相同者。

　　前項直系姻親結婚之限制，於姻親關係消滅後，亦適用之。

　　第一項直系血親及直系姻親結婚之限制，於因收養而成立之直系親屬間，在收養關係終止後，亦適用之。」

(2) 被收養為子女若欲與養父母之婚生子女結婚者，應先終止收養關係[12]。

禁婚親之範圍

```
          ┌ 直系血親：不論親等遠近，一律禁止
    ┌ 血親 ┤              ┌ 原則：6親等內（不論輩分是否相同，一律禁止）
    │     └ 旁系血親：    ┤ 例外：收養而成立之4、6親等，輩分相同，不禁止
    │                      問題：收養終止後，可否結婚？
    │                          ┌ 旁系血親─收養終止後，可以結婚
    │                          └ 直系血親─收養終止，仍禁止結婚
    │
    │     ┌ 直系姻親：不論親等遠近，一律禁止
    └ 姻親 ┤              ┌ 5親等以內，輩分不相同─禁止
          └ 旁系姻親：    └ 5親等以內，輩分相同─不禁止
                           問題：姻親關係消滅後，可否結婚？
                               ┌ 旁系姻親─姻親關係消滅後，可以結婚
                               └ 直系姻親─姻親關係消滅，仍禁止結婚
```

2. 須無監護關係（民 §984）：

監護人與受監護人，於監護關係存續中，不得結婚。但經受監護人父母之同意者，不在此限。

3. 須非重婚或同時婚（民 §985）：

有配偶者，不得重婚。一人不得同時與二人以上結婚。

---

[12] 大法官解釋釋字第 91 號。

（四）須非不能人道（民 §995）

　　當事人之一方，於結婚時不能人道而不能治者，他方得向法院請求撤銷之。但自知悉其不能治之時起已逾三年者，不得請求撤銷。

（五）須非在無意識或精神錯亂中結婚（民 §996）

　　當事人之一方，於結婚時係在無意識或精神錯亂中者，得於常態回復後6個月內向法院請求撤銷之。

（六）須非被詐欺脅迫而結婚（民 §997）

1. 因被詐欺或被脅迫而結婚者，得於發見詐欺或脅迫終止後，6個月內向法院請求撤銷之。

2. 所謂因被詐欺而結婚者，係指凡結婚當事人之一方，為達與他方結婚之目的，隱瞞其身體、健康或品德上某種缺陷，或身分、地位上某種條件之不備，以詐術使他方誤信自己無此缺陷，或有此條件而與之結婚者[13]。因為身心健康為一般人選擇配偶之重要條件，倘配偶之一方患有精神病、遺傳病、傳染病⋯等疾病之存在，在一般社會觀念上，均認有告知對方之義務，使對方有衡量是否與其結婚之機會。如恐對方知其情事而不與其結婚，遂隱蔽其情使對方陷於錯誤而與其結婚者，即屬民法第997條之詐欺[14]。

貳 結婚之無效及撤銷

一、結婚無效

（一）結婚有民法988條情形之一者，無效：

1. 不具備第982條之形式要件。

2. 違反第983條禁婚親規定。

3. 違反第985條重婚規定。

---

[13] 最高法院 75 台上字第 2176 號判決。

[14] 參閱 70 年台上字第 880 號判例；最高法院 69 台上字第 641 號判決。

但重婚之雙方當事人因善意且無過失信賴一方前婚姻消滅之兩願離婚登記或離婚確定判決而結婚者，不在此限。**重婚：**

(1) 原則：無效。

(2) 例外：有效（應從嚴認定）。

　　重婚有效之要件：

① 須重婚之雙方當事人均善意且無過失。

② 信賴之對象：限兩願離婚登記或離婚確定判決。

（二）重婚例外有效時，前婚姻視為消滅。

　　民法第 988-1 條：

1. 重婚例外有效之情形，前婚姻自後婚姻成立之日起視為消滅。

2. 前婚姻視為消滅之效力，除法律另有規定外，準用離婚之效力。但剩餘財產已為分配或協議者，仍依原分配或協議定之，不得另行主張。

3. 前婚姻視為消滅者，其剩餘財產差額之分配請求權，自請求權人知有剩餘財產之差額時起，2 年間不行使而消滅。自撤銷兩願離婚登記或廢棄離婚判決確定時起，逾 5 年者，亦同。

4. 前婚姻因後婚姻成立視為消滅者，無過失之前婚配偶得向他方請求賠償。除財產上之損害外，雖非財產上之損害，前婚配偶亦得請求賠償相當之金額。前述請求權，不得讓與或繼承。但已依契約承諾或已起訴者，不在此限。

二、結婚之撤銷

（一）未達結婚年齡

1. 原則：

　　結婚違反第 980 條之規定者，當事人或其法定代理人得向法院請求撤銷之（民 §989）。

2. 例外：當事人已達該第 980 條所定年齡或已懷胎者，不得請求撤銷（民 §989）。

要點檢索

- 1. 未達結婚年齡
- 2. 有監護關係
- 3. 不能人道
- 4. 在無意識或精神錯亂中結婚
- 5. 因被詐欺或脅迫而結婚

(1) 已達結婚年齡，指雙方當事人於起訴時均已達結婚年齡。故須雙方當事人均達結婚年齡，方受不得撤銷之限制 [15]。若起訴時尚未達第 980 條所定年齡，縱令在訴訟繫屬中已達該條所定年齡，其已行使之撤銷請求權，亦不受任何影響（仍得撤銷）[16]。

(2) 所謂**已懷胎**，須請求撤銷結婚之訴提起時，已經懷胎，撤銷權始為消滅。至起訴後始懷胎者，法定代理人已行使之撤銷權，不因此而受影響 [17]。

（二）有監護關係（民 §991）

結婚違反第 984 條之規定者，受監護人或其最近親屬得向法院請求撤銷之。但結婚已逾 1 年者，不得請求撤銷。

（三）不能人道（民 §995）

（四）在無意識或精神錯亂中結婚（民 §996）

（五）因被詐欺或脅迫而結婚（民 §997）

三、結婚無效或撤銷之效力

（一）結婚無效

結婚無效，乃結婚自始，當然、絕對、確定不生效力，並非經法院判決始歸無效。當事人間不發生身分關係，其所生子女為非婚生子女 [18]。

（二）結婚之撤銷

婚撤銷之效力，不溯及既往（民 §998）。

---

[15] 司法院解釋：院字第 1783 號。

[16] 司法院解釋：院字第 2587 號。

[17] 參閱最高法院 31 年度決議（民國 31 年 06 月 16 日）。

[18] 最高法院 79 台上字第 1906 號判決。

（三）婚姻無效或撤銷之損害賠償（民 §999）

1. 當事人之一方，因結婚無效或被撤銷而受有損害者，得向他方請求賠償。但他方無過失者，不在此限。前項情形，雖非財產上之損害，受害人亦得請求賠償相當之金額。但以受害人無過失者為限。前項請求權，不得讓與或繼承。但已依契約承諾或已起訴者，不在此限。損害賠償之要件為：

   (1) 須他方有過失。

   (2) 請求權人受有損害，損害包含：

   ① 財產上之損害。

   ② 非財產上之損害：以請求權人無過失為限，始得請求非財產上之損害賠償。

2. 結婚無效或經撤銷準用規定（民 §999-1）：

   (1) 結婚無效之準用：

   ① 贍養費之給予（民 §1057）。

   ② 財產之取回（民 §1058）。

   (2) 結婚經撤銷之準用：

   ① 贍養費之給予（民 §1057）。

   ② 財產之取回（民 §1058）。

   ③ 子女監護（民 §1055、1055-1、1055-2）。

題目

　　甲男因積欠大筆債務，便與其妻乙女商量，通謀假離婚，雙方並於民國 100 年 3 月 2 日辦理離婚登記。不久後，甲男即追求丙女，並出示離婚登記證明，證明其已恢復單身。丙女信任戶政登記資料，於民國 101 年 6 月 5 日與甲辦理結婚登記。乙女知道甲男與丙女結婚登記之情事後，向法院提請訴訟，請求確認甲男、丙女係重婚而婚姻無效。試問：乙女之主張是否有理？

【101 公證人】

乙女之主張有理由，簡述如下：

1. 甲、乙通謀假離婚（民§87I），離婚無效。甲、乙仍為夫妻關係。

2. 甲男再與丙女結婚係違反第985條重婚規定。但重婚之雙方當事人因善意
   且無過失信賴一方前婚姻消滅之兩願離婚登記或離婚確定判決而結婚者，
   則例外有效。因為係屬例外之規定，必須從嚴認定，須完全符合要件規定。
   重婚有效之要件：

   (1) 須重婚之雙方當事人均善意且無過失。

   (2) 信賴之對象：限兩願離婚登記或離婚確定判決。

   甲是重婚之當事人，對於通謀假離婚而離婚無效之情事為明知（惡意），
因此不符合重婚當事人均善意之要件，故甲、丙重婚無效，乙之主張有理由。

第三節　婚姻之普通效力

壹　夫妻之冠姓（民§1000）

夫妻各保有其本姓。但得書面約定以其本姓冠以配偶之姓，並向戶政機
關登記。冠姓之一方得隨時回復其本姓。但於同一婚姻關係存續中以一次為
限。

貳　夫妻之同居義務（民§1001）

夫妻互負同居之義務。但有不能同居之正當理由者，不在此限。

參　夫妻之住所（民§1002）

夫妻之住所，由雙方共同協議之；未為協議或協議不成時，得聲請法院
定之。法院為前項裁定前，以夫妻共同戶籍地推定為其住所。

肆 日常家務代理權（民 §1003）

夫妻於日常家務，互為代理人。夫妻之一方濫用前項代理權時，他方得限制之。但不得對抗善意第三人。

第四節　夫妻財產制

第1款　通　則

壹 夫妻財產制之意義及種類

夫妻財產制指規範夫妻相互間財產關係之所有權歸屬、管理權及處分權之制度。我國民法可分為以下二類：

一、約定財產制

夫妻財產制應由夫妻自由約定，民法規定二種類型之財產制，以供選擇，即共同財產制、分別財產制。

二、法定財產制

夫妻得於結婚前或結婚後，以契約就本法所定之約定財產制中，選擇其一，為其夫妻財產制（民 §1004）。夫妻未以契約訂立夫妻財產制者，除本法另有規定外，以法定財產制，為其夫妻財產制（民 §1005）。

貳 夫妻財產制之訂立、改用、變更及廢止

一、夫妻財產制契約訂立之要件

（一）書面（民 §1007）

夫妻財產制契約之訂立、變更或廢止，應以書面為之。

（二）登記（民§1008）

　　夫妻財產制契約之訂立、變更或廢止，非經登記，不得以之對抗第三人。前述夫妻財產制契約之登記，不影響依其他法律所為財產權登記之效力。

二、改用分別財產制之原因（民§1010）

（一）夫妻之一方有左列各款情形之一時，法院因他方之請求，得宣告改用分別財產制：

1. 依法應給付家庭生活費用而不給付時。
2. 夫或妻之財產不足清償其債務時。
3. 依法應得他方同意所為之財產處分，他方無正當理由拒絕同意時。
4. 有管理權之一方對於共同財產之管理顯有不當，經他方請求改善而不改善時。
5. 因不當減少其婚後財產，而對他方剩餘財產分配請求權有侵害之虞。
6. 有其他重大事由時。

（二）夫妻之總財產不足清償總債務或夫妻難於維持共同生活，不同居已達六個月以上時，夫妻雙方均得聲請法院宣告改用分別財產制。

三、夫妻財產制之變更廢止（民§1012）

　　夫妻於婚姻關係存續中，得以契約廢止其財產契約，或改用他種約定財產制。

第2款　法定財產制

壹　法定財產制之意義及成立

　　夫妻未以契約訂立夫妻財產制者，除本法另有規定外，以法定財產制，為其夫妻財產制（民§1005）。法定財產制之成立，無須訂立契約亦無須登記，在法律上當然發生效力。

貳 法定財產制之效力

一、婚前財產與婚後財產所有權歸屬（民§1017）

（一）夫或妻之財產分為婚前財產與婚後財產，由夫妻各自所有。不能證明為婚前或婚後財產者，推定為婚後財產；不能證明為夫或妻所有之財產，推定為夫妻共有。

（二）夫或妻婚前財產，於婚姻關係存續中所生之孳息，視為婚後財產。

（三）夫妻以契約訂立夫妻財產制後，於婚姻關係存續中改用法定財產制者，其改用前之財產視為婚前財產。

二、財產之管理

（一）各自管理財產（民§1018）

夫或妻各自管理、使用、收益及處分其財產。

（二）婚後財產之報告義務（民§1022）

夫妻就其婚後財產，互負報告之義務。

三、自由處分金

（一）夫妻於家庭生活費用外，得協議一定數額之金錢，供夫或妻自由處分（民§1018-1）。

（二）自由處分金協議之目的，在於使在家從事家務之夫妻之一方有可供自由處分之金錢（零用錢），以保障其經濟上之獨立及人格尊嚴。

四、婚後剩餘財產分配請求權之保全

因為剩餘財產分配請求權，係以夫妻「婚後財產」剩餘之數額做為分配之標的，若夫妻之一方於婚姻關係存續中有故意減少婚後財產之行為，或其他特殊事由，使夫妻之一方婚後財產有減少之虞，對於享有剩餘財產請求權之他方配偶實屬不利，為確保配偶之剩餘財產分配請求權，因此民法設有保全措施之規定。

（一）聲請宣告改用分別財產制，提前分配剩餘財產

1. 夫妻之一方有「因不當減少其婚後財產，而對他方剩餘財產分配請求權有侵害之虞時。」之情形時，法院因他方之請求，得宣告改用分別財產制（民§1010 I ⑤）。

2. 經宣告改用分別財產制，則夫妻間即發生法定財產制關係消滅之結果，他方配偶即可請求剩餘財產分配，而得以避免夫妻之一方持續減少婚後財產，致將來婚姻關係消滅時已無剩餘財產供請求之情形。

（二）撤銷權

1. 無償行為之撤銷：
   (1) 夫或妻於婚姻關係存續中就其婚後財產所為之無償行為，有害及法定財產制關係消滅後他方之剩餘財產分配請求權者，他方得聲請法院撤銷之。但為履行道德上義務所為之相當贈與，不在此限（民§1020-1 I）。
   (2) 撤銷之要件：
   ① 須婚姻關係存續中所為之無償行為。
   ② 須無償行為以婚後財產為標的。
   ③ 須有害及他方之剩餘財產分配請求權。
   ④ 非為履行道德上義務所為之相當贈與。

2. 有償行為之撤銷：
   (1) 夫或妻於婚姻關係存續中就其婚後財產所為之有償行為，於行為時明知有損於法定財產制關係消滅後他方之剩餘財產分配請求權者，以受益人受益時亦知其情事者為限，他方得聲請法院撤銷之（民§1020-1 II）。
   (2) 撤銷之要件：
   ① 須婚姻關係存續中所為之有償行為。
   ② 須有償行為以婚後財產為標的。
   ③ 須有害及他方之剩餘財產分配請求權。

④ 須有償行為之雙方當事人均惡意。

　　A. 夫妻之一方行為時明知有損於法定財產制關係消滅後他方之剩餘財產分配請求權者。

　　B. 受益人受益時亦知其情事。

3. 撤銷權之除斥期間（民§1020-2）

前條撤銷權，自夫或妻之一方知有撤銷原因時起，6個月間不行使，或自行為時起經過一年而消滅。

五、債務之清償（民§1023）

夫妻各自對其債務負清償之責。夫妻之一方以自己財產清償他方之債務時，雖於婚姻關係存續中，亦得請求償還。

參 法定財產制之消滅

一、法定財產制消滅之原因

（一）一方死亡

（二）離婚

（三）結婚經撤銷

（四）一方聲請改用分別財產制（民§1010）

（五）協議改用分別財產制

二、剩餘財產差額之分配

（一）剩餘財產之分配（民§1030-1）

1. 法定財產制關係消滅時，夫或妻現存之婚後財產，扣除婚姻關係存續所負債務後，如有剩餘，其雙方剩餘財產之差額，應平均分配。但下列財產不在此限：

(1) 因繼承或其他無償取得之財產。

(2) 慰撫金。

2. 夫妻之一方對於婚姻生活無貢獻或協力，或有其他情事，致平均分配有失公平者，法院得調整或免除其分配額。

3. 法院為前項裁判時，應綜合衡酌夫妻婚姻存續期間之家事勞動、子女照顧養育、對家庭付出之整體協力狀況、共同生活及分居時間之久暫、婚後財產取得時間、雙方之經濟能力等因素。

4. 第1項請求權，不得讓與或繼承。但已依契約承諾，或已起訴者，不在此限。

5. 第1項剩餘財產差額之分配請求權，自請求權人知有剩餘財產之差額時起，2年間不行使而消滅。自法定財產制關係消滅時起，逾5年者，亦同。

（二）債務之計算（民 §1030-2）

夫或妻之一方以其婚後財產清償其婚前所負債務，或以其婚前財產清償婚姻關係存續中所負債務，除已補償者外，於法定財產制關係消滅時，應分別納入現存之婚後財產或婚姻關係存續中所負債務計算。

夫或妻之一方以第1030-1條第一項但書之財產清償婚姻關係存續中其所負債務者，前述之規定亦有適用。

（三）財產之追加計算（民 §1030-3）

1. 夫或妻為減少他方對於剩餘財產之分配，而於法定財產制關係消滅前五年內處分其婚後財產者，應將該財產追加計算，視為現存之婚後財產。但為履行道德上義務所為之相當贈與，不在此限。

2. 前述情形，分配權利人於義務人不足清償其應得之分配額時，得就其不足額，對受領之第三人於其所受利益內請求返還。但受領為有償者，以顯不相當對價取得者為限。

3. 前述對第三人之請求權，於知悉其分配權利受侵害時起2年間不行使而消滅。自法定財產制關係消滅時起，逾5年者，亦同。

（四）婚後財產與追加計算財算之計價基準（民 §1030-4）

1. 夫妻現存之婚後財產，其價值計算以法定財產制關係消滅時為準。但夫妻因判決而離婚者，以起訴時為準。

2. 依第1030-3條應追加計算之婚後財產，其價值計算以處分時為準。

夫妻剩餘財產分配之計算與分配

1.先區分婚前財產或婚後財產（婚前財產不須列入分配）
2.區分應列入計算、無須列入計算以及追加或扣減之財產
3.分別計算夫與妻各別之婚後剩餘財產
4.分配剩餘財產

夫 婚前財產 （不須列入分配）	妻 婚前財產 （不須列入分配）
A.有償取得之婚後財產	A.有償取得之婚後財產
(1)婚姻關係存係中取得之財產 (2)不能證明婚前或婚後財產者（民§1017 I） (3)婚前財產於婚姻關係存續中所生孳息 　（民§1017 II）	(1)婚姻關係存係中取得之財產 (2)不能證明婚前或婚後財產者（民§1017 I） (3)婚前財產於婚姻關係存續中所生孳息 　（民§1017 II）
B.不須列入分配之財產	B.不須列入分配之財產
(1)繼承或無償取得之財產（民§1030-1 I） (2)慰撫金（民§1030-1 I）	(1)繼承或無償取得之財產（民§1030-1 I） (2)慰撫金（民§1030-1 I）
C.追加納入之財產	C.追加納入之財產
(1)以婚後財產清償婚前負債（民§1030-2 I） (2)法定財產制關係消滅前5年內惡意減少 　之財產（民§1030-3 I）	(1)以婚後財產清償婚前負債（民§1030-2 I） (2)法定財產制關係消滅前5年內惡意減少 　之財產（民§1030-3 I）
D.扣減之財產	D.扣減之財產
(1)以婚前財產清償婚後負債（民§1030-2 I） (2)婚姻關係存續中之負債（民§1030-1 I）	(1)以婚前財產清償婚後負債（民§1030-2 I） (2)婚姻關係存續中之負債（民§1030-1 I）

1.婚後剩餘財產之計算
(1)若已知「現存之婚後財產」之總額
　　婚後剩餘財產＝「現存之婚後財產」-B+C-D
(2)若不知「現存之婚後財產」總額，僅知各項財產
　　（此時僅須計算須列入分配之財產以及須追加計算之財產即可）
　　婚後剩餘財產＝A+C-D
2.剩餘財產分配：
　　「剩餘少者」向「剩餘多者」請求＝（「剩餘多者」-「剩餘少者」）/2

題目 ···

　　甲女與乙男育有一子 A，然其於婚姻關係存續中，另與丙男同居，生下一女 B。乙因甲離家，遂將 A 委由甲之嫂嫂代為照顧。請問：

1. 乙與丁之親屬關係與親等為何？

2. 甲婚前購置一透天厝，登記於自己名下，甲乙未訂定夫妻財產制契約，則該屋所有權歸屬情形？

3. 乙猝死，遺有 600 萬存款，B 是否有繼承權？　　　　　　　【97 經紀人】

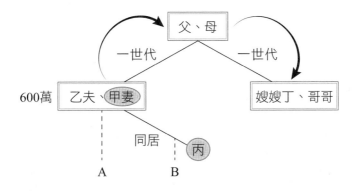

1. 乙與丁之親屬關係與親等為旁係姻親二親等：

　(1) 乙與丁為姻親：所謂姻親指因婚姻而產生之親屬關係。稱姻親者，謂血親之配偶、配偶之血親及配偶之血親之配偶（民 §969）。丁為乙之配偶之血親之配偶，依民法第 970 條第 3 款「配偶之血親之配偶，從其與配偶之親系及親等。」應依甲妻與丁之間親等之標準計算。

　(2) 依民法第 986 條：「血親親等之計算，直系血親，從己身上下數，以一世為一親等；旁系血親，從己身數至同源之直系血親，再由同源之直系血親，數至與之計算親等之血親，以其總世數為親等之數。」溯至最近直系血親尊親屬為甲之父，以一世代為一親等計算，甲與其兄為旁係血親二親等，則甲與其嫂嫂丁為旁係姻親二親等。

2. 該房屋歸甲所有：

　(1) 依民法第 1004、1005 條規定，夫妻得於結婚前或結婚後，以契約就民法所定之約定財產制中，選擇其一，為其夫妻財產制。夫妻未以契約訂立夫妻財產制者，除民法另有規定外，以法定財產制，為其夫妻

財產制。甲乙未訂定夫妻財產制契約，故以法定財產制，為其夫妻財產制。

(2) 依民法第 1017 條第 1 項：「夫或妻之財產分為婚前財產與婚後財產，由夫妻各自所有。」因該房屋為甲婚前所購置，登記於自己名下，為甲之婚前財產，故該房屋之所有權歸甲單獨所有。

3. B 有繼承權：

(1) B 在法律上為乙之婚生子女：

① 民法第 1063 條第 1 項：「妻之受胎，係在婚姻關係存續中者，推定其所生子女為婚生子女。」B 係在甲、乙婚姻關係存續中受胎而生，推定為乙之婚生子女。

② 若非甲或乙依民法第 1063 條第 2、3 項提起婚生否認之訴，經法院為勝訴判決確定，則乙、B 間之親子關係不消滅，B 仍為乙之婚生子女。

(2) 依民法第 1138 條法定繼承人及其順序[19]之規定，B 為甲之直系血親卑親屬，依法為第一順位之繼承人。

(3) 因此，除經甲、乙夫妻之一方或 B 提起否認之訴勝訴判決確定外，B 受婚生推定之保護而有繼承權。

題目

甲、乙協議離婚，兩人財產狀況如下：請問：應如何分配甲、乙之剩餘財產？

1. 甲婚前有負債 50 萬，婚後甲以婚後之薪資所得償還婚前債務，後來又繼承父親遺產 100 萬元，但是為了減少乙對於剩餘財產的分配，甲在離婚前將 500 萬元現金贈與女友丙；離婚時，甲之財產為現金 50 萬元。

2. 乙無婚前財產，婚後因車禍受傷受賠償慰撫金 30 萬，並繼承父親遺產 300 萬元。離婚時，乙之財產為現金 630 萬元，但尚有青年創業貸款 300 萬元尚未清償。

---

[19] 民法第 1138 條：遺產繼承人，除配偶外，依下列順序定之：
(1)直系血親卑親屬。
(2)父母。
(3)兄弟姊妹。
(4)祖父母。

夫妻剩餘財產分配之計算與分配

甲 婚前財產 負債50萬	乙 婚前財產 0
A.有償取得之婚後財產	A.有償取得之婚後財產
(1)薪資	0
B.不須列入分配之財產	B.不須列入分配之財產
無償取得之財產—繼承（民§1030-1 I） 100萬元	(1)無償取得之財產—繼承（民§1030-1 I） 　300萬元 (2)慰撫金（民§1030-1 I） 　30萬元
C.追加納入之財產	C.追加納入之財產
(1)以婚後財產清償婚前負債（民§1030-2 I） 　50萬元 (2)法定財產制關係消滅前5年內惡意減少之 　財產（民§1030-3 I） 　500萬	0
D.扣減之財產	D.扣減之財產
0	婚姻關係存續中之負債（民§1030-1 I） 300萬元（青年創業貸款）

1.婚後剩餘財產之計算（已知「現存之婚後財產」之總額）

婚後剩餘財產＝「現存之婚後財產」–B+C–D 婚後剩餘財產＝50萬–100萬+（50萬+500萬） +0=500萬	婚後剩餘財產＝「現存之婚後財產」–B+C–D 婚後剩餘財產＝630萬–（300萬+30萬） +0–300萬=0元

2.剩餘財產分配：

　「剩餘少者」向「剩餘多者」請求＝（「剩餘多者」–「剩餘少者」）/2

　「剩餘少者–乙」向「剩餘多者–甲」請求＝（500萬–0萬）/2=250萬元

第 3 款　約定財產制

 **共同財產制**

一、共同財產制之意義及成立

夫妻之財產及所得，除特有財產外，合併為共同財產，屬於夫妻公同共有（民 § 1031）。夫妻財產制契約之訂立、變更或廢止，應以書面為之（民 § 1007）。非經登記，不得以之對抗第三人（民 § 1008）。

二、共同財產制之效力

（一）共同財產所有權歸屬

夫妻之財產及所得，除特有財產外，合併為共同財產，屬於夫妻公同共有（民 § 1031）。

（二）特有財產之範圍

1. 普通共同財產制（民 § 1031-1）：

   下列財產為特有財產，適用關於分別財產制之規定：

   (1) 專供夫或妻個人使用之物。

   (2) 夫或妻職業上必需之物。

   (3) 夫或妻所受之贈物，經贈與人以書面聲明為其特有財產者。

2. 勞力所得共同財產制（民 § 1041）：

   夫妻得以契約訂定僅以勞力所得為限為共同財產。「勞力所得」，指夫或妻於婚姻關係存續中取得之薪資、工資、紅利、獎金及其他與勞力所得有關之財產收入。勞力所得之孳息及代替利益，亦同。不能證明為勞力所得或勞力所得以外財產者，推定為勞力所得。夫或妻勞力所得以外之財產，適用關於分別財產制之規定。第 1034 條、第 1038 條及第 1040 條之規定，於前述限定勞力所得為共同財產之情形準用之。

（三）共同財產之管理及處分

1. 共同財產之管理（民 §1032）：

   共同財產，由夫妻共同管理。但約定由一方管理者，從其約定。

   共同財產之管理費用，由共同財產負擔。

2. 共同財產之處分（民 §1033）：

   夫妻之一方，對於共同財產為處分時，應得他方之同意。

   他方同意之欠缺，不得對抗第三人。但第三人已知或可得而知其欠缺，或依情形，可認為該財產屬於共同財產者，不在此限。

（四）債務之清償

1. 結婚前或婚關係存續中債務之清償責任（民 §1034）：

   夫或妻結婚前或婚姻關係存續中所負之債務，應由共同財產，並各就其特有財產負清償責任。

2. 共同財產制之補償請求權（民 §1038）：

   (1) 共同財產所負之債務，而以共同財產清償者，不生補償請求權。

   (2) 共同財產之債務，而以特有財產清償，或特有財產之債務，而以共同財產清償者，有補償請求權，雖於婚姻關係存續中，亦得請求。

三、共同財產制之消滅

（一）夫妻一方死亡（民 §1039）

1. 夫妻之一方死亡時，共同財產之半數，歸屬於死亡者之繼承人，其他半數，歸屬於生存之他方。

2. 共同財產之分割，其數額另有約定者，從其約定。

3. 夫妻一方死亡之情形，如該生存之他方，依法不得為繼承人時，其對於共同財產得請求之數額，不得超過於離婚時所應得之數額。

（二）共有財產制之消滅時財產之取回（民 §1040）

共同財產制關係消滅時，除法律另有規定外，夫妻各取回其訂立共同財產制契約時之財產。

共同財產制關係存續中取得之共同財產，由夫妻各得其半數。但另有約定者，從其約定。

貳 分別財產制

一、分別財產制之意義及成立

分別財產制，指夫妻各保有其財產之所有權，並各自管理、使用、收益及處分其財產（民§1044）。可能基於夫妻雙方之約定（須作成書面並且須經登記始得對抗必三人）；亦可能基於法律之規定而採用（如夫妻一方之聲請而宣告改用（民§1010））。分別財產制夫妻之一切財產皆各自保有其權利，無特有財產，亦無分配剩餘財產之問題。

二、分別財產制之效力

（一）財產之所有、管理、使用、收益及處分

分別財產，夫妻各保有其財產之所有權，各自管理、使用、收益及處分（民§1044）。

（二）債務之清償

依民法第 1046 條：「分別財產制有關夫妻債務之清償，適用第 1023 條之規定。」因此，夫妻各自對其債務負清償之責。夫妻之一方以自己財產清償他方之債務時，雖於婚姻關係存續中，亦得請求償還（民§1023）。

第五節 離婚

壹 離婚之意義

離婚指消滅婚姻關係，脫離夫妻身分。

離婚之成立

一、兩願離婚

兩願離婚又稱協議離婚或合意離婚，夫妻兩願離婚者，得自行離婚（民§1049）。兩願離婚，應以書面為之，有二人以上證人之簽名並應向戶政機關為離婚之登記（民§1050）。

（一）離婚之形式要件為：

1. 以書面為之

2. 二人以上之證人簽名

3. 須向戶政機關為離婚登記

（二）所謂二人以上證人之簽名，固不限於作成離婚證書時為之，亦不限於協議離婚時在場之人，始得為證人，然究難謂非親見或親聞雙方當事人確有離婚真意之人，亦得為證人[20]。故證人須親聞被上訴人確有離婚之真意，或知悉當事人間有離婚之協議，始足當之。

（三）未成年人離婚應得法定代理人同意

未成年人已結婚者，依民法第13條第3項：「未成年人已結婚者，有行為能力。」僅係具有財產上之行為能力，並非視為已成年，故有關身分行為，仍須法定代理人之同意，其立法意旨在於保護未成年人，使未成年人離婚，仍須經由法定代理人之同意。

二、判決離婚

判決離婚又稱為裁判離婚，指有法定離婚原因時，夫妻一方對於他方提起離婚訴訟，法院認其有理由時，以判決解消婚姻關係之離婚方式。

（一）裁判離婚之原因（民§1052 I）：

夫妻之一方，有下列情形之一者，他方得向法院請求離婚：

---

[20] 68年台上字第3792號判例。

1. 重婚：

   有請求權之一方，於事前同意或事後宥恕，或知悉後已逾6個月，或自其情事發生後已逾2年者，不得請求離婚（民§1053）。

2. 與配偶以外之人合意性交：

   有請求權之一方，於事前同意或事後宥恕，或知悉後已逾6個月，或自其情事發生後已逾2年者，不得請求離婚（民§1053）。6個月之期間，應自有請求權之一方知最後之合意性交情事時起算，同條末段所定之2年期間，亦應從最後之合意性交情事發生時起算[21]。

3. 夫妻之一方對他方為不堪同居之虐待：

   所謂「**不堪同居之虐待**」例如：誣控一方竊盜，致其身繫囹圄[22]；或誣稱一方與人合意性交，使之感受精神上之痛苦[23]；或強命夫妻之一方下跪、頭頂盆鍋，損於人性之尊嚴，如因此感受精神上重大痛苦[24]…等均屬「不堪同居之虐待」。

4. 夫妻之一方對他方之直系親屬為虐待，或夫妻一方之直系親屬對他方為虐待，致不堪為共同生活。

5. 夫妻之一方以惡意遺棄他方在繼續狀態中。

6. 夫妻之一方意圖殺害他方。

7. 有不治之惡疾。

   (1) 所謂「**不治之惡疾**」應以有傳染性，足以威脅同居生活之安全而不治之惡疾為限。若僅係生理機能上之缺陷。而不育或不妊之病症。如無傳染他方之危險。縱屬不治。亦不能認為惡疾。而成立離婚理由[25]。

   (2) 結婚後其雙目雖已因病失明，或於婚姻關係存續中因不可歸責於自己之事由意外遭電擊致半身不遂，仍不得以「有不治之惡疾」之事由訴

---

[21] 參閱 32 年上字第 5726 號判例。

[22] 46 年台上字第 1719 號判例。

[23] 40 年台上字第 1276 號判例。

[24] 69 年台上字第 669 號判例。

[25] 司法院解釋院解字第 2945 號。

請離婚，因為夫妻互負扶養之義務，其負扶養義務之順序與直系血親卑親屬同。所以如一方於婚姻關係存續中因不可歸責於己之事由致罹不治惡疾，他方即得據以訴請離婚，無異在鼓勵狡黠之徒逃避其扶養義務，當非立法之本意。但有此情形似可依民法第 1052 條第 2 項請求[26]。

8. 有重大不治之精神病。

9. 生死不明已逾 3 年。

10. 因故意犯罪，經判處有期徒刑逾 6 個月確定。立法意旨，係以夫妻之一方故意犯罪被處有期徒刑逾 6 個月確定，足以造成他方精神上之痛苦，破壞婚姻共同生活，故許他方據以請求離婚[27]。

（二）有前述各項以外之重大事由，難以維持婚姻者，夫妻之一方得請求離婚。但其事由應由夫妻之一方負責者，僅他方得請求離婚（民 §1052 II）。

1. 所稱「有前項以外之重大事由，難以維持婚姻者[28]」，係抽象的、概括的離婚事由，但其事由應由夫妻一方負責者，僅他方得請求離婚，所採者為消極破綻主義精神，而非積極破綻主義。關於「難以維持婚姻之重大事由」，其判斷之標準為婚姻是否已生破綻而無回復之希望。而婚姻是否已生破綻無回復之希望，則應依客觀之標準，即難以維持婚姻之事實，是否已達於倘處於同一境況，任何人均將喪失維持婚姻意欲之程度而定。

2. 「難以維持婚姻之重大事由應由夫妻之一方負責者，僅他方得請求離婚」，乃因如肯定有責配偶之離婚請求，無異承認恣意離婚，破壞婚姻秩序，且有背於道義，尤其違反自己清白 (clean hands) 之法理，有欠公允，同時亦與國民之法感情及倫理觀念不合，因而採消極破綻主義。倘該重大事由，夫妻雙方均須負責時，應比較衡量雙方之有責程度，僅責任較輕之一方得向責任較重之他方請求離婚，如有責程度相同時，雙方均得請求離婚，始屬公允，是責任較重之一方應不得向責任較輕之之他方請求離婚。

---

[26] 參閱民事法律專題研究（十六）第 144-146 頁。

[27] 參閱 81 年台上字第 2545 號判例。

[28] 最高法院 94 年台上字第 115 判決。

三、調解、和解離婚

離婚經法院調解或法院和解成立者，婚姻關係消滅。法院應依職權通知該管戶政機關（民§1052-1）。

參 離婚之效力

一、身分上之效力

（一）夫妻彼此間

夫妻關係消滅，夫妻雙方脫離互為配偶之身分，基於夫妻關係而生之同居義務、日常家務代理、繼承人地位…等均隨之消滅。

（二）對於子女之親權

1. 離婚未成年子女保護教養之權義及變更（民§1055）：

   (1) 夫妻離婚者，對於未成年子女權利義務之行使或負擔，依協議由一方或雙方共同任之。未為協議或協議不成者，法院得依夫妻之一方、主管機關、社會福利機構或其他利害關係人之請求或依職權酌定之。

   (2) 前述協議不利於子女者，法院得依主管機關、社會福利機構或其他利害關係人之請求或依職權為子女之利益改定之。

   行使、負擔權利義務之一方未盡保護教養之義務或對未成年子女有不利之情事者，他方、未成年子女、主管機關、社會福利機構或其他利害關係人得為子女之利益，請求法院改定之。

   (3) 前三項情形，法院得依請求或依職權，為子女之利益酌定權利義務行使負擔之內容及方法。

   (4) 法院得依請求或依職權，為未行使或負擔權利義務之一方酌定其與未成年子女會面交往之方式及期間。但其會面交往有妨害子女之利益者，法院得依請求或依職權變更之。

2. 裁判離婚子女之監護：

(1) 法院為前條裁判時，應依子女之最佳利益，審酌一切情狀，尤應注意下列事項（民§1055-1）：

① 子女之年齡、性別、人數及健康情形。

② 子女之意願及人格發展之需要。

③ 父母之年齡、職業、品行、健康情形、經濟能力及生活狀況。

④ 父母保護教養子女之意願及態度。

⑤ 父母子女間或未成年子女與其他共同生活之人間之感情狀況。

⑥ 父母之一方是否有妨礙他方對未成年子女權利義務行使負擔之行為。

⑦ 各族群之傳統習俗、文化及價值觀。

(2) 前項子女最佳利益之審酌，法院除得參考社工人員之訪視報告或家事調查官之調查報告外，並得依囑託警察機關、稅捐機關、金融機構、學校及其他有關機關、團體或具有相關專業知識之適當人士就特定事項調查之結果認定之。

(3) 父母均不適合行使權利時，法院應依子女之最佳利益並審酌前條各款事項，選定適當之人為子女之監護人，並指定監護之方法、命其父母負擔扶養費用及其方式（民§1055-2）。

二、財產上之效力

（一）判決離婚之特別效力

1. 損害賠償：

(1) 夫妻之一方，因判決離婚而受有損害者，得向有過失之他方，請求賠償。前述情形，雖非財產上之損害，受害人亦得請求賠償相當之金額。但以受害人無過失者為限。前項請求權，不得讓與或繼承。但已依契約承諾或已起訴者，不在此限（民§1056）。

(2) 損害賠償請求權成立要件：

① 須義務人有過失。

② 須權利人受有損害。

2. 贍養費：

(1) 夫妻無過失之一方，因判決離婚而陷於生活困難者，他方縱無過失，亦應給與相當之贍養費（民§1057）。

(2) 成立要件：

① 請求之一方無過失（不論他方有無過失）：因為贍養費之性質類似扶養請求權，即便被請求之一方無過失，亦得請求。

② 因裁判離婚而陷於生活困難（兩願離婚不適用 [29]）。

（二）財產之取回（民§1058）

夫妻離婚時，除採用分別財產制者外，各自取回其結婚或變更夫妻財產制時之財產。如有剩餘，各依其夫妻財產制之規定分配之。

---

[29] 28 年上字第 487 號判例。

習題 | REVIEW ACTIVITIS ✎

(B) 1. 甲男與乙女係夫妻，因感情不睦，遂合意離婚，已立書面並有二人之證人簽名後，乙拒絕辦理離婚登記，其效力如何？ (A) 婚姻關係消滅 (B) 婚姻關係仍存在 (C) 甲可起訴請求乙協同辦理離婚登記 (D) 婚姻關係效力未定。 【102 年高考法制】

詳解 民法第 1050 條：兩願離婚，應以書面為之，有二人以上證人之簽名並應向戶政機關為離婚之登記。

(A) 2. 夫妻於法院成立和解離婚，但未向戶政機關辦理離婚登記，其效力如何？ (A) 婚姻關係消滅 (B) 婚姻關係仍存在 (C) 須辦理離婚登記，婚姻關係始消滅 (D) 婚姻關係是否消滅，依當事人之意思定之。 【102 年公務員升等郵政】

詳解 民法第 1052-1 條：離婚經法院調解或法院和解成立者，婚姻關係消滅。

(D) 3. 民法有關夫妻之一方得請求法院宣告改用分別財產制之規定，不包括下列何種情形？ (A) 夫或妻之財產不足清償其債務時 (B) 依法應給付家庭生活費用而不給付時 (C) 因不當減少其婚後財產，而對他方剩餘財產分配請求權有侵害之虞時 (D) 他方有隱匿財產之情事時。 【102 年公務員升等郵政】

詳解 民法第 1010 條：夫妻一方有下列各款情形之一時，法院因他方之請求，得宣告改用分別財產制：
一、依法應給付家庭生活費而不給付者。
二、夫或妻之財產不足清償其債務時。
三、依法應得他方同意所為之財產處分，他方無正當理由拒絕同意時。
四、有管理權之一方對於共同財產之管理顯有不當，經他方請求改善而不改善時。
五、因不當減少婚後財產，而對他方剩餘財產分配請求權有侵害之虞時。
六、有其他重大事由時。

(A) 4. 有關夫妻法定財產制之敘述，下列何者錯誤？ (A) 須由夫妻於結婚前或結婚後以契約訂立 (B) 夫或妻之財產分為婚前財產與婚後財產 (C) 不能證明為夫或妻所有之財產推定為共有 (D) 不能證明為婚前或婚後財產推定為婚後財產。 【102 年公務員升等法制】

詳解 (A) 依民法第 1005 條之規定：法定財產制毋須以契約訂立。
(B)(C)(D) 民法第 1017 條第 1 項：「夫或妻之財產分為婚前財產與婚後財產，由夫妻各自所有。不能證明為婚前或婚後財產者，推定為婚後財產；不能證明為夫或妻所有之財產，推定為夫妻共有。」

(D) 5. 甲男與乙女已經訂婚，而且同居，雖尚未結婚，但感情非常好。甲男某日外出工作，遭無照駕駛之丙喝酒闖紅燈撞擊，當場死亡。下列敘述何者正確？　(A) 因乙女與甲男有訂婚之關係，故乙女得請求丙賠償慰撫金　(B) 因乙女與甲男已經同居，故乙女得請求丙賠償慰撫金　(C) 因乙女與甲男感情非常好，故乙女得請求丙賠償慰撫金　(D) 因乙女與甲男尚未結婚，故乙女不得請求丙賠償慰撫金。　　　　　　　　　　　【102 年不動產經紀人】

詳解 訂婚為男女當事人自行訂定之婚約（民 §972），係婚姻關係之預約，但不發生任何身分關係；故乙女不得依民法第 194 條主張基於父、母、子女及配偶身分之非財產上之損害賠償請求權。

(D) 6. 關於姻親關係，下列敘述何者正確？　(A) 甲之兒子乙與丙女結婚，甲與丙無姻親關係　(B) 甲之配偶乙，乙有一個哥哥丙，甲與丙無姻親關係　(C) 甲之配偶乙，乙有一個哥哥丙，丙有配偶丁，甲與丁無姻親關係　(D) 甲之兒子乙與丙女結婚，丙女之父親為丁，甲與丁無姻親關係。

【102 年不動產經紀人】

詳解 民法第 969 條：「稱姻親者，謂血親之配偶，配偶之血親及配偶之血親之配偶。」
(A) 丙為甲之血親（乙）之配偶，甲與丙為姻親。
(B) 丙為甲之配偶（乙）之血親，甲與丙為姻親。
(C) 丁為甲之配偶（乙）之血親（丙）之配偶（丁），甲與丁為姻親。

(B) 7. 民法第 1031-1 條所規定之法定特有財產，下列敘述，何者錯誤？　(A) 專供夫或妻個人使用之物　(B) 夫或妻所受之贈物，經贈與人口頭聲明為其特有財產者　(C) 夫或妻職業上必需之物　(D) 法定特有財產，適用關於分別財產制之規定。　　　　　　　　　　　【101 年高考法制】

詳解 (B) 經贈與人「書面」聲明…
民法第 1031-1 條：下列財產為特有財產：
一、專供夫或妻個人使用之物。
二、夫或妻職業上必需之物。
三、夫或妻所受之贈物，經贈與人以書面聲明為其特有財產者。

(D) 8. 甲男與乙女訂定婚約後，有何法律上效果？ (A) 甲男與乙女發生配偶關係 (B) 甲男、乙女與雙方親屬間，發生姻親關係 (C) 訂婚後，甲男與他女結婚，係屬違反重婚規定 (D) 甲男與乙女訂定婚約後，不發生任何身分關係。 【101年高考法制】

詳解 婚約為婚姻關係之預約，但其不發生任何身分關係，非身分契約。

(D) 9. 依民法第1001條規定，夫妻互負同居義務。夫妻應在何種場所履行同居義務？ (A) 在嫁娶婚時，應由夫指定之場所 (B) 在招贅婚時，應由妻指定之場所 (C) 依法律規定，非在夫妻婚姻住所履行同居義務不可 (D) 依司法院釋字第452號解釋，由具體個案情形，決定其場所。

【101年地方特考三等】

詳解 民法第1002條：「夫妻之住所，由雙方協議之，未為協議或協議不成時，得聲請法院定之。法院為前項裁定前，以夫妻共同戶籍地，推定為其住所。」
釋字第452號：「住所乃法定各項法律效力之中心地。非民法所定履行同居義務唯一處所。夫妻縱未設定住所，仍應以永久共同生活為目的，而互負同居之義務。」

(C) 10. 關於經法院調解或法院和解而成立之離婚，下列敘述，何者正確？ (A) 該調解離婚或和解離婚之性質，與兩願離婚相同 (B) 當事人仍應自行向戶政機關為離婚之登記 (C) 自該調解離婚或和解離婚成立時起，婚姻關係消滅 (D) 該調解離婚或和解離婚應有二人以上證人之簽名。

【100年高考法制】

詳解 民法第1052-1條：離婚經法院調解或法院和解成立者，婚姻關係消滅。法院應依職權通知該管戶政機關。調解或和解成立之日即為離婚之生效日。離婚經法院調解或法院和解成立者，具有形成力而非屬協議離婚之性質。

(D) 11. 關於離婚之敘述，下列何者錯誤？ (A) 兩願離婚，雙方當事人須以書面為之 (B) 兩願離婚時，不得請求贍養費及損害賠償 (C) 判決離婚時，因判決離婚而受有損害者，得向有過失之他方請求損害賠償 (D) 離婚時，採分別財產制者，各自取回其結婚時之財產。 【100年不動產經紀人】

詳解 (A) 兩願離婚，應以書面為之，有二人以上證人之簽名，並向戶政機關為離婚之登記（民§1050）。
(B) 贍養費及損害賠償之請求，限判決離婚之情形（39年台上字第920號判例）
1. 贍養費：我國法上贍養費之立法性質上屬「扶養義務之延長」，而非「損害賠償之請求」，民法第1157條贍養費之給付，不以義務人有過失為必要，

但須「夫妻無過失之一方，因判決離婚而陷於生活困難者」。故贍養費以判決離婚為請求權發生之原因，而兩願離婚則無請求之餘地（28 年上字第 487號判例）。

2. 損害賠償

(1) 所謂離婚損害指因「判決離婚」此一事實所生之痛苦而生之損害。

(2) 民法第 1056 條第 1 項：「夫妻之一方，因判決離婚而受有損害者，得向有過失之他方，請求損害賠償。」

(3) 損害賠償：範圍包含財產上及非財產之損害，但非財產上損害之請求，以被害人無過失為限。

(D) 採分別財產制者，夫妻各自保有其財產之所有權，各自管理、收益及處分（民§1044）。離婚時，無剩餘財產分配請求權，亦無各自取回財產之問題。

(BD) 12. 關於法定夫妻財產制，下列敘述，何者正確？ (A) 夫妻之一方以自己財產清償他方之債務時，於婚姻關係存續中，不得請求償還 (B) 因繼承而得之財，不計入夫或妻現存之婚後財產 (C) 夫或妻於婚姻關係存續中，就其婚後財產所為履行道德上義務之贈與，他方得聲請法院撤銷之 (D) 剩餘財產分配請求權專屬夫或妻享有，不得由繼承人主張之。

【100 年不動產經紀人】

詳解 (A) 民法第 1023 條：「夫妻各自對其債務負清償之責。

夫妻之一方以自己財產清償他方之債務時，雖於婚姻關係存續中，亦得請求償還。」

民法第 1023 條第 2 項：「得」請求償還。

(C) 民法第 1020-1 條第 1 項：「夫或妻於婚姻關係存續中就其婚後財產所為之無償行為，有害及法定財產制關係消滅後他方之剩餘財產分配請求權者，他方得聲請法院撤銷之。但為履行道德上義務所為之相當贈與，不在此限。

(D) 依民法第 1030-1 第 4 項：「第一項請求權，不得讓與或繼承。但已依契約承諾，或已起訴者，不在此限。」

民法第 1030-1 條於 101 年 12 月 26 日修正，剩餘財產分配請求權具專屬性質，不得讓與或繼承，因此依現行法規定，(D) 選項亦屬正確。

(C) 13. 關於夫妻財產制之敘述何者錯誤？ (A) 除法定財產制外，夫妻可以約定為共同財產制或分別財產制 (B) 夫妻約定財產制時，應以書面為之 (C) 夫妻約定財產制不須登記可以對抗第三人 (D) 共同財產制之下，除夫妻特有財產以外之財產合併為共同財產，屬夫妻公同共有。

【99 年不動產經紀人】

詳解 (B) 民法第 1007 條：「夫妻財產制契約之訂立、變更或廢止，應以書面為之。」

(C) 民法第 1008 條第 1 項：「夫妻財產制契約之訂立、變更或廢止，非經登記，不得以之對抗第三人。」

(D) 民法第 1031 條：「夫妻之財產及所得，除特有財產外，合併為共同財產，屬於夫妻公同共有。」

(AD) 14. 關於夫妻財產制之約定，下列敘述何者錯誤？ (A) 夫妻於結婚前或結婚後均得就本法所定之三種約定財產制中，包括共同財產制、聯合財產制及分別財產制中選擇其一為夫妻財產制 (B) 夫妻財產制契約之訂定及變更、廢止，乃要式行為，應以書面為之，否則不生效力 (C) 夫妻財產制契約之訂定及變更、廢止，若未辦理登記仍生效力，僅不得以之對抗第三人 (D) 夫妻之一方受破產宣告時，則當然改為分別財產制。

【98 年不動產經紀人】

詳解 民法第 1004 條：「夫妻得於結婚前或結婚後，以契約就本法所定之約定財產制中，選擇其一，為其夫妻財產制。」

(A) 約定財產制，得以共同財產制及分別財產制二者中，選擇其一為夫妻財產制。

(B) 民法第 1007 條：「夫妻財產制契約之訂立、變更或廢止，應以書面為之。」

(C) 民法第 1008 條。

(D) 民法第 1009 條（101.12.26 已刪除）依現行法規定 (D) 選項亦為錯誤。

(B) 15. 下列何者為姻親關係消滅之原因？ (A) 死亡及離婚 (B) 離婚及婚姻撤銷者 (C) 死亡及婚姻經撤銷者 (D) 死亡、離婚及婚姻經撤銷者。

【98 年不動產經紀人】

詳解 民法第 971 條：「婚姻關係，因離婚而消滅，其結婚經撤銷者亦同。」

(D) 16. 關於法定財產制中之婚後財產之範圍，下列敘述何者錯誤？ (A) 夫妻於婚姻關係存續中所取得之財產為婚後財產 (B) 夫或妻之婚前財產，於婚姻關係中所生之孳息，視為婚後財產 (C) 不能證明為婚前或婚後財產者，推定為婚後財產 (D) 約定夫妻財產制契約後，於婚姻關係存續中改用法定財產制者，其改用前之財產視為婚後財產。 【98 年不動產經紀人】

詳解 第 1017 條：夫或妻之財產分為婚前財產與婚後財產，由夫妻各自所有。不能證明為婚前或婚後財產者，推定為婚後財產；不能證明為夫或妻所有之財產，推定為夫妻共有。

夫或妻婚前財產，於婚姻關係存續中所生之孳息，視為婚後財產。

夫妻以契約訂立夫妻財產制後，於婚姻關係存續中改用法定財產制者，其改用前之財產視為婚前財產。

(A) 依民法第 1017 條。

(B) 依民法第 1017 條第 2 項。

(C) 依民法第 1017 條第 1 項。

(D) 依民法第 1017 條第 3 項，其改用前之財產視為婚「前」財產。

（ C ） 17. 甲男，乙女於民國 100 年 1 月 1 日結婚，約定採用分別財產制，結婚時甲有財產 100 萬元，乙有財產 200 萬元。101 年 1 月 1 日兩人改用法定財產制，此時甲有財產 150 萬元（含結婚時財產），乙有 220 萬元（含結婚時財產）。甲、乙於 102 年 2 月 1 日協議離婚，甲此時財產有 200 萬元（含結婚時財產），乙則因理財不慎，積極財產仍維持 220 萬元（含結婚時財產），卻有債務 20 萬元。以上均非因繼承、無償取得之財產或慰撫金。乙得向甲主張剩餘財產差額分配之金額為若干？ (A)50 萬元 (B)35 萬元 (C)25 萬元 (D) 乙對甲無剩餘財產差額分配請求權。 【105 年司律第一試】

詳解 民法第 1017 條第 3 項：「夫妻以契約訂立夫妻財產制後，於婚姻關係存續中改用法定財產制者，其改用前之財產視為婚前財產。」

民法第 1030-1 條：「法定財產制關係消滅時，夫或妻現存之婚後財產，扣除婚姻關係存續所負債務後，如有剩餘，其雙方剩餘財產之差額，應平均分配…」

101 年 1 月 1 日甲乙兩人改用法定財產制，此時甲有財產 150 萬元、乙有 220 萬元，均視為婚前財產。

甲之婚後剩餘財產：200 萬元 (現存婚後財產)-150 萬元（婚前財產）=50 萬元

乙之婚後剩餘財產：220 萬元 (現存婚後財產)-220 萬元（婚前財產）-20 萬元（負債）=-20 萬元（已無剩餘）

乙得向甲請求：50 萬元 /2=25 萬元

| 請掃描 QR Code P.184~185 有補充習題 |

CHAPTER 03

父母子女

壹 子女之姓氏及住所

一、子女之姓氏（民§1059）

（一）父母於子女出生登記前，應以書面約定子女從父姓或母姓。

（二）未約定或約定不成者，於戶政事務所抽籤決定之。

（三）子女經出生登記後，於未成年前，得由父母以書面約定變更為父姓或母姓。子女已成年者，得變更為父姓或母姓。前二項之變更，各以一次為限。

（四）有下列各款情形之一，法院得依父母之一方或子女之請求，為子女之利益，宣告變更子女之姓氏為父姓或母姓：

1. 父母離婚者。

2. 父母之一方或雙方死亡者。

3. 父母之一方或雙方生死不明滿 3 年者。

4. 父母之一方顯有未盡保護或教養義務之情事者。

二、非婚生子女之姓氏（民§1059-1）

（一）非婚生子女從母姓。經生父認領者，適用 1059 條第 2 項至第 4 項之規定。

（二）非婚生子女經生父認領，而有下列各款情形之一，法院得依父母之一方或子女之請求，為子女之利益，宣告變更子女之姓氏為父姓或母姓：

1. 父母之一方或雙方死亡者。

2. 父母之一方或雙方生死不明滿 3 年者。

3. 子女之姓氏與任權利義務行使或負擔之父或母不一致者。

4. 父母之一方顯有未盡保護或教養義務之情事者。

三、未成年子女之住所（民§1060）

未成年之子女，以其父母之住所為住所。

貳 婚生子女

題目 ....

何謂婚生子女？其與非婚生子女有何不同？

一、婚生子女之定義（民 §1061）

稱婚生子女者，謂由婚姻關係受胎而生之子女。

二、受胎期間（民 §1062）

從子女出生日回溯第 181 日起至第 302 日止，為受胎期間。能證明受胎回溯在前項第 181 日以內或第 302 日以前者，以其期間為受胎期間。

三、婚生子女之推定及否認（民 §1063）

（一）婚生之推定

1. 夫之子女之推定：

   婚生推定之規定，係為避免父子關係之舉證困難，民法第 1063 條第 1 項：「妻之受胎，係在婚姻關係存續中者，推定其所生子女為婚生子女。」妻之受胎係在婚姻關係存續中者，夫縱在受胎期間內未與其妻同居，妻所生子女，亦推定為夫之婚生子女[1]。

2. 受胎期間之推定：

   民法第 1062 條：「從子女出生日回溯第 181 日起至第 302 日止，為受胎期間。能證明受胎回溯在前項第 181 日以內或第 302 日以前者，以其期間為受胎期間。」

3. 推定為婚生子女要件為：

   (1) 須其父母有婚姻關係存在。

   (2) 須為其父之妻所分娩。

---

[1] 75 年台上字第 2071 號判例。

(3) 須其受胎係在婚姻關係存續中。

(4) 須為其母之夫之血統。

4. 特例：

婚前受胎，婚後出生之子女（先有孕後結婚），不適用婚生推定，但得適用準正之規定，而視為婚生子女。

（二）婚生之否認

1. 夫妻之一方或子女能證明子女非為婚生子女者，得提起否認之訴（民§1063 II）。

2. 否認之訴，夫妻之一方自知悉該子女非為婚生子女，或子女自知悉其非為婚生子女之時起二年內為之。但子女於未成年時知悉者，仍得於成年後 2 年內為之（民§1063 III）。

3. 妻之受胎係在婚姻關係存續中者，民法第 1063 條第 1 項，推定其所生子女為婚生子女，受此推定之子女，惟受胎期間內未與妻同居之夫，得依同條第 2 項之規定以訴否認之，如夫未提起否認之訴，或雖提起而未受有勝訴之確定判決，則該子女在法律上不能不認為夫之婚生子女，無論何人，皆不得為反對之主張[2]。

4. 法律不許親生父對受推定為他人之婚生子女提起否認之訴，係為避免因訴訟而破壞他人婚姻之安定、家庭之和諧及影響子女受教養之權益，與憲法尚無牴觸[3]。

5. 血緣之證明：

關於血緣關係存在與否，現代生物科學發達，醫學技術進步，以 DNA 檢驗方法鑑定子女血統來源之精確度極高，且為一般科學鑑定及社會觀念所肯認，乃週知之勘驗方法。自可依勘驗方法判定有無血緣關係，不因當事人拒絕而受影響[4]。

---

[2] 23 年上字第 3473 號判例；最高法院 96 年台上字第 2811 號判決。

[3] 大法官解釋釋字 578 號。

[4] 97 年台上字第 2004 號判決。

 非婚生子女

題目

非婚生子女須經由何種程序與生父發生法律上父子關係？

非婚生子女，指非由婚姻關係受胎而生之子女，非婚生子女與生母之關係，視為婚生子女，無須認領（民§1065 II）。而非婚生子女與生父發生法律上父子關係之程序：

一、準正

（一）非婚生子女，其生父與生母結婚者，視為婚生子女（民§1064）。

（二）依法準正視為婚生子女，應溯及於其出生之時發生效力[5]。

（三）準正之要件：

1. 須有血統上之父母子女關係。

2. 須生父與生母結婚（結婚須合法有效）。

故如非婚生子女之生母並非與生父結婚，自無準正規定之適用[6]。

二、認領

非婚生子女經生父認領者，視為婚生子女（民§1065 I前段）。非婚生子女因生父認領而發生婚生子女之效力，以被認領人與認領人間有真實之血緣關係者為限，否則其認領為無效[7]。「認領」為生父對於非婚生子女承認為自己子女之行為，此種認領行為係單獨行為，無須非婚子女或生母之同意，只須認領人與被認領人間有事實上父子關係之存在[8]。

---

[5] 最高法院 83 年台上字第 727 號判決。

[6] 臺灣高等法院 88 年家上字第 37 號判決。

[7] 最高法院 100 年台上字第 994 號判決。

[8] 公證法律問題研究（二）第 7-9 頁。

（一）任意認領

1. 認領係指生父對於非婚生子女，承認其為生父而領為自己子女的行為。
2. 視為認領：

    (1) 非婚生子女經生父撫育者，視為認領（民 §1065 I 後段）。

    (2) 所謂「**撫育**」，並不限於教養。亦不問生父曾否與生母同居。只須有撫育之事實。即應視為認領[9]。其撫育時間之久暫亦與認領效力之發生無關[10]。但須生父有以該子女為自己子女之意思而撫育始可。

    (3) 撫育之對象包含胎兒：生父預付非婚生子女出生後之撫育費並附親筆信函，足以認定生父撫育之意，自非不可視為認領[11]。

3. 認領之否認（民 §1066）：非婚生子女或其生母，對於生父之認領，得否認之。
4. 認領之撤銷：認領有絕對效力，生父認領非婚生子女後，不得撤銷其認領。但有事實足認其非生父者，不在此限（民 §1070）。

（二）強制認領（民 §1067）

1. 非婚生子女或其生母或其他法定代理人，對於應認領而不認領之生父向法院請求確認生父子女關係之存在，稱強制認領。
2. 民法第 1067 條：「有事實足認其為非婚生子女之生父者，非婚生子女或其生母或其他法定代理人，得向生父提起認領之訴。前項認領之訴，於生父死亡後，得向生父之繼承人為之。生父無繼承人者，得向社會福利主管機關為之。」

（三）認領效力

1. 溯及效力（民 §1069）：

    非婚生子女認領之效力，溯及於出生時。但第三人已得之權利，不因此而受影響。

---

[9] 司法院解釋 院字第 1125 號。

[10] 最高法院 85 年台上字第 9 號判決。

[11] 參閱 44 年台上字第 1167 號判例。

2. 絕對效力（民§1070）：

生父認領非婚生子女後，不得撤銷其認領。但有事實足認其非生父者，不在此限。

（四）認領非婚生未成年子女權義之準用規定（民§1069-1）

非婚生子女經認領者，關於未成年子女權利義務之行使或負擔，準用第1055條、第1055條之1及第1055條之2之規定。

肆 養子女

一、收養之定義

指收養他人之子女為子女，而法律上視同婚生子女。換言之，於血統上本無親子關係之人，經收養而法律上擬制其有親子關係，稱之為「法定血親」、「擬制血親」或「準血親」。收養他人之子女為子女時，其收養者為養父或養母，被收養者為養子或養女（民§1072）。

二、收養之要件

題目 ⋯⋯⋯⋯⋯⋯⋯⋯⋯⋯⋯⋯⋯⋯⋯⋯⋯⋯⋯⋯⋯⋯⋯⋯⋯⋯⋯⋯⋯⋯⋯⋯⋯⋯⋯

試述收養之形式要件與實質要件。

（一）形式要件

收養係建立擬制親子關係之制度，收養應以書面為之（民§1079 I前段）。

（二）實質要件

1. 須有收養之合意

收養係以發生親子關係為目的之身分契約，因此：

(1) 原則：收養人與被收養人之間須有收養之意思合致，且須親自為之，不得代理。

(2) 例外：被收養者未滿七歲時，應由其法定代理人代為並代受意思表示（民§1076-2）。此為身份行為不得代理之例外情形。

2. 須符合年齡之限制：

一定年齡差距規定之立法目的，在於考量養父母應有成熟之人格、經濟能力等足以負擔為人父母保護教養子女之義務，惟夫妻共同收養或夫妻一方收養他方子女時，應有彈性始符合實際需要，故而定有一定年齡差距之規定。

(1) 收養者之年齡，應長於被收養者 20 歲以上（民§1073 I）。例如：老王欲收養 12 歲的小明，則老王的年齡須長於小明 20 歲以上，若老王今年 30 歲，則不得收養小明。

(2) 但夫妻共同收養時，夫妻之一方長於被收養者 20 歲以上，而他方僅長於被收養者 16 歲以上，亦得收養（民§1073 I）。例如：老王欲收養 12 歲的小明，老王長於小明 21 歲，而王太太僅長於小明 17 歲，亦得收養。

(3) 夫妻之一方收養他方之子女時，應長於被收養者 16 歲以上（民§1073 II）。例如：老王離婚後與阿美（29 歲）結為夫妻，老王與前妻所生之子小明（12 歲），阿美亦得收養為養子。

3. 近親或輩分不相當者收養之禁止（民§1073-1）

下列親屬不得收養為養子女：

(1) 直系血親。

(2) 直系姻親。但夫妻之一方，收養他方之子女者，不在此限。

(3) 旁系血親在六親等以內及旁系姻親在五親等以內，輩分不相當者。

4. 夫妻應為共同收養

夫妻收養子女時，應共同為之。但有下列各款情形之一者，得單獨收養（民§1074）：

(1) 夫妻之一方收養他方之子女。

(2) 夫妻之一方不能為意思表示或生死不明已逾三年。

5. 同時為二人養子女之禁止（民 §1075）

   除夫妻共同收養外，一人不得同時為二人之養子女。

6. 被收養人配偶之同意（民 §1076）

   夫妻之一方被收養時，應得他方之同意。但他方不能為意思表示或生死不明已逾 3 年者，不在此限。

7. 成年被收養者應得父母之同意（民 §1076-1）

   收養關係成立後，養子女與本生父母之權利義務於收養關係存續中停止之，影響當事人權益甚鉅，故應經父母之同意，本條所定父母同意係基於父母子女身分關係之本質使然，此與民法第 1076-2 規定有關法定代理人所為代為、代受意思表示或同意，係對於未成年人能力之補充，有所不同 [12]。因此民法第 1076-1 條規定子女被收養時，應得其父母之同意，且基於身分行為之安定性考量，父母同意權之行使，不得附條件或期限（民 §1076-1 III）。但有下列各款情形之一者，不在此限：

   (1) 父母之一方或雙方對子女未盡保護教養義務或有其他顯然不利子女之情事而拒絕同意。

   (2) 父母之一方或雙方事實上不能為意思表示。「**事實上不能**」，例如父母不詳、父母死亡、失蹤或無同意能力，不包括停止親權等法律上不能之情形。

   (3) 父母之同意應作成書面並經公證。但已向法院聲請收養認可者，得以言詞向法院表示並記明筆錄代之（民 §1076-1 II）。其立法目的係為強化同意權之行使，爰規定同意為要式行為，除應作成書面外，並應經公證，以示慎重。

8. 未成年被收養者應得其法定代理人之同意（民 §1076-2）

   (1) 被收養者未滿七歲時，應由其法定代理人代為並代受意思表示。

   (2) 滿七歲以上之未成年人被收養時，應得其法定代理人之同意。

   (3) 被收養者之父母已依前二項規定以法定代理人之身分代為並代受意思表示或為同意時，得免依前條規定為同意。

---

[12] 民法第 1076-1 增訂理由。

(4) 立法理由：法定代理人代為並代受意思表示或為同意，係對於未成年人能力之補充。因此，未成年人被收養時，除應依 1076-2 條由其法定代理人代為並代受意思表示或為同意外，並應依 1076-1 條經未成年人本身父母之同意。換言之，未成年者被收養，應有本身父母及法定代理人之雙重同意始有效力。惟於父母與法定代理人相同時，其父母已依前二項規定以法定代理人之身分代為並代受意思表示或為同意時，自不必行使第 1076 條之 1 父母固有之同意權。

（三）特別要件—法院之認可

1. 收養應向法院聲請認可（民 §1079 I 前段）

   為避免藉由收養名義達成其他目的，保護被收養者之權益，而採法院認可制，由國家機關予以積極之管制。

2. 法院認可應注意事項

   (1) 收養有「無效」、「得撤銷」之原因或違反其他法律規定者，法院應不予認可（民 §1079 II）。

   (2) 未成年人被收養之限制（民 §1079-1）：法院為未成年人被收養之認可時，應依養子女最佳利益為之。

   (3) 成年人被收養之限制（民 §1079-2）：

   被收養者為成年人而有下列各款情形之一者，法院應不予收養之認可：

   ① 意圖以收養免除法定義務。

   ② 依其情形，足認收養於其本生父母不利。

   ③ 有其他重大事由，足認違反收養目的。

三、收養之生效時點（民 §1079-3）

收養自法院認可裁定確定時，溯及於收養契約成立時發生效力。但第三人已取得之權利，不受影響。

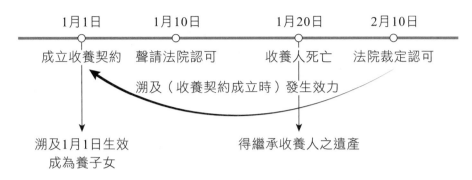

收養之生效時點

◎注意：「認領」及「準正」則是溯及非婚生子女「出生時」發生效力

四、收養之無效及撤銷

（一）無效

收養無效之原因（民§1079-4）：

1. 違反收養人與被收養人年齡差距之規定（民§1073）。
2. 違反近親或輩分不相當者收養之禁止（民§1073-1）。
3. 同時為二人養子女之禁止（民§1075）。
4. 成年被收養未得父母之同意（民§1076-1）。
5. 被收養者未滿七歲時，未由其法定代理人代為並代受意思表示（民§1076-2 I）。
6. 違反收養應以書面為之並向法院聲請認可之規定（民§1079 I）。

（二）得撤銷

收養之撤銷及其行使期間（民§1079-5）：

1. 未與配偶共同收養

收養子女，違反第1074條之規定者，收養者之配偶得請求法院撤銷之。但自知悉其事實之日起，已逾六個月，或自法院認可之日起已逾1年者，不得請求撤銷。

2. 夫妻一方被收養未得他方同意

收養子女，違反第 1076 條或第 1076 條之二第 2 項之規定者，被收養者之配偶或法定代理人得請求法院撤銷之。但自知悉其事實之日起，已逾 6 個月，或自法院認可之日起已逾 1 年者，不得請求撤銷。

3. 依前 2 項之規定，經法院判決撤銷收養者，準用第 1082 條及第 1083 條之規定。

五、收養之效力

（一）溯及收養契約成立時發生親子關係（民 §1079-3）

為了保護養子女，使其早日取得被收養人直系血親卑親屬之地位，民法第 1079-3 條規定自法院認可裁定確定時，溯及於收養契約成立（收養之書面做成時）時發生效力。

（二）養父母子女之關係（民 §1077）

1. 取得婚生子女之地位與身分

收養關係成立後，養子女取得收養者婚生子女之地位與身分，因此，養子女與養父母之親屬間，亦發生相對應之親屬關係，民法第 1077 條第 1 項：「養子女與養父母及其親屬間之關係，除法律另有規定外，與婚生子女同。」

2. 養子女與本生父母間之關係

養子女與本生父母及其親屬間之天然血親關係，依司法院釋字第 28 號解釋，仍屬存在，僅權利義務關係停止。民法第 1077 條第 2 項：「養子女與本生父母及其親屬間之權利義務，於收養關係存續中停止之。但夫妻之一方收養他方之子女時，他方與其子女之權利義務，不因收養而受影響。」例如：阿美與老王結婚，婚後老王收養阿美與前夫所生之子小明，則老王與小明發生養親關係，老王為小明之養父，小明為老王之養子，小明與其生父（即阿美之前夫）之權利義務關係暫時停止，但與其生母阿美之權利義務關係仍然存在，不因收養而受影響（民 §1077 II 但書）。

3. 收養者收養養子女後與養子女之本生父或母結婚

收養者收養養子女後，與養子女之本生父或母結婚之情形，因收養者收養養子女時，該養子女與其本生父母之權利義務關係處於停止狀態，嗣後如收養者與被收養者之生父或生母結婚，該子女與其養父母相婚之生父或生母間之權利義務關係自應回復，以避免產生其間自然血親關係存在，卻為姻親關係之矛盾現象，惟第三人已取得之權利，不受影響。民法第 1077 條第 3 項：「收養者收養子女後，與養子女之本生父或母結婚時，養子女回復與本生父或母及其親屬間之權利義務。但第三人已取得之權利，不受影響。」例如：老王收養阿美之子小明，嗣後老王與阿美結婚，老王、小明因為收養而發生養親關係，小明與本生父母之權利義務於收養關係存續中停止，嗣後老王（收養者）與小明（養子女）之生母阿美結婚，則小明回復與本生母親阿美之權利義務（民 §1077 III）。

4. 不完全收養制度

(1) 立法理由：關於被收養者於收養認可時已有直系血親卑親屬，收養之效力是否當然及於其直系血親卑親屬，學理上有正反二說，各有其利弊，鑑於外國立法趨勢，成年收養漸走向不完全收養制度。

(2) 民法第 1077 條：「養子女於收養認可時已有直系血親卑親屬者，收養之效力僅及於其未成年之直系血親卑親屬。但收養認可前，其已成年之直系血親卑親屬表示同意者，不在此限。」亦即在收養認可前，已成年之直系血親卑親屬如表示同意收養之效力及於其自身，收養之效力則例外地及於該已成年之直系血親卑親屬，以維其權益並兼顧身分之安定。前述之同意，準用第 1076 條之 1 第 2 項及第 3 項之規定（民 §1077 IV）。

① 原則：收養之效力不及於已成年之直系血親卑親屬。

② 例外：得已成年之直系血親卑親屬同意，則效力及之。

（三）養子女之姓氏（民§1078）

1. 養子女從收養者之姓或維持原來之姓。

2. 夫妻共同收養子女時，於收養登記前，應以書面約定養子女從養父姓、養母姓或維持原來之姓。

3. 第1059條第2項至第5項之規定，於收養之情形準用之。

六、收養之終止

（一）當事人終止

1. 養父母與養子女合意終止（民§1080）：

   (1) 養父母與養子女之關係，得由雙方合意終止之（民§1080 I）。

   (2) 終止收養，應以書面為之。養子女為未成年人者，並應向法院聲請認可（民§1080 II）。

   (3) 法院依前項規定為認可時，應依養子女最佳利益為之（民§1080 III）。

   (4) 養子女為未成年人者，終止收養自法院認可裁定確定時發生效力（民§1080 IV）。

   (5) 養子女未滿七歲者，其終止收養關係之意思表示，由收養終止後為其法定代理人之人為之（民§1080 V）。

   (6) 養子女為滿七歲以上之未成年人者，其終止收養關係，應得收養終止後為其法定代理人之人之同意（民§1080 VI）。

   (7) 夫妻共同收養子女者，其合意終止收養應共同為之。但有下列情形之一者，得單獨終止（民§1080 VII）[13]：

   ① 夫妻之一方不能為意思表示或生死不明已逾3年。

   ② 夫妻之一方於收養後死亡。

   ③ 夫妻離婚。

---

[13] 立法理由：第一千零七十四條明定定夫妻收養子女時，應共同為之，其意旨係為確保家庭生活之和諧。因此，終止收養時，亦應由夫妻同為之，爰增列第七項規定。惟如夫妻之一方有不能為意思表示或生死不明已逾三年、於收養後死亡或夫妻離婚等情形，因上開情形已無影響家庭和諧之虞，應准予由夫妻之一方單獨終止收養，爰增列但書規定。

(8) 夫妻之一方依前述但書規定單獨終止收養者，其效力不及於他方（民 §1080 VIII）。

2. 死後終止（民 §1080-1）

(1) 養父母死亡後，養子女得聲請法院許可終止收養。

(2) 養子女未滿七歲者，由收養終止後為其法定代理人之人向法院聲請許可。

(3) 養子女為滿七歲以上之未成年人者，其終止收養之聲請，應得收養終止後為其法定代理人之人之同意。

(4) 法院認終止收養顯失公平者，得不許可之。

3. 終止收養之無效（民 §1080-2）：終止收養，違反第 1080 條第 2 項、第 5 項或第 1080 條之 1 第 2 項規定者，無效。

4. 終止收養之撤銷（民 §1080-3）：

(1) 終止收養，違反第 1080 條第 7 項之規定者，終止收養者之配偶得請求法院撤銷之。但自知悉其事實之日起，已逾 6 個月。或自法院認可之日起已逾 1 年者，不得請求撤銷。

(2) 終止收養，違反第 1080 條第六項或第 1080 條之 1 第 3 項之規定者，終止收養後被收養者之法定代理人得請求法院撤銷之。但自知悉其事實之日起，已逾 6 個月，或自法院許可之日起已逾 1 年者，不得請求撤銷。

（二）法院宣告終止（民 §1081）

1. 養父母、養子女之一方，有下列各款情形之一者，法院得依他方、主管機關或利害關係人之請求，宣告終止其收養關係：

(1) 對於他方為虐待或重大侮辱。

(2) 遺棄他方。

(3) 因故意犯罪，受二年有期徒刑以上之刑之裁判確定而未受緩刑宣告。

(4) 有其他重大事由難以維持收養關係。

2. 養子女為未成年人者，法院宣告終止收養關係時，應依養子女最佳利益為之。

（三）終止之效力

1. 給與金額之請求 [14] （民 §1082）

   因收養關係終止而生活陷於困難者，得請求他方給與相當之金額。但其請求顯失公平者，得減輕或免除之。

2. 回復本姓（民 §1083）

   養子女及收養效力所及之直系血親卑親屬，自收養關係終止時起，回復其本姓，並回復其與本生父母及其親屬間之權利義務。但第三人已取得之權利，不受影響。

伍 父母子女之權利義務

一、權利義務之內容

（一）身分上權利義務

1. 孝親、保護及教養（民 §1084）：

   (1) 子女應孝敬父母。

   (2) 父母對於未成年之子女，有保護及教養之權利義務。

2. 懲戒權（民 §1085）：

   父母得於必要範圍內懲戒其子女。

3. 法定代理權（民 §1086）：

   (1) 父母為其未成年子女之法定代理人。

   (2) 父母之行為與未成年子女之利益相反，依法不得代理時，法院得依父母、未成年子女、主管機關、社會福利機構或其他利害關係人之聲請或依職權，為子女選任特別代理人。

---

[14] 立法理由：

養父母與養子女間互負生活保持義務，故如一方因收養關係終止而生活陷於困難時，他方應予扶助，而不應因判決終止或合意終止而有所不同，爰將「經判決」三字刪除，並酌作文字修正。又於合意終止收養關係之情形，原則上並無「無過失」之問題，爰予刪除。至如請求他方給與金額有顯失公平之情形（如有過失等情形），明定得予以減輕或免除之規定。

（二）財產上權利義務

1. 子女之特有財產（民§1087）

   未成年子女，因繼承、贈與或其他無償取得之財產，為其特有財產。

2. 子女特有財產之管理（民§1088）

   (1) 未成年子女之特有財產，由父母共同管理。

   (2) 父母對於未成年子女之特有財產，有使用、收益之權。但非為子女之利益，不得處分之。

二、親權之行使

裁判未成年子女權義之行使及變更（民§1089）。

（一）原則

對於未成年子女之權利義務，除法律另有規定外，由父母共同行使或負擔之（民§1089 I）。

（二）例外

1. 父母之一方**不能行使權利時**，由他方行使之。父母不能共同負擔義務時，由有能力者負擔之（民§1089 I）。所謂「不能行使權利」兼指法律上不能（例如受停止親權之宣告）及事實上之不能（例如在監長期徒刑之執行、精神錯亂、重病、生死不明等）而言。至於行使有困難（例如自己上班工作無暇管教，子女尚年幼需僱人照顧等），則非所謂不能行使[15]。

2. 父母對於未成年子女重大事項權利之行使意思不一致時，得請求法院依子女之最佳利益酌定之（民§1089 II）。法院為前項裁判前，應聽取未成年子女、主管機關或社會福利機構之意見（民§1089 III）。

---

[15] 62年台上字第415號判例。

3. 父母不繼續共同生活達 6 個月以上時，關於未成年子女權利義務之行使或負擔，準用第 1055 條、第 1055 條之 1 及第 1055 條之 2 之規定。但父母有不能同居之正當理由或法律另有規定者，不在此限（民 §1089-1）[16]。

三、親權濫用之制止（民 §1090）

父母之一方濫用其對於子女之權利時，法院得依他方、未成年子女、主管機關、社會福利機構或其他利害關係人之請求或依職權，為子女之利益，宣告停止其權利之全部或一部。所謂「濫用其對子女之權利」，例如積極的施以虐待或消極的不盡其為父母之義務等⋯均屬親權之濫用。

---

[16] 立法理由：

「父母有不能同居之正當理由」或法律另有規定，例如父母已由法院依家庭暴力防治法第十三條第二項第三款命遷出住居所而未能同居、或依同條項第六款定暫時親權行使或負擔之人，或依本法或兒童及少年福利法第四十八條等規定停止親權一部或全部者等，自不得再依本條準用第一千零五十五條、第一千零五十五條之一及第一千零五十五條之二之規定，爰於本條但書將上開情形予以排除。

習題 | REVIEW ACTIVITIS ✏

(A) 1. 甲為 16 歲青年，自台中到台北工作，準備在台北久住而購屋居住，但甲之父母仍然居住於台中。試問：甲目前的住所在何處？ (A) 台中 (B) 台北 (C) 由甲自行決定 (D) 由法院決定。

詳解 民法第 1060 條：「未成年之子女，以其父母之住所為住所。」

(D) 2. 關於收養人與被收養人年齡之差距，下列敘述，何者正確？ (A) 收養人須長於被收養人 20 歲以上；夫妻共同收養者，夫妻年齡均須長於被收養人 20 歲以上 (B) 收養人須長於被收養人 20 歲以上；夫妻共同收養者，夫之年齡須長於被收養人 20 歲以上，妻則無限制 (C) 收養人須長於被收養人 18 歲以上；夫妻共同收養者，夫妻年齡均須長於被收養人 18 歲以上 (D) 收養人須長於被收養人 20 歲上；夫妻共同收養者，夫妻一方須長於被收養人 20 歲以上，他方應長於被收養人 16 歲以上。【102 年公務員升等郵政】

詳解 民法第 1073 條第 1 項：「收養者之年齡，應長於被收養者二十歲以上。但夫妻共同收養時，夫妻之一方長於被收養者二十歲以上，而他方僅長於被收養者十六歲以上，亦得收養。」

(C) 3. 趙男與錢女結婚，婚後產下一子登記姓名為趙大富。下列敘述何者錯誤？ (A) 趙大富未成年前，得由父母以書面約定變更為錢大富 (B) 嗣後趙男與錢女離婚，法院得依錢女之請求，為子女之利益，宣告變更趙大富為錢大富 (C) 趙大富 20 歲後，經父母同意得申請變更姓氏為錢大富 (D) 已成年子女姓氏的變更其次數以一次為限。 【102 年不動產經紀人】

詳解 第 1059 條（子女之姓）
父母於子女出生登記前，應以書面約定子女從父姓或母姓。未約定或約定不成者，於戶政事務所抽籤決定之。
子女經出生登記後，於未成年前，得由父母以書面約定變更為父姓或母姓；子女已成年者，得變更為父姓或母姓。
前二項之變更，各以一次為限。
有下列各款情形之一，法院得依父母之一方或子女之請求，為子女之利益，宣告變更子女之姓氏為父姓或母姓：
一、父母離婚者。
二、父母之一方或雙方死亡者。
三、父母之一方或雙方生死不明滿三年者。
四、父母之一方顯有未盡保護或教養義務之情事者。

（C）4. 甲男與乙女未結婚，但生下丙。下列敘述何者正確？ (A)乙女必須認領丙，丙才視為乙之婚生子女 (B)縱使甲與乙嗣後結婚，丙仍是非婚生子女 (C)甲死後，丙得向甲之繼承人提起認領之訴 (D)甲認領丙後，無論如何絕對不得撤銷認領。 【102年不動產經紀人】

> **詳解** 第 1061 條（婚生子女之定義）：「稱婚生子女者，謂由婚姻關係受胎而生之子女。」
> (A) 民法第 1065 條第 2 項：「非婚生子女與生母之關係，視為婚生子女，無須認領。」
> (B) 第 1064 條（準正）：「非婚生子女，其生父與生母結婚者，視為婚生子女。」
> (C) 民法第 1067 條。
> (D) 民法第 1070 條：「生父認領非婚生子女後，不得撤銷其認領。但有事實足認其非生父者，不在此限。」

（A）5. 依民法第 1067 條規定，有事實足認其為非婚生子女之生父者，生母得於多久期間內，對生父向法院提起認領子女之訴？ (A)無期間之限制 (B)自子女出生後七年期間 (C)自子女出生後一年 (D)自子女出生後二年。 【101年高考法制】

> **詳解** 民法第 1067 條（認領之請求）
> 有事實足認其為非婚生子女之生父者，非婚生子女或其生母或其他法定代理人，得向生父提起認領之訴。
> 前項認領之訴，於生父死亡後，得向生父之繼承人為之。生父無繼承人者，得向社會福利主管為之。

（C）6. 依現行民法之規定，收養契約經法院為收養認可裁定確定時，收養關係何時發生效力？ (A)自法院認可裁定確定之時 (B)溯及至雙方當事人聲請法院為收養認可之時 (C)溯及至雙方當事人訂立收養契約之時 (D)溯及至法院自審理收養認可聲請之時。 【101年高考法制】

> **詳解** 民法第 1079-3 條：「收養自法院認可裁定確定時，溯及於收養契約成立時發生效力。但第三人已取得之權利，不受影響。」

（D）7. 下列何者情形收養無效？ (A)收養人未與配偶共同收養 (B)滿七歲之未成年人被收養，而未得法定代理人之同意 (C)有配偶之被收養人，於被收養時未得其配偶之同意 (D)除夫妻共同收養外，養子女同時為二人之養子女。 【101年高考法制】

詳解 (A) 民法第 1074 條:「夫妻收養子女時,應共同為之。」

民法第 1079-5 條第 1 項:「收養子女,違反第一千零七十四條之規定者,收養者之配偶**得請求法院撤銷之**。」

(B) 民法第 1076-2 條第 2 項:「滿七歲以上之未成年者被收養時,應得其法定代理人同意。」

民法第 1079-5 條第 2 項:「收養子女,違反第一千零七十六條或第一千零七十六條之二第二項規定者,被收養者之配偶或法定代理人**得請求法院撤銷之**。」

(C) 民法第 1076 條:「夫妻之一方被收養時,應得他方之同意。」違法時依民法第 1079-5 條第 2 項之規定,被收養者之配偶**得請求法院撤銷之**。

(D) 民法第 1075 條:「除夫妻共同收養外,一人**不得**同時為二人之養子女。」

(D) 8. 下列有關婚生子女否認權人之敘述,何者正確?　(A) 受推定之父、生母、子女及與該子女有真實血緣關係之生父,均有否認權　(B) 僅受推定之父有否認權;生母、子女與該子女有父子女血緣關係之生父,則無　(C) 受推定之父、生母有否認權;子女與該子女有真實血緣關係之生父,則無　(D) 受推定之父、生母、子女均有否認權;與該子女有真實血緣關係之生父,則無。　【101 年地方特考三等】

詳解 民法第 1063 條第 2 項:「前項推定,夫妻之一方或子女能證明子女非為婚生子女者,得提起否認之訴。」

(A) 9. 關於收養之敘述,下列何者錯誤?　(A) 限於未成年人,方得被收養　(B) 養父母死亡後,養子女得聲請法院許可終止收養　(C) 夫妻應共同收養子女　(D) 養子女從收養者之姓或維持原來之姓。　【100 年不動產經紀人】

詳解 (A) 被收養人原則上不限於未成年人,例外有民法第 1079-2 條:

「被收養者為成年人而有下列各款情形之一者,法院應不予收養之認可:

一、意圖以收養免除法院義務。

二、依其情形,足認收養於其本生父母不利。

三、有其他重大事由,足認違反收養目的。」

(C) 民法第 1075 條。

(D) 民法第 1078 條。

(D) 10. 否認婚生子女之訴,下列何人無權提起?　(A) 夫　(B) 妻　(C) 子女本人　(D) 子女之生父。　【98 年不動產經紀人】

詳解 民法第 1063 條第 2 項:「前項推定,夫妻之一方或子女能證明子女非為婚生子女者,得提起否認之訴。」

（B） 11. 下列親屬間，何者不得成立收養關係？ (A) 舅舅收養外甥　(B) 岳父收養女婿　(C) 叔叔收養姪兒　(D) 繼父收養繼子。　【105 年司律第一試】

詳解 民法第 1073-1 條：「下列親屬不得收養為養子女：

一、直系血親。

二、直系姻親。但夫妻之一方，收養他方之子女者，不在此限。

三、旁系血親在六親等以內及旁系姻親在五親等以內，輩分不相當者。…」

| 請掃描 QR Code P.188~191 有補充習題 |

監 護

INTRODUCTION TO CIVIL LAW

監護指對於行為能力欠缺之人，所為之監督與保護。監護機關以監護人為監護執行機關，法院為監護監督機關。監護因受監護人年齡不同，而區分為未成年之監護與成年人之監護與輔助兩種。

第一節　未成年人之監護

| 請見 P.536 QR Code P.194~202 有詳細補充資料說明 |

第二節　成年人之監護與輔助

| 請見 P.536 QR Code P.202~205 有詳細補充資料說明及補充習題 |

扶　養

扶養的意義

所謂扶養,指一定親屬之間,有經濟能力者對於無能力維持生活者,予以必要生活上之供給。而扶養義務乃發生於有扶養必要,與有無養能力之一定親屬間。

| 請見 P.536 QR Code P.208~215 有詳細補充資料說明及補充習題 |

家

INTRODUCTION TO CIVIL LAW

家之意義

稱家者，謂以永久共同生活為目的而同居之親屬團體（民 §1122）。家是多數人為了達到永久共同生活的目的，而同財共居。永久共同生活為目的同居一家之人即視為家屬，不以親屬為必要。

| 請見 P.536 QR Code P.218 有詳細補充資料說明 |

CHAPTER 07

親屬會議

親屬會議之意義

　　親屬會議指為保護親屬利益（如糾正父母濫用對子女之權利（民§1090）），或處理親屬死亡後如遺產之酌給（民§1149）、認定遺囑之真偽（民§1197）…等特定事項，而由親屬所組成之會議組織。

| 請見 P.536 QR Code P.220~224 有詳細補充資料說明 |

第五編

繼承

CHAPTER 01

遺產繼承人

壹 繼承之意義及種類

繼承指被繼承人死亡，由其繼承人當然概括的承受被繼承人一切權利義務之　種法律事實。

繼承可分為：

一、 單獨繼承：一人繼承全部之遺產。

二、 共同繼承：數人共同繼承全部遺產，繼承後再為遺產之分割。

貳 繼承人

民法第 1138 條規定：「遺產繼承人，除配偶外，依左列順序定之：一、直系血親卑親屬。二、父母。三、兄弟姊妹。四、祖父母。」

> **要 點 檢 索**
> 1. 當然繼承人
> 2. 血親繼承人
> 3. 代位繼承人

一、當然繼承人

配偶有相互繼承遺產之權利，為當然繼承人，其應繼分視與何順序之血親繼承人同為繼承而有不同（民 §1144），但若無血親繼承人時，則配偶得單獨繼承。而所謂「配偶」指在繼承開始時具有配偶身分之人。

二、血親繼承人：

（一）依其順序為：直系血親卑親屬→父母→兄弟姊妹→祖父母。

1. 直系血親卑親屬：

    (1) 第一順序之繼承人為直系血親卑親屬，以親等近者為先（民 §1139），例如被繼承人有子輩繼承人時，由子輩繼承，若無子輩則由孫輩繼承，以此類推。

    (2) 民法第一千一百四十條所謂代位繼承其應繼分者。以被繼承人之直系血親為限。

2. 父母：指被繼承人之父母。繼母之身分，依民法規定，不過為血親之配偶，並非直系血親尊親屬[1]。

---

[1]　28 年上字第 2382 判例。

3. 兄弟姊妹：

   (1) 民法第 1138 條關於遺產繼承人順序之規定。既列兄弟姊妹於祖父母順序之前。其所謂兄弟姊妹。自係指同父母之兄弟姊妹而言。同祖父母之兄弟姊妹（堂兄弟姊妹或表兄弟姊妹）當然不包含在內。

   (2) 同父異母，或同母異父之兄弟。及養子與養父母之婚生子。均為同胞兄弟[2]。兄弟異母兄弟姊妹異母姊妹均為民法第 1138 條所定第三順序之繼承人[3]。

4. 祖父母：民法親屬編關於血親之規定、僅有直系旁系之分。並無內外之別，所稱之外祖父母（即母之父母）。亦即為民法第 1138 條所規定遺產繼承第四順序之祖父母[4]。

（二）血親繼承人之順序，如有前一順序之繼承人，則後一順序之繼承人不得繼承。

（三）無法定繼承人亦無指定繼承人之遺產。應適用無人承認繼承之規定。於清償債權、交付遺贈物後。將其剩餘歸屬國庫[5]。

三、代位繼承人

題目 ....

何謂代位繼承？婚生子女之養子女得否代位繼承？試說明之。

【89 年地政士】

民法第 1140 條：「第 1138 條所定第一順序之繼承人，有於繼承開始前死亡或喪失繼承權者，由其直系血親卑親屬代位繼承其應繼分。」

代位繼承之要件：

---

[2] 司法院解釋院解字第 2989 號。

[3] 司法院解釋院解字第 3762 號。

[4] 司法院解釋院字第 898 號。

[5] 司法院解釋院字第 898 號。

（一）須被繼承人親等近之直系血親卑親屬於繼承開始前死亡或喪失繼承權

1. 死亡：

   (1) 包含自然死亡及死亡宣告。

   (2) 被代位人與被繼承人同時死亡時，相互間不生繼承之問題，但仍具備代位繼承之合法要件，例如：甲有乙子，乙有丙子，若甲、乙同時死亡，甲、乙之間因不具備同時存在原則，而互不繼承，但丙仍得代位乙繼承其祖父甲之遺產。

2. 喪失繼承權：

   專指被代位人因民法第 1145 條喪失繼承權之情形，其餘如拋棄繼承[6]或終止收養則不包含在內，因此拋棄繼承不得代位繼承[7]。

（二）被代位人必須為被繼承人之直系血親卑親屬

被代位繼承人限民法第第 1138 條所定第一順序之繼承人，即直系血親卑親屬，其他親屬不得為代位繼承。例如：甲無父母子女，亦尚未娶妻，甲有兄弟乙、丙、丁三人，乙已亡故，留有一子 A，甲死亡時留有遺產，因為甲之遺產須由第二順序之繼承人，而第二順序繼承人不適用代位繼承之規定，A 不得代位乙繼承甲之遺產，故甲之遺產由丙、丁二人繼承。

（三）代位繼承人須為被代位人之直系血親卑親屬

代位繼承人以被代位人之直系血親卑親屬為限，所謂「直系血親卑親屬」，包含婚生子女及養子女[8]，養子女與養父母之關係為擬制血親，因此養子女之婚生子女、養子女之養子女、以及婚生子女之養子女，均得代位繼承[9]。

---

[6] 大法官解釋釋字第 57 號。

[7] 依民法第 1176 條拋棄繼承權人應繼分歸屬於其他繼承人，既已歸屬其他繼承人，則其直系血親卑親屬無代位繼承之可能。

[8] 林秀雄教授採肯定之見解，認為不論養子女或婚生子女，於現行親屬、繼承法上之地位完全相同，解釋上不論養子女或婚生子女，本於代位繼承權為其「固有權」之基礎，自應有代位繼承權。

[9] 司法院大法官會議解釋彙編第 101 頁；司法院大法官解釋（一）（98 年 10 月版）第 121-122 頁。

參 應繼分

應繼分指數人共同繼承時，各繼承人對於共同繼承財產之一切權利義務所得繼承之比例。應繼分決定之方式，可分為法定應繼分及指定應繼分：

一、法定應繼分

（一）同順序繼承人之應繼分（民 §1141）

同一順序之繼承人有數人時，按人數平均繼承。但法律另有規定者，不在此限。

（二）代位繼承人之應繼分（民 §1140）

第 1138 條所定第一順序之繼承人，有於繼承開始前死亡或喪失繼承權者，由其直系血親卑親屬代位繼承其應繼分。

（三）配偶之應繼分（民 §1144）

配偶有相互繼承遺產之權，其應繼分，依下列各款定之：

1. 與第 1138 條所定第一順序之繼承人同為繼承時，其應繼分與他繼承人平均。
2. 與第 1138 條所定第二順序或第三順序之繼承人同為繼承時，其應繼分為遺產二分之一。
3. 與第 1138 條所定第四順序之繼承人同為繼承時，其應繼分為遺產三分之二。
4. 無第 1138 條所定第一順序至第四順序之繼承人時，其應繼分為遺產全部。

繼承人之順序及其應繼分、特留分（民 §1138、1141、1144、1123）

順序	血親繼承人	應繼分	特留分	當然繼承人	應繼分	特留分
第一順序	直系血親卑親屬	平均	1/2（應繼分）	配偶	平均	1/2（應繼分）
第二順序	父母	1/2（平均）	1/2（應繼分）	配偶	1/2	1/2（應繼分）
第三順序	兄弟姊妹	1/2（平均）	1/3（應繼分）	配偶	1/2	1/2（應繼分）
第四順序	祖父母	1/3（平均）	1/3（應繼分）	配偶	2/3	1/2（應繼分）

二、指定應繼分

民法第 1187 條：「遺囑人於不違反關於特留分規定之範圍內，得以遺囑自由處分遺產。」

（一）被繼承人以遺囑自由為之

（二）不可違反特留分之規定

題目 ....

A男與B女、C女同居，同居半年後，A與B、C同時舉行公開的結婚典禮。婚後一年，A男在一場車禍中死亡，死後留有新台幣一百萬元遺產。A男尚有父D、母E弟F。問

1. A、B、C 結婚之效力如何？
2. A 之遺產由何人繼承？各繼承多少元？　　　　　　　　　【93 年地政士】

1. A、B、C 結婚為同時婚，違反結婚實質要件而無效。理由如下：

   (1) 民法第 985 條第 2 項：「一人不得同時與二人以上結婚。」

   (2) 民法第 988 條：「結婚有下列情形之一者，無效：①不具備第 982 條之方式。②違反第 983 條規定。③違反第 985 條規定。」

2. A 之遺產由父 D、母 E 繼承，各繼承 50 萬元：

   (1) 適格繼承人：

   ① 當然繼承人：甲無配偶，故無當然繼承人。

   ② 血親繼承人：甲無直系血親卑親屬，故由第二順位之父母共同繼承，依民法第 1141 條：「同一順序之繼承人有數人時，按人數平均繼承。」其應繼分為遺產之二分之一。

   (2) 甲遺產總額為 100 萬元。

   (3) 分配：D、E 各得繼承 100 萬元之二分之一，D、E 各繼承 50 萬元。

肆 繼承權

一、繼承權之意義

繼承權指得為他人繼承人之權利。

二、繼承權之取得

繼承權取得之要件：

（一）須被繼承人死亡

民法第 1147 條：「繼承，因被繼承人死亡而開始。」

（二）須有繼承能力

繼承能力指繼承人有權利能力，並且與被繼承人間有一定親屬之身分關係。

（三）須位於繼承順序

1. 依民法第 1138 條規定繼承人之範圍及順序，順序在先者先行繼承，順序在後者則須前順序均無繼承人時，方得繼承。

2. 民法第 1138 條所定之第一順序繼承人（直系血親卑親屬），以親等近者為先（民 §1139）。

（四）須同時存在

1. 原則：同時存在原則。

   被繼承人財產上一切權利義務，於繼承開始時當然移轉於繼承人，故繼承人必須是繼承開始時實際生存之人，繼承開始時已死亡或未出生之人，無繼承之資格。民法第 11 條：「二人以上同時遇難，不能證明其死亡之先後時，推定其為同時死亡。」推定為同時死亡因不具備同時存在原則，故相互間無遺產繼承權。

2. 例外：胎兒。

   民法第 7 條：「胎兒以將來非死產者為限，關於其個人利益之保護，視為既已出生。」為保護胎兒之權利，視為已出生，因此而有繼承人資格。

三、繼承權之喪失

繼承權喪失指有繼承權之人，因法定事由而其喪失繼承人之地位，繼承權喪失之事由（民§1145）：

（一）當然失權

繼承人一旦具有法定失權事由，不待被繼承人為任何表示，即當然喪失繼承權。可分為絕對失權與相對失權：

1. 絕對失權

    (1) 故意致被繼承人或應繼承人於死或雖未致死因而受刑之宣告者（民§1145 I①）。其要件為：

    ① 須有致死之故意。

    ② 須對象為被繼承人或應繼承人（限同順位或先順位之應繼承人）。

    ③ 須行為時明知侵害之對象為被繼承人或應繼承人。

    ④ 須致死，或雖未致死但因此受刑之宣告。

    (2) 絕對失權之事由，可非難度高，繼承權不因被繼承人之宥恕而回復，為絕對之喪失。

2. 相對失權

    (1) 失權事由：

    ① 以詐欺或脅迫使被繼承人為關於繼承之遺囑，或使其撤回或變更之者（民§1145 I②）。

    ② 以詐欺或脅迫妨害被繼承人為關於繼承之遺囑，或妨害其撤回或變更之者（民§1145 I③）。

    ③ 偽造、變造、隱匿或湮滅被繼承人關於繼承之遺囑者（民§1145 I④）。

    (2) 相對失權，如經被繼承人宥恕者，其繼承權不喪失（民§1145 II）。

（二）表示失權

1. 對於被繼承人有重大之虐待或侮辱情事，經被繼承人表示其不得繼承者（民§1145 I⑤）。表示失權之要件：

(1) 須對於被繼承人有重大之虐待或侮辱。

(2) 經被繼承人表示其不得繼承。

(3) 須未被宥恕。

2. 重大虐待：所謂「重大之虐待情事」係指以身體上或精神上之痛苦加諸於被繼承人，不以積極行為為限，更包括消極行為在內。凡對於被繼承人施加毆打，或對之負有扶養義務而惡意不予扶養者，固屬之，即被繼承人終年臥病在床，繼承人無不能探視之正當理由，而至被繼承人死亡為止，始終不予探視者，衡諸我國重視孝道固有倫理，足致被繼承人感受精神上莫大痛苦之情節，亦應認為有重大虐待之行為[10]。

3. 重大侮辱：所謂之侮辱，謂毀損他方人格價值之行為[11]重大者。

4. 表示：所謂被繼承人「表示」，為不要式行為，無須對於特定人為表示[12]，雖然不必以遺囑為之[13]。但若被繼承人於遺囑中，主張繼承人對之有重大之虐待或侮辱情事，並請求公證人認證，公證人雖無法就事實之存否加以審認，但仍可就遺囑人為表示失權之意思表示加以確認[14]，使之喪失繼承權。

題目

甲男與乙女是夫妻，育有丙男丁女，丙男長大後與戊女結婚生下 A、B 二子，又與己女同居生下 C 女，之後丙男因故死亡。丁女與庚男結婚生下 D 女。嗣甲男乙女感情不睦而訂立離婚協議書，並經二位證人簽名，但未前往戶政機關辦理離婚登記。若甲死亡。未立遺囑，請附理由說明其遺產由何人繼承？應繼分各若干？ 【99 年地政士】

---

[10] 74 年台上字第 1870 號判例。

[11] 臺灣高等法院高雄分院 90 重家上字第 5 號判決。

[12] 最高法院 72 年台上字第 4710 號判決。

[13] 22 年上字第 1250 號判例。

[14] 公證法律問題研究（三）第 63-65 頁。

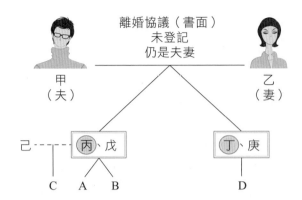

（一）遺產繼承人為乙、丁及 A、B、C（代位丙）

1. 當然繼承人：配偶乙。

   (1) 甲、乙離婚欠缺形式要件，離婚無效，乙仍是甲之配偶。

   民法第1050條：「兩願離婚，應以書面為之，有二人以上證人之簽名並應向戶政機關為離婚之登記。」甲乙雖訂立離婚協議書，但尚未前往戶政機關辦理登記，其離婚尚未發生效力，彼此仍為法律上之夫妻，於繼承開始時，乙仍具有甲之配偶身分，故具有當然繼承人之身分。

   (2) 乙並未喪失繼承權。

   民法第1145條第5款：「對於被繼承人有重大之虐待或侮辱情事，經被繼承人表示其不得繼承者。」為表示失權，甲與乙協議離婚或可認為，甲有表示乙不得繼承之意，但因乙對甲並無重大之虐待或侮辱情事，欠缺表示失權之要件，而無喪失繼承權之效力，故乙未喪失繼承權。

   (3) 因此，乙具有配偶身分而為甲之適格繼承人。

2. 血親繼承人：直系血親卑親屬丁及代位繼承人 A、B、C。

   (1) 直系血親卑親屬丁：

   民法第1138條：「遺產繼承人，除配偶外，依左列順序定之：①直系血親卑親屬。②父母。③兄弟姊妹。④祖父母。」甲有直系血親子女丙、丁二人，依民法第1138條規定繼承人之範圍及順序，順序在先者先行繼承，順序在後者則須前順序均無繼承人時，方得繼承。

① 丁為第一順序繼承人。

② 丙違反同時存在原則，無繼承之資格。

被繼承人財產上一切權利義務，於繼承開始時當然移轉於繼承人，故繼承人必須是繼承開始時實際生存之人，繼承開始時已死亡或未出生之人，無繼承之資格。

(2) 代位繼承人 A、B、C：

民法第 1140 條：「第 1138 條所定第一順序之繼承人，有於繼承開始前死亡或喪失繼承權者，由其直系血親卑親屬代位繼承其應繼分。」丙先甲而死亡，由其直系血親卑親屬 A、B、C 代位繼承丙之應繼分。

（二）應繼分

1. 乙、丁之應繼分：各為遺產之三分之一。

依民法第 1141 條：「同一順序之繼承人有數人時，按人數平均繼承。但法律另有規定者，不在此限。」民法第 1144 條：「配偶有相互繼承遺產之權，其應繼分，依下列各款定之：與第 1138 條所定第一順序之繼承人同為繼承時，其應繼分與他繼承人平均。」故乙、丙、丁之應繼分，各為遺產之三分之一。

2. A、B、C 之應繼分：各為遺產之九分之一

民法第 1140 條：「第 1138 條所定第一順序之繼承人，有於繼承開始前死亡或喪失繼承權者，由其直系血親卑親屬代位繼承其應繼分。」A、B、C 代位繼承丙之應繼分（遺產之三分之一），按其人數平均，故 A、B、C 之應繼分，各為遺產之九分之一。

題目 ....

　　甲男乙女是夫妻，育有子女丙、丁，並共同收養戊為養女。戊與己男結婚，婚後生有子女 A、B。某日甲、乙、戊同車旅行，發生車禍，3 人同時死亡。請問：

（一）甲留有遺產 600 萬元，應由何人繼承？其應繼分如何？

（二）設丙曾向庚借款 300 萬元，因恐繼承甲之遺產後，庚來查封，而拋棄繼承。庚可否以丙拋棄繼承之行為損害其債權為由，訴請法院撤銷之？理由何在？　　　　　　　　　　　　　【99 年經紀人】

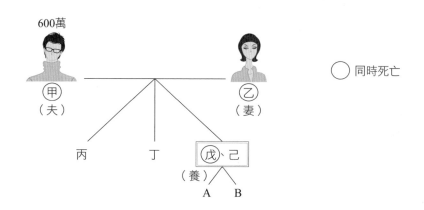

（一）甲之遺產由直系血親卑親屬丙、丁及代位繼承人 A、B 共同繼承

1. 無當然繼承人：

    (1) 乙具有配偶身分。

    (2) 乙與甲同時死亡，民法第 11 條：「二人以上同時遇難，不能證明其死亡之先後時，推定其為同時死亡。」推定為同時死亡因不具備同時存在原則，故相互間無遺產繼承權。

2. 血親繼承人：直系血親卑親屬丙、丁及代位繼承人 A、B。

    (1) 直系血親卑親屬丁：

    民法第 1138 條：「遺產繼承人，除配偶外，依左列順序定之：①直系血親卑親屬。②父母。③兄弟姊妹。④祖父母。」甲有直系血親子女丙、丁、戊三人，依民法第 1138 條規定繼承人之範圍及順序，順序在先者先行繼承，順序在後者則須前順序均無繼承人時，方得繼承。

    ① 丙、丁及戊為第一順序繼承人。

    ② 戊與甲同時死亡，民法第 11 條：「二人以上同時遇難，不能證明其死亡之先後時，推定其為同時死亡。」被代位人戊與被繼承人甲同時死亡時，相互間不生繼承之問題，但仍具備代位繼承之合法要件。

(2) 代位繼承人 A、B：

民法第 1140 條：「第 1138 條所定第一順序之繼承人，有於繼承開始前死亡或喪失繼承權者，由其直系血親卑親屬代位繼承其應繼分。」戊與甲同時死亡，由其直系血親卑親屬 A、B 代位繼承丙之應繼分。

3. 應繼分

(1) 丙、丁之應繼分：各為 200 萬元。

依民法第 1141 條：「同一順序之繼承人有數人時，按人數平均繼承。但法律另有規定者，不在此限。」故丙、丁、戊之應繼分，各為遺產之三分之一。遺產為 600 萬元，故丙、丁各得分配 200 萬元（600*1/3=200）。

(2) A、B 之應繼分：100 萬元

民法第 1140 條：「第 1138 條所定第一順序之繼承人，有於繼承開始前死亡或喪失繼承權者，由其直系血親卑親屬代位繼承其應繼分。」A、B 代位繼承丙之應繼分（遺產之三分之一：200 萬元），按其人數平均，故 A、B 之應繼分，各為 100 萬元（200*1/2=100）。

（二）庚不得以丙拋棄繼承之行為損害其債權為由，訴請法院撤銷

1. 撤銷權之要件：因債務人之行為為有償或無償而有所不同。債務人為無償行為時，只須具備客觀要件，債權人即得行使撤銷權；債務人所為為有償行為時則須同時具備客觀及主觀要件。

(1) 客觀要件：無論有償或無償行為均須具備客觀要件。

① 須債務人曾為法律行為。

② 須債務人之行為以財產權為標的。

債務人之行為若非以財產為標的者，債權人不得行使撤銷權，例如結婚、收養、拋棄繼承[15]…等。

③ 須債務人之行為有害債權。

---

[15] 73 年第 2 次民庭會議決議（一）。

(2) 主觀要件：債務人所為之有償行為，於行為時明知有損害於債權人之權利者，以受益人於受益時亦知其情事者為限，債權人得聲請法院撤銷之（民 §244 II）。

2. 債權人依民法第 244 條規定行使撤銷訴權者，以債務人所為非以其人格上之法益為基礎之財產上之行為為限，**繼承權**係以人格上之法益為基礎，且拋棄之效果，不特不承受被繼承人之財產上權利，亦不承受被繼承人財產上之義務，故繼承權之拋棄，縱有害及債權，仍不許債權人撤銷之 [16]。

四、繼承權之回復

（一）意義

繼承開始後，真正繼承人之繼承權為僭稱繼承人侵害，而請求確認其繼承資格，及回復繼承標的之一切權利。

（二）請求權人

繼承權被侵害者，被害人或其法定代理人得請求回復之（民 §1146 I）。

（三）相對人

僭稱繼承人或表見繼承人。

（四）效力

繼承回復請求訴訟勝利後，請求權人回復為真正遺產繼承人以及所有權人之地位。

（五）消滅（民 §1146 II）

1. 自知悉被侵害之時起，2 年間不行使而消滅。
2. 自繼承開始時起逾 10 年不行使而消滅。

---

[16] 最高法院 73 年度第 2 次民事庭會議決議〔一〕。

習題 | REVIEW ACTIVITIS ✎

(D) 1. A 男與 B 女結婚，生下一子 B1，B1 三歲時，A 男與 B 女離婚並跟 C 女結婚。某日 A 男與 C 女旅遊發生意外，二人同時死亡，A 男留下 1 千萬財產。請問 A 男的財產由誰繼承？ (A) 由 B1 與 B 共同繼承 (B) 由 B1 及 A 男的父親共同平均繼承 (C) 由 B1 繼承三分之二，A 男的父親繼承三分之一 (D) 由 B1 繼承。 【102 年公務員升等郵政】

> 詳解 依同時存在原則，A、C 同時死亡時，互不繼承，故 A 死亡時，其繼承人依民法第 1138、1139 條規定。
> 由其直系血親卑親屬 B1 繼承。

(C) 2. 甲僅有乙子，乙又僅有丙子，三代單傳且配偶均亡，若乙先死亡，丙拋棄對乙之繼承權後甲才死亡，則甲之財產應由下列何人繼承？ (A) 甲之父母 (B) 甲之兄弟姊妹 (C) 丙 (D) 丙之子女。【102 年公務員升等法制】

> 詳解 民法第 1138 條：「遺產繼承人，除配偶外，依下列順序定之：
> 一、直系血親卑親屬。
> 二、父母。
> 三、兄弟姊妹。
> 四、祖父母。」
> 民法第 1139 條：「前條所定第一順序之繼承人，以親近者優先。」
> 第一順位繼承人為直系血親卑親屬，子輩之親較孫輩為近，甲三代單傳，子輩繼承人乙又先甲死亡，故無子輩繼承人，此時由孫輩繼承人丙繼承，丙本於第一順位繼承人之身分繼承甲之遺產，而非本於代位繼承人之身分，故與其拋棄對乙之繼承權無涉。

(B) 3. 甲早年喪偶，育有子女三人乙、丙、丁，嗣後與戊女結婚，並生有二子女 A、B，戊女與前夫育有二女 C、D。關於這家人將來的繼承關係，下列敘述何者正確？ (A) 若甲死亡，甲的遺產由乙、丙、丁、戊及 A、B、C、D 共同繼承 (B) 若戊死亡，戊的遺產由甲和 A、B、C、D 共同繼承 (C) 若乙未婚，因意外事故死亡，乙的遺產由甲、戊共同繼承 (D) 若戊與 C 出遊，二人因意外事故死亡，C 未婚，C 的遺產由甲與 D 共同繼承。

【102 年不動產經紀人】

| 請掃描 QR Code P.228 有補充習題 |

詳解 第 1138 條（法定繼承人及其順序）。

第 1144 條：配偶有相互繼承遺產之權。

(A) 若甲死亡，甲之遺產由血親繼承人乙、丙、丁、A、B，及當然繼承配偶戊共同繼承，因為 C、D 與甲為直系姻親，非甲之直系血親繼承人，故 C、D 非甲之遺產繼承人。

(C) 若乙未婚無直系血親卑親屬，因意外事故死亡，乙之遺產由第二順序繼承人父、母繼承，因為戊為乙之直系姻親，而非乙之母親，乙之父母僅甲一人，故由甲單獨繼承。

(D) 若戊與 C 同時死亡，互相不繼承，C 亦無直系血親卑親屬，C 之遺產由第二順序繼承人，即 C 之父親（戊之前夫）單獨繼承。

(A) 4. 下列之人：①直系血親卑親屬　②祖父母　③兄弟姊妹　④父母；其正確之法定遺產繼承順序為何？　(A) ①④③②　(B) ①④②③　(C) ④①②③　(D) ④③①②。　　　　　　　　　　　　　　　　　　　　【100 年不動產經紀人】

詳解 民法第 1138 條：「遺產繼承人，除配偶外，依下列順序定之：

一、直系血親卑親屬。

二、父母。

三、兄弟姊妹。

四、祖父母。」

(A) 5. 繼承人於下列何者情形，並不喪失繼承權？　(A) 乙酒駕騎乘機車，不小心於家門口將其父甲撞死因而受刑之宣告　(B) 乙為獨占全部遺產，欺騙其父甲其他兄弟丙丁與外人勾結圖謀財產，其父甲因此作成遺囑，將財產全部遺留給乙　(C) 乙為獨占全部遺產，私下塗改父甲之遺囑　(D) 乙與其父甲素來相處不洽，屢次於大庭廣眾之下辱罵父甲豬狗不如，令父甲心灰意冷，向其友人 A 表示遺產絕不留給乙。　　　　　　　　　　【99 年不動產經紀人】

詳解 民法第 1145 條：有下列各款情事之一者，喪失其繼承權：

一、故意致被繼承人或應繼承人於死或雖未致死因而受刑之宣告者。

二、以詐欺或脅迫使繼承人為關於繼承之遺囑，或使其撤回或變更之者。

三、以詐欺或脅迫妨害繼承人為關於繼承之遺囑，或妨害其撤回或變更之者。

四、偽造、變造、隱匿或湮滅被繼承人關於繼承之遺囑者。

五、對於被繼承人有重大之虐待或侮辱情事，經被繼承人表示其不得繼承者。

(A) 乙是「過失」致被繼承人於死，並非「故意」，故不喪失繼承權。

(B) 乙之行為屬民法第 1145 條第 1 項第 2 款之情形。

(C) 乙之行為屬民法第 1145 條第 1 項第 4 款之情形。

(D) 乙之行為屬民法第 1145 條第 1 項第 5 款之情形。

（B）6. 富翁甲有配偶乙，子女 AB 二人，A 有子女 CD，B 有一子 E，為爭奪甲之
龐大遺產，B 企圖殺害 A 未遂，經判刑確定，C 一時氣憤為父報仇遂殺害
B 而逃亡中。某日甲與乙、A 為散心而共同出遊，乙因細故大聲辱罵甲，
經甲表示死後一分錢也不會給乙後，A 見家庭失諧，灰心喪志之餘遂故意
開車衝撞山壁企圖一起尋死，詎料僅有乙當場死亡，甲、A 僅為輕傷，送
醫後甲因傷心過度引發心臟病死亡，試問下列何者為甲之繼承人？　（A）
僅有 A　（B）AE　（C）僅有 DE　（D）CDE。　　　【104 年特考運輸營業】

詳解 依民法第 1138 條，甲之繼承人：

1. 當然繼承人：配偶乙，但依同時存在原則，繼承人必須是繼承開始時實際生
存之人，乙於繼承開始前已經死亡，無繼承之資格。

2. 血親繼承人：A、B 二人。民法第 1145 條：「有左列各款情事之一者，喪失
其繼承權：一、故意致被繼承人或應繼承人於死或雖未致死因而受刑之宣告
者。…」

　(1) B 企圖殺 A 而受刑之宣告，喪失繼承權。民法第 1140 條：「第 1138 條所定
第一順序之繼承人，有於繼承開始前死亡或喪失繼承權者，由其直系血親卑
親屬代位繼承其應繼分。」B 喪失繼承權由其直系血親卑親屬 E 代位繼承其
應繼分。

　(2) A 雖謀同死致甲輕傷，但未受刑之宣告，非民法 1145 條各款情事之一。

3. 適格之繼承人：A、E。

（A）7. 甲、乙結婚依法約定以分別財產制為其夫妻財產制，婚後育有一子丙及一
女丁，丙從甲姓，丁從乙姓。甲死亡後，遺有財產 300 萬元。丁得繼承多
少遺產？　（A）100 萬元　（B）75 萬元　（C）50 萬元　（D）不得繼承。

【106 年地方特考】

詳解 1. 甲之繼承人為：配偶乙以及直系血親卑親屬丙、丁（民 §1138）。乙之應繼
分與丙、丁平均（民 §1144 I）。

2. 甲之遺產總額為 300 萬：因為甲、乙採分別財產制，因此甲死亡時遺有之財
產 300 萬元均為甲之遺產（無須作婚後剩餘財產分配）。

3. 遺產分配：乙、丙、丁平均分配，各為 100 萬元。

| **請掃描 QR Code P.228 有補充習題** |

繼承之效力

INTRODUCTION TO CIVIL LAW

第一節　效 力

壹　遺產繼承之意義

自然人死亡，其所遺留之財產為遺產，遺產由繼承人承受則為遺產繼承。

貳　遺產繼承之效力

一、遺產繼承之開始

繼承，因被繼承人死亡而開始（民 §1147）。

二、遺產繼承之標的

（一）限定之有限責任

1. 繼承人自繼承開始時，除本法另有規定外，承受被繼承人財產上之一切權利、義務。但權利、義務專屬於被繼承人本身者，不在此限。繼承人對於被繼承人之債務，以因繼承所得遺產為限，負清償責任（民 §1148）。

2. 繼承人原則上依民法第 1148 條第一項規定承受被繼承人財產上之一切權利及義務，惟對於被繼承人之債務，僅須以因繼承所得遺產為限，負清償責任，以避免繼承人因概括承受被繼承人之生前債務而桎梏終生。

3. 「所得遺產」：係指被繼承人所遺財產之物或權利本身。至於遺產價值之計算，原則係以繼承開始時（被繼承人死亡時）之時價為準，惟如該財產已變賣，得以實際售價計算其價額。

4. 繼承人依民法第 1148 條規定仍為概括繼承，僅係繼承人對於繼承債務以所得遺產為限，負清償責任，故繼承債務仍然存在且為繼承之標的，是以繼承人如仍以其固有財產清償繼承債務時，該債權人於其債權範圍內受清償，並非無法律上之因，故無不當得利可言，繼承人自不得再向債權人請求返還[1]。

---

[1]　民法繼承編部分條文修正理由。

（二）視為所得遺產

1. 繼承人在繼承開始前二年內，從被繼承人受有財產之贈與者，該財產視為其所得遺產。前項財產如已移轉或滅失，其價額，依贈與時之價值計算（民§1148-1）。

2. 民法第 1148 條第 2 項明定繼承人對於被繼承人之債務，僅以所得遺產為限，負清償責任。係為避免被繼承人於生前將遺產贈與繼承人，以減少繼承開始時之繼承人所得遺產，致影響被繼承人債權人之權益，爰明定該等財產視同所得遺產。惟若被繼承人生前所有贈與繼承人之財產均視為所得遺產，恐亦與民眾情感相違，且對繼承人亦有失公允。故明定繼承人於繼承開始前 2 年內，從被繼承人受有財產之贈與者，該財產始視為所得遺產。

3. 民法第 1148-1 條視為所得遺產之規定，並不影響繼承人間應繼遺產之計算，因此，繼承人之應繼遺產總額仍依第 1173 條規定計算；本條第 1 項所定贈與財產，除屬於第 1173 條所定之特種贈與（因結婚、分居或營業而從被繼承人受有財產之贈與，且被繼承人未有反對歸扣之意思表示）而依該條規定應予歸扣者外，不計入第 1173 條應繼遺產總額[2]。

題目

甲喪偶多年，數月前得知自己罹患重病將不久於人世，故分別贈與給丙、丁二子現金各 200 萬元，甲死亡時僅餘現金 50 萬元，但有對 A 之 600 萬元負債尚未清償，繼承人對於甲生前之負債應負之責任為何？

---

[2] 民法繼承編部分條文修正理由。

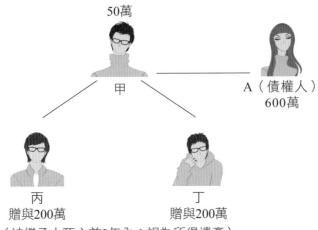

繼承人清償債務之限定範圍：因繼承所得遺產
因繼承所得遺產＝現存遺產＋視為遺產

（一）對外清償債務之範圍

1. 民法第 1148 條第 2 項：「繼承人對於被繼承人之債務，以因繼承所得遺產為限，負清償責任。」民法第 1148-1 條第 1 項：「繼承人在繼承開始前 2 年內，從被繼承人受有財產之贈與者，該財產視為其所得遺產。」

2. 繼承人清償債務之責任限定在因繼承所得遺產範圍內，而因繼承所得遺產指現存之遺產加入繼承人在繼承開始前二年內，從被繼承人受有財產之贈與，該財產視為其所得遺產。故因繼承所得遺產為現存遺產 50 萬元加入分別贈與給丙、丁二子之現金各 200 萬元，共計 450 萬元（50 萬 +200 萬 +200 萬 =450 萬）。

3. 繼承人僅須於因繼承所得之遺產範圍內負有限清償責任，因此，丙、丁應於 450 萬元之範圍內對外負連帶清償責任。

（二）對內關係

1. 民法第 1153 條第 2 項：「繼承人相互間對於被繼承人之債務，除法律另有規定或另有約定外，按其應繼分比例負擔之。」

2. 故對內關係，丙、丁二子比例分擔。

三、遺產之酌給及費用之支付

（一）遺產之酌給

　　遺產酌給請求權，係為保護繼承人以外，被繼承人生前繼續扶養，且未受有遺贈之人，使其於被繼承人死後，仍得由遺產酌量扶養，以免其因被繼承人死亡，失其依靠而生活困頓。遺產酌給請求權屬扶養義務之延長，係債權請求權之性質。性質上屬遺產債務，與親屬間之扶養義務有別，被繼承人生前繼續扶養之人經親屬會議決議酌給遺產者，應由繼承人或遺囑執行人履行，將酌給物交付或移轉登記予被扶養人[3]。

1. 請求遺產酌給之要件：

　　(1) 須係被繼承人生前繼續扶養之人。

　　(2) 須被繼承人未為相當之遺贈方法。

　　(3) 須權利人無謀生能力不能維持生活。

2. 遺產酌給之方法：

　　被繼承人生前繼續扶養之人，應由親屬會議依其所受扶養之程度，及其他關係，酌給遺產（民§1149）。

　　(1) 由親屬會議決之。

　　(2) 親屬會議不予議決時，應向法院請求酌給[4]。

3. 遺產酌給之限制：遺產酌給請求權屬扶養義務之延長，故應依請求權人曾受扶養之程度及其他關係決定之（民§1149），但不得超過任何繼承人實際所得之財產[5]。

---

[3] 最高法院 91 年台上字第 33 號判決。

[4] 37 上字第 7137 號判例：關於民法第 1149 條所定之酌給遺產，應依同法第 1129 條，召集親屬會議決議為之，對於親屬會議之決議有不服時，始得依同法第 1137 條之規定，向法院聲訴，不得逕行請求法院以裁判酌給。

[5] 遺產酌給之限制，學說上有：
(1)不得超過繼承人特留分說。
(2)不得超過繼承人應繼分說。
(3)不得超過繼承人實際所得說。
通說採：不得超過繼承人實際所得說。

（二）繼承費用之支付（民 §1150）

關於遺產管理、分割及執行遺囑之費用，由遺產中支付之。但因繼承人之過失而支付者，不在此限。繼承費用之種類：

1. 遺產管理費用：指遺產管理所必要之一切費用，例如保管、維護、稅費、訴訟費用、編制遺產清冊之費用、遺產管理人之報酬…等。
2. 遺產分割費用：指繼承人分割方法之決定，或分割遺產所支出之費用。
3. 執行遺囑費用：執行遺囑所需之一切費用，包含遺囑之提示、交付遺贈所需費用、遺囑執行人之報酬…等。
4. 喪葬費。

參 共同繼承

一、遺產之公同共有

繼承人有數人時，在分割遺產前，各繼承人對於遺產全部為公同共有（民 §1151）。

二、遺產之管理、使用、收益

（一）原則：全體為之（民 §828）[6]

（二）得互推一人管理之

公同共有之遺產，得由繼承人中互推一人管理之（民 §1152）。

---

[6] 民法第 828 條：
　I. 公同共有人之權利義務，依其公同關係所由成立之法律、法律行為或習慣定之。
　II. 第 820 條、第 821 條及第 826 條之 1 規定，於公同共有準用之。
　III. 公同共有物之處分及其他之權利行使，除法律另有規定外，應得公同共有人全體之同意。

三、遺產之處分：由全體為之

公同共有物之處分及其他權利之行使，除法律或契約另有規定外，公同共有物之處分，及其他之權利行使，應得公同共有人全體之同意（民法§1151、828 II）[7]。

四、被繼承人債務之連帶責任（民§1153）

繼承人對於被繼承人之債務，以因繼承所得遺產為限，負連帶責任。繼承人相互間對於被繼承人之債務，除法律另有規定或另有約定外，按其應繼分比例負擔之。

（一）對外：連帶責任

以因繼承所得遺產為限，負連帶責任。

（二）對內：比例分擔

除法律另有規定或另有約定外，按其應繼分比例負擔之。

肆 繼承人之權義（民§1154）

繼承人對於被繼承人之權利、義務，不因繼承而消滅。

伍 遺產清冊之陳報及提出

一、遺產清冊之陳報（民§1156）

（一）繼承人於知悉其得繼承之時起三個月內開具遺產清冊陳報法院。三個月期間，法院因繼承人之聲請，認為必要時，得延展之（民§1156 I、II）。

（二）繼承人有數人時，其中一人已依第一項開具遺產清冊陳報法院者，其他繼承人視為已陳報（民§1156 III）。

---

[7] 最高法院 89 年台上字第 881 號判決。

（三）繼承人對於被繼承人之債務，雖僅須以所得遺產負清償責任，惟為釐清被繼承人之債權債務關係，宜使繼承人於享有限定責任利益之同時，負有清算義務。

（四）繼承人如未於民法第 1156 條第 1 項所定期間開具遺產清冊陳報法院，並不當然喪失限定繼承之利益。嗣法院依第 1156-1 條規定，因債權人聲請或依職權命繼承人陳報時，繼承人仍有開具遺產清冊陳報法院之機會。惟如繼承人仍不遵命開具遺產清冊，繼承人即必須依第 1160-1 條規定清償債務，若繼承人復未依第 1160-1 條規定清償時，則須依第 1161 條規定，負清償及損害賠償責任[8]。

二、遺產清冊之提出（民 §1156-1）

（一）債權人得向法院聲請命繼承人於 3 個月內提出遺產清冊。

（二）法院於知悉債權人以訴訟程序或非訟程序向繼承人請求清償繼承債務時，得依職權命繼承人於 3 個月內提出遺產清冊。

（三）三個月期間，法院因繼承人之聲請，認為必要時，得延展之。繼承人有數人時，其中一人已依第一項開具遺產清冊陳報法院者，其他繼承人視為已陳報。

陸 債務之清償

一、報明債權之公示催告（民 §1157）

（一）繼承人依前二條規定陳報法院時，法院應依公示催告程序公告，命被繼承人之債權人於一定期限內報明其債權。

（二）前述一定期限，不得在 3 個月以下。

---

[8] 民法繼承編部分條文修正理由。

二、償還債務之限制（民 §1158）

繼承人在前條所定之一定期限內，不得對於被繼承人之任何債權人償還債務。

三、依期報明債權之償還（民 §1159）

（一）在第 1157 條所定之一定期限屆滿後，繼承人對於在該一定期限內報明之債權及繼承人所已知之債權，均應按其數額，比例計算，以遺產分別償還。但不得害及有優先權人之利益。

（二）繼承人對於繼承開始時未屆清償期之債權，亦應依第一項規定予以清償。

前項未屆清償期之債權，於繼承開始時，視為已到期。其無利息者，其債權額應扣除自第 1157 條所定之一定期限屆滿時起至到期時止之法定利息。

四、未依期報明債權之償還（民 §1162）

被繼承人之債權人，不於第 1157 條所定之一定期限內報明其債權，而又為繼承人所不知者，僅得就賸餘遺產，行使其權利。

柒 遺贈之交付（民 §1160）

繼承人非依 1159 條規定償還債務後，不得對受遺贈人交付遺贈。

捌 繼承人之賠償責任及受害人之返還請求權（民 §1161）

一、 繼承人違反第 1158 條至第 1160 條之規定，致被繼承人之債權人受有損害者，應負賠償之責。

二、 前述受有損害之人，對於不當受領之債權人或受遺贈人，得請求返還其不當受領之數額。

三、 繼承人對於不當受領之債權人或受遺贈人，不得請求返還其不當受領之數額。

玖 未開具遺產清冊時之債務清償

一、未依期報明債權之償還（民 §1162）

被繼承人之債權人，不於第1157條所定之一定期限內報明其債權，而又為繼承人所不知者，僅得就賸餘遺產，行使其權利。

二、繼承人之清償債權責任（民 §1162-1）

（一）繼承人未依第1156條、第1156-1條開具遺產清冊陳報法院者，對於被繼承人債權人之全部債權，仍應按其數額，比例計算，以遺產分別償還。但不得害及有優先權人之利益。

（二）前述繼承人，非依前項規定償還債務後，不得對受遺贈人交付遺贈。

（三）繼承人對於繼承開始時未屆清償期之債權，亦應依第一項規定予以清償。

（四）前述未屆清償期之債權，於繼承開始時，視為已到期。其無利息者，其債權額應扣除自清償時起至到期時止之法定利息。

三、繼承人違反清償責任之效力（民 §1162-2）

（一）繼承人違反第1162-1條規定者，被繼承人之債權人得就應受清償而未受償之部分，對該繼承人行使權利。

（二）繼承人對於述項債權人應受清償而未受償部分之清償責任，不以所得遺產為限。但繼承人為無行為能力人或限制行為能力人，不在此限。

（三）繼承人違反第1162-1條規定，致被繼承人之債權人受有損害者，亦應負賠償之責。

（四）前述受有損害之人，對於不當受領之債權人或受遺贈人，得請求返還其不當受領之數額。

（五）繼承人對於不當受領之債權人或受遺贈人，不得請求返還其不當受領之數額。

拾 限定責任利益之喪失（民 §1163）

題目

在何種情形之下，繼承人會喪失其限定繼承之利益？　　【96 經紀人】

繼承人中有下列各款情事之一者，不得主張第一千一百四十八條第二項所定之利益：

一、　隱匿遺產情節重大。

二、　在遺產清冊為虛偽之記載情節重大。

三、　意圖詐害被繼承人之債權人之權利而為遺產之處分。

第二節　遺產之分割

壹 遺產分割之意義

遺產分割指以消滅公同共有關係為目的，將遺產依各繼承人之應繼分，分配於共同繼承人之法律行為。

貳 遺產分割自由原則

一、　繼承人得隨時請求分割遺產。但法律另有規定或契約另有訂定者，不在此限（民 §1164）。

二、　民法第一千一百六十四條所定之遺產分割，係以整個遺產為一體為分割，並非以遺產中個別之財產分割為對象，亦即遺產分割之目的在廢止遺產全部之公同共有關係，而非旨在消滅個別財產之公同共有關係，其分割方法應對全部遺產整體為之[9]。

---

[9] 　最高法院 97 年台上字第 103 號判決。

參 遺產分割之限制及方法

一、遺產分割之方法

被繼承人之遺囑，定有分割遺產之方法，或託他人代定者，從其所定（民§1165 I）。其方法為：

（一）依遺囑（民§1165 I）

（二）協議分割（民§830 II準用823 II）

（三）裁判分割

（四）胎兒應繼分之保留（民§1166）

二、遺產分割之限制

遺囑禁止遺產之分割者，其禁止之效力以10年為限（民§1165 II）。

肆 遺產分割之效力

一、各繼承人間之效力

（一）胎兒應繼分之保留（民§1166）

胎兒為繼承人時，非保留其應繼分，他繼承人不得分割遺產。胎兒關於遺產之分割，以其母為代理人。

（二）繼承人互相擔保責任（民§1168）

遺產分割後，各繼承人按其所得部分，對於他繼承人因分割而得之遺產，負與出賣人同一之擔保責任。

（三）債務人資力之擔保責任（民§1169）

1. 遺產分割後，各繼承人按其所得部分，對於他繼承人因分割而得之債權，就遺產分割時債務人之支付能力，負擔保之責。

2. 前項債權，附有停止條件或未屆清償期者，各繼承人就應清償時債務人之支付能力，負擔保之責。

（四）擔保責任人無資力時之分擔（民 §1170）

依前二條規定負擔保責任之繼承人中，有無支付能力不能償還其分擔額者，其不能償還之部分，由有請求權之繼承人與他繼承人，按其所得部分比例分擔之。但其不能償還，係由有請求權人之過失所致者，不得對於他繼承人請求分擔。

二、對於第三人之效力

（一）債務之連帶責任（民 §1153）

1. 繼承人對於被繼承人之債務，以因繼承所得遺產為限，負連帶責任。
2. 繼承人相互間對於被繼承人之債務，除法律另有規定或另有約定外，按其應繼分比例負擔之。

（二）連帶債務之免除（民 §1171）

1. 遺產分割後，其未清償之被繼承人之債務，移歸一定之人承受，或劃歸各繼承人分擔，如經債權人同意者，各繼承人免除連帶責任。
2. 繼承人之連帶責任，自遺產分割時起，如債權清償期在遺產分割後者，自清償期屆滿時起，經過五年而免除。

伍 遺產分割之計算

一、債務之扣還

（一）扣還（民 §1172）

繼承人中如對於被繼承人負有債務者，於遺產分割時，應按其債務數額，由該繼承人之應繼分內扣還。

（二）扣還之目的

為期共同繼承人間之公平，並確認應繼遺產總額。

（三）扣還之標的

繼承人對於被繼承人生前所負之債務。

（四）扣還之對象

以繼承人為限，拋棄繼承之繼承人，不負扣還之責任。

（五）扣還之方法

將該債務加入被繼承人之財產中，由該繼承人之應繼分內扣還。

（六）扣還之效力

繼承人之應繼分可能少於繼承人債務（扣還之金額），亦可能多於繼承人債務，分析其效力如下：

1. 應繼分 > 繼承人債務：扣還繼承人債務後，繼承人仍可受分配。
2. 應繼分 = 繼承人債務：扣還繼承人債務後，繼承人不得受分配。
3. 應繼分 < 繼承人債務：扣還繼承人債務後，繼承人除不得受分配外，應返還不足額之部分。

題目

甲、乙夫妻，有子丙、丁二人。丙對甲負有 60 萬元之債務，甲死亡時留有現金180萬元。請問甲應被繼承之財產有多少？乙、丙、丁各得繼承多少？

【89 年地政士】

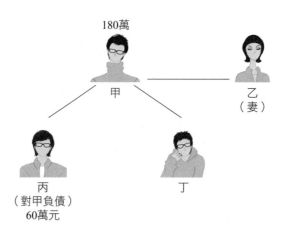

180萬

甲

乙
（妻）

丙
（對甲負債）
60萬元

丁

（一）應被繼承之遺產總額為 240 萬元

繼承人丙對被繼承人甲負有 60 萬元債務，甲死亡時留有現金 180 萬元，收取債權 60 萬後，應被繼承之遺產總額為 240 萬元（180 萬 +60 萬 =240 萬）。

（二）乙、丙、丁各得繼承之金額

1. 繼承人為乙、丙、丁三人：
   (1) 當然繼承人：配偶乙為當然繼承人。
   (2) 血親繼承人：直系血親卑親屬丙、丁二人
       民法第 1138 條：「遺產繼承人，除配偶外，依左列順序定之：一、直系血親卑親屬。二、父母。三、兄弟姊妹。四、祖父母。」甲有直系血親子丙、丁三人，依民法第 1138 條規定繼承人之範圍及順序，順序在先者先行繼承，順序在後者則須前順序均無繼承人時，方得繼承。
2. 遺產之分割
   (1) 繼承人之應繼分：
       依民法第 1141 條：「同一順序之繼承人有數人時，按人數平均繼承。但法律另有規定者，不在此限。」乙、丙、丁三人按人數平均繼承，故每人應繼分為 80 萬元（240 萬 ÷3=80 萬）。
   (2) 扣還：
       民法第 1172 條：「繼承人中如對於被繼承人負有債務者，於遺產分割時，應按其債務數額，由該繼承人之應繼分內扣還。」
       丙對被繼承人甲負有債務 60 萬元，於應繼分內扣還後，應分配 20 萬元（80 萬 -60 萬 =20 萬）。
   (3) 結論：
       乙、丁各分配 80 萬元，丙分配 20 萬元。

二、贈與之歸扣（民 §1173）

（一）歸扣（民 §1173）

1. 繼承人中有在繼承開始前因結婚、分居或營業，已從被繼承人受有財產之贈與者，應將該贈與價額加入繼承開始時被繼承人所有之財產中，為應繼遺產。但被繼承人於贈與時有反對之意思表示者，不在此限。
2. 前述贈與價額，應於遺產分割時，由該繼承人之應繼分中扣除。
3. 贈與價額，依贈與時之價值計算。

（二）歸扣之目的

　　被繼承人生前因結婚、分居、營業給予繼承人之贈與，本質上具有「應繼分前付[10]」之意義，而繼承人中受贈之有無及之受贈價額之多寡，難以一致，為避免影響未受特種贈與之繼承人利益，求繼承人間之公平性，因此在被繼承人死亡，計算各繼承人之應繼分時，應將此種性質之特種贈與加入遺產總額中計算，回歸遺產應有之數額，始能符合公平性。

（三）歸扣之標的

　　繼承開始前因結婚、分居或營業，從被繼承人受有之財產贈與。

（四）歸扣之義務人

1. 原則上從被繼承人受有特種贈與之繼承人為歸扣之義務人。
2. 拋棄繼承人，通說採不必歸扣說，因為拋棄繼承之人，已非民法第1173條所稱之繼承人，故無歸扣之義務。

（五）歸扣之效力

1. 應繼分 > 被繼承人生前之特種贈與金額：扣除被繼承人生前之特種贈與金額後，繼承人仍可受分配。
2. 應繼分 = 被繼承人生前之特種贈與金額：扣除被繼承人生前之特種贈與金額後，繼承人不得受分配。

---

[10] 指該特種贈與名義上為贈與，但實質上是在繼承發生前預先將應繼分借予繼承人。

3. 應繼分 < 被繼承人生前之特種贈與金額：

目前國內學說見解不同：

(1) 不必返還說（此說為戴東雄大法官所採）：就超過之部分毋庸現實返還，僅該繼承人不得再受分配。

(2) 須返還說（此說為林秀雄教授所採）：就超過之部分須依不當得利現實返還於遺產。扣除被繼承人生前之特種贈與金額後，繼承人除不得受分配外，應返還不足額之部分。

題目 ....

　　甲男與乙女同居，生子丙後始結婚，結婚後又生一子丁。丙、丁均已成年，丙與戊女結婚生下 A 男，丁未婚。甲因丙之結婚曾贈與新台幣（以下同）60萬元，為 A 男之出生贈送 15 萬元禮物，為丁之營業曾贈送 30 萬元之設備。甲死亡，留下財產 300 萬元應由何人繼承？各繼承若干？　【98 年地政士】

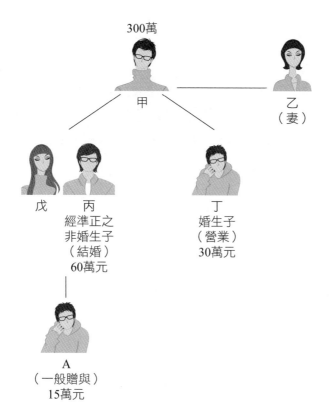

（一）適格之繼承人為乙、丙、丁三人

1. 當然繼承人：配偶，甲與乙結婚，故當然繼承人為乙。

2. 血親繼承人：直系血親卑親屬丙、丁二人。

    民法第 1138 條：「遺產繼承人，除配偶外，依左列順序定之：(1) 直系血親卑親屬。(2) 父母。(3) 兄弟姊妹。(4) 祖父母。」

    (1) 丙準正而視為婚生子女。

        依民法第 1064 條：「非婚生子女，其生父與生母結婚者，視為婚生子女。」甲男與乙女同居生下丙，丙為甲男之非婚生子女，嗣後甲、乙結為夫妻，丙因準正而視為婚生子女。

    (2) 丁為甲之婚生子女。

        甲有直系血親子女丙、丁二人，依民法第1138條規定繼承人之範圍及順序，順序在先者先行繼承，順序在後者則須前順序均無繼承人時，方得繼承，丙、丁為第一順序繼承人。

（二）遺產總額為 390 萬元

1. 歸扣：

    民法第 1173 條：「繼承人中有在繼承開始前因結婚、分居或營業，已從被繼承人受有財產之贈與者，應將該贈與價額加入繼承開始時被繼承人所有之財產中，為應繼遺產。但被繼承人於贈與時有反對之意思表示者，不在此限。」

2. 繼承人中丙於繼承開始前因結婚受有甲 60 萬元之贈與，丁因為營業受有 30 萬元之贈與，應將該贈與價額加入繼承開始時被繼承人所有之財產中，為應繼遺產。惟 A 出生所受贈之 15 萬元為一般贈與，不須歸扣。

3. 故甲之遺產總額為死亡時留有之遺產 300 萬元加入丙受贈之 60 萬元與丁受贈之 30 萬元（300 萬 +60 萬 +30 萬 =390 萬），共計 390 萬。

（三）遺產之分割

1. 應繼分：

   依民法第 1141 條：「同一順序之繼承人有數人時，按人數平均繼承。但法律另有規定者，不在此限。」乙、丙、丁三人按人數平均繼承，故每人應繼分為 130 萬元（390 萬 ÷3=130 萬）。

2. 扣除

   民法第 1173 條第 2 項：「前項贈與價額，應於遺產分割時，由該繼承人之應繼分中扣除。贈與價額，依贈與時之價值計算。」

   (1) 丙應由其應繼分之 130 萬中扣除受贈之 60 萬元。

   (2) 丁應由其應繼分之 130 萬中扣除受贈之 30 萬元。

3. 實際分配：

   (1) 丙實際分配額為 70 萬元（130 萬 -60 萬 =70 萬）。

   (2) 丁實際分配額為 100 萬元（130 萬 -30 萬 =100 萬）。

   (3) 乙應分配 130 萬元。

｜請掃描 QR Code P.230~233 有補充題目及習題｜

🔆 第三節　繼承之拋棄

壹 拋棄繼承之意義

繼承人於繼承開始後，依法定方式所為，不欲為繼承主體之意思表示。

貳 拋棄繼承之自由及方法（民 §1174）

一、拋棄繼承之自由

繼承人得拋棄其繼承權（民 §1174 I）。

二、拋棄繼承之方法

繼承權之拋棄，應於知悉其得繼承之時起三個月內，以書面向法院為之（民§1174 II）。拋棄繼承後，應以書面通知因其拋棄而應為繼承之人。但不能通知者，不在此限（民§1174 III）。

三、拋棄繼承之要件

（一）須繼承開始後為之

（二）須為有繼承權之繼承人

（三）須於知悉其得繼承之時起 3 個月內為之

（四）須以書面向法院為之

四、限制行為能力人拋棄繼承須得法定代理人同意

拋棄繼承之繼承人於書立拋棄書時為限制行為能力人，其拋棄繼承倘未得其法定代理人之允許，依民法第七十八條規定，應屬無效 [11]。

五、繼承不得為一部之拋棄

繼承之拋棄，係就被繼承人全部遺產，為拋棄繼承權之表示，不得專就被繼承人之某一特定債權為繼承之拋棄 [12]。

> **題目** ....
>
> 　　拋棄繼承之方式如何？設甲向乙貸款，已屆清償期，無力償還，適甲之父親丙病逝，留有遺產，甲卻拋棄繼承，該遺產由另一繼承人丁單獨繼承。請附理由說明乙可否以甲拋棄繼承有害其債權為由，依民法第 244 條規定聲請法院撤銷之？　　　　　　　　　　　　　　　　【100 年地政士】

---

[11] 69 年台上字第 2041 號判例。

[12] 67 年台上字第 3788 號判例。

（一）拋棄繼承之方式

　　繼承權之拋棄，應於知悉其得繼承之時起三個月內，以書面向法院為之（民 §1174 II）。拋棄繼承後，應以書面通知因其拋棄而應為繼承之人。但不能通知者，不在此限（民 §1174 III）。限制行為能力人拋棄繼承須得法定代理人同意。

（二）詳見本編第一章遺產繼承人　肆、繼承權（99 年經紀人）。

參　拋棄繼承之效力

一、溯及效力（民 §1175）

　　繼承之拋棄，溯及於繼承開始時發生效力。

二、拋棄繼承權人應繼分之歸屬（民 §1176）

（一）第 1138 條所定第一順序之繼承人中有拋棄繼承權者，其應繼分歸屬於其他同為繼承之人。

（二）第二順序至第四順序之繼承人中，有拋棄繼承權者，其應繼分歸屬於其他同一順序之繼承人。

（三）與配偶同為繼承之同一順序繼承人均拋棄繼承權，而無後順序之繼承人時，其應繼分歸屬於配偶。

（四）配偶拋棄繼承權者，其應繼分歸屬於與其同為繼承之人。

（五）第一順序之繼承人，其親等近者均拋棄繼承權時，由次親等之直系血親卑親屬繼承。

（六）先順序繼承人均拋棄其繼承權時，由次順序之繼承人繼承。其次順序繼承人有無不明或第四順序之繼承人均拋棄其繼承權者，準用關於無人承認繼承之規定。

（七）因他人拋棄繼承而應為繼承之人，為拋棄繼承時，應於知悉其得繼承之日起三個月內為之。

三、拋棄繼承權者繼續管理遺產之義務（民 §1176-1）

拋棄繼承權者，就其所管理之遺產，於其他繼承人或遺產管理人開始管理前，應與處理自己事務為同一之注意，繼續管理之。

第四節　無人承認之繼承

壹　無人承認之意義

無人繼承指繼承開始時，繼承人有無不明。

貳　遺產之管理

一、遺產管理人之選任（民 §1177）

繼承開始時，繼承人之有無不明者，由親屬會議於 1 個月內選定遺產管理人，並將繼承開始及選定遺產管理人之事由，向法院報明。

二、遺產管理人之職務（民 §1179）

（一）編製遺產清冊：管理人應於就職後 3 個月內編製之。

（二）為保存遺產必要之處置。

（三）聲請法院依公示催告程序，限定 1 年以上之期間，公告被繼承人之債權人及受遺贈人，命其於該期間內報明債權及為願受遺贈與否之聲明，被繼承人之債權人及受遺贈人為管理人所已知者，應分別通知之。

（四）清償債權或交付遺贈物：所定債權之清償，應先於遺贈物之交付，為清償債權或交付遺贈物之必要，管理人經親屬會議之同意，得變賣遺產。

（五）有繼承人承認繼承或遺產歸屬國庫時，為遺產之移交。

三、遺產管理人之報告義務（民 §1180）

遺產管理人，因親屬會議，被繼承人之債權人或受遺贈人之請求，應報告或說明遺產之狀況。

四、清償債務與交付遺贈物之限制（民 §1181）

遺產管理人非於第 1179 條第 1 項第 3 款所定期間屆滿後，不得對被繼承人之任何債權人或受遺贈人，償還債務或交付遺贈物。

五、未依期限報明債權及聲明受遺贈之償還（民 §1182）

被繼承人之債權人或受遺贈人，不於第 1179 條第 1 項第 3 款所定期間內為報明或聲明者，僅得就賸餘遺產，行使其權利。

六、遺產管理人之報酬（民 §1183）

遺產管理人得請求報酬，其數額由法院按其與被繼承人之關係、管理事務之繁簡及其他情形，就遺產酌定之，必要時，得命聲請人先為墊付（民 §1183）。

參 繼承人之搜尋

一、搜索繼承人之公示催告與選任遺產管理人（民 §1178）

（一）親屬會議依民法第 1177 條規定為遺產管理人選任之報明後，法院應依公示催告程序，定 6 個月以上之期限，公告繼承人，命其於期限內承認繼承。

（二）無親屬會議或親屬會議未於前條所定期限內選定遺產管理人者，利害關係人或檢察官，得聲請法院選任遺產管理人，並由法院依前項規定為公示催告。

二、法院為保存遺產之必要處置（民 §1178-1）

繼承開始時繼承人之有無不明者，在遺產管理人選定前，法院得因利害關係人或檢察官之聲請，為保存遺產之必要處置。

肆 遺產之歸屬

一、遺產管理人行為效果之擬制（民 §1184）

第 1178 條所定之期限內，有繼承人承認繼承時，遺產管理人在繼承人承認繼承前所為之職務上行為，視為繼承人之代理。

二、賸餘遺產之歸屬（民 §1185）

第 1178 條所定之期限屆滿，無繼承人承認繼承時，其遺產於清償債權並交付遺贈物後，如有賸餘，歸屬國庫。

習題 | REVIEW ACTIVITIS

(B) 1. 繼承人在繼承開始前 2 年內，從被繼承人受有財產之贈與者，關於該財產，下列敘述，何者正確？ (A) 視為遺贈物 (B) 視為其所得遺產 (C) 視為遺產債務 (D) 違反贈與稅法，應予沒收。　　　　　【102 年高考法制】

> **詳解** 民法第 1148-1 條：「繼承人在繼承開始前二年內，從被繼承人受有財產之贈與者，該財產視為所得遺產。」

(B) 2. 甲僅有配偶乙與其兄丙為甲之繼承人，甲依法完成遺囑將遺產 600 萬元全部由其配偶乙繼承，若不計算甲乙之夫妻剩餘財產分配，則甲之兄丙可得遺產若干？ (A)0 元 (B)100 萬元 (C)200 萬元 (D)300 萬元。

【102 年公務員升等法制】

> **詳解** 1. 甲無直系血親卑親屬，依民法第 1138 條，由第三順序繼承人「兄弟姊妹」繼承甲之遺產，甲之配偶乙為當然繼承人，依民法第 1144 條第 2 款與丙共同繼承甲之遺產，其繼分為遺產二分之一。
> 2. 甲依法完成遺囑將遺產全部由配偶乙繼承時，應先保留丙之特留分，依民法第 1223 條第 4 款，應為丙保留其應繼分三分之一，丙之應繼分為遺產二分之一為 300 萬元（600 萬 ÷2 ＝ 300 萬），其特留分為 100 萬元（300 萬 ÷3 ＝ 100 萬）。

(A) 3. 甲與乙結婚，並無子女，甲死亡時，甲之父母丙、丁尚健在；設甲遺有財產新台幣 1200 萬元，並無任何債務。請問如何繼承？ (A) 乙得新台幣 600 萬元，丙、丁各得新台幣 300 萬元 (B) 乙得新台幣 800 萬元，丙、丁各得新台幣 200 萬元 (C) 乙得新台幣 1200 萬元，丙、丁各得新台幣 0 元 (D) 乙、丙、丁各得新台幣 400 萬元。　　　　【102 年不動產經紀人】

> **詳解** 依民法第 1138、1144 條
> 甲無第一順序繼承人，甲之遺產由第二順序繼承人父母丙、丁及配偶乙共同繼承。
> 配偶之應繼分為遺產二分之一，甲之遺產為 1200 萬元，乙之應繼分為 600 萬元（1200 萬元 ÷2 ＝ 600 萬元），而甲之父母甲、丁則平均繼承遺產二分之一，故丙、丁各得 300 萬元。

（A） 4. 甲死亡後，其子女乙、丙二人為繼承人。甲留有房屋一棟市值新台幣 500 萬元，且甲對丁有新台幣 500 萬元債權，已屆清償期。遺產分割時，乙分得房屋，丙分得債權。乙對丁何時之支付能力應負擔保責任？ (A) 乙就遺產分割時丁之支付能力負擔保之責 (B) 乙就債務實際清償時丁之支付能力負擔保之責 (C) 乙就清償期屆滿時丁之支付能力負擔保之責 (D) 乙就甲死亡時丁之支付能力負擔保之責。 【102 年不動產經紀人】

> **詳解** 第 1169 條第 1 項：遺產分割後，各繼承人按其所得部分，對於他繼承人因分割而得之債權，**就遺產分割時債務人之支付能力**，負擔保之責。

（C） 5. 關於生前特種贈與之歸扣，下列敘述，何者正確？ (A) 凡於繼承開始前，已從被繼承人受有財產之贈與者，得為歸扣之標的，即得自其應繼分中扣除；贈與價額依贈與時之價值計算 (B) 得為歸扣之標的限於因結婚、分居或營業，而從被繼承人受有財產之贈與者為限；贈與價額依繼承開始時之價值計算 (C) 得為歸扣之標的限於因結婚、分居或營業，而從被繼承人受有財產之贈與者為限；贈與價額依贈與時之價額計算 (D) 凡於繼承開始前，已從被繼承人受有財產之贈與者，得為歸扣之標的，即得自其應繼分中扣除；贈與價額依繼承開始時之價值計算。 【101 年高考法制】

> **詳解** 民法第 1173 條：繼承人中在繼承開始前，因**結婚、分居、營業**，已從被繼承人受有財產之贈與者，應將該贈與價額加入繼承開始時被繼承人所有之財產中，為應繼遺產。但被繼承人於贈與時有反對之意思表示者，不在此限。
> 前項贈與價額，應於遺產分額時，由該繼承人之應繼分中扣除。
> 贈與價額，依**贈與時**之價額計算。

（A） 6. 繼承人在繼承開始前幾年內，從被繼承人受有財產之贈與者，該財產視為其所得之遺產？ (A) 二年 (B) 三年 (C) 五年 (D) 十年。

【101 年地方特考三等】

> **詳解** 民法第 1148-1 條：「繼承人在繼承開始前二年內，從被繼承人受有財產之贈與者，該財產視為其所得遺產。」

（B） 7. 關於遺產為債權之共同繼承，下列敘述，何者正確？ (A) 分割前為全體繼承人之連帶債權，得由繼承人中之一人或數人按其應繼分比例受領清償 (B) 分割前為準公同共有，非連帶債權，無由其中一人或數人單獨受領之權 (C) 分割前為分別共有，各繼承人得就該債權之全部，為全體繼承人

為清償之請求，並由自己代為受領　(D) 分割前為分別共有，非經全體共有人同意，不得單獨按自己應繼分比例，受領清償。

【101 年地方特考三等】

> **詳解** 民法第 1151 條：「繼承人有數人時，在分割遺產前，各繼承人對於遺產全部為公同共有。」

(C) 8. 甲死亡時遺留存款三百萬元以及債務五百萬元，無配偶，有子乙與孫丙各一人。下列敘述何者正確？　(A) 若乙未依法辦理拋棄繼承，乙必須全部清償所繼承之五百萬元債務　(B) 若乙拋棄繼承，丙亦同受拋棄效力所及，無須繼承　(C)乙所繼承之債務，以因繼承所得遺產為限，負連帶責任　(D)乙欲拋棄繼承，應於知悉其得繼承之時起三個月內，以書面向甲之債權人與債務人為之。　　　　　　　　　　　　【100 年不動產經紀人】

> **詳解** (A) 依民法第 1138 條，乙為甲直系血親卑親屬親等近者，為甲唯一繼承人，以因繼承所得遺產 300 萬為限，負清償責任。
> 民法第 1148 條：「繼承人自繼承開始時，除本法另有規定外，承受被繼承人財產上之一切權利、義務。但權利、義務專屬於被繼承人本身者，不在此限。繼承人對於被繼承人之債務，以因繼承所得遺產為限，負清償責任。」
> (B) 民法第 1176 條第 5 項：「先順位繼承人均拋棄其繼承權時，由次順之繼承人繼承。…若乙拋棄繼承，則由次順序之繼承人丙繼承。」
> (D) 民法第 1174 條第 2、3 項：「前項拋棄，應於知悉其得繼承之時起三個月內，以書面向法院為之。
> 故乙欲拋棄繼承應以書面向法院為之。」

(B) 9. 關於拋棄繼承之敘述，下列何者正確？　(A) 應於繼承開始之日起 2 個月內為之　(B) 繼承之拋棄，溯及於繼承開始時發生效力　(C) 拋棄繼承者，就其所管理之遺產，於拋棄當時不負任何責任　(D) 配偶拋棄繼承權者，其應繼分應歸後順序之繼承人。　　　　　　　　　【100 年不動產經紀人】

> **詳解** (A) 民法第 1174 條第 2 項，拋棄繼承，應於知悉其得繼承之時起**三個月**內，以書面向法院為之。
> (C) 民法第 1176-1 條：「拋棄繼承權者，就其所管理之遺產，**於其他繼承人或遺產管理人開始管理前，應與處理自己事務為同一之注意**，繼續管理之。」
> (D) 民法第 1176 條第 4 項：「配偶拋棄繼承權者，其應繼分歸屬於**與其同為繼承之人**。」

(C) 10. 甲之配偶早亡，有乙丙丁 3 名子女，其中乙與 A 結婚，有兩子 X 與 Y，丙丁則尚未結婚，甲有財產 3000 萬元。以下敘述何者錯誤？　(A) 甲死亡時，其子丙已先死亡時，則甲之遺產由乙丁繼承　(B) 甲死亡後，其子乙因悲傷過度亦於 1 個月後死亡，則甲之 3000 萬元遺產，由丙、丁各繼承 1000 萬元，剩餘 1000 萬元由 A 及 X、Y 共同繼承　(C) 甲死亡前，其子乙已先死亡時，則甲之 3000 萬元遺產，由丙、丁各繼承 1000 萬元，剩餘 1000 萬元由 A 及 X、Y 共同繼承　(D) 甲得以遺囑自由處分其財產，但不得侵害繼承人之特留分。　　　　　　　　　　　　【99 年不動產經紀人】

> 詳解 (A) 依「同時存在原則」，丙先甲而死，無法繼承甲之遺產，故甲之遺產由乙、丁繼承。
>
> (B) 甲死亡時無配偶，故其遺產由第一順位之直系血親卑親屬乙、丙、丁共同繼承 3000 萬元，乙、丙、丁各分配 1000 萬元（3000 萬元÷3＝1000 萬元）。乙死亡後，其遺產由其直系血親卑親屬 X、Y 及配偶共同繼承。
>
> (C) 乙先於甲死亡，由乙之子 X、Y 代位繼承，與丙、丁共同繼承甲之 3000 萬遺產，丙、丁各繼承 1000 萬元（3000 萬元÷3＝1000 萬元），X、Y 代位繼承乙之應繼分 1000 萬元，A 非繼承人。
>
> (D) 民法第 1187 條。

(B) 11. 甲死亡後，其法定繼承人為其妻乙及兄丙、妹丁，計算法定繼承人特留分之基礎財產額為 480 萬元。丁之特留分金額為何？　(A)60 萬元　(B)40 萬元　(C)30 萬元　(D)20 萬元。　　　　　　　　　　　　【104 年不動產經紀人】

> 詳解 1. 繼承人為乙、丙、丁：依民法第 1138 條，遺產繼承人之順序，除配偶乙外，兄丙妹丁為第三順序之血親繼承人。
>
> 2. 依民法第 1144 條應繼分之規定，配偶與第 1138 條所定第二順序或第三順序之繼承人同為繼承時，其應繼分為遺產二分之一。依民法第 1141 條，同一順序之繼承人有數人時，按人數平均繼承。因此乙之應繼分為遺產二分之一，丙、丁則各為四分之一。
>
> 3. 依民法第 1223 條，兄弟姊妹之特留分，為其應繼分三分之一。因此丁之特留分則為遺產十二分之一。
>
> 4. 丁之特留分：480 萬元 (遺產總額)÷12＝40 萬元。

(D) 12. 甲死亡留有總計 5000 萬元之現金存款，但同時積欠銀行 7000 萬元債務未清償，其妻早已死亡，子女有乙丙丁戊 4 人。以下敘述何者正確？　(A) 在一般情形，因為遺產不足清償債務，不足之 2000 萬元應由乙丙丁戊 4 人平均分攤　(B) 乙如欲拋棄繼承，應於知悉繼承之時起 2 個月內，以書面

向法院為之 (C) 乙拋棄繼承時,其應繼承之遺產歸國家所有 (D) 分割遺產之前,各繼承人對遺產全部為公同共有。 【99 年不動產經紀人】

詳解 (A) 依民法第 1148 條第 2 項繼承人僅須以因繼承所得之遺產 5000 萬之範圍內負清償之責。

(B) 依民法第 1174 條第 2 項,應於知悉其得繼承之時起**三個月**,以書面向法院為之。

(C) 乙為甲之第一順序繼承人,依民法第 1176 條第 1 項:「第 1138 條所定第一順序之繼承人中有拋棄繼承權者,其應繼分歸屬於其他同為繼承之人。」乙拋棄繼承時,其應繼分歸屬於丙、丁、戊。

(A) 13. 甲(被繼承人)生前對乙(繼承人)所為之何種贈與,於計算甲之應繼承遺產時,係屬應歸扣之生前特種贈與? (A) 乙結婚時,甲贈與乙 100 萬元 (B) 乙生日時,甲贈與乙 100 萬元 (C) 乙生子時,甲贈與乙 100 萬元 (D) 乙參加競賽奪冠,甲贈與乙 100 萬元。 【99 年不動產經紀人】

詳解 民法第 1173 條第 1 項:「繼承人有在繼承開始前因**結婚、分居或營業**,已從被繼承人受有財產之贈與者,應將該贈與價額加入繼承開始時被繼承人所有之財產中,為應繼遺產。」

繼承人中僅乙結婚時甲贈與乙 100 萬係屬應歸扣之生前特種贈與。

(D) 14. 繼承人有數人時,在分割遺產前,各繼承人對於遺產之所有型態為: (A) 按其應有部分各自擁有單獨所有權 (B) 按應繼分比例分別共有遺產 (C) 按應有部分比例分別共有遺產 (D) 公同共有遺產。【98 年不動產經紀人】

詳解 民法第 1151 條:「繼承人有數人時,在分割遺產前,各繼承人對於遺產全部為公同共有。」

(D) 15. 繼承人於繼承開始前已從被繼承人贈與而應予歸扣之財產,不包括下列何者? (A) 因結婚所為之贈與 (B) 因分居所為之贈與 (C) 因營業所為之贈與 (D) 因扶養所為之贈與。 【98 年不動產經紀人】

詳解 民法第 1173 條第 1 項:「繼承人有在繼承開始前因結婚、分居或營業,已從被繼承人受有財產之贈與者,應將該贈與價額加入繼承開始時被繼承人所有之財產中,為應繼遺產。」

(C) 16. 以下何者為真？ (A) 被繼承人死亡時，繼承人尚生存，始有繼承權，此為同時繼承原則 (B) 繼承人應於知悉其得繼承之時起 6 個月內通知法院為拋棄繼承之意思表示 (C) 二人如同時死亡，其相互間並無繼承權 (D) 未出生之胎兒無法享有繼承權，也就是繼承人為遺腹子，無法分配財產。

【96 年不動產經紀人】

> **詳解** (A) 應為「同時存在原則」。
> (B) 依民法第 1174 條：「應於知悉其得繼承之時起三個月內，…。」
> (C) 民法第 11 條。
> (D) 民法第 1166 條第 1 項：「胎兒為繼承人時，非保留其應繼分，他繼承人不得分割遺產。」

(D) 17. 甲乙婚後育有三子 A、B、C，共同經營一家工廠，一日甲與 A 前去香港洽談生意，回程時飛機漏油爆炸，甲與 A 同時遇難，無法證明何人先死。甲遺下 2000 萬元遺產，A 遺下 300 萬元遺產，請問以下敘述何者為真？ (A) 甲死亡後，乙得繼承甲之遺產 500 萬元 (B) 設 A 死亡後遺有一妻一女，則乙得繼承 A 之遺產 100 萬元 (C) 設 A 死亡時未娶妻生子，則 B、C 各得繼承 100 萬元 (D) 設 A 死亡後遺有一妻一女，則 B、C 無繼承權。

【96 年不動產經紀人】

> **詳解** 甲、A 同時遇難，無法證明死亡之先後時，依民法第 11 條，推定為同時死亡，彼此互不繼承遺產。
> (A) 甲死亡後，其繼承人為乙、B、C 共同繼承甲之 2000 萬元遺產，其應分各為 2000 萬之三分之一。
> (B) A 死亡時有直系血親卑親屬一女，則其遺產由第一順位之直系血親卑親屬與配偶共同繼承，乙為後順位之繼承人，無繼承權。
> (C) A 無第一順位繼承人，亦無配偶時，由第二順序父母繼承，而甲與 A 推定同時死亡，而不能繼承，故 A 之遺產由乙單獨繼承。
> (D) A 死亡時有第一順位直系血親卑親屬繼承人時，後順位之 B、C，無繼承權。

(C) 18. 某甲與乙小姐結婚，育有子丙與丁。丙與戊小姐結婚，但丙英年早逝，遺下子女 A、B。丁與己先生結婚，膝下僅有女 C。後甲死亡，遺產共計 1200 萬元整，請問下列何者為真？ (A) 乙小姐應可分配 1000 萬元之遺產 (B) 丁小姐應可分得 300 萬元遺產 (C)A 分得 200 萬元之遺產 (D)C 分得 200 萬元之遺產。 【96 年不動產經紀人】

詳解 1. 甲之遺產繼承人為配偶乙（當然繼承人）及第一順位繼承人直系血親卑親屬
丙、丁（民§1138），因丙於繼承開始前死亡，由丙之直系血親卑親屬 A、
B 代位繼承丙之繼分（民§1140）。

2. 甲之遺產共計 1200 萬元，繼承人乙、丙、丁之應繼分各三分之一，故乙、丁
各繼承 400 萬元（1200 萬元÷3 ＝ 400 萬元），丙之應繼分 400 萬元由 A、B
代位繼承，A、B 各繼承 200 萬元（400 萬元÷2 ＝ 200 萬元）。

（A） 19. 下列何者為繼承回復請求權行使之期間？　(A) 自繼承權被侵害之人知悉
被侵害時起 2 年內行使之　(B) 自繼承權被侵害之人未知悉侵害之事實者，
繼承開始時起算 5 年　(C) 自繼承權被侵害之人被侵害時起 1 年內行使之
(D) 自繼承權被侵害之人未知悉侵害之事實者，繼承開始時起算 3 年。

【96 年不動產經紀人】

詳解 第 1146 條（繼承回復請求權）：繼承權被侵害者，被害人或其法定代理人得請
求回復之。

前項回復請求權，自**知悉被侵害之時起**，二年間不行使而消滅；自**繼承開始時起
逾十年**者亦同。

（C） 20. 甲、乙夫婦因重大車禍入院，夫甲於入院當日死亡、妻乙於次日死亡。甲
有弟一人丙、乙有母丁及妹一人戊。甲之遺產總額為 720 萬元時，丙、丁、
戊三人如何分配？　(A) 丙 240 萬元、丁 240 萬元、戊 240 萬元　(B) 丙
240 萬元、丁 300 萬元、戊 180 萬元　(C) 丙 360 萬元、丁 360 萬元、戊 0
元　(D) 丙 360 萬元、丁 180 萬元、戊 180 萬元。【104 年不動產經紀人】

詳解 1. 甲之遺產分配

(1) 甲之遺產繼承人為乙、丙：（依民法第 1138 條）配偶乙為當然繼承人，弟
丙為第三順序血親繼承人。

(2) 依民法第 1144 條：「配偶有相互繼承遺產之權，其應繼分，依左列各款定
之：一、…。二、與第 1138 條所定第二順序或第三順序之繼承人同為繼承
時，其應繼分為遺產二分之一。…」

(3) 甲之遺產總額為 720 萬元，配偶之應繼分為遺產二分之一（720 萬元÷2
＝ 360 萬元），配偶乙分配 360 萬元，因第三順序繼承人僅丙一人，故甲
之弟丙分配 360 萬。

2. 乙之遺產分配

(1) 乙於甲死亡之次日死亡，乙因繼承甲遺產所得之 360 萬元即成為乙之遺產。

(2) 乙之遺產繼承人為丁：依民法第 1138 條規定之順序，其母丁為第二順序，
其妹戊屬第三順序，順序在先之丁先行繼承，戊則必須前順序均無繼承人
時，始得繼承。

(3) 因此，丁單獨繼承乙之遺產 360 萬元。

3. 結論：丙分配 360 萬元，丁分配 360 萬元，戊 0 萬元。

（D）21. 下列何者非屬公同共有？ (A) 遺產 (B) 合夥財產 (C) 夫妻共同財產
(D) 夫或妻職業上所必需之物。 【97 年不動產經紀人】

詳解 (A) 民法第 1151 條：「繼承人有數人時，在分割遺產前，各繼承人對於遺產全部為公同共有。」

(B) 民法第 668 條：「各合夥人之出資及其他合夥財產，為合夥人全體之公同共有。」

(C) 民法第 1031 條：「夫妻之財產及所得，除特有財產外，合併為共同財產，屬於夫妻公同共有。」

(D) 依民法第 1031-1 條第 1 項，夫或妻職業上所必需之物為「特有財產」。

遺　囑

第一節　通 則

壹　遺囑之意義

遺囑係遺囑人為預先安排其死亡後之各項事務，以及處置其遺產，所為之無相對人之單獨行為。

遺囑人於不違反關於特留分規定之範圍內，得以遺囑自由處分遺產（民§1187）。

貳　遺囑能力（民 §1186）

一、　無行為能力人，不得為遺囑。

二、　限制行為能力人，無須經法定代理人之允許，得為遺囑。但未滿16歲者，不得為遺囑。

第二節　遺囑之方式

遺囑方式之種類（民§1189）如下列方式之一為之：

> **要 點 檢 索**
> 1. 自書遺囑
> 2. 公證遺囑
> 3. 密封遺囑
> 4. 代筆遺囑
> 5. 口授遺囑

壹　自書遺囑

一、　自書遺囑者，應自書遺囑全文，記明年、月、日，並親自簽名；如有增減、塗改，應註明增減、塗改之處所及字數，另行簽名（民§1190）。

二、　自書遺囑如有增減、塗改，應註明增減、塗改之處所及字數，另行簽名之規定，在於保障立囑人之真意，以昭慎重，並避免糾紛，非因有此情形，即謂所立自書遺囑不生效力。若遺囑雖有數處地方塗改，然其塗改

方式尚可認出被塗改之原字,均屬筆誤,或增加文字使文章流暢,均不影響遺囑本文之真意,未在該處另行簽名,尚不影響系爭遺囑之效力[1]。

三、 遺囑應依法定方式為之,自書遺囑,依民法第 1190 條之規定,應自書遺囑全文,記明年月日,並親自簽名。其非依此方式為之者,不生效力[2]。

四、自書遺囑之要件

(一)須自書遺囑全文

必須全文親自書寫,不得以電腦打字代替。亦不得影印代替手寫[3]。

(二)須記明年、月、日

所謂「年、月、日」指可得確定之日期,例如「某年之國慶日」、「六十歲生日」…等。

(三)須親自簽名

簽名不限戶籍上之姓名,別名、筆名、藝名…均無不可。

貳 公證遺囑

一、公證遺囑(民 §1191)

公證遺囑,應指定二人以上之見證人,在公證人前口述遺囑意旨,由公證人筆記、宣讀、講解,經遺囑人認可後,記明年、月、日,由公證人、見證人及遺囑人同行簽名:遺囑人不能簽名者,由公證人將其事由記明,使按指印代之。前述所定公證人之職務,在無公證人之地,得由法院書記官行之,僑民在中華民國領事駐在地為遺囑時,得由領事行之。

---

[1] 參閱臺灣高等法院高雄分院 90 年重家上字第 5 號。

[2] 28 年上字第 2293 號判例。

[3] 公證法律問題研究(二)第 130-132 頁。遺囑不可用影印。蓋自書遺囑須由遺囑人自書遺囑全文,代筆遺囑應由見證人之一筆記,均著重在書寫人筆跡之認定及親自書寫之概念上,似不宜以影印為之。

二、見證

公證遺囑見證人之「見證」，必須在場見聞，遺囑人在公證人前口述遺囑意旨，由公證人作成公證遺囑書面，並且應見聞確認公證遺囑內容係出自遺囑人之真意，與其口述遺囑之意旨相符，始符「見證」之法意。倘見證人僅在場旁觀公證遺囑之作成程序，而未參與見聞確知公證遺囑內容係出自遺囑人之真意，與遺囑人口述意旨相符之情，縱其在公證遺囑上簽名見證，亦不生見證之效力[4]。

三、公證遺囑之要件

（一）須指定二人以上之見證人。

（二）須在公證人前口述遺囑意旨。

 密封遺囑

一、密封遺囑（民 §1192）

（一）密封遺囑，應於遺囑上簽名後，將其密封，於封縫處簽名，指定二人以上之見證人，向公證人提出，陳述其為自己之遺囑，如非本人自寫，並陳述繕寫人之姓名、住所，由公證人於封面記明該遺囑提出之年、月、日及遺囑人所為之陳述，與遺囑人及見證人同行簽名。

（二）公證人之職務，在無公證人之地準用第 1191 條第 2 項之規定。

二、密封遺囑之要件

（一）須遺囑人於遺囑上簽名

遺囑之全文不必由本人親自書寫，但必須親自簽名，已表示遺囑之內容出自本人之意思，密封遺囑並未如公證遺囑有規定於本人不能簽名時得以指印代之，因此，遺囑人不能簽名者不能為密封遺囑。

---

[4] 最高法院 100 年台上字第 1024 號判決。

（二）須由遺囑人將遺囑密封，並於封縫處簽名。

（三）須由遺囑人指定二人以上之見證人，向公證人提出，陳述其為自己之
遺囑，如非本人自寫，並陳述繕寫人之姓名、住所。

（四）須由公證人於封面記明該遺囑提出之年、月、日及遺囑人所為之陳述。

（五）須由公證人、遺囑人及見證人同行簽名。

三、密封遺囑之轉換

（一）密封遺囑，不具備前條所定之方式，而具備第 1190 條所定自書遺囑之
方式者，有自書遺囑之效力（民 §1193）。

（二）密封遺囑因要件不備而無效，若已符合他種遺囑之要件，亦應承認他
種遺囑之效力，例如：遺囑人欲為密封遺囑，親自書寫遺囑全文，記
明年、月、日，並親自簽名，但欠缺密封遺囑之要件，此時密封遺囑
雖不符合法定方式而無效，但仍因具備自書遺囑之要件，而有自書遺
囑之效力。

肆　代筆遺囑

一、　代筆遺囑，由遺囑人指定三人以上之見證人，由遺囑人口述遺囑意旨，
使見證人中之一人筆記、宣讀、講解，經遺囑人認可後，記明年、月、
日及代筆人之姓名，由見證人全體及遺囑人同行簽名，遺囑人不能簽名
者，應按指印代之（民 §1194）。

二、　「使見證人中之一人筆記」只需將遺囑意旨以文字表明，由代筆見證人
親自書寫或由代筆見證人起稿而後送打字者，均無不可[5]。

三、　代筆遺囑之作成過程應合於民法第 1194 條所定方式，如欠缺其中一法
定方式，依民法第 73 條規定，應認該遺囑無效。又代筆遺囑之要件：

---

[5]　最高法院 86 年台上字第 432 號判決：民法第 1194 條規定，代筆遺囑應「使見證人中之一人筆記」，並未規
定其筆記之方式，只需將遺囑意旨以文字表明，即無不可，是由代筆見證人親自書寫固屬之，如本件，由代
筆見證人起稿而後送打字者，亦無不合。

（一）須由遺囑人指定三人以上之見證人

1. 見證人須自始至終在場見證：代筆遺囑之見證人須於遺囑人口述遺囑，代筆之見證人筆記、宣讀、講解遺囑內容，及遺囑人認可等過程期間，始終在場與聞其事，始為有效。

2. 見證人須了解遺囑人口述意旨：且見證人係證明遺囑確為遺囑人所為並出於遺囑人之真意，如見證人不能了解遺囑人口述意旨，見證人當無法認識遺囑人口述內容與代筆人作成之遺囑書面是否相符，此見證人顯無法證明遺囑確為遺囑人所為並出於遺囑人之真意，應認該見證人事實上欠缺見證人之資格，而不得為合法之遺囑見證人[6]。

（二）須由遺囑人口述遺囑意旨，使見證人中之一人筆記、宣讀、講解，經遺囑人認可。

1. 「由遺囑人口述遺囑意旨」乃「代筆遺囑」法定要式之一，必由遺囑人親自口述，以確保遺囑內容之真確。該「口述遺囑意旨」，遺囑人固無須將遺囑之全部逐字逐句口頭陳述，且因數字關係或內容複雜，以口述不能盡意，而於見證人面前口頭表示以某文書內容為其遺囑意旨者，亦得稱之。

2. 所謂「口述」，乃以口頭陳述，用言詞為之，不得以其他舉動表達，倘遺囑人完全省略「言語口述」之程序，僅以點首、搖頭或擺手示意判斷記載或以記號文字表示遺囑意旨者，均不能解為遺囑人之口述，為防止他人左右遺囑人之意思或誤解遺囑人之舉動，故啞者或其他有語言障礙之人，以記號文字或動作所為之表示，因無口述之語言能力，均不能為代筆遺囑[7]。

（三）須代筆人記明年、月、日及代筆人之姓名。

（四）須由見證人全體及遺囑人同行簽名，遺囑人不能簽名者，應按指印代之。

---

[6] 臺灣高等法院 99 年家上字第 58 號。

[7] 參閱最高法院 97 台抗字第 645 號判決。

伍 口授遺囑

一、口授遺囑之方法（民§1195）

遺囑人因生命危急或其他特殊情形，不能依其他方式為遺囑者，得依左列方式之一為口授遺囑：

（一）由遺囑人指定二人以上之見證人，並口授遺囑意旨，由見證人中之一人，將該遺囑意旨，據實作成筆記，並記明年、月、日，與其他見證人同行簽名。

（二）由遺囑人指定二人以上之見證人，並口述遺囑意旨、遺囑人姓名及年、月、日，由見證人全體口述遺囑之為真正及見證人姓名，全部予以錄音，將錄音帶當場密封，並記明年、月、日，由見證人全體在封縫處同行簽名。

二、口授遺囑之失效

口授遺囑，自遺囑人能依其他方式為遺囑之時起，經過三個月而失其效力（民§1196）。

三、口授遺囑之鑑定（民§1197）

（一）口授遺囑，應由見證人中之一人或利害關係人，於為遺囑人死亡後3個月內，提經親屬會議認定其真偽，對於親屬會議之認定如有異議，得聲請法院判定之。

（二）口授遺囑應由見證人中之一人或利害關係人，於為遺囑人死亡後3個月內，提交親屬會議認定其真偽。蓋以口授遺囑通常係因遺囑人生命危急或其他特殊情形，不能依其他方式為遺囑時所為之遺囑，其真偽如何以及是否符合遺囑人之本意，遺囑人之親人最能明瞭，其他外人實難深入了解，故法律規定須在遺囑人死亡後3個月內提交確認，使遺囑之真偽能早日確定，並防日久發生爭議，致影響第三人之權益。是口授遺囑若不經認定程序，則不生效力。依民法第1197條後段規

定，法院既就遺囑之真偽有最後認定之權，自可由法院代替親屬會議之功能，就口授遺囑之真偽予以認定[8]。

四、遺囑見證人資格之限制（民 §1198）

下列之人，不得為遺囑見證人：

（一）未成年人。

（二）受監護或輔助宣告之人。

（三）繼承人及其配偶或其直系血親。

（四）受遺贈人及其配偶或其直系血親。

（五）為公證人或代行公證職務人之同居人助理人或受僱人。

第三節　遺囑之效力

壹 效力之發生時期

遺囑自遺囑人死亡時發生效力（民 §1199）。

貳 遺贈

一、遺贈之意義

遺贈為要式行為，須遺囑人以遺囑表示為之，係遺囑人將其財產無償給予受遺贈人之單獨行為，不須得受遺贈人之同意即成立。

---

[8] 最高法院 86 年台上字第 2690 號判決。

二、遺贈之標的物

（一）遺贈標的物之推定（民 §1203）

　　遺囑人因遺贈物滅失、毀損、變造、或喪失物之占有，而對於他人取得權利時，推定以其權利為遺贈；因遺贈物與他物附合或混合而對於所附合或混合之物取得權利時亦同。

（二）用益權之遺贈（民 §1204）

　　以遺產之使用、收益為遺贈，而遺囑未定返還期限，並不能依遺贈之性質定其期限者，以受遺贈人之終身為其期限。

三、遺贈之生效要件

（一）須遺囑有效成立。

（二）受遺贈人須於遺贈發生效力時尚生存（民 §1201）。

（三）遺贈之財產須於遺囑人死亡時屬於遺產（民 §1202）。

（四）受遺贈人未喪失受遺贈權（民 §1188 準用 1145）。

（五）須不違反特留分之規定（民 §1225）。

四、遺贈之效力

（一）遺囑人死亡時發生效力（民 §1199）

（二）附停止條件成就時發生效力（民 §1200）

　　遺囑所定遺贈，附有停止條件者，自條件成就時，發生效力。

（三）附負擔之遺贈（民 §1205）

　　遺贈附有義務者，受遺贈人以其所受利益為限，負履行之責。

五、遺贈之無效與失權

（一）無效

1. 遺贈之失效（民 §1201）：受遺贈人於遺囑發生效力前死亡者，其遺贈不生效力。

2. 遺贈之無效（民 §1202）：遺囑人以一定之財產為遺贈，而其財產在繼承開始時，有一部分不屬於遺產者，其一部分遺贈為無效；全部不屬於遺產者，其全部遺贈為無效。但遺囑另有意思表示者，從其意思。

（二）失權

1. 遺贈之拋棄及其效力（民 §1206）：

   (1) 受遺贈人在遺囑人死亡後，得拋棄遺贈。

   (2) 遺贈之拋棄，溯及遺囑人死亡時發生效力。

2. 承認遺贈之催告及擬制（民 §1207）：繼承人或其他利害關係人，得定相當期限，請求受遺贈人於期限內為承認遺贈與否之表示；期限屆滿，尚無表示者，視為承認遺贈。

3. 受遺贈權之喪失（民 §1188）：第 1145 條喪失繼承權之規定，於受遺贈人準用之。

4. 遺贈無效或拋棄之效果（民 §1208）：遺贈無效或拋棄時，其遺贈之財產，仍屬於遺產。

第四節　遺囑之執行

壹　遺囑之執行人

一、遺囑指定遺囑執行人（民 §1209）

遺囑人得以遺囑指定遺囑執行人，或委託他人指定之。受前述委託者，應即指定遺囑執行人，並通知繼承人。

二、親屬會議法院選任遺囑執行人

遺囑未指定遺囑執行人，並未委託他人指定者，得由親屬會議選定之；不能由親屬會議選定時，得由利害關係人聲請法院指定之（民§1211）。

除遺囑人另有指定外，遺囑執行人就其職務之執行，得請求相當之報酬，其數額由繼承人與遺囑執行人協議定之；不能協議時，由法院酌定之（民§1211-1）。

三、遺囑執行人資格之限制（民§1210）

未成年人、受監護或輔助宣告之人，不得為遺囑執行人。

貳 遺囑之提示及開視

一、遺囑之提示（民§1212）

遺囑保管人知有繼承開始之事實時，應即將遺囑交付遺囑執行人，並以適當方法通知已知之繼承人；無遺囑執行人者，應通知已知之繼承人、債權人、受遺贈人及其他利害關係人。無保管人而由繼承人發現遺囑者，亦同。

二、密封遺囑之開視（民§1213）

有封緘之遺囑，非在親屬會議當場或法院公證處，不得開視。

前述封緘遺囑開視時，應製作紀錄，記明遺囑之封緘有無毀損情形，或其他特別情事，並由在場之人同行簽名。

參 遺囑執行之程序

一、編製遺產清冊（民§1214）

遺囑執行人就職後，於遺囑有關之財產，如有編製清冊之必要時，應即編製遺產清冊，交付繼承人。

二、遺產管理及必要行為（民 §1215）

（一）遺囑執行人有管理遺產，並為執行上必要行為之職務。

（二）遺囑執行人因前項職務所為之行為，視為繼承人之代理。

三、繼承人妨害之排除（民 §1216）

繼承人於遺囑執行人執行職務中，不得處分與遺囑有關之遺產，並不得妨礙其職務之執行。

四、數執行人執行職務之方法（民 §1217）

遺囑執行人有數人時，其執行職務，以過半數決之。但遺囑另有意思表示者，從其意思。

肆 遺囑執行人之解任（民 §1218）

遺囑執行人怠於執行職務，或有其他重大事由時，利害關係人，得請求親屬會議改選他人；其由法院指定者，得聲請法院另行指定。

第五節　遺囑之撤回

壹 遺囑撤回之意義

遺囑人作成遺囑後，本於其意思或行為使其原先所為之遺囑不發生效力。

貳 遺囑撤回之方法

一、明示撤回

（一）遺囑撤回之自由（民 §1219）

遺囑人得隨時依遺囑之方式，撤回遺囑之全部或一部。

（二）遺囑人得隨時依遺囑之方式，撤回遺囑之全部或一部，民法第 1219 條
　　　定有明文。且遺囑係於遺囑人死亡時始發生效力，倘效力尚未發生，
　　　自無對第三人構成損害之可言。故遺囑人於遺囑效力發生前，不須具
　　　何理由，自可任意將其遺囑撤回或變更之[9]。

二、擬制撤回

（一）前後遺囑牴觸（民 §1220）

　　前後遺囑有相牴觸者，其牴觸之部分，前遺囑視為撤回。

（二）遺囑與行為牴觸（民 §1221）

　　遺囑人於為遺囑後所為之行為與遺囑有相牴觸者，其牴觸部分，遺囑視
為撤回。

（三）遺囑之廢棄（民 §1222）

　　遺囑人故意破毀或塗銷遺囑，或在遺囑上記明廢棄之意思者，其遺囑視
為撤回。

第六節　特留分

壹　特留分之意義

　　遺囑人以遺囑無償處分其財產時，法律上為保障繼承人之繼承權，於遺
產中特別保留一定之比率為特留分。

貳　特留分之數額（民 §1223）

　　繼承人之特留分，依左列各款之規定：

---

[9]　最高法院 88 年台上字第 322 號判決。

一、 直系血親卑親屬之特留分，為其應繼分二分之一。

二、 父母之特留分，為其應繼分二分之一。

三、 配偶之特留分，為其應繼分二分之一。

四、 兄弟姊妹之特留分，為其應繼分三分之一。

五、 祖父母之特留分，為其應繼分三分之一。

參 特留分之算定（民 §1224）

特留分，由依第 1173 條算定之應繼財產中，除去債務額算定之。

肆 特留分之扣減

一、 遺贈之扣減（民 §1225）

應得特留分之人，如因被繼承人所為之遺贈，致其應得之數不足者，得按其不足之數由遺贈財產扣減之。受遺贈人有數人時，應按其所得遺贈價額比例扣減。

二、 扣減權之行使，須於繼承開始後始得對受遺贈人（非必為法定繼承人）為之；且為單方行為，一經表示扣減之意思，即生效力[10]。

三、 遺產繼承與特留分之扣減，二者性質及效力均不相同。「遺產繼承」為繼承人於繼承開始時，原則上承受被繼承人之財產上一切權利義務；繼承人有數人時，在分割遺產前，各繼承人對於遺產全部為公同共有。「特留分之扣減」則係對遺產有特留分權利之人，因被繼承人之遺贈致其應得之數不足，於保全特留分之限度內，對遺贈財產為扣減[11]。

題目

甲男乙女為夫妻，有丙、丁二子，甲生前立遺囑指定應繼分，乙為四分之三，丙為八分之一。甲死亡時留有遺產 360 萬元，問甲之遺產應如何繼承？

【94 地政士】

---

[10] 最高法院 96 年台上字第 1282 號判決。

[11] 最高法院 96 年台上字第 1282 號判決。

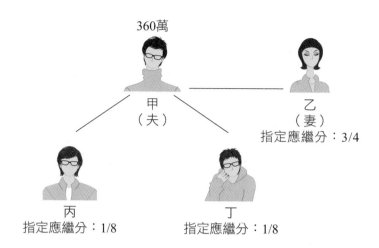

360萬

甲
（夫）

乙
（妻）
指定應繼分：3/4

丙
指定應繼分：1/8

丁
指定應繼分：1/8

（一）適格繼承人為乙、丙、丁

民法第 1138 條：遺產繼承人，除配偶外，依左列順序定之：1. 直系血親卑親屬。2. 父母。3. 兄弟姊妹。4. 祖父母。

1. 當然繼承人：配偶乙為當然繼承人。

2. 血親繼承人：依序為直系血親卑親屬、父母、兄弟姊妹、祖父母。丙、丁二子為甲之第一順為血親繼承人。

（二）繼承人特留分之保留

民法第 1187 條：「遺囑人於不違反關於特留分規定之範圍內，得以遺囑自由處分遺產。」由於甲立遺囑為應繼分之指定，為避免侵害繼承人之特留分，繼承開始後，應保留於法定繼承人之遺產之一部分，凡繼承人未拋棄繼承或喪失繼承權者，須保留最低限度之特留分。

1. 繼承人之應繼分：

依民法第 1141 條：「同一順序之繼承人有數人時，按人數平均繼承。但法律另有規定者，不在此限。」乙、丙、丁三人按人數平均繼承，故每人應繼分為遺產之三分之一。

2. 繼承人之特留分：

民法第 1223 條：直系血親卑親屬之特留分，為其應繼分之二分之一。故應為第一順位繼承人丙、丁二子保留其特留分：遺產之六分之一。

（三）甲之遺產分配

1. 丙、丁各分配 60 萬

丙、丁之特留分為遺產之六分之一，計算其金額為 60 萬元（360 萬 *1/6=60 萬）。

2. 乙分配 240 萬

甲之遺產扣減丙、丁之特留分後，計算乙應分配金額為 240 萬元（360 萬 -60 萬 -60 萬 =240 萬）。

12　內政部令中華民國 100 年 1 月 4 日內授中辦地字第 0990726316 號

民法第 1149 條規定：「被繼承人生前繼續扶養之人，應由親屬會議依其所受扶養之程度及其他關係，酌給遺產。」被繼承人生前繼續扶養之人（以下簡稱被扶養人）如經親屬會議決議酌給遺產者，應由繼承人辦理繼承登記後，再由繼承人、遺囑執行人或遺產清理人，或繼承人之有無不明，應由遺產管理人將酌給物移轉登記予被扶養人。又酌給遺產與遺贈同時為無償給與財產之行為，但因酌給遺產性質上係屬遺產債務，其債權性質又較一般普通債權更為薄弱，而依同法第一千一百七十九條第二項規定，債務之清償應先於遺贈物之交付，故受酌給遺產之順序，應在清償債務後，交付遺贈之前。

13　民法第 1144 條（配偶之應繼分）

配偶有相互繼承遺產之權，其應繼分，依左列各款定之：一、與第 1138 條所定第一順序之繼承人同為繼承時，其應繼分與他繼承人平均。二、與第 1138 條所定第二順序或第三順序之繼承人同為繼承時，其應繼分為遺產二分之一。三、與第 1138 條所定第四順序之繼承人同為繼承時，其應繼分為遺產三分之二。四、無第 1138 條所定第一順序至第四順序之繼承人時，其應繼分為遺產全部。

14　民法第 1138 條（法定繼承人及其順序）

遺產繼承人，除配偶外，依左列順序定之：(1) 直系血親卑親屬。(2) 父母。(3) 兄弟姊妹。(4) 祖父母。

遺產繼承之計算

先決問題：

哪些人？	多少錢？	如何分？
（一）適格之繼承人	（二）遺產總額	（三）遺產之分配（分割） 分配依下列順序[12]：
1. 法定繼承人： (1)當然繼承人：配偶 　　（民§1138、1144[13]） (2)血親繼承人： 　　（民§1138[14]、1141[15]） (3)代位繼承人（民§1140）[16] 注意： ① 應繼分之比例 ② 同時死亡[17]	1. 清償債務 (1)生前債務 (2)死後債務 注意： 債務之限定責任 （民§1148、1148-1[18]）	1. 繼承人 　　最低限度保留「特留分」 　　（民§1223[19]） 注意： 1. 扣還（繼承人對被繼承人 　　有負債） 2. 扣除（歸扣）

---

[15] 民法第1141條同順序繼承人之應繼分：同一順序之繼承人有數人時，按人數平均繼承。但法律另有規定者，不在此限。

[16] 民法第1140條（代位繼承）：第1138條所定第一順序之繼承人，有於繼承開始前死亡或喪失繼承權者，由其直系血親卑親屬代位繼承其應繼分。

[17] 民法第11條（同死推定）：二人以上同時遇難，不能證明其死亡之先後時，推定其為同時死亡。

[18] 民法第1148-1條（財產贈與視同所得遺產之計算期限）
繼承人在繼承開始前二年內，從被繼承人受有財產之贈與者，該財產視為其所得遺產。
前項財產如已移轉或滅失，其價額，依贈與時之價值計算。

[19] 民法第1223條（特留分之決定）：
繼承人之特留分，依左列各款之規定：(1)直系血親卑親屬之特留分，為其應繼分二分之一。(2)父母之特留分，為其應繼分二分之一。(3)配偶之特留分，為其應繼分二分之一。(4)兄弟姊妹之特留分，為其應繼分三分之一。
(5) 祖父母之特留分，為其應繼分三分之一。

2. 喪失繼承權： （民§1145[20]） （繼承權喪失之事由） 　有左列各款情事之一者， 　喪失其繼承權： (1) 當然絕對失權 1145 I ① (2) 當然相對失權 1145 I 　②③④ (3) 表示失權 1145 I ⑤	2. 收取債權 　（加入繼承遺產金額） (1) 對第三人 (2) 對繼承人（分配時→民 　§1172[21] 扣還）	2. 遺產酌給請求權人（民 　§1149[22]） 注意： ≦繼承人實際所得（不可比 第一順序繼承人實得多）
3. 適格之繼承人：	3. 追加計算→歸扣（民 　§1173[23]）：結婚、分居、 營業 　（分配時→自繼承人之應 繼分扣除）	3. 受遺贈人（民§1225[24]） 　（扣減）

---

[20] 民法第 1145 條（繼承權喪失之事由）：
有左列各款情事之一者，喪失其繼承權：(1) 故意致被繼承人或應繼承人於死或雖未致死因而受刑之宣告者。(2) 以詐欺或脅迫使被繼承人為關於繼承之遺囑，或使其撤回或變更之者。(3) 以詐欺或脅迫妨害被繼承人為關於繼承之遺囑，或妨害其撤回或變更之者。(4) 偽造、變造、隱匿或湮滅被繼承人關於繼承之遺囑者。(5) 對於被繼承人有重大之虐待或侮辱情事，經被繼承人表示其不得繼承者。前項第 2 款至第 4 款之規定，如經被繼承人宥恕者，其繼承權不喪失。

[21] 民法 1172 條（分割之計算（一）－債務之扣還）：繼承人中如對於被繼承人負有債務者，於遺產分割時，應按其債務數額，由該繼承人之應繼分內扣還。

[22] 民法第 1149 條（遺產酌給請求權）：被繼承人生前繼續扶養之人，應由親屬會議依其所受扶養之程度及其他關係，酌給遺產。

[23] 民法第 1173 條（分割之計算（二）－贈與之歸扣）：繼承人中有在繼承開始前因結婚、分居或營業，已從被繼承人受有財產之贈與者，應將該贈與價額加入繼承開始時被繼承人所有之財產中，為應繼遺產。但被繼承人於贈與時有反對之意思表示者，不在此限。前項贈與價額，應於遺產分割時，由該繼承人之應繼分中扣除。贈與價額，依贈與時之價值計算。

[24] 民法第 1225 條（遺贈之扣減）：應得特留分之人，如因被繼承人所為之遺贈，致其應得之數不足者，得按其不足之數由遺贈財產扣減之。受遺贈人有數人時，應按其所得遺贈價額比例扣減。

題目 ···

　　甲死亡後，留有財產新台幣（下同）500 萬元，但也負有債務 300 萬元，其繼承人有子女乙、丙兩人。甲生前曾因乙之分居贈與 60 萬元，並立有遺囑對丁遺贈 200 萬元。請問乙、丙若以遺贈侵害其特留分行使扣減權時，乙、丙與丁就甲之遺產各得若干數額？　　　　　　　　　【101 地政士】

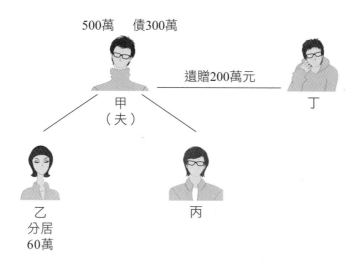

（一）甲之遺產總額為 260 萬元

1. 遺產所負債務應先予以清償（清償甲生前負債）：甲生前負有債務 300 萬元尚未清償，故應以遺產 500 萬元予以清償。

2. 遺產中須歸扣者：

　(1) 依民法第 1173 條：「繼承人中有在繼承開始前因結婚、分居或營業，已從被繼承人受有財產之贈與者，應將該贈與價額加入繼承開始時被繼承人所有之財產中，為應繼遺產。」

　(2) 甲生前曾因乙之分居贈與 60 萬元，須將其價額先歸扣加計於遺產之總金額中。

3. 小結：

　甲死亡時，其應繼遺產總額為：260 萬元。

　500 萬 -300 萬（負債）+60 萬（歸扣）=260 萬。

（二）適格繼承人 [25] 為血親繼承人乙、丙二人

民法第 1138 條：「遺產繼承人，除配偶外，依左列順序定之：1. 直系血親卑親屬。2. 父母。3. 兄弟姊妹。4. 祖父母。」依民法第 1138 條規定繼承人之範圍及順序，順序在先者先行繼承，順序在後者則須前順序均無繼承人時，方得繼承。甲有直系血親子乙、丙二人，為遺產之第一順序繼承人。

（三）遺產之分配（分割）

由於甲立下遺囑對丁遺贈 200 萬元，為避免侵害繼承人之特留分，繼承開始後，應保留於法定繼承人之遺產之一部分，凡繼承人未拋棄繼承或喪失繼承權者，須保留最低限度之特留分後，方得將剩餘遺產分配給受遺贈人。

1. 繼承人特留分之保留：

   (1) 繼承人之應繼分

   依民法第 1141 條：「同一順序之繼承人有數人時，按人數平均繼承。但法律另有規定者，不在此限。」乙、丙二人按人數平均繼承，故每人應繼分為 130 萬元（260 萬÷2=130 萬）。

   (2) 繼承人之特留分

   民法第 1223 條：直系血親卑親屬之特留分，為其應繼分二分之一。

   計算其金額為 65 萬元（130*1/2=65）。

   (3) 繼承人之分配額

   民法第 1173 條第 2 項：「歸扣之特種贈與價額，應於遺產分割時，由該繼承人之應繼分中扣除。」故於遺產分割時，應扣除乙分居時甲曾贈與之 60 萬元。

   故乙得分配 5 萬元（65 萬 -60 萬 =5 萬），丙得分配 65 萬元。

2. 遺贈之扣減後，受遺贈人之分配額

   (1) 民法第 1225 條前段：「應得特留分之人，如因被繼承人所為之遺贈，致其應得之數不足者，得按其不足之數由遺贈財產扣減之。」

---

[25] 當然繼承人：配偶為當然繼承人，甲無配偶，故無當然繼承人。

(2) 受遺贈人分配之數額應先扣減繼承人乙、丙之特留分，扣減後之餘額 130 萬元為丁之分配額（260 萬 -65 萬 *2=130 萬）。

題目

　　甲男、乙女於民國 99 年雙十國慶日參加集團婚禮，但未辦理結婚登記。嗣後乙女生下丙、丁二子，但甲男聽信道士之言，認為其罹癌末期均肇因於丁子與乙女所剋，故立下遺囑指定遺產由丙子一人繼承，甲於日前死亡，留有現金 300 萬元，但其生前欠戊 100 萬元尚未清償。試問甲男之遺產應如何分配？

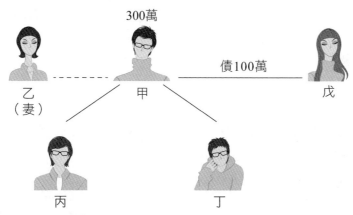

遺囑：指定丙一人繼承

（一）遺產之適格繼承人為丙、丁二人

1. 法定之繼承人：民法第 1138 條：遺產繼承人，除配偶外，依下列順序定之：
   (1) 直系血親卑親屬。(2) 父母。(3) 兄弟姊妹。(4) 祖父母。
   (1) 當然繼承人：配偶為當然繼承人。
   (2) 血親繼承人：依序為直系血親卑親屬、父母、兄弟姊妹、祖父母。

2. 適格之繼承人：為丙、丁二人。

(1) 乙不具有甲之配偶身分，非甲之當然繼承人。

理由如下：

① 民法第 982 條結婚之形式要件：「結婚應以書面為之，有二人以上證人之簽名，並應由雙方當事人向戶政機關為結婚之登記。」民法第 988 條：「結婚有下列情形之一者，無效：一、不具備第 982 條之方式。……」

② 甲乙結婚，僅有婚禮，而無書面與結婚登記，其結婚因欠缺形式要件而無效，因此乙不具有甲配有之身分，故無繼承權。

(2) 甲有直系血親卑親屬丙、丁二子。丙、丁二子並無繼承權喪失之事由（民法第 1145 條）為第一順位之血親繼承人。

3. 小結：丙、丁二子為適格之繼承人。

（二）遺產之總額為 200 萬元

甲死亡時留有現金 300 萬元，清償甲對戊之負債 100 萬元，甲之遺產共計 200 萬元（300 萬 -100 萬 =200 萬）。

（三）遺產之分配

民法第 1187 條：「遺囑人於不違反關於特留分規定之範圍內，得以遺囑自由處分遺產。」由於甲立遺囑為應繼分之指定，為避免侵害繼承人之特留分，繼承開始後，應保留於法定繼承人之遺產之一部分，凡繼承人未拋棄繼承或喪失繼承權者，須保留最低限度之特留分後。

1. 繼承人之應繼分：民法第 1141 條：同一順序之繼承人有數人時，按人數平均繼承。丙、丁之應繼分為遺產之二分之一，計算其金額各為 100 萬元（200 萬 ≒ 2=100 萬）。

2. 繼承人之特留分：民法第 1223 條：直系血親卑親屬之特留分，為其應繼分二分之一。計算其金額為 50 萬元（100 萬 *1/2=50 萬）。

3. 遺產之分配，應先保留特留分予丁，故丁得分配 50 萬元，丙得分配 150 萬元（200 萬 -50=150 萬）。

題目

甲婚後喪偶，獨立扶養 A、B、C、D 四子長大成人後得一紅粉知己丙，甲深感幸福。但好景不長，甲得知自己罹患癌症病已居末期不久於人世，於是立下遺囑載明遺產全數遺贈給女友丙。D 得知遺囑之事十分氣憤不平，與甲發生口角，甲一時怒急攻心，心臟病發，急需服用藥物急救，D 卻基於故意致甲於死之動機，將甲之藥物放入自己口袋之後揚長而去，甲因此而過世。甲死亡時留有現金 3000 萬，喪葬費為 30 萬元，甲之好友丁於甲生前向甲借款 60 萬元尚未清償，三兒 C 亦向甲借款 70 萬元尚未清償；此外，甲於大兒子 A 結婚時曾贈與 500 萬元，二兒子 B 出國留學甲亦贈與 200 萬元。試問甲之遺產應如何分配？

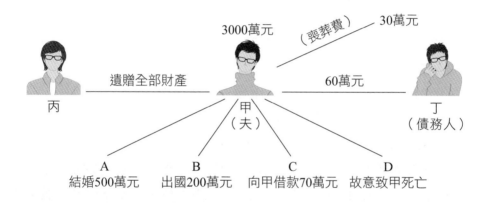

（一）遺產之適格繼承人為 A、B、C

1. 法定繼承人：

   民法第 1138 條：遺產繼承人，除配偶外，依左列順序定之：(1) 直系血親卑親屬。(2) 父母。(3) 兄弟姊妹。(4) 祖父母。

   (1) 當然繼承人：配偶為當然繼承人，甲已喪偶，無當然繼承人。

   (2) 血親繼承人：依序為直系血親卑親屬、父母、兄弟姊妹、祖父母。甲之繼承人為第一順位之直系血親卑親屬 A、B、C、D 四子。

2. 喪失繼承權：

   (1) 繼承權喪失之事由：民法第 1145 條：有左列各款情事之一者，喪失其繼承權：一、故意致被繼承人或應繼承人於死或雖未致死因而受刑

之宣告者。二、以詐欺或脅迫使被繼承人為關於繼承之遺囑，或使其撤回或變更之者。

(2) 甲心臟病發，急需服用藥物急救之際，D 卻將甲之藥物放入自己口袋之後揚長而去，乃故意致被繼承人甲於死，甲因此而過世，D 依民法第 1145 條第 1 項第 1 款喪失繼承權。

3. 甲之遺產繼承人為第一順位之直系血親卑親屬。惟甲已喪偶，無當然繼承人，且 D 喪失繼承權。故而遺產之適格繼承人為 A、B、C 三人。

（二）遺產之總額為 3600 萬元

甲之遺產總額，應為收取債權、清償負債以及歸扣後之總額。說明如下：

1. 收取甲之債權：甲死亡時留有現金 3000 萬元，收取甲之好友丁於甲生前向甲借款 60 萬元，及三兒 C 亦向甲借款 70 萬元後，債權金額共計為 130 萬元（60+70=130）。

2. 清償甲之負債：甲之喪葬費債務 30 萬元，應以甲之遺產清償之。

3. 其他應加計入遺產之數額：歸扣。

(1) 民法第 1173 條第 1 項：繼承人中有在繼承開始前因結婚、分居或營業，已從被繼承人受有財產之贈與者，應將該贈與價額加入繼承開始時被繼承人所有之財產中，為應繼遺產。而 B 出國留學之贈與為一般贈與，無須歸扣。

(2) 大兒子 A 結婚時甲曾贈與 500 萬元，應將該贈與價額加入甲所有之財產中。

4. 甲之遺產總額為：甲死亡時留有之現金 3000 萬元，加上收取債權 130 萬，減去清償負債 30 萬元，再加入歸扣之 500 萬元，合計為 3600 萬元（3000 萬 +130 萬 -30 萬 +500 萬 =3600 萬）。

（三）遺產之分配

由於甲立下遺囑載明遺產全數遺贈給女友丙，為避免侵害繼承人之特留分，繼承開始後，應保留於法定繼承人之遺產之一部分，凡繼承人未拋棄繼承或喪失繼承權者，須保留最低限度之特留分後，方得將剩餘遺產分配給受遺贈人。

1. 繼承人：
   (1) 繼承人之應繼分：民法第 1141 條：同一順序之繼承人有數人時，按人數平均繼承。 A、B、C 之應繼分各為遺產之三分之一，計算其金額為 1200 萬元（3600 萬 ÷3=1200 萬）。
   (2) 繼承人之特留分：民法第 1223 條：直系血親卑親屬之特留分，為其應繼分二分之一。計算其金額為 600 萬元（1200 萬 *1/2=600 萬）。
   (3) 民法第 1173 條第 2 項：歸扣之特種贈與價額，應於遺產分割時，由該繼承人之應繼分中扣除。A 於遺產分割時，應扣除 A 結婚時甲曾贈與之 500 萬元。

   故 A 得分配 100 萬元（600 萬 -500 萬 =100 萬）；B 得分配 600 萬元；C 扣還欠甲之借款 70 萬元後，得分配 530 萬元。

2. 受遺贈人丙：
   (1) 民法第 1225 條前段：「應得特留分之人，如因被繼承人所為之遺贈，致其應得之數不足者，得按其不足之數由遺贈財產扣減之。」
   (2) 受遺贈人分配之數額應先扣減繼承人 A、B、C 之特留分 1800 萬，扣減後之餘額 1800 萬元為丙之分配額（3600 萬 -600 萬 *3=1800 萬）。

習題 | REVIEW ACTIVITIS ✎

(C) 1. 民法第 1197 條所規定口授遺囑之認定，其立法意旨為何？ (A) 審查遺囑內容有無法律之禁止規定 (B) 確定遺囑是否違反法定方式之事由 (C) 探求遺囑是否為遺囑人之真意 (D) 檢查遺囑有無違反公序良俗之事由。

【102 年公務員升等郵政】

詳解 遺囑之認定行為屬口授遺囑之生效要件，其主要在於認定該遺囑是否出於遺囑人之真意。

(D) 2. 甲死亡時，遺有財產新台幣 500 萬元。甲有子女乙、丙二人為其法定繼承人，甲生前立有遺囑，載明若乙之兒子丁考上不動產經紀人，無償給與丁新台幣 100 萬元。甲死亡時，丁尚未考上不動產經紀人。下列敘述何者正確？ (A) 遺囑於甲死亡時發生效力，丁取得新台幣 100 萬元之所有權 (B) 遺囑於丁考上不動產經紀人時發生效力，丁取得新台幣 100 萬元之所有權 (C) 遺囑於甲死亡時發生效力，丁取得請求給付新台幣 100 萬元之債權 (D) 遺囑於丁考上不動產經紀人時發生效力，丁取得請求給付新台幣 100 萬元之債權。 【102 年不動產經紀人】

詳解 民法第 1199 條：遺囑自遺囑人死亡時發生效力。
民法第 1200 條：遺囑所定遺贈，附有停止條件者，自條件成就時，發生效力。
甲生前所立之遺囑為附停止條件之遺贈，其條件為丁考上不動產經紀人，故於丁考上不動產經紀人時發生效力。

(A) 3. 被繼承人甲於生前立下遺囑。下列敘述何者最正確？ (A) 甲遺囑中之受遺贈人於遺囑生效前死亡者，其遺贈無效 (B) 甲得以遺囑禁止遺產之分割，但其禁止之效力以五年為限 (C) 未滿十六歲之甲於經其法定代理人允許時，得立遺囑 (D) 甲遺囑中之受遺贈人拋棄遺贈者，自為拋棄之意思表示時發生效力。 【101 年不動產經紀人】

詳解 (A) 民法第 1201 條：「受遺贈人於遺囑發生效力前死亡者，其遺囑不生效力。」
(B) 民法第 1165 條第 2 項：「遺囑禁止遺產之分割者，其禁止之效力以**十年**為限。」
(C) 民法第 1186 條第 2 項：「限制行為能力人，**無須經法定代理人之允許**，得為遺囑。但未滿 16 歲者，不得為遺囑。」
(D) 民法第 1206 條：「受遺贈人在遺囑死亡後，得拋棄遺贈。遺贈之拋棄，**溯及遺囑人死亡時發生效力**。」

(D) 4. 下列何種繼承人之繼承特留分，為其應繼分三分之一？ (A) 直系血親卑親屬 (B) 父母 (C) 配偶 (D) 祖父母。 【100 年不動產經紀人】

詳解 民法第 1223 條：繼承人之特留分，依下列各款之規定：
一、直系血親卑親屬之特留分，為其應繼分二分之一。
二、父母之特留分，為其應繼分二分之一。
三、配偶之特留分，為其應繼分二分之一。
四、兄弟姊妹之特留分，為其應繼分三分之一。
五、祖父母之特留分，為其應繼分三分之一。

(B) 5. 下列關於遺囑之敘述何者正確？ (A) 未滿 18 歲者不得為遺囑 (B) 自書遺囑必須親筆自書，不得自行電腦打字列印後，親自簽名為之 (C)18 歲以上之人得為遺囑見證人 (D) 口授遺囑，自遺囑人能依其他方式為遺囑之時起，經過二個月而失其效力。 【100 年不動產經紀人】

詳解 (A) 民法第 1186 條第 2 項：限制行為能力人，無須經法定代理人之允許，得為遺囑。但未滿十六歲者，不得為遺囑。
(B) 民法第 1190 條。
(C) 第 1198 條：下列之人，不得為遺囑見證人：
一、**未成年人**。
二、受監護或輔助宣告之人。
三、繼承人及其配偶或其直系血親。
四、受遺贈人及其配偶或其直系血親。
五、為公證人或代行公證職務人之同居人助理人或受僱人。
(D) 第 1196 條：口授遺囑，自遺囑人能依其他方式為遺囑之時起，經過三個月而失其效力。

(D) 6. 下列何者非自書遺囑之要件？ (A) 自書遺囑全文 (B) 記明年、月、日 (C) 親自簽名 (D)2 人以上之見證人簽名。 【97 年不動產經紀人】

詳解 民法第 1190 條：自書遺囑者，應自書遺囑全文，記明年、月、日，並親自簽名；如有增減、塗改，應註明增減、塗改之處所及字數，另行簽名。

(D) 7. 下列哪種情形，甲所立的遺囑為有效？ (A) 甲 6 歲，經由其父母之代理而立之遺囑 (B) 甲 15 歲，預立遺囑後，得其父母之追認 C) 甲 10 歲，但已得其父母之同意而立之遺囑 (D) 甲 17 歲，未得其父母之允許或承認而立之遺囑。 【105 不動產經紀人】

詳解 民法第 13 條：「I 未滿七歲之未成年人，無行為能力。II 滿七歲以上之未成年人，有限制行為能力。III 未成年人已結婚者，有行為能力。」
民法第 1186 條：「無行為能力人，不得為遺囑。限制行為能力人，無須經法定代理人之允許，得為遺囑。但未滿十六歲者，不得為遺囑。」

1. 鄭玉波：債編總論、三民、2002 年

2. 邱聰智：新訂債法各論（上）、（中）、（下）、元照、2008 年

3. 王澤鑑：侵權行為法、元照、2009 年

4. 王澤鑑：不當得利、元照、2009 年

5. 許律師：民法債編（I）、（II）、高點、2009 年

6. 王澤鑑：法律思維與民法實例—請求權基礎理論體系、元照、2010 年

7. 王澤鑑：民法物權、元照、2010 年

8. 謝在全：民法物權論（上）、（中）、（下）、新學林、2010 年

9. 王澤鑑：民法總則、元照、2011 年

10. 李淑明：民法入門、元照、2011 年

11. 李淑明：債法各論、元照、2011 年

12. 王澤鑑：民法概要、元照、2012 年

13. 王澤鑑：債法原理、元照、2012 年

14. 陳聰富：民法概要、元照、2012 年

15. 鄭玉波：民法概要、三民、2012 年

16. 鄭玉波：民法物權、三民、2012 年

17. 戴炎輝、戴東雄、戴瑀如：親屬法、三民、2012 年

18. 陳國義：民法概要、新學林、2013 年

19. 詹森林、馮震宇、林誠二、陳榮傳、林秀雄：民法概要、五南、2013 年

20. 高鳳仙：親屬法理論與實務、五南、2013 年

21. 陳櫻琴、王忠一、黃仲宜、顏忠漢：民法概要（三版二刷）、新文京、2016 年

新文京開發出版股份有限公司

NEW WCDP

新世紀・新視野・新文京 — 精選教科書・考試用書・專業參考書